암시된 거미
신화 속의 정치와 신학

암시된 거미

신화 속의 정치와 신학

지은이 / 웬디 도니거
옮긴이 / 최화선
펴낸이 / 강동권
펴낸곳 / (주)이학사

1판 1쇄 발행 / 2020년 1월 31일
1판 2쇄 발행 / 2021년 7월 10일

등록 / 1996년 2월 2일 (신고번호 제1996-000015호)
주소 / 서울시 종로구 율곡로13가길 19-5(연건동 304) 우 03081
전화 / 02-720-4572 · 팩스 / 02-720-4573
홈페이지 / ehaksa.kr
이메일 / ehaksa1996@gmail.com
페이스북 / facebook.com/ehaksa · 트위터 / twitter.com/ehaksa

한국어판 © (주)이학사, 2020, Printed in Seoul, Korea.
ISBN 978-89-6147-357-6 94200
      978-89-87350-26-4 94200(세트)

THE IMPLIED SPIDER, Updated with a New Preface by Wendy Doniger
Copyright © 2011 Wendy Doniger
All rights reserved.

Korean Copyright © 2020 by EHAKSA Inc.
This Korean edition is a complete translation of the U.S. edition, specially authorized by the original publisher, Columbia University Press, New York, U.S.A.
This arrangement is made by Bestun Korea Agency, Seoul, Korea.
All rights reserved.

이 책의 한국어판 저작권은 Columbia University Press와 독점 계약한 (주)이학사에 있습니다.
저작권법에 의해 한국 내에서 보호를 받는 저작물이므로 무단 전재와 무단 복제를 금합니다.

* 책값은 뒤표지에 표시되어 있습니다.

신화 속의 정치와 신학

신화 종교 상징 총서 18

암시된
거미

웬디 도니거 지음
최화선 옮김

이학사

일러두기

1. 이 책은 Wendy Doniger, 『The Implied Spider: Politics and Theology in Myth』(Columbia University Press, 2011)를 우리말로 옮긴 것이다.
2. 인명 및 도서명(작품명)은 본문에 처음 나올 때 한 번 원어 병기를 하는 것을 원칙으로 하였으나 해당하는 곳의 각주 서지 사항에 인명이나 도서명이 나올 경우에는 본문에 병기하지 않았다.
3. 원서의 이탤릭체는 고딕체로(단 도서명이나 잡지명, 논문, 에세이, 예술 작품의 제목 등은 해당 부호로) 표기하였다.
4. 지은이의 각주는 숫자로, 옮긴이의 각주는 굵은 점(●)으로 표기하였다.
5. 부호의 쓰임은 다음과 같다.

    『 』: 책, 잡지, 신문 제목(희곡, 서사시, 산문시, 경전, 성전 포함)
    「 」: 논문, 강연, 에세이, 시, 중단편소설, 만화의 제목, 성경의 편명
    《 》: 하나의 범주에 들어가는 서로 다른 책(3부작, 백과사전)
    〈 〉: 영화, TV 프로그램, 오페라, 뮤지컬, 노래, 연극, 발레의 제목
    ' ': 대문자 단어
    ( ): 지은이의 부연 설명
    [ ]: 인용문에서 지은이의 부연 설명
    [*]: 옮긴이의 부연 설명

브루스 링컨과 데이비드 트레이시에게

차례

개정판 서문: 컨텍스트와 역사   9
감사의 말   21

서론: 신화와 메타포
23

1장
현미경과 망원경
34

텍스트의 렌즈로서의 신화	34
신화에 대한 학자의 렌즈	39
「욥기」와 『바가바타 푸라나』에 나타난 신학적 렌즈로서의 신화	44
정치적 렌즈로서의 신화	64
인간적 렌즈로서의 신화	75

2장
검은 고양이, 짖는 개,
수레 그리고 칼
79

검은 고양이들의 차이	79
짖지 않는 개	94
같은 옛이야기	113
컨텍스트	116
전체와 부분들: 수레와 칼	127

3장
암시된 거미와
개별주의의 정치학
138

보편주의자의 문제	138
비교 문화적 결론	152
암시된 거미	155
비교에 대한 포스트식민주의적, 포스트모던적 비판	164
신화학의 예술과 과학	192

4장
**미시 신화, 거시 신화
그리고 다성성**
197

관점이 없는 신화	197
많은 목소리	211
미시 신화와 거시 신화	222
관점이 있는 신화	237
전도된 정치적 판본들	250
현대의 신화적 텍스트에 대한 전도된 정치적 독해	259

**5장
마더 구스와
여성의 목소리**
268

늙은 아낙네들의 이야기	268
여성의 관점	284
여성 텍스트 속 남성의 목소리	298
남성 텍스트 속 여성의 목소리	303
양성구유적 언어	311
여성의 목소리 구하기	319

**6장
텍스트의 다원주의와
학문의 다원주의**
334

원형	334
전파와 잔존	338
마음속 더러운 넝마 가게	351
브리콜라주 버스에서 내리기	357
클로드 레비스트로스의 회춘	364
일흔 개의 다른 해석들	368
멀티 대학교	372
줄타기	375

참고 문헌	381
옮긴이의 말	405
찾아보기	427

개정판 서문: 컨텍스트와 역사

신판新版의 신화

1970년대 캘리포니아대학출판부 책임자 필 릴리엔탈Phil Lilienthal은 당시 출판 준비 중이던 내 책(『힌두 신화 속 악의 기원The Origins of Evil in Hindu Mythology』)의 교정 과정에서 수정 좀 그만하라고 내게 애원하다가 신물이 나서 내 책상에 작은 사인을 붙여놓게 했다. '제2판을 위해 남겨놓으세요.' 나는 그 즉시 정오표와 부록 파일을 만들기 시작했다. 그러나 그 책이 30년 넘게 아직도 계속 나오고 있는데도 제2판은 결국 신화로, 즉 내가 믿기엔 좋지만 실제 세상에서는 입증할 수 없는 이야기로 판명되었을 뿐이다. 여기에 신화의 이중적 의미가 개입되어 있다. 나에게 이 단어는 종종 "역사보다 문화적으로 풍부하고 심리학적으로 더 많은 것을 드러내주는 무언가에 대한 긍정적인 함축, 즉 문명의 내면으로 들어가는 입구"[1]라는 의미를 지닌다.

---

[1] David Arnold, "Beheading Hindus, And other alternative aspects of Wendy Doniger's history of a mythology".

그러나 많은 신화의 역사적인 기능을 검토해볼 때, 나는 이 용어를 한 집단의 사람들이 오랫동안 믿어온 이야기 — 비록 그것이 사실이 아니라는 많은 증거에도 불구하고 — 로 정의하고자 한다. 신화의 정신은 오즈Oz의 정신이다. 커튼 뒤의 남자에게는 신경 쓰지 마라.

하지만 책에서 수정하고 싶은 부분들에 대한 메모를 남기는 데는 다른 이유들이 있다. 미르체아 엘리아데Mircea Eliade는 자신이 쓴 책의 옆면에 메모를 휘갈기곤 했다. 그는 잘못된 부분들을 고치고, 그 주제들에 대해 계속 생각해온 새로운 생각들을 첨가하고, 다른 학자들이 관련 업적들을 내놓으면 참고 문헌을 확장하고, 자주 자기 자신의 생각에 대해 스스로 코멘트하기도 했다. 그는 메모들 대부분이 신판에 첨가되지 못했다 할지라도 자신이 이러한 작업을 함으로써 단지 최신 흐름을 따라갈 뿐만 아니라 책을 살아 있게 하고, 변화하게 한다는 것을 느낀다고 어느 날 내게 말했다.[2] (물론 책은 누군가가 그것을 읽는 한 어떤 의미에서 계속 살아 있다. 그러나 저자가 그것을 개선시킬 방법을 확인하지 않는 한 그것은 살아 있는 생명체처럼 계속 자라지는 않는다.) 나는 이 같은 파일을 『암시된 거미』의 최종 교정 직후부터 계속 유지해왔다. 그러나 이번에 기쁘게도 컬럼비아대학출판부에서 책을 수정할 기회를 주어 책이 탄생한 지 10년 만에 두 번째 생을 살 수 있게 되었다. 아마도 우리는 이 책을 개정된 거미The Revised Spider라고 부를 수도 있을 것이다.

좀 더 사소한 오류들을 수정한 것을 제외하면, 대부분의 수정은 원판의 특정한 관점을 잘 보여주고 입증하기 위한 예들을 첨가

---

[2] Wendy Doniger, "Epilogue" to *Mircea Eliade: Journal IV (1979-1985)*, 151-152.

한 것이다. 종교학을 예술이라기보다 과학으로 만들고자 했던 고리타분하고 터무니없는, 그리고 좋지도 않은 생각이 계속 이 학문을 타락시켜왔기 때문에 솔직히 말하자면 비교신화학은 언제나 혹평을 받아왔다. 나는 일찍이 셰익스피어의 플루엘렌Fluellen을 나쁜 비교 연구자의 예로 들었지만, 비교 연구자에 대한 더 날카롭고 더 적절한 풍자는 19세기의 위대한 소설 중 하나인 조지 엘리엇의 『미들마치』에 나오는 악당이다. 젠체하고 거만하며 이기적인 과대망상자, 에드워드 캐소본Edward Casaubon 목사는 모든 비교 연구자의 악몽이다. 여기서 그가 처음 어떻게 등장하는지 살펴보자.

> 그는 그녀에게 그가 이 세상의 모든 신화적 체계 또는 기이한 신화적 단편이 최초에 계시된 한 전통의 타락이라는 것을 보여주기 위한 작업에 어떻게 착수하게 되었는지 말했다(이러한 작업은 이전에도 물론 시도되었지만, 캐소본 씨가 추구하는 철저함과 공정한 비교 그리고 효율적인 배열에 따라 행해진 적은 없었다). 진리의 입장에 통달하고 거기에 확고한 발판을 세우면 신화의 광대한 체계는 이해 가능한 것이 될 뿐만 아니라 반사된 조화의 빛을 받아 빛나게 된다.[3]

안타깝게도 이것이 비평가에게 비춰진 우리 대부분의 모습이다.
그래서 우리는 찾을 수 있는 모든 동류의 아군들을 필요로 한다. 이 신판에 첨가된 몇몇 구절은 원판에 대략적인 뉘앙스를 더해

---

3   George Eliot, *Middlemarch*, chapter 3.

주는 반면, 어떤 것들은 내가 제시한 논점들을 좀 더 멋지게 혹은 설득력 있게 만들어주는 (다른 사람들의) 표현들이다. 나는 이러한 방식으로 다음과 같은 많은 논점에 대해 텍스트를 수정 보완했다. 거짓의 진실성(서론). 신의 입속으로 들어가는 것, 모래의 이미지와 우주의 크기(1장). 고슴도치와 여우, 배의 변화에 관한 메타포(2장). 신화의 공통적 측면, 유대인의 인간성에 대한 샤일록의 변호, 공통된 경험의 본성, 거미로서의 신, 셰익스피어의 독특성(3장). 이중적 의미, 에덴동산, 신화로서의 오페라, 모호한 시각적 아이콘(4장). 남성의 텍스트에 들어 있는 여성의 목소리에 대한 좀 더 긴 설명(5장).

또한 이 책 전체에서 다뤄진 두 주제가 있는데, 이에 대한 내 생각이 변했다. 따라서 이에 대해서는 지금 여기 책을 시작하는 곳에서 다루는 것이 가장 좋을 것이라 생각된다. 즉 그것은 컨텍스트,[4] 그리고 신화와 역사[5]의 관계에 대한 것이다.

컨텍스트

컨텍스트에 대한 내 생각이 변한 것은 내가 새로운 방식으로 컨텍스트를 사용한 두 권의 책[6]을 쓰고, 지금 다른 학자들이 만들어내고

---

4 컨텍스트에 대해서는 다음 페이지에서 논의했다. 110-111, 114, 116-126, 150-151, 167, 183, 191-192, 239-241, 297, 304, 325, 330, 371-373.
5 역사에 대해서는 다음 페이지에서 논의했다. 24-25, 119-121, 124-127, 133-134, 137, 179, 251, 256-257, 271, 325, 334-335, 344-351.
6 *Splitting the Difference: Gender and Myth in Ancient Greece and India*(1999) and *The Hindus: An Alternative History*(2009).

있는 훌륭한 컨텍스트 작업의 새로운 흐름을 알게 된 결과다. 또한 나는 광범위한 보편주의의 기미를 띤 어떤 것과도 멀리 떨어지려는 종교학 내의 지속적인 변화를 직시하면서, 컨텍스트를 유형론이나 공통된 의미 아래 두는 비교 연구자들의 접근 방식을 좀 더 강하게 변호할 필요가 있다고 생각하게 되었다. 비교에 대한 나의 기본적인 생각이 변한 것은 아니다. 나는 하드코어적인 맑스주의적-푸코적 역사 연구라는 어둠의 영역으로 넘어간 것이 아니다. 나는 여전히 비교 문화적 연구는 할 만한 가치가 있는 일이며, 이는 책임감 있게, 엄격하게 행해질 수 있다고 생각한다. 그러나 이제 나는 컨텍스트를 내던질 때 얼마나 많은 것을 잃게 되는지 좀 더 확실히 알게 되었고, 비교를 풍부하게 만들어주는 맥락화의 방법이 얼마나 많은지 알게 되었다. 다른 말로 하자면 내 주장의 기본 기반은 유지하고자 하지만, 나는 이제 내 입장에 반대하는 주장들이 내가 이전해 생각했던 것보다 훨씬 더 강력하다는 것을 인정하며, 단지 이 보 전진을 위한 일 보 후퇴를 위해서라면 좀 더 대담하고 정직하게 이에 맞서야만 한다는 것을 인정한다.

비교를 변호하는 과정에서 컨텍스트의 상실에도 불구하고 또한 컨텍스트의 상실 때문에 만난 기대하지 않았던 아군은 한나 아렌트Hannah Arendt와 발터 벤야민Walter Benjamin이었다. 아렌트는 벤야민 선집 『일루미네이션Illuminations』의 서문에 다음과 같이 쓰고 있다.

괴테에 대한 논문에서부터 벤야민의 모든 작품의 핵심에는 인용문이 있다. 이는 그의 글쓰기를 다른 모든 종류의 학문적 작업과 구별시켜주는 점이다. 모든 종류의 학문적 작업에서 인용문의 기능은 주장을 확인하고 뒷받침하는 것이며, 그런 까닭에 이런 것은 안전하게 주注로 밀려 내려간다. 이는 벤야민에게는 말도 안 되는 일이다. 독일 비애극에 대한 글을 쓰고 있을 때 그는 "600개가 넘는 인용문이 매우 체계적으로 그리고 분명하게 배열되었다"고 자랑했다(Briefe I, 339). 후기의 노트들과 마찬가지로 이렇게 수집된 인용문들은 연구에 대한 글을 쓰는 작업을 수월하게 하기 위한 발췌문들의 축적물이 아니라, 오히려 그의 글 자체를 부차적인 것으로 보이게 만드는 주된 작업이 되었다. 그 주된 작업은 컨텍스트로부터 단편들을 떼어내고, 이들을 서로가 서로를 밝혀주는 방식으로 배열하는 데 있었다. 말하자면 자유롭게 부유하는 상태에서 서로의 존재 이유를 입증해줄 수 있는 방식으로 말이다.[7]

"컨텍스트로부터 단편들을 떼어내는 것"은 단편들로부터 한 의미의 집합을 벗겨내지만, 또 다른 "자유롭게 부유하는" 의미의 집합을 가능하게 하며, 이를 통해 단편들은 서로서로의 의미를 밝혀주게 된다. 이는 신화들 전체가 서로서로를 설명하게끔 하는 클로드 레비스트로스Claude Lévi-Strauss의 방법론과 유비를 이룬다. 이 방법론에서는 신화 분석을 시작하기 위해서는 한 신화에 대한 수많은 이본異本을 먼저 확보해야만 한다고 가정한다.

내 생각에 컨텍스트라는 닻에서 떨어져 나온 신화의 "자유롭게 부유하는" 힘이 벤야민에게 큰 가치가 있었던 것과 달리 대부분

---

[7] Hannah Arendt, Introduction to Walter Benjamin, *Illuminations*, 47.

의 신화 연구자에게는 그보다 가치가 덜했다. 신화는 언제나 컨텍스트에 민감하기 때문이다.[8] 나는 컨텍스트의 중요성을 인정하게 되면서, 초판에서 내가 꺼냈던 주제였지만 충분히 전개시키지는 못했던 컨텍스트의 비교 가능성을 좀 더 진지하게 살펴보게 되었다. 이러한 비교는 여전히 학자가 연구 주제, 미시 신화 그리고 그런 주제에 관해 생각해온 최소 두 문화의 선택을 정식화하는 것(그것이 얼마나 자의적이든 간에)으로부터 시작한다. 그러나 그 순간에 두 번째 과정이 개입한다. 즉 각각의 미시 신화가 발생한 역사적 컨텍스트를 고려하면서, 그것이 어떻게 시간적 사건들에 의해 영감을 받거나 구성되었는지, 그것이 그 당시의 정치, 경제 상황에 어떻게 반응했는지 보여주는 것이다. 그러고 나면 각각의 스토리와 그 컨텍스트 사이의 관계를 비교할 수 있는 것처럼 두 컨텍스트를 두 신화와 함께 비교할 수 있다. 이러한 맥락화된 공시적 접근은 엘리아데 학파의 순전히 유형론적인 비교가 지니는 최악의 함정들 중 일부를 피해 간다. 이는 우리로 하여금 이야기가 변한다는 것뿐만 아니라 왜 변하는지 보게 해준다. 나는 이 책의 초판에서 그리스신화의 헬레네Helen의 그림자와 인도신화의 시타Sita의 그림자에 대한 신화를 비교하면서 이러한 방법을 내가 어떻게 시도하는지 개략적으로 보여주었다. 그 결과물이 책 『차이의 분할Splitting the Difference』이다.

    초판에서 나는 컨텍스트에 집중하다가는 개별성을 인식하는 데 어느 정도 둔감하게 된다고 주장했다. 독창성에 관한 질문은 언

---

[8]   라마누잔A. K. Ramanujan은 "Is There an Indian Way of Thinking?"에서 이야기 안의 이야기에 대해 논의한 적이 있다.

제나 수수께끼다. 이는 부분적으로 우리는 결코 개인의 천재성을 설명할 수 없기 때문이다. 물론 생각은 아무것도 없는 진공상태에서 생겨나는 것이 아니며, 그렇다고 이전에 나온 모든 생각의 총합에 지나지 않는 것도 아니다. 개인들은 저마다의 생각을 지니며, 흔히 이러한 생각은 같은 시간 같은 장소에 살고 있는 다른 사람들과 상당히 다를 수 있다. 이것은 우리가 소외된 사람들의 목소리를 살펴볼 때 특히 명심해야 할 중요한 점이다. 이들은 흔히 하나의 그룹으로서 이룰 수 없는 성과들을 개인으로서 성취한다. 그러나 컨텍스트는 독창성과 함께 작용하는 힘, 즉 융성하고 퍼져나가는 능력을 이해할 때 여전히 매우 중요하다. 학자들에게 있어서 비록 독창성을 궁극적으로는 설명하는 것은 불가능할지라도 이를 인정하는 것은 중요하다. 그러나 독창적 생각이 살아남게 되는 조건에 대한 어느 정도의 지식은 보통 우리가 파악할 수 있다. 역사적 컨텍스트는 왜 어떤 내러티브들은 유지되고 전파되며, 다른 어떤 것들은 그렇지 못하는지 설명할 수 있다. 이야기들은 특정한 시점에 사람들에게 중요한 것이 되었을 때만, 그 이야기들이 그 사람들이 관심을 가진 무엇들과 연결되었을 때만 뿌리를 내리게 된다.

　우리는 한 신화의 전통 안에서 각각의 내러티브가 어떻게 이전에 나온 내러티브에 대해 반응하는지 보여줌으로써 신화를 통시적으로 맥락화할 수 있다(마치 구시대의 훌륭한 문헌학적 접근이 그러하듯이 말이다). 통시적 발전을 고려함으로써 우리는 계속 진행 중인 어떤 생각들이 어떻게 진화하는지 살펴볼 수 있다. 그러나 특정한 시점의 특정한 사건 혹은 텍스트에만 집중한 컨텍스트화로는 이러한 작업을 할 수 없다. 이렇게 해서 역사적 컨텍스트의 망원경, 뷰파인더는 전적으로 텍스트 분석에만 집중하는 현미경을 보완할 수 있다.

신화와 역사

이는 우리를 신화와 역사의 관계로 이끈다. 이에 대한 내 생각은 『힌두교: 또 다른 역사The Hindus: An Alternative History』에서 인도 역사 속에서 신화가 정치적으로 사용된 것에 대한 글을 쓰면서 크게 변화했다. 동시에 내가 역사 가까이로 움직여 갈 때, 포스트모던 역사가들(콜링우드Collingwood, 헤이든 화이트Hayden White)의 통찰력이 신화 연구에 점점 더 광범위한 영향력을 행사하게 되면서 역사도 나에게로 가까이 움직여 왔다. (일반적으로 사조思潮는 인류학자와 역사가가 이를 버린 지 10년 혹은 20년 후 종교학에 도달한다.) 하지만 아무리 포스트모던 학자라 해도 신화와 역사가 같은 것이라고 주장할 학자는 거의 없다. 그리고 우리는 이 둘을 이해하기 위해 이들 각각을 어떻게 사용할지에 대해 주의를 기울여야만 한다.

예를 들어 (고대 인도의 위대한 두 산스크리트어 서사시 중 하나인) 『라마야나Ramayana』는 오거ogre(락샤사Rakshasa)에 대해 이야기할 때 우리를 파괴시킬 수 있는 모습을 한 악의 세력들이 사는 상상의 세계를 구축하는 동시에, 오거를 특정한 인간 유형에 대한 메타포로 사용한다. 그러나 이는 아요디아Ayodhya에서 온 사람들이 인도에 실제로 살던 사람들(부족들 또는 드라비다인들, 혹은 다른 누구들)을 이겼던 때의 실제 사건을 기록하지는 않는다. 또한 랑카Lanka로 이어지는 강둑을 건설한 이야기가 라마Rama와 원숭이들이 실제로 인도에서 (스리)랑카로 이어지는 강둑을 건설했다는 것을 의미하지는 않는다.[9] 또한 (나처럼) 『라마야나』가 기원전 300년에서 기원후 300년 사이 (여성들과 낮은 카스트들을 포함한) 여러 다양한 사회집단에 대한 많은 것을 이야기해준다고 말하는 것이 라마라는 이름을 가진 이가 실제로 오늘날 아요디아라 알려진 도시에 살았고, 오늘날 스리랑카라 불리는 섬에서 원숭이들로 이루어진 군대를 데리고 열 개의 머리를 가진 악마들의 군대에 맞서 전투를 했다거나, 혹은 몇몇 현대 인도인이 주장하듯이 (원숭이들로 대표되는) 부족 사람들을 데리고 다른 편의 원原무슬림 괴물들과 싸움을 했다는 것은 아니다. 라마는 고고학적 기록 혹은 비문의 기록을 전혀 남기지 않았다. 아요디아에 라마라는 이름을 가진 이가 살았거나 혹은 살지 않았다는 어떤 증거도 없다. 『라마야나』는 중요한 변화를 겪으며 여러 가지 다른 인도어로 여러 차례 다시 이야기되었기 때문에 북인도뿐만 아니라 남인도의 여러 다른 지역에서도 라마라는 이름이 등장한다. 여기에는 슐리만Schliemann이 와서 발견할 두 번째 트로이는 없다. 차라리 누구나 발견할 수 있는 두 번째, 세 번째, 그리고 열아홉 번째 트로이가 있다.

또 다른 예를 들자면 한 힌두교 왕이 8,000명의 자이나교인들을 찔렀다고 말하는 텍스트를 읽을 때[10] 우리는 신화를 이해하기 위해서 역사를 이용할 필요가 있다 ─ 즉 왜 이 같은 이야기가 만

---

9   그러나 이 신화 속 강둑은 2007년 9월 라마의 다리가 있었다고 말해지는 지역을 관통하는 운하를 세우려 했던 정부의 주요한 프로젝트를 멈추게 할 만큼 현실적이었다. 2007년 9월 12일자 BBC 뉴스 그리고 Doniger, *The Hindus*, 665-666.
10 Doniger, *The Hindus*, 23, 364-365.

들어지고 그 뒤로 여러 번 다시 이야기되었는지 이해하기 위해서 약간의 역사를 알 필요가 있는 것이다. 그것은 그 당시 힌두교인들과 자이나교인들 사이의 (예를 들어 왕실 후원 경쟁과 같은) 긴장 관계의 이유를 아는 것을 의미한다. 그러나 우리는 텍스트 뒤의 실제 역사를 재구성하기 위해 신화를 사용할 수는 없다. 우리는 이 텍스트가 한 힌두교 왕이 실제로 자이나교인들을 찔렀다는 증거라고 말할 수는 없는 것이다. 이 같은 신화는 사건보다는 정서, 동태보다는 동기의 역사를 우리에게 드러내준다.

그러나 이야기와 이야기 속의 생각들은 역사에 다른 방향으로, 그러니까 미래에 영향을 끼친다. 찔린 자이나교인들에 관한 이야기를 듣거나 읽은 사람들은 결과적으로 자이나교인들 그리고/또는 힌두교인들에 대해 (더 좋게 혹은 더 나쁘게) 다른 태도를 취했을 수 있다. 대개 우리는 역사에서 무슨 일이 일어났는지 정확히 알지 못한다. 그러나 보통 우리는 사람들이 이에 대해 말한 이야기들을 알고 있다. 어떤 점에서 이야기는 우리가 접할 수 있는 모든 것일 뿐만 아니라, 그 당시 사람들 그리고 후대의 사람들이 접할 수 있었던 모든 것이며, 따라서 뒤따르는 사건들을 일어나게 만든 모든 것이다. 실제 사건과 정서가 상징을 만들어내며, 또한 상징이 실제 사건과 정서를 만들어낸다. 실제적 그리고 상징적 차원들은 동시에 하나의 텍스트 안에 존재할 수도 있다. 신화는 "역사의 연기 the smoke of history"라 불려왔다.[11] 그래서 우리는 항상 신화라는 연기를 역사적 사건이라는 불과 분리하려고 노력해야만 한다. 그뿐만 아니라 신화

---

11 John Keay, *India, a History*, 2.

가 (마치 연기가 불에서부터 나오듯이) 단지 역사적 사건들에 반응할 뿐만 아니라 (마치 불이 연기를 치솟게 하듯이) 이들을 만들어내기도 할 때 신화가 어떻게 불이 될 수도 있는지 보여주려고 노력해야만 한다. 생각들도 역시 사실들이다. 사실이건 거짓이건 간에 영국인들이 동물 지방으로 탄약통에 기름을 바르고 있다는 믿음이 1857년 인도에서 하나의 혁명이 시작되게 했다.[12] 우리는 우리가 행동하는 대로인 만큼, 우리가 상상하는 대로이기 때문이다.

컨텍스트와 역사는 비교 신화 연구에 있어서 각 개별 문화의 신화들이 어디에서 왔는지를 이해하는 것뿐만 아니라 그것들이 어디로 갔는지를 이해하는 데도 기여할 수 있다. 그리고 이것 역시 충분히 알 만한 가치가 있는 것이다.

---

12 일찍이 세포이 항쟁이라 알려졌던 대반란의 도화선은, 영국군 밑에서 복무하던 인도 군인들이 그들이 입으로 물어야 했던 탄약통에 칠해진 기름이 (무슬림들에게 금기인) 돼지 지방이나 (힌두교도들에게 금기인) 소 지방 혹은 둘 다라는 것을 듣고 동요하게 된 사건이었다. Doniger, *The Hindus*, 585-587.

감사의 말

이 책의 일부 아이디어는 다음과 같은 여러 출판물에서 시작되었다. 1995년 10월 12일 (시카고대학의) *The University Record*에, 그리고 이어서 *Journal of Religion* 76, no. 4(October 1996): 531-547에 실린, 1995년 라이어슨Ryerson 강연인 "Myths and Methods in the Dark". "The Theological uses of Double Vision", *Criterion* 34, no. 3(Autumn 1995). "The Microscope and Telescope of a Liberal Education", *Shenandoah: The Washigton and Lee University Review* 46, no. 1(Spring 1996), 78-88. "Minimyths and Maximyths and Political Points of View", *Myth and Method*, edited by Laurie Patton with Wendy Doniger(Charlottesville: University Press of Virginia, 1996), 109-127. 나는 또한 이 강연들의 일부 초기 버전을 1996년 8월 웰플리트 도서관(The Wellfleet Library)에서 다뤘다. 특히 그 강연들에서 나는 빅터 구레비치Victor Gourevitch와 자클린 구레비치Jacqueline Gourevitch에게 많은 도움을 받았다. 그리고 나는 1996년 키웨스트에서 작업할 때 애니 딜러드Annie Dillard와 밥 리처드슨Bob Richardson으로부터도 많은 도움을 받았다. 캐서린 울리치Katherine Ulrich는 개정과 확장 작업 전 과정에서 뛰어난 연구 조교임을 입증해주었다. 그녀는 색인 작업을 담

당했으며, "플라톤 (혹은 퍼스) 글 어디에서 이것 좀 찾아봐줄 수 있겠어요?"와 같은 바보 같은 요청에도 군말 없이 내가 원하는 것들을 언제나 가져다주었다.

그러나 내가 가장 먼저 감사 인사를 빚진 곳은 1996년과 1997년 미국 종교학 강좌American Lectures on the History of Religions에 나를 초대해준 미국종교학회the American Academy of Religion와 미국학회평의회the American Council of Learned Societies일 것이다. 이 각각의 강좌에서 나는 활발한 토론을 하였고 도움 되는 의견을 많이 들었는데, 이것들 중 이 책의 주석에 실제로 소개된 것들은 일부일 뿐이다. 그래서 나는 이 기회에 코넬대학의 도미니크 카프라, 미커 발, 팀 브레넌, 로알드 호프만, 알리슨 루리, 에드워드 하워, 마이클 스타인버그, 마이클 오플라허티 그리고 레이첼 누스바움에게 고마움을 표한다. 듀크대학의 미리암 쿡, 노스캐롤라이나대학 채플힐의 조안 왜그혼과 잭 새손, 에모리대학의 마라 밀러, 버넌 로빈스, 로리 패튼, 폴 코트라이트 그리고 조이스 부르칼테르-플루엑커, 미시간대학 앤아버의 사라 콜드웰, 랠프 윌리엄스, 발 대니얼스 그리고 리 슐레진저, 미주리대학 컬럼비아의 질 레이트, 조엘 베레톤 그리고 폴 존슨, 시카고대학의 로레인 다스톤, 클라크 길핀, 티크바 프리머-켄스키, 휴 어반, 웨인 부스, 팀 차일드, 글렌 모스트, 윌리엄 슈와이커, 주디스 케건 가디너, 프랭크 레이놀즈, 진 베스키 엘시타인, 조너선 스미스 그리고 (제2판의 개정 작업을 도와준) 소남 카츠루에게 고마움을 표한다. 그리고 언제나처럼 데이비드 트레이시와 브루스 링컨에게 고마움을 표하며, 신학(트레이시)과 정치(링컨) 그리고 신화(나)의 상호작용을 생각하면서 그들에게 이 책을 바치고자 한다.

서론: 신화와 메타포

이 책이 논의하고자 하는 것은 서로 다른 문화의 신화들을 왜 비교해야 하며, 어떻게 비교해야 하는가라는 문제다. "어떻게"에 대한 부분 — 즉 비교자가 취해야 할 실질적인 방법과 단계적 과정 — 은 4장과 5장에서 이야기할 것이다. 그러나 전반부 세 장과 마지막 장에서는 "왜" 비교신화학이 필요한지에 대해 논의할 것이다.

    나는 온갖 종류의 이야기들을 다룰 것이다. 그러나 내가 특별히 관심을 두는 것은 "이야기"라는 폭넓은 범주 속에서 분리될 수 있는 하나의 하위 구분체로서의 신화, 바로 이 신화와 관련된 것이다. 신화에 대한 학문적 접근은 대개 정의定意에서부터 출발한다. 나는 언제나 이러한 방식을 거부해왔는데, 이는 내가 신화란 무엇인가(아니 보다 정확히 말하자면 신화는 무엇이 아닌가라는 질문이 될 것이다. 정의란 언제나 이처럼 배타적인 언어를 사용하니까)라는 것에 대해 구술하기보다는 신화는 무엇을 하는가를 탐구하는 것에(그리고 나아가서 가능한 한 그 기능의 포괄적 범위를 다 보여주려고 시도하는 것에) 더 관심을 갖고 있기 때문이다. 신화를 정의한다는 것은 내가 언제나 기피해왔던 경계와 장벽 따위를 쌓아올리는 일을 요구한다. 이 책은 바로 이러한 경계 짓기, 장벽 쌓기에 도전하기 위한 것이다. 예를 들어 비록 많은 신화가 초자연적 존재들과 연관되어 있지만, 나는 신화를 초자연적인 존재들과 연관된 이야기들에 국한시키길 원치 않는다. 또한 신화, 서사시, 전설, 역사 그리고 영화 사이에는 중요한 차이점들이 존재하지만 그럼에도 불구하고 이러한 텍스트들은 많은 점에서 비슷한 기능을 하므로 함께 연구되어야 한다고 생각한다. 나는 분명 신화를 고대의 문자 텍스트는 물론 일반적인 문자 텍스트에 국한시키지 않을 것이다. 신화는 문자로 기록될 수도 입으로 전해질 수도 있고, 고대적일 수도 현대적일 수도 있다.

한편으로 나는 내 관심 영역을 몇 가지 방식으로 좁힐 것이다. 왜냐하면 모든 신화는 이야기이지만 모든 이야기가 신화는 아니기 때문이다. 나의 정의에 따르면 신화는 종교적 질문을 불러일으키는 것이다(이 말은 물론 내가 종교적 질문이라는 것을 정의해야 한다는 것을 의미하며, 나는 3장에서 이 작업을 할 것이다). 그러나 내 견해는 (교리, 의례, 윤리 등등에 대한 연구를 포함하는) 종교학the history of religions이라는 보다 넓은 영역 아래의 비교적 좁은 영역인 비교신화학을 염두에 둔 것이지 (종교철학, 종교심리학 등을 포함하는) 종교 연구religious studies 전체를 염두에 둔 것은 아니다.* [*신화 연구의] 이러한 더 넓

* 참고로 지은이가 재직했던 시카고대학 신학부의 연구 영역 소개 중 the history of religions에 대한 소개 글 일부를 인용해본다. "종교학The History of Religions은 사회과학과 인문학의 방법론을 통해 종교를 오로지 하나의 인간 현상으로 접근한다. 이는 폭넓은 비교, 경험적 연구에 힘입은 높은 수준의 일반 이론에 관여하며, 이론적 성찰에 힘입은 높은 수준의 경험 연구를 수행한다. 이는 인식론, 전문용어, 범주 형성, 방법과 동기의 문제에 의식적이고 분명한 관심을 기울인다. … 이는 (a) 서구 유일신론이 연구의 유일한 패러다임 그리고/또는 목적이 되어서는 안 되며, (b) 종교가 결코 믿음의 문제로만 환원될 것이 아니라 실천, 조

은 영역에서의 비교에 대한 논의에는 물론 다른 것들이 고려되어야 할 것이다. 그리고 신화는 그 자체로 능동적인 힘을 지닌 것이 아니라 단지 인간존재의 수중에 있는 도구에 불과하다는 것을 항상 염두에 두어야 한다 — 그래서 서로 다른 인간들은 이 도구를 서로 다른 방식으로 사용할 뿐만 아니라 이에 대한 정의도 다른 방식으로 내린다. 단어는 똑같아 보일 수도 있으나 — 마치 그 단어가 나타내는 내러티브가 그러하듯이 — 다른 컨텍스트에서는 다른 의미를 지닐 것이다.

우선 신화는 무엇이 아닌가라는 질문에서부터 시작해보자. 신화를 거짓이나 거짓 증언으로 보는 것이 아마도 오늘날 일상적 어법에서 통용되는 신화의 가장 평범한 의미일지라도, 신화는 진실이나 실재 혹은 역사와 대비되는 거짓말이나 거짓 증언이 아니다. 종교학에서 신화라는 용어는 거의 언제나 "진실"을 의미하는 것으로 사용되어왔다. 이러한 애매모호함을 가능하게 해주는 것은 신화가 무엇보다도 사람들이 "믿는", 진실이라고 믿는 이야기라는 점이다. 또한 종종 신화가 사실상 거짓이라고 말해주는 많은 증거에도 불구하고 사람들이 계속 신화를 진실이라고 믿는다는 점이다.[1] 예를

직, 공동체, 아비투스 및 무의식적으로 작동하는 다른 요소들의 문제를 포함해야 하고, (c) 모든 종교현상의 이상화된 자기표현에 대해 비판적인 검토와 체계적인 질문을 동반하는 해석을 해야 한다고 주장한다."(https://divinity.uchicago.edu/academics/areas-study/religion-and-human-sciences/history-religions) 이처럼 시카고대학과 지은이가 사용하는 History of Religions가 특정한 연구 맥락에서 나온 말임에 비해, Religious Studies는 보다 일반적으로 '종교학'을 지칭하는 데 사용되는 말이다. 그렇지만 이 구절에서는 History of Religions와 구분하기 위해 '종교 연구'라는 표현을 사용했음을 밝힌다.

1   Leon Festinger, *A Theory of Cognitive Dissonance*.

들어 수단Sudan의 이야기꾼은 보통 다음과 같은 상투적인 어구로
이야기를 시작한다.

자, 이제 내가 이야기를 하나 해보겠습니다.
[청중] 옳소!
이 얘긴 거짓말입니다.
[청중] 옳소!
그러나 모든 것이 다 거짓인 건 아니랍니다.
[청중] 옳소!²

자크 루보는 그의 포스트모던 동화 『하피 왕자, 혹은 래브라도 이야기』에서 이 아이디어를 사용했다. "이야기는 언제나 진실을 말합니다. 이야기가 하는 말은 그것을 이야기가 말하기 때문에 참입니다. 어떤 사람들은 이야기가 하는 말이 참이기 때문에 이야기는 진실을 말한다고 합니다. 또 다른 어떤 사람들은 진실은 이야기가 아니기 때문에 이야기는 진실을 말하지 않는다고 합니다. 그러나 실제로는 이야기가 하는 말이 참이라는 것을 이야기가 말한다는 점에서 이야기가 하는 말은 참입니다. 이것이 왜 이야기가 진실을 말하는지에 대한 이유입니다."³ 그는 피카소의 다음과 같은 말을

---

2   Cendrer's *Anthologie Negre*, Susan Feldmann, ed., *African Myths and Tales*에서 인용. 이 흥미로운 일화를 내게 이야기해준 조너선 스미스Jonathan Z. Smith에게 감사한다. 1977년 5월 8일 사적인 대화.
3   Jacques Roubaud, *The Princess Hoppy, or, The Tale of Labrador*. Chapter 0, "Some Indications about What the Tale Says", subsection, "That the tale is true"(pp. 3-4). 이 인용에 대해 조너선 스미스에게 고마움을 표한다.

인용할 수도 있었을 것이다. "예술은 진실을 말하는 거짓말이다."

긍정적이고 지속적인 의미에서 신화는 신화 속에서 자신에게 가장 중요한 의미를 발견한 사람들에게 신성시되고 공유되는 이야기이다. 신화는 사람들이 과거의 사건, 혹은 아주 드물게 미래의 사건에 관해 과거에 쓰인 것이라고 믿고 있는 이야기로, 그 사건은 기억되기 때문에 현재에도 계속해서 의미를 갖는다. 그것은 보다 넓은 이야기들의 그룹에 속하는 하나의 이야기이다.[4] 이러한 신화의 정의는 데이비드 트레이시의 고전에 대한 정의[5]로부터 도움을 받은 것이다. 그에 의하면 고전(내 관점에서 보자면 신화와 같은 것)은 그 표현에 있어서는 매우 사적인 것이지만 그 효과와 수용에 있어서는 공적인 것이다.[6]

플라톤은 "거짓"과 "진실" 둘 다를 의미하기 위해서 언어를 사용했다. 미르체아 엘리아데가 오래전에 지적한 대로 플라톤은 한편으로는 (그가 처음은 아니었지만) 위대한 탈신화론자demythologizer였다.[7] 플라톤은 만들어지고 꾸며진 신화와 진실한 이야기를 대비하면서 호메로스와 헤시오도스의 신화를 "해체"했다.[8] 그러나 사람들

---

[4] Wendy Doniger O'Flaherty, *Other Peoples' Myths*, 25-33.
[5] David Tracy, *The Analogical Imagination*, 102.
[6] David Tracy, 1994년 3월 예루살렘에서 발표한 논문.
[7] Mircea Eliade, *Myth and Reality*, 1, 111-113, 147-157. 플라톤 이전에 크세노폰이 그리스신화를 이성화하고자 시도했다.
[8] Plato, *Timaeus* 26e; 또한 *Laws* 10.887.c8-e1; *Timaeus* 19d. 시인들의 신화 사용을 비난한 것에 대해서는 또한 다음을 보라. *Timaeus* 22d; *Republic* 3.394b-c, 2.380c3; *Philebus* 14a.3-5. 이 주제에 대한 좋은 논의는 다음 책에서 찾아볼 수 있다. Marcel Detienne, *The Creation of Mythology*, 86-87; Doniger O'Flaherty, *Other Peoples' Myths*, 25-33.

은 신화를 필요로 했기 때문에 플라톤은 그들을 위해서 새로운 것을 고안해내려 했고,[9] 그래서 그는 철학적 영혼의 드라마를 만들어냈으며 이를 켄타우로스 등이 나오는 옛 신화에 도전하는 합리적이고 논리적인 신화로 만들었다.[10] 그는 에로스의 신화[11]와 우주 창조의 신화[12]를 만들어내기 위해 고대의 신화적 주제들을 변형시켰고, 『파이돈』에 나오는 세계에 관한 이야기[13]와 『국가』의 마지막에 나오는 에르Er의 이야기[14]에는 그 자신이 직접 신화(플라톤이 사용한 고대 희랍어로 **뮈토스**muthos)라는 말을 붙였다. 플라톤은 거짓된 신화들(즉 대중들과 유모들 그리고 시인들이 만들어낸 이야기들)은 좋아하지 않았으나, (그 자신이 만든 신화와 같은) 진실한 신화들은 좋아했다. 그리고 신화의 정의 속에 함축된 이러한 양면성은 오늘날까지도 이어져오고 있다.

앞으로 각 장에서 신화에 대한 내 주장들을 더 전개시켜나갈 것인데, 이러한 주장들은 하나의 축적적인 작업적 정의(내가 편안함을 느끼는 유일한 종류의 정의)로서 받아들여질 수 있을 것이다. 즉 1장에서는 신화가 근시적 관점과 원시적 관점을 결합한다는 것을, 2장에서는 신화가 신화의 각 부분의 합보다 크다는 것을, 3장에서는 신화가 비교 문화적인 인간 경험을 표현한다는 것을, 그리고

---

9   Plato, *Laws* 10.887.c8-e1.
10 Plato, *Timaeus* 29d, 59d, 68d etc.
11 Plato, *Symposium*.
12 Plato, *Statesman*; *Timaeus*.
13 Plato, *Phaedo* 110.b-114.
14 Plato, *Republic* 10(621b-c); 죽은 자들의 항해에 관한 비슷한 신화로는 *Phaedo*, 113-114를 참조하라.

4장에서는 신화가 서로 상반되는 생각을 표현하고, (보통 해결 불가능한) 중요한 질문들에 대한 어떤 기본적인 문화적 관점을 드러내주고 — 혹은 때때로 은폐하고 — 그리고 의미의 다양한 구축에 대해 투명하다는 것을 주장할 것이다. 이 책 전체를 통해서 나는 하나의 신화가 하나의 텍스트에만 제한되어 있는 것이 아니라고 주장하며, 따라서 신화라는 말을 하나의 단일한 판본(이는 텍스트 혹은 이야기하기telling라고 부를 것이다)을 지칭하는 말로 사용하지 않고, 이야기 전체를 아우르며 전체의 흐름을 관통하는 내러티브를 지칭하는 말로 사용할 것이다.

비교신화학에 관한 이전의 논의에서 나는 다른 사람들의 문화에서 비롯된 신화들이 종종 우리 자신의 신화를 보다 더 새롭게 해주는 유용한 메타포를 제공해준다고 주장했다.[15] 그때 내가 메타포를 설명하며 사용했던 메타포였던 사냥꾼과 현자에 관한 이야기는 그 책의 다른 어떤 부분 — 예를 들어 비교신화학에 관한 내 견해 — 보다도 독자들에게 참신하게 다가갔던 것으로 밝혀졌다. 나는 이 책에서 비교신화학이 무엇이며 또 그것이 어떠한 모습이어야 하는가를 설명하기 위해 몇몇 메타포를 사용하고자 하며, 비교라는 것이 일종의 메타포이고 우리 모두는 메타포로 그리고 비교적으로 사고한다는 사실을 좀 더 이론적으로 논증할 수 있길 바란다.

(메타포의 놀라운 점은 그것이 매우 현실적인 동시에 또한 매우 비현실적이라는 점이다. 내가 1장의 초고를 애틀랜타의 한 강연에서 발표했을 때, 두 명의 진화 생물학자가 이 발표가 진짜 현미경과 망원경에 대한 것이라 생

---

15 Doniger O'Flaherty, *Other Peoples' Myths*.

각하고 왔다. 그들은 강연을 끝까지 들은 후에 나에게 와서 생물학 분야에서의 이중 시각, 즉 현미경처럼 아주 작은 세부 사항에 초점을 맞추는 사람들과 큰 그림을 꿈꾸는 망원경 유형의 사람들 사이의 유감스런 분열과 그들이 서로 대화할 때의 어려움에 관해 이야기를 나누었다.)

나는 비교의 메타포로서 메타포metaphor라는 말 대신에 번역translation이라는 말을 사용할 수도 있다고 본다.[16] 사실 영어의 *metaphor*와 *translation*은 각각 희랍어와 라틴어의 "가로질러서 가져오다bring across"라는 말을 뜻하는 단어들로부터 유래했다(희랍어 *phor*, 라틴어 *fero, latus*[*latus*는 동사 *fero*의 완료형]는 "가져오다bring"를 의미하고, 희랍어 *meta*, 라틴어 *trans*는 "가로지름across"을 의미한다). 우리는 누군가에게 말할 때 언제나 번역하고 있는 것이며 외국어로 말할 때는 더 그렇다. 모든 번역가가 알고 있듯이 우리는 진정한 번역을 할 수는 없지만 그럼에도 불구하고 번역을 하고 있다.[17]

우리가 무엇인가를 전혀 번역할 수 없다거나 비교할 수 없다는 믿음은 내게 참 어리석은 생각으로 보인다. 이는 『오즈의 나라The Land of Oz』에서 왕이 된 허수아비가 호박머리 잭Jack Pumpkinhead을 만나는 장면을 떠올리게 한다. 호박머리 잭은 허수아비와 자신이 오즈의 나라의 서로 다른 지역에서 살아왔으므로 그들이 서로 다른 언어로 말해야 한다고 믿고 있다. 잭은 다음과 같이 주장하기 시작한다. "나는 당신의 말을 이해할 수 없어요. 당신도 알다시피 나는

---

16 1996년 11월 코넬대학에서 나에게 이 이야기를 해준 도미니크 라카프라Dominick LaCapra에게 그리고 1997년 5월 이것의 함축적 의미를 더 지적해준 조너선 스미스에게 고마움을 표한다.

17 Wendy Doniger O'Flaherty, "On Translating Sanskrit Myths".

질리킨의 땅에서 왔고 따라서 외국인이죠. … 그러므로 우리가 서로를 이해한다는 것은 불가능할 거예요." 그래서 허수아비는 두 가지 말을 다 한다고 소문나 있는 젤리아 잼Jellia Jam을 불러오게 하고 잭에게 의자를 내어준다. 그러나 잭은 계속 고집한다. "만약 내가 앉기를 바란다면 당신은 내게 그렇게 하라고 신호를 보내줘야만 해요." 허수아비는 그를 세차게 밀어서 앉히고 정중하게 묻는다. "이 신호를 이해했는가?" 잭은 말한다. "그럼요." 그러고 나서 통역사가 도착해 잭의 악의 없는 인사를 다음과 같이 번역한다. "그가 말하길 폐하의 머리가 좀 흐트러진 것처럼 보인다는군요." 왕은 생각에 잠겨 말한다. "서로 다른 두 언어를 이해한다는 것은 얼마나 멋진 일인가." 그러나 왕은 통역사에게 지시한다. "잭에게 물어보아라. 만약 그가 에메랄드 시의 통치자를 모욕한 죄로 감옥에 가게 되어도 불만이 없는지." 왕의 이 말을 듣자 잭은 분개해서 소리친다. "나는 당신을 모욕하지 않았어요!" "쯧쯧!" 왕은 경고한다. "젤리아가 나의 말을 통역할 때까지 기다려라. 네가 이렇게 급하게 소리 지를 거라면 우리가 왜 통역사를 데려왔겠느냐?" 마침내 통역사는 질리킨의 언어와 먼치킨의 언어가 "하나이며 똑같다!"는 것을 고백한다. 한결 마음을 놓은 허수아비는 말한다. "그렇다면 아무 문제 없이 내 자신이 나의 통역사였구나!" "왕이시여, 이 모든 것은 제 불찰입니다." 잭은 왕에게 사과하면서 바보스럽게 다음과 같이 덧붙인다. "저는 우리가 다른 지역에서 살고 있었기에 서로 다른 언어로 말해야 한다고 생각했어요."[18] 우리는 때때로 우리가 인식하는 것

---

18 L. Frank Baum, *The Land of Oz*, 67–73.

보다 더 자주 우리 자신의 통역자가 되어야 한다. 나는 곧 비교에도 도약이 필요하다고 주장할 것인데, 이러한 도약과 매우 유사한 믿음의 도약이 번역에도 필요하다. 우리는 언제나 여러 세계 사이에서 움직이며 우리의 삶을 이해하고 방향 짓기 위해 노력하고 있다. 비교의 트릭trick은 이러한 여러 세계 사이에서 일어나는 번역의 트릭이기도 하다.

나는 1장에서 우리가 신화들을 비교할 수 있으며 그 신화들은 정치적인 것을 억누르기보다는 분출시킨다고 가정하며 시작한다. 따라서 신화들을 비교 문화적으로 비교하는 것은 실제적으로 가능하며, 지적으로 타당하며, 정치적으로 생산적이다.[19] 사실 이 책은 내가 고대 유대교, 고대 인도, 셰익스피어 그리고 현대 미국 영화 속의 신화들을 비교하는 책[20]을 쓰며 즐거이 사용했던 방법론을 차후에 정당화할 필요를 느끼고 기획한 것이다.

그리고 나서 다른 좀 더 논쟁적인 장르로 구성된 2장에서부터 6장까지에서는 이러한 가정들을 문제화할 것이며, 사람들이 신화는 결코 서로 비교될 수 없으며 반反정치적이라고 단언하며 이러한 가정들을 문제화한 방식들을 보여줄 것이다. 그리고 이러한 반대 주장들에 대해 답하면서 나의 입장을 방어하려고 시도할 것이다. 나는 이 책의 독자, 특히 1장을 읽은 독자가 누군가로부터 비교신화학을 믿느냐는 질문을 받았을 때, 세례를 믿느냐는 질문을 받은

---

19 강렬한 압운을 이루는 이 구절은 랠프 윌리엄스Ralph Williams의 것으로, 1997년 2월 앤아버Ann Arbor에서 그가 한 논평에서 나온 말이다.
20 Wendy Doniger, *The Bed Trick*.

사람처럼 다음과 같이 대답해주길 기대한다. "그것을 믿냐고요? 저는 그것이 행해지는 것을 봤답니다." 그러나 믿음이 적은 자들, 그들을 위해서 나는 이 책의 나머지 부분을 썼다.

1장 현미경과 망원경

텍스트의 렌즈로서의 신화

1장에서는 신화의 기능과 분석에서의 현미경과 망원경 메타포를 검토해볼 것이며, 두 전통의 텍스트, 즉 히브리 성서와 힌두 신화를 비교함으로써 나의 방법론을 보여줄 것이다. 우선 나는 현미경의 차원과 망원경의 차원이 신화 자체에서 불가분하게 얽혀 있다는 것을 주장하고자 한다.

신화를 정의하는 한 가지 방법은 이를 언어로 구축된 모든 내러티브의 연속체(시, 사실주의 소설, 역사 등등) ― 경험을 서술하는 다양한 형식의 내러티브들 ― 에서 맥락화시키는 것이다. 만약 이러한 텍스트의 연속체를 하나의 시각적 스펙트럼으로 간주한다면, 이 내러티브의 양극단을 전형화하기 위해 현미경 그리고/또는 망원경의 메타포를 사용할 수 있을 것이다. 연속체에서 전적으로 개인적인 것(사실주의 소설, 혹은 더 나아가 일기), 유아론唯我論적인 것("이런 일은 오직 나 외에는 누구에게도 일어나지 않아")을 다루고 있는 한 끝은 현미경이다. 나는 꿈 또는 경험을 전적으로 주관적으로 재서술하는 것도 여기에 포함시키고자 한다. 이쪽 끝에 위치한 몇몇 소설은 여러 가지 면에서 신화와 대조적이라 할 수 있다. 이런 소설들은 주로 개인적인 것에 의존하고 따라서 캐릭터가 가장 중요하다. 이런 소설들은 이 일은 오직 이 한 사람에게만 일어날 수 있는 일이라고, 혹은 최소한 이 한 사람에게만 일어났다고 말한다. 그러나 이와는 대조적으로 대부분의 신화에서는 아주 대강의 조건들(젊은이인가 노인인가 혹은 현명한가 어리석은가라는 식의 조건들)을 제외하고는 캐릭터가 전혀 중요하지 않다. 신화는 이 일은 누구에게나 일어날 수 있다고 말한다. 그러나 어떤 소설들은 좀 더 신화와 유사하기도 하다. 많은 소설은 소수를 대표하는 남성들과 여성들의 드라마가 우리의 상황에 호소한다고 가정한다. 동시에 또 다른 의미를 전달하는 특정 사건이나 인물에 대한 세밀한 묘사를 가리키는 "낭만적 사실주의"라는 말은 소설을 범주화하는 데 쓰이는 동시에 또한 몇몇 신화에도 적용된다. 이러한 신화에서 한 행위자에 대한 세밀한 묘사는 이 신화가 단지 수많은 개인뿐만 아니라 때때로 어떤 추상적 개념에도 적용 가능하다는 것을 생생하게 보여준다.

  T. S. 엘리엇은 제임스 조이스James Joyce가 신화적 소설가mythological novelist의 계보를 낳길 희망했다. "신화를 사용하는 데 있어, 그리고 현대와 고대 사이의 지속적인 유비 관계를 다루는 데 있어 조이스는 다른 이들도 반드시 따라야만 할 방법을 추구하고 있다. … 이제 아마도 우리는 내러티브적 방법 대신 신화적 방법을 사용할 것이다."[1] 나에게 신화적 방법은 내러티브적 방법이다. 그러나 매

---

1 T. S. Eliot, "*Ulysses*, Order, and Myth", 177-178.

우 특별한 종류의 내러티브적 방법이다. 조이스는 이 방법을 (마치 존 업다이크John Updike가 소설 『켄타우로스The Centaur』에서 현대적이고 현실적인 동시에 고대적이고 신화적인 이중 초점을 구축했듯이) 호메로스의 『오디세이아』에 따라 소설을 만든 명백한 방식에서뿐만 아니라, 항상 신화적 비유를 불러오고 렌즈를 조작하는 데에도 사용했다. 존 도스 파소스John Dos Passos•의 소설에 대해 언급하면서 조지프 엡스타인••은 다음과 같이 말했다. "광각렌즈를 사용하면 깊게 볼 수 없다. 한편 클로즈업을 사용하면 세부 사항들의 폭을 잃어버리게 된다. 극히 소수의 소설가 — 발자크, 디킨스, 톨스토이 그리고 간혹 스탕달 — 만이 둘 다를 잘 사용했다."[2] 그러나 내 생각에 신화 작가들 중에는 둘 다를 잘 사용할 수 있는 사람이 상당히 많다. 이것은 부분적으로는 정도의 문제이다. 왜냐하면 우주적인 것과 평범한 일상적인 것의 혼합은 소설마다 다르고 또한 신화마다 다르기 때문이다.

연속체에서 개인적인 것으로부터 떨어져 있는 또 다른 끝, 즉 추상적인 끝 — 망원경 — 에는 온전히 일반적이고 형식적인 것, 즉 이론적인 논문 혹은 심지어 수학 공식이 있다. 에드나 세인트 빈센

• 존 도스 파소스(1896-1970)는 20세기 초반 미국의 작가. 시카고에서 태어나 하버드대학을 졸업했다. 『맨하탄 트랜스퍼Mahattan Transfer』(1925)로 작가로서 성공을 거두었으며 세 소설, 『위도 42도선The 42nd Parallel』(1930), 『1919년』(1932), 『거금The Big Money』(1936)으로 이루어진 《미합중국 3부작USA Trilogy》이 가장 유명하다.

•• 조지프 엡스타인(1937-)은 미국의 수필가, 단편소설가, 편집자. 1974년부터 1998년까지 『미국의 학자The American Scholar』의 편집자로 활동했다. 소소한 일상의 즐거움을 다루거나 유명한 작가들의 생각을 정리한 수필들로 유명하다.

2 Joseph Epstein, "'U.S.A.' Today", 72.

트 밀레이Edna St. Vincent Millay•는 자신의 시에 「유클리드 홀로 벌거벗은 미를 바라보았다Euclid alone has looked on beauty bare」라는 제목을 붙였으며, 우리는 아마도 클로드 레비스트로스가 신화를 증류시켜 도달한, 궁극적인 대수 형식 같은 기하학적 추상 속에 신화의 꾸밈없는 사실 그대로의 미를 위치시킬 수 있을 것이다.[3] 과학자들은 다른 별에 혹 존재할지도 모르는, 우리의 언어를 전혀 이해할 수 없을 것으로 예상되는 생명체에게 메시지를 보내려 했을 때 언어의 영역 밖에 있는, 짐작컨대 어디에서나 똑같은 파이pi(원의 반지름과 원주의 비율) 값과 같은 데이터로 라디오파를 보냈다. 우리가 상상할 수 없을 정도로 광대한 경험들("이 일은 200만 아르메니아인들과 600만 유대인들에게 일어났다" 혹은 심지어 "이 일은 매일 은하계의 다른 별에 있는 10억 중 1명에게 일어나고 있다")을 위치시키는 것은 바로 이 망원경 렌즈의 끝이다. 또한 여기에서 우리는 한 구체적 인간의 이야기라고 하기 힘든 혹은 주체성을 결여한 이상적 경험 — 이것이 순전히 이론적인 구축물일지라도 — 에 대해 상상할 수 있다.

개인적인 것과 추상적인 것의 연속체 가운데서 신화는 진동

• 에드나 세인트 빈센트 밀레이(1892-1950)는 미국의 시인이자 극작가. 1920년 출판된 시집 『엉겅퀴에서 얻은 몇 개의 무화과A Few Figs from Thistles』는 여성의 섹슈얼리티에 주목한 페미니즘 시각으로 많은 관심을 받았다. 1923년 『하프 제작자를 위한 발라드A Ballad for Harp Weaver』로 퓰리처상을 수상했으며, 이는 여성으로서는 세 번째 퓰리처상 수상이었다. 여기에 인용된, 유클리드에게 바치는 시 「유클리드 홀로 벌거벗은 미를 바라보았다」와 고등학교 시절 시 경연 대회에 출품해서 큰 센세이션을 일으킨 시 「르네상스Renaissance」 등이 유명하며, 극작가로서 반전反戰 내용을 담은 드라마 『아리아 다 카포Aria da Capo』, 딤스 테일러Deems Taylor가 작곡한 오페라 『왕의 심복The King's Henchman』의 대본 등도 썼다.

3 6장을 보라.

하고 있다. 언어로 만들어진 모든 것 중에서 신화는 가장 광범위한 인간의 관심사와 역설을 포괄한다. 신화와 밀접하게 연관된 서사시 역시 중심 테마로 두 가지 면, 즉 인간적인 것과 신적인 것의 상호작용을 다루는데, 거기에서 신들은 언제나 인간의 분쟁에 개입한다. 신화의 범위는 가장 세밀한 것(연속체의 개인적인 끝에 가장 가까운 것)에서부터 세밀함을 완전히 제거한 것(연속체의 추상적인 끝에 있는, 인공적 구축물에 가장 가까운 것)에까지 이른다. 그리고 각각의 신화는 학자들에 의해서 거시적 형태로 또는 미시적 형태로 해석될 수 있다. 만약 산문이 일반적이고 번역 가능한 것이고 시는 개별적이고 번역 불가능한 것이라면, 신화는 가장 일반적인 의미에서 산문이라고 말할 수 있을 것이다. 같은 맥락에서 레비스트로스는 신화의 본질은 그것이 시의 본질과는 다르게 번역 가능하다는 데 있다고 말했다.[4] 나는 여기에 덧붙여 신화는 비교 문화적으로 번역 가능하며 따라서 서로 비교될 수 있고 같은 기준으로 가늠할 수 있다고 말하고 싶다. 연속체의 양극, 즉 같은 것과 서로 다른 것, 일반적인 것과 개별적인 것이 동시에 맞물리는 것은 독특한 이중 시각을 요구한다. 신화는 모든 장르 중에서 유일하게 이러한 시각을 유지할 수 있는 것이다. 신화는 학문의 경계를 가장 많이 넘나드는 내러티브다.

반사망원경은 오목거울을 사용하여 대상을 보는데,[5] 몇몇 학자는 신화가 가까운 것과 멀리 있는 것을 동시에 포착할 수 있다는 것

---

4   Claude Lévi-Strauss, *Structural Anthropology*, 210.
5   Benjamin Goldberg, *The Mirror and Man*.

을 표현하기 위해 이와 관련된 반사와 투명성의 이미지를 사용했다. 예를 들어 라마누잔의 신화에 관한 한 논문의 제목은 「거울이 창문인 곳」[6]이다. 또한 롤랑 바르트는 신화에 대해 이야기하면서 (물론 그는 신화라는 말을 내가 이 책에서 사용하고 있는 것과는 매우 다른 의미에서 사용한다) 다음과 같이 말한다. "만약 내가 차 안에 앉아 창문을 통해 바깥 풍경을 보고 있다면, 나는 내 뜻대로 풍경에 초점을 맞출 수도 있고 유리창에 초점을 맞출 수도 있다. 어느 순간 내가 유리의 실재를 느끼고 풍경과의 거리감을 느낀다면, 다른 순간 나는 반대로 유리의 투명함과 풍경의 깊이를 느낀다. 그러나 이러한 상반되는 행위의 결과는 항상 같다. 나에게 있어서 유리는 현존하는 동시에 비어 있고, 풍경은 비실재적인 동시에 충만해 있다는 것이다. 이와 똑같은 일이 신화적 기표에서도 일어난다. 그것의 형식은 비어 있으나 현존하고 그것의 의미는 부재하나 가득 차 있다."[7]

신화에 대한 학자의 렌즈

신화 자체로부터 신화에 대한 학자들의 접근 방식으로 눈을 돌려보자. 우리는 어떤 텍스트를 대하든 현미경의 무한한 확대율 중 하나에 초점을 맞출 수 있고, 그래서 아분자submolecular 구조에서부터 육

---

[6] A. K. Ramanujan, "Where Mirrors Are Windows".
[7] Ronald Barthes, *Mythologies*, 123. 게다가 그는 형식과 의미를 나와는 다른 뜻으로 사용한다. 내 말은 단지 그가 이것들에 대해 말하기 위해서 같은 메타포를 사용한다는 것이다.

안으로도 볼 수 있는 커다란 패턴에 이르기까지 다양한 모습을 볼 수 있다. 시릴 스탠리 스미스*가 야금술뿐만 아니라 더 많은 것에 대해 이야기하면서 지적했듯이 어떤 현상을 관찰할 때는 끊임없이 척도scale를 바꿔야만 한다. 어느 순간이든 우리가 관찰하고 있는 것에는 최소한 두 개의 중요한 상위 레벨과 두 개의 하위 레벨이 존재하기 때문이다.[8] 신화라는 현미경의 끝을 통해 우리는 각 문화, 그리고 각 판본이 이야기에 생명을 불어넣기 위해 사용한 수많은 세부 사항, 즉 이 이야기 속의 사람들은 무엇을 먹고 입었는지, 그들은 어떤 언어를 사용했는지 등등을 알 수 있다. 미스 반 데어 로에Mies van der Rohe**가 말했듯이 "신은 디테일 속에 있다." (비록 그는 악마가 디테일 속에 있다고도 말했지만.) 그러나 망원경의 끝을 통해서 우리는 통합 주제들을 볼 수 있다.

신화를 분석하는 방법에 사용되는 렌즈는 다음과 같이 세 가지 차원으로 구분될 수 있을 것이다. 우선 프로이트, 융, 엘리아데로 대표되는 보편주의의 시각인 큰 시각(망원경), 그리고 컨텍스트화된 문화 연구의 시각인 중간 시각(육안), 마지막으로 개인적 통찰

• 시릴 스탠리 스미스(1903-1992)는 영국 출신으로 미국에서 활동한 금속학자이자 과학사가. 제2차 세계대전 중 원자폭탄 개발을 위한 맨해튼프로젝트에 참가해 로스 앨러모스 연구소에서 금속학 그룹을 이끌었다. 전쟁 후에는 시카고대학의 금속학 연구소를 이끌었으며, 이후에 MIT로 옮겨 인문학과 금속학 둘 다에 관여하면서 고고학 연구에도 참여했다.

8 Cyril Stanley Smith, "Metallurgical Footnotes to the History of Art", 280-292.

•• 루트비히 미스 반 데어 로에(1886-1969)는 독일의 건축가로 20세기 모더니즘 건축의 대표자 중 하나. 간결함과 단순함 명쾌함을 추구하며 "더 적은 것이 더 많은 것이다Less is more"라는 격언을 남겼다. 1930년대에 미국으로 건너가 일리노이 공과대학 학장을 지냈으며, 일리노이대학의 크라운 홀, 뉴욕의 시그램 빌딩 등의 건축물을 남겼다.

에 집중하는 작은 시각(현미경)이다. 3장과 4장에서 나는 학자의 작업에서 큰 시각과 작은 시각이 결합될 수 있는 두 가지 다른 구체적 방식을 제시할 것이다. 여기서는 학자의 렌즈에 대한 일반적 물음으로 더 나아가보자.

우리는 어디에 에프스톱F-stop을 맞춰야 하는가? 우리는 언제 광각렌즈를 사용하고 줌렌즈를 사용해야 하는가? 빅토르 위고는 다음과 같은 질문을 던졌다. "망원경이 끝나는 곳에서 현미경이 시작된다. 그렇다면 이 둘 중 어느 것이 더 웅대한 시각을 가졌을까? 선택하라."[9] 나는 이 선택의 주관적 본질, 그리고 렌즈를 통해서 보이는 상의 주관적 본질을 가장 잘 드러내주는 것은 제임스 서버•의 어린 시절 이야기라고 생각한다. 그의 시력은 그때부터 이미 매우 안 좋았다. 식물학 시간에 서버는 선생님의 계속되는 질책에도 불구하고 현미경을 통해 아무것도 볼 수가 없었다. 그러던 어느 날 현미경을 들여다보고 초점을 위아래로 맞추던 그는 "다양한 얼룩과 반점, 점의 성좌"를 보았고 이를 즉시 노트에 그렸다. 선생님은 기대에 차서 그에게 다가와 그가 그린 그림을 살펴보고 나서는 눈을 가늘게 뜨고 현미경을 들여다보더니 화를 내며 소리쳤다. "렌즈가

---

9   Victor Hugo, *Les Misérables*, St. Denis, Book III, "The House in the Rue Plumet", chapter 3, "Foliis ac Frondibus". 이 인용에 대해서 워싱턴앤리대학교 물리 천문학과 교수 로널드 래인 리즈Ronald Lane Reese에게 감사한다.

•   제임스 서버(1894-1961)는 미국의 만화가, 작가. 어린 시절 놀다가 눈을 다쳐 한쪽 눈의 시력을 잃게 되었으나, 글쓰기와 그림에 재능을 보여 작가와 만화가로 성공하게 된다. 1920년대부터 1950년대까지 『뉴요커The New Yorker』에 삽화와 단편소설들을 실어 큰 인기를 누렸다. 대표작 중 하나인 『월터 미티의 은밀한 생활The Secret Life of Walter Mitty』(1939)은 1947년, 그리고 2013년 영화화되었다(2013년 영화의 한국어 제목은 〈월터의 상상은 현실이 된다〉이다).

반사되도록 고정시켰잖아! 넌 네 눈을 그린 거야!"¹⁰ 애니 딜러드•
역시 「렌즈」라는 에세이에서 현미경과 망원경을 들여다보는 어려
움에 대해 생생하게 묘사하고 있다.

> 당신은 렌즈를 들여다보는 것에 익숙해진다. 그러니까 이것은
> 습득된 기술이다. 예를 들어 당신이 처음 쌍안경을 들여다볼
> 때는 아무것도 보지 못한다. 당신은 쌍안경을 들여다보고 눈을
> 깜박이며 당신의 눈을 본다. 그리고 한쪽 눈이 흐릿해질 때까
> 지 초점 맞추는 손잡이를 돌린다. 현미경의 경우는 더 심하다.
> 하나밖에 없는 접안렌즈를 통해 사물을 들여다보면서 두 눈을
> 다 뜨고 있어야 하니까.¹¹

앞이 거의 안 보이는 서버와 같이 당신도 쌍안경 속에서 "자신의 눈
을 관찰한다". 그러나 현미경의 세계를 보기 위해서는 반쯤 앞이 안
보이는 상황을 기꺼이 감수해야 한다.

우리는 언제나 우리 자신의 눈을 그릴 위험에 처해 있다. 우리
가 이 세계에 대해 서술한다고 생각할 때 우리는 자신의 세계관을
서술하고 있기 때문이다. 종종 우리가 타자에 대해 연구한다고 생
각할 때도 우리는 타자의 내러티브를 통해 우리 자신을 연구하고

---

10   James Thurber, "University Days", 222-223.
•   애니 딜러드(1945-)는 미국의 소설가, 시인, 수필가. 『팅커 계곡의 순례자Pilgrim at Tinker Creek』(국내에서는 『자연의 지혜』라는 제목으로 2007년에 번역되었다)로 1975년 퓰리처상을 수상했으며, 그 외의 소설로 『돌에게 말하는 법 가르치기Teaching a Stone to Talk』(1982), 『메이트리 사람들The Maytrees』(2007) 등이 있다.
11   Annie Dillard, "Lenses", in Teaching a Stone to Talk, 104.

있다. 우리가 어떠한 차원의 렌즈를 선택할 것인가는 자의적인 문제인 것 같지만 또 완전히 그런 것만도 아니다. 사실상 우리의 선택은 우리가 위험을 무릅쓰고 무시해버리는 어떤 경계에 의해 제한되고 있기 때문이다. 선택은 작업가설적인 것이다. 즉 우리는 특정한 작업을 가능하게 하기 위해 특정한 차원을 선택한다. 우리가 어디에 초점을 맞출 것인가는 우리가 어떤 종류의 연속성을 추구하는가에 달려 있다. 어떠한 경우든 무엇인가는 잃게 되고 무엇인가는 얻게 된다. 특정한 초점을 선택함으로써 곧 이에 적합한 일련의 물음들을 묻게 되지만 이것이 다른 사람이 다른 관점에서 초점을 맞추는 것까지 막는 것은 아니다. 내가 제안한 대로 현미경과 망원경이라는 양극단을 선택하고 그 대신 중간 초점(육안)을 버린다는 것은 지극히 개인적인 것과 전 인류적인 보편적인 것에 초점을 맞추고 그 대신 특정한 민족 집단이라든가 역사적 시점, 문화적 환경에 초점 맞추는 것을 포기하겠다는 선택이다. 나는 3장에서 나의 이러한 선택을 옹호하는 의견을 전개할 것이며 4장에서는 이를 미시 신화와 거시 신화에 적용할 것이다. 신화 자체가 바로 이러한 두 극단적인 초점을 유지하는 경향이 있다는 것이 나의 이러한 선택을 비록 정당화할 수는 없더라도 뒷받침할 수는 있을 것이다 — 물론 신화의 이러한 경향은 언제나 문화적으로 특정한 자료들을 매개로 제시되지만 말이다. 그러니 이제 직접 신화로 눈을 돌려서 신화가 어떻게 이를 보여주는지 살펴보자.

「욥기」와 『바가바타 푸라나』에 나타난
신학적 렌즈로서의 신화

텍스트는 어떻게 우리에게 현미경과 망원경을 제시해주는가? 우리는 왜 그것을 필요로 하는가? 나는 이 문제에 접근해가는 데 있어서 우선 히브리 성서의 「욥기」와 산스크리트어 텍스트 『바가바타 푸라나Bhagavata Purana』라는 서로 다른 두 문화의 텍스트를 선택하고 이중 초점이 인간의 삶에서 차지하는 역할을 살펴보겠다.

「욥기」의 욥이 하느님과 대면하는 장면에서 텍스트의 초점은 변화하고 이는 독자 또는 청자의 초점을 변화시킨다. 이 전환점 이전에 있는 사건은 바로 욥의 고통이다. 이 고통은 그리스 영웅의 고통이나 셰익스피어의 왕이 겪는 고통이 아니라 (물론 상상할 수 없을 만큼 엄청난 강도의 고통이지만) 일상의 고통이며, "가슴 쓰린 온갖 심뇌와 육체가 받는 고통"[12]이다. 재산의 상실(욥의 가축들의 절멸), 사랑하는 이들(친구, 부모, 욥의 자식들)의 죽음, 육체의 질병(암과 심장병, 종기), 불의不義. 욥은 헛되이도 이러한 문제들을 평범한 인간적 방식으로, 즉 말 — 순종의 말, 거부의 말, 친구들과의 논쟁, 아내와의 논쟁, 하느님과의 논쟁 — 로 해결하고자 한다. 말하자면 그는 당연하게도 자신이 경험하는 차원에서, 즉 인간적 경험, 인간적 불의, 인간적 고통의 차원에서 문제에 맞선다.

하느님은 욥의 주장에 대해 직접적인 대답을 제시하는 대신 — 왜냐하면 그의 질문에 대한 답은 결코 있을 수 없기 때문이다 — 폭

---

12   Shakespeare, *Hamlet*, 3.4.

풍 속에서 말한다.* 텍스트는 문제가 해결 불가능한 채로 남아 있는 논쟁의 단계, 로고스의 단계를 다루기를 거부한 채 욥을 존재의 측면에서 끌어내 전혀 다른 측면, 즉 뮈토스의 측면으로 던져 넣는다. 텍스트는 욥의 손에서 자기 연민의 현미경을 잡아채어 내던지고 그 대신 그에게 신학적 망원경을 준다. 하느님의 목소리는 먼저 천지창조부터 이야기하기 시작한다. "내가 땅을 세울 때 너는 어디에 있었느냐? 네가 그렇게 잘 알거든 말해보아라. 누가 그 치수를 정하였느냐? 너는 알지 않느냐? 또 누가 그 위에 줄을 쳤느냐?"** 치수를 재는 줄의 이미지는 다시금 우리에게 인간적인 행동, 인간적인 거래, 무엇인가 셀 수 있는 것, 의지할 수 있는 것, 포착할 수 있는 것, 아우를 수 있는 것, 측정할 수 있는 것의 이미지를 떠올리게 함으로써 그러한 친숙함과 편안함으로 되돌아가리라는 희망을 일시적이나마 보여준다. "마치 하느님이 진정 거대한 목수라도 되는 것 같은 이미지"¹³가 떠오른다. 그리고 같은 일상적 차원에서 욥의 대답이 시작된다. "만약 저의 고통의 양을 잴 수 있거나 저의 슬픔의 무게를 잴 수 있다면 그것은 바다의 모래를 넘어설 정도이고, 그래서 제가 이처럼 절망적인 것입니다." 그러나 이러한 인간적 이미지는 곧 우주적 힘의 광대하고 비인간적인 이미지에 압도당한다. "아침 별들이 함께 환성을 지르고 하느님의 아들들이 모두 환호할 때에 말이다."*** 우

---

* "폭풍 속에서 말한다"는 「욥기」 38장 1절의 "주님께서 욥에게 폭풍 속에서 말씀하셨다"라는 구절을 염두에 둔 표현이다.
** 「욥기」 38장 4-5절. 이 책에서 성경 구절의 번역은 한국천주교중앙협의회에서 나온 『(새번역)성경』(2005)을 참조했다. 단 지은이가 사용한 영어본 성경을 기준으로 번역할 경우에는 『(새번역)성경』의 번역도 함께 밝혔다.
13 Stephen Mitchell, *The Book of Job*, xxii.

리는 심지어 일상의 메타포를 통한 위안마저 빼앗기고 만다.

　길이를 재는 줄의 편안한 이미지와 천지창조의 압도적인 수수께끼를 병치하는 것은 또 다른 유명한 천치창조 신화에서도 등장한다. 이는 기원전 1000년경 북부 인도의 산악 지대에서 만들어진 『리그베다』에 들어 있는 이야기이다. "길이를 재는 줄이 가로질러 펼쳐져 있었다. 아래가 있었는가? 위가 있었는가? 실로 누가 알겠는가? 누가 여기서 그것을 공언할 것인가?"[14] 그러나 이 메타포가 주는 위안은 다시 이를 둘러싸고 있는 두 문장에 의해 끊어진다. 즉 이 노래는 매우 혼란스럽게도 다음과 같은 선언으로 시작한다. "그 때에는 존재도 비존재도 없었다." 그리고 매우 불만족스럽게도 다음과 같은 생각을 시사하며 끝난다. "이 창조가 어디에서부터 일어났는지 ― 어쩌면 그것이 저절로 이루어졌는지 혹은 어쩌면 그렇지 않았는지 ― 지고의 천상에서 굽어보는 자, 오직 그만이 안다. 혹은 어쩌면 그도 모른다."[15] 그리고 이 길이를 재는 줄의 이미지가 『리그베다』에서 다시 나타났을 때 이는 또다시 우주적 장대함 속에 잠기며, 답이 없는 우주적 질문에 의해 차단된다. "그는 멋진 하늘과 땅을 단단하게 만들었고, 하늘의 궁륭을 세웠으며, 태양으로 이 우주의 중앙이 어디인지도 재었다. 우리가 봉헌하여 섬겨야만 하는 신, 그는 누구인가?"[16]

　후대 힌두 전통에서는 답이 없는 이 후렴구에 불편함을 느끼고

••• 「욥기」 38장 7절.
14　Rig Veda 10.129.5-6; Wendy Doniger O'Flaherty, The Rig Veda, 25-26.
15　Rig Veda 10.129.7.
16　Rig Veda 10.121.5; Doniger O'Flaherty, The Rig Veda, 26-28.

한 신을 만들어냈는데, 그의 이름은 의문대명사 카ka(라틴어의 *quis*, 불어의 *qui*에 해당하는 단어), 즉 '누구'였다. 한 텍스트에서는 이를 다음과 같이 설명한다. 창조자가 하늘 신, 인드라에게 물었다. "나는 누구인가?Who am I?" 인드라가 대답했다. "당신이 말한 그대로입니다." (즉 "나는 누구이다I am Who".) 이렇게 해서 창조자는 "누구"라는 이름을 갖게 되었다.[17] 다시 베다의 찬가로 돌아가면 몇몇 베다 주석서에 나와 있듯이[18] 이는 긍정문("따라서 '누구Who'는 우리가 봉헌하여 섬겨야만 하는 신이다")으로 귀결되며, 이는 저 유명한 애벗Abbot과 코스텔로Costello가 반복하던 말("1루수가 누구야?Who's on first?")•을 떠올리게 한다.

「욥기」에서도 신은 수수께끼를 던진다. "비rain에게 아비라도 있단 말이냐?" 내가 사용하고 있는 훌륭한 영역본「욥기」의 번역자 스티븐 미첼은 이에 대해 서론에서 다음과 같이 평한다. "비에게 아비라도 있단 말이냐? 이 말 전체의 의미는 답이 없다는 데 있다. 만약 당신이 예라고 대답한다면 당신은 틀렸다. 만약 당신이 아니요라고 대답한대도 당신은 틀렸다. 여기서 하느님의 유머는 언어를 넘어설 만큼 풍부하고 미묘하다."[19] 미첼의 말처럼 정말로 언어를

---

17   *Aitareya Brahmana* 3.21.
18   *Rig Veda* 1.121에 대한 사야나Sayana의 주석.
•   애벗(1895-1974)과 코스텔로(1906-1959)는 1940-50년대에 유명했던 미국의 코미디언 듀오. 야구를 다룬 이들의 만담에서 1루수의 이름은 누구Who, 2루수의 이름은 무엇What, 3루수의 이름은 몰라I don't know이고, 이를 가지고 한 사람이 "1루수가 누구야?Who is on first?"라고 물으면 다른 사람은 "1루수는 누구야Who is on first"라고 반복하는 식으로 대답하면서 이름의 혼란에서 오는 웃음을 자아냈다.
19   Mitchell, *The Book of Job*, xxv.

넘어선다. 이 구절의 힘은 논증이나 언어에 있는 것이 아니라, 그 이미지에 있다. 좀 더 정확히는 우주적 마초이즘과 친숙하고 소중한 것들 사이에서 톡톡 튀면서 왔다 갔다 날아다니는 그 어지러운 방식에 있다. 먼저 우주적인 것이 등장한다(물론 거대한 천체가 그 애칭으로 불리고 있는 것을 보면 여기서는 이 우주적인 것이 개인적인 것과 연관되어 있기도 하지만 말이다). "너는 묘성을 끈으로 묶을 수 있느냐? 또 오리온자리를 매단 밧줄을 풀 수 있느냐? 너는 별자리들을 제시간에 이끌어내고 큰곰자리를 그 아기별들과 함께 인도할 수 있느냐? … 너는 구름에게 호령하여 큰물이 너를 뒤덮게 할 수 있느냐? 네가 번개들을 내보내서 그것들이 제 길을 가며 너에게 '예, 알았습니다' 하고 말하느냐?"• 그러고 나서 이와는 대조적으로 친숙한 것들이 동물 메타포라는 거울에 비춰져 가족과 인류의 번식을 환기시켜준다. "너는 바위 산양이 해산하는 시간을 알며 사슴이 산고를 치르는 것을 살펴보았느냐? 너는 그것들이 만삭이 되는 때를 셈할 수 있으며 해산하는 시간을 알 수 있느냐? 그것들이 몸을 구부려 새끼들을 낳고 배 속에 든 것들을 내보내면 그 어린것들은 들판에서 튼튼하게 자라 떠나가서는 어미에게 다시 돌아오지 않는다."•• 셈과 시간, 측량의 모티브가 다시 반복되는 이 구절은 이야기의 바깥 틀에서도 긴장을 유발한다. 욥은 자신에게 그 무엇보다도 가장 소중한 것, 즉 자식들, 후손들을 잃었기 때문이다. 그런데 신은 이런 욥 앞에서 자기 새끼를 잃고도 아랑곳하지 않는 타조를 이야기

- • 「욥기」 38장 31-32, 34-35절.
- •• 「욥기」 39장 1-4절.

하며 욥이 소중히 생각하는 그 가치를 비웃고 있지 않은가?

끝에 가서 하느님이 마지막 말을 하는데, 이는 말을 넘어선 말이다. 그는 욥을 비웃는다. "내 비난이 네 혀를 삼켜버렸느냐?"• 그러자 욥이 어설프게 대답한다. "나는 이제껏 당신에 관해 귀로만 들었습니다. 하지만 이제 나는 내 눈으로 당신을 뵈었습니다. 그리하여 나는 이제 내가 한낱 재에 불과하다는 것에 입을 다물고 위안받습니다."•• 이것은 모든 말을 부적절하게 만드는 위안이다. 욥은 말한다. "나는 할 말을 잃었습니다. 내가 무슨 대답을 할 수 있겠습니까? 손으로 입을 막겠습니다. 나는 이미 너무나 많은 말을 했습니다. 그러니 더 이상 아무 말도 하지 않겠습니다."••• 그러나 이러한 시각은 그리고 이 같은 종류의 위안은 물론 말, 텍스트의 말, 신화의 말 ― 로고스가 아니라 뮈토스 ― 을 통해 표현되고 있다.

욥은 "곤봉을 물어뜯어 산산조각이 나게 하고 벌벌 떠는 창을 비웃는" 야수의 이미지를 잊은 것인가? 우리는 알 수 없다. 그러나 이야기의 끝에 가서 욥이 우리가 처음 그를 만났던 세계, 즉 아늑하고 멋진 물질적 부와 가정적 행복의 세계에 다시 놓이는 것은 분명하다. "주님께서는 욥의 여생에 지난날보다 더 큰 복을 내리시어,

---

- • 「욥기」 40장 2절. 지은이가 사용한 영어본을 번역한 것이다. 『(새번역)성경』의 번역은 다음과 같다. "불평꾼이 전능하신 분과 논쟁하려는가? 하느님을 비난하는 자는 응답하여라."
- •• 「욥기」 42장 5-6절. 『(새번역)성경』의 번역은 다음과 같다. "당신에 대하여 귀로만 들어왔던 이 몸, 이제는 제 눈이 당신을 뵈었습니다. 그래서 저 자신을 부끄럽게 여기며 먼지와 잿더미에 앉아 참회합니다."
- ••• 「욥기」 40장 4-5절. 『(새번역)성경』의 번역은 다음과 같다. "저는 보잘것없는 몸, 당신께 무어라 대답하겠습니까? 손을 제 입에 갖다 댈 뿐입니다. 한 번 말씀드렸으니 대답하지 않겠습니다. 두 번 말씀드렸으니 덧붙이지 않겠습니다."

그는 양 만사천 마리, 낙타 육천 마리, 겨릿소 천 쌍과 암나귀 천 마리를 소유하게 되었다. 또한 그는 아들 일곱과 딸 셋을 얻었다."• ─ 그리고 배나무 위에 앉은 메추라기 한 마리도.•• 우리는 다시 평소처럼 회계장부와 지참금, 사업의 세계로 되돌아온다. 우리는 우주의 길이를 재는 줄에서 금전등록기로 다시 돌아왔다. 그러나 또한 우리가 다시 돌아온 이 세계는 신이 욥에게 그의 인생에서 가장 소중한 것을 되돌려준 세계이기도 하다. 욥은 또 다른 자식들, 곧 후손들을 얻었기 때문이다.

많은 사람이 이 결말이 어쩐지 어색하다고 느낀다. 마치 오손 웰스와 스콧 피츠제럴드의 할리우드 영화 대본에 요구되었던 두 번째 결말[*할리우드식 해피엔딩]이나, 관객들은 이미 알고 있는 불륜이나 살인을 제거한 헤이즈 사무소the Hayes office 판 영화•••의 결말 혹은 멜리나 메르쿠리Melina Mercouri의 1959년 영화 〈일요일은 참으세요Never on Sunday〉[20]에서 원작인 그리스비극에 덧붙여진 해피엔딩

- 「욥기」42장 12-13절.
•• "배나무 위에 앉은 메추라기 한 마리a patridge in a pear tree"는 크리스마스캐럴 〈12일 동안의 크리스마스12 days of Christmas〉의 한 구절이다. 이 캐럴에서는 첫날 배나무 위에 앉은 메추라기 한 마리를 받고, 그다음 날 거기에 더해 또 하나의 선물을 받고, 이런 식으로 해서 12일 동안 선물이 하나씩 늘어난다. 노래의 매 구절 끝마다 "배나무 위에 앉은 메추라기"가 반복된다. 욥이 많은 선물을 받은 것을 이 노래에 빗대어 말한 것이다.
••• 1930-40년대 미국 영화 제작 규범을 정하고 이에 따라 검열제도를 시행하던 미국 영화 제작자 및 배급업자 협회Motion Picture Producers and Distributors of America(MPPDA)는 초대 회장 윌리엄 헤이즈William H. Hayes의 이름을 따서 헤이즈 사무소라고 불리기도 했다. 역시 헤이즈의 이름을 따 헤이즈 코드Hayes Code라고도 불리던 당시 영화 제작 규범은 범죄, 마약, 음주, 강간, 간통, 불륜 장면 등을 영화에서 삭제할 것을 강요했다.
20 〈일요일은 참으세요〉(1959). 각본, 감독 줄스 다신Jules Dassin, 출연 멜리나 메르

(여기선 메데아와 그녀의 아이들이 모두 함께 바닷가로 나간다)처럼 말이다. 사실 우리는 하느님과 사탄이 망원경을 통해 지상을 내려다보며 마치 그리스신화 속 신들이 서로 다투는 과정에서 인간을 마음대로 조종하듯이(『리어왕』에서 글루체스터Gloucester는 다음과 같이 말한다. "개구쟁이 소년의 손에 잡힌 파리들처럼 우리는 신들의 손아귀 안에 놓여 있습니다. 그들은 자신들의 놀이를 위해서 우리를 죽입니다")[21] 서로 힘을 겨루는 시합에서 욥을 저당물로 사용하기로 결정하는, 이 이야기의 도입부에서 이미 이러한 결말을 예측하고 있었다. 물론 욥에게 이것은 절대 게임이 아니었다. 그러나 최소한 욥은 끝에 가서 리어왕이나 그리스신화의 비극적 영웅들처럼 죽음을 맞진 않았다. 또한 최후에 이뤄지는 복원은 돌이켜보면 이 모든 것이 욥에게도 일종의 게임이었다는 식으로 이야기를 만들려 한다. 마치 그가 신의 망원경을 통해 볼 수 있는 기회에, 신의 시선에서 자신의 고통을 바라볼 수 있는 기회에, 놀이 삼아 스스로를 괴롭힐 수 있는 기회에 초대받았던 것처럼 말이다. 많은 독자는 이러한 초대를 받아들이기를 거부한다. 만약 그들이 자신을 욥과 동일시한다면, 그들에게 이

쿠리, 줄스 다신. 로시니Rossini는 셰익스피어의 『오셀로Othello』를 원작으로 한 오페라가 바티칸에서 공연되던 때 한 번 해피엔딩을 집어넣었고 바티칸은 몇몇 장면을 바꾸라고 고집했다. 즉 데스데모나가 (로시니의 버전에서 통상 그러하듯이) "나는 결백해요"라고 말하자 오셀로가 "Vero(정말로)?"라고 대답하고, 데스데모나의 말을 믿고서는 이아고를 쫓아내는 것이다. 이 오페라의 비평본을 편집한 필립 고세Philip Gossett는 이 또 다른 엔딩의 가사들을 다시 만들고 독자들에게 어디서 이 완전한 악보를 찾을 수 있는지 참고 문헌으로 알려주었지만, 의도적으로 그 악보를 비평본 안에 집어넣지 않았다고 내게 말해주었다. 그 이유는 사람들이 훼손된 이본을 무대에 올리는 걸 막기 위해서였다고 한다. Philip Gossett, 1996년 12월 7일 사적인 대화.

21   Shakespeare, *King Lear*, 4.1.

것은 결단코 게임이 아니다 — 이것은 그들의 삶에 진짜 영향을 끼치는 일이다. 놀이를 위해 아니 놀이보다 더한 무엇을 위해 (결국에는 허구적 창작물인) 욥의 자식들을 죽이고, 놀이를 위해 아니 놀이보다 더한 무엇을 위해 독자를 감동시키려는 작가에게도 아마도 이것은 사실상 매우 진지한 게임일 것이다.

마지막에 가서 모든 것을 무화시키는 트릭("모든 것은 꿈이었다")은 히브리 성서의 전형적인 유형이 아니다. 따라서 「욥기」의 결말에 이러한 트릭이 등장하는 것은 이 수수께끼 같은 책에 또 하나의 수수께끼를 더해준다. (같은 트릭이 아브라함과 이삭의 이야기 말미에도 사용된다. 마지막 순간에 신은 아브라함에게 그의 아들 대신 새끼 양을 희생 제물로 바칠 것을 허락한다. 우디 앨런이 새롭게 쓴 같은 신화에서 신은 불평하는 아브라함에게 말한다. "나는 그저 농담으로 네게 이삭을 희생 제물로 바치라고 했는데, 네가 즉시 이를 이행하러 달려 나갔을 뿐이다." 이에 아브라함이 항의한다. "저는 당신이 농담도 하는 줄 몰랐다고요." 이 말에 신이 대답한다. "유머 감각이 전혀 없구먼."[22] 혹은 스티븐 미첼이 「욥기」에 대해 말했듯이 "여기서 신의 유머 감각은 참으로 풍부하고 미묘하다.")

그러나 "모든 것이 단지 꿈이었다"는 결말은 힌두교에서는 환영론을 보여주는 신화의 전형적인 특색이며, 악惡 그 자체가 환영이라는 생각이 널리 받아들여진 힌두 신화에서 이는 충분히 납득할 만한 것이다.[23] 이처럼 환영을 깨는 현현의 기교를 사용하는 힌두 신화의 비슷한 두 예를 들어서 「욥기」의 역동성을 조명해보자.

---

22   Woody Allen, "The Scrolls", 27.
23   Wendy Doniger O'Flaherty, *The Origins of Evil* and *Dreams, Illusion, and Other Realities*.

첫 번째 예는 기원전 수세기 전에 산스크리트어로 쓰인 텍스트『바가바드기타』에서 찾을 수 있다. 대서사시『마하바라다』의 대전투가 있기 전날 밤, 영웅 아르주나Arjuna는 크리슈나Krishna 신의 화신에게 전쟁의 정당성에 관해 어렵고 사실상 답이 없는 도덕적 질문을 무수히 던진다.[24] 크리슈나가 연이어 상당히 추상적인 답변들만 내놓자 아르주나는 크리슈나에게 그의 진정한 우주의 형상을 보여달라고 말한다. 크리슈나는 그에게 그의 종말의 날 형상을, 로버트 오펜하이머J. Robert Oppenheimer*가 원자폭탄의 첫 폭발을 보았을 때 떠올렸던 그 형상을 보여준다.[25] 아르주나는 울부짖는다. "나는 삐죽삐죽한 어금니들이 솟아 있는 당신의 입을 봅니다. 나는 마치 활활 타오르는 불 속으로 죽음을 향해 날아드는 나방처럼 당신의 벌어진 입 사이로 맹목적으로 돌진해 들어가는 모든 전사를 봅니다. 몇몇 전사는 당신의 이빨 사이에 끼어 있고, 그들의 머리는 가루가 되어 부서집니다."[26] 이 끔찍한 현현이 일어나던 중에 아르주나는 그가 경솔하게 아무 생각 없이 크리슈나를 "어이, 크리슈나, 이봐, 친구" 등으로 부르곤 했던 과거의 일에 대해 용서를 빈다. 그리고 제발 다시 그의 친구 크리슈나로 돌아가달라고 애원한다. 신은 그의 애원을 들어준다. 여기서도 역시 신을 섬기는 자는 평범함, 인간

---

24 *Mahabharata* 6.23-40.
*   로버트 오펜하이머(1904-1967)는 미국의 이론물리학자. 제2차 세계대전 당시 원자폭탄 개발을 추진한 맨해튼프로젝트의 책임자였다. 원자폭탄의 폭발을 보며『바가바드기타』의 "나는 이제 죽음이 되었고, 세계의 파괴자가 되었도다Now I am become the Death, and the destroyer of worlds"라는 구절을 떠올렸다고 말했다.
25 Doniger O'Flaherty, *Other Peoples' Myths*, 157.
26 *Bhagavad Gita*, 11.25-29(*Mahabharata* 6.33.25-29).

사의 친숙함에 의해 위안받는다. 그러나 텍스트 밖에서 독자는 이 전쟁이 진짜가 아니기에 이것은 악이 아니라는 생각에 설득당해왔다. 윤리적 염려에 사로잡힌 전사는 마치 신이 살인을 행하듯이 그도 살인을 행하도록 설득당해왔다. 그리고 이 정치적 메시지는 마지막에 신이 인간의 친밀한 친구 역할로 되돌아감으로써 좀 더 구미에 맞게 된다.

　이 짤막한 단락에 등장한 일상적 친밀함은 서사시 『마하바라다』에서 『기타』보다 두 권 앞서 나왔던, 『기타』의 내용을 일그러뜨린 것 같은 이미지에 대한 독자의(혹은 청자의) 기억에 의해 더 고양된다. 아르주나는 여장을 하고 춤 지도자로 살아가고 있다. 그는 우타라Uttara라는 어떤 젊은 왕자에게 가서 전차를 몰아주겠다고 제안하면서 그에게 자신이 바로 아르주나라는 언급을 하지 않고, 그저 자신이 이전에 전차를 모는 사람이었다고만 말한다. 전투가 임박해 오자 우타라는 겁을 먹고 싸우길 원치 않는다. 아르주나는 우타라를 싸우러 나가게 하기 위해 설득하는데, 이는 후에 크리슈나가 『기타』에서 아르주나에게 하게 될 말의 일종의 패러디이다. "만약 당신이 싸우지 않으면 사람들이 당신을 비웃을 것입니다." 반사적으로 『기타』에서 크리슈나가 아르주나에게 훈계하기 시작할 때는 다음과 같이 말한다. "무력한 여장 남자처럼 행동하지 말고, 일어서라!"[27](이 구절에 함축된 성적인 이중적 의미는 분명 의도하지 않은 것이지만 무의식 차원에서 작동하는 것일 수 있다). 앞날의 사건을 미리 암시하는 패러디에서 우타라 왕자는 전차에서 뛰어내려 도망치고, 아르주나는 여장

27　*Bhagavad Gita* 2.3: klaibyam ma sma gamah, Partha … tyakva'ottishta, Paramtapa.

을 한 상태에서 치맛자락을 펄럭이며 그를 뒤쫓아간다(그가 달리는 것을 본 사람들은 말한다. "이런, 그는 여장 남자라기보다는 아르주나 같은데. 아르주나가 틀림없어"). 마침내 우타라의 머리채를 붙잡게 된 아르주나는 말한다. "만약 당신이 싸우지 않을 거라면, 최소한 전차라도 모는 게 어떻겠습니까?" 그러자 (텍스트의 표현에 따르면 "어리석고 겁을 집어먹은") 왕자는 이 제안에 동의한다.[28] 따라서 처음의 권력과 지위의 명백한 전도顚倒는 결국 다시 뒤집어져 바로잡힌다. 즉 아르주나는 전사가 되고, 그보다 낮은 사람은 전차를 몬다. 마침내 아르주나는 자신의 정체를 왕자에게 드러낸다. 왕자는 처음에는 그를 믿지 못하고 그에게 아르주나의 10개의 이름을 읊게 하고 이어서 이름에 대해 설명하게 한다(그러자 아르주나는 그렇게 한다). 그러고 나서야 우타라는 그를 믿게 되고, 아르주나는 전투에서 승리한다. 아르주나가 마침내 우타라의 아버지인 왕에게 자신의 진짜 정체를 드러냈을 때, 왕은 마치 아르주나가 『기타』에서 크리슈나에게 말하듯이 다음과 같이 말한다. "[당신이 누구신지 몰랐을 때] 저희가 무슨 말을 했든 간에 — 부디 저희를 용서해주소서."[29] 아르주나가 우타라 왕자에게 그랬듯이 『기타』에서 크리슈나는 아르주나에게 인간적인 정을 생각해서 날카로운 발톱을 감추고 있는 무시무시한 파괴의 힘을 가진 창조주였다. (『마하바라다』에는 유사한 또 다른 짤막한 우화가 등장한다. 아르주나의 사나운 형제 브히마Bhima는 거대한 원숭이 하누만Hanuman[서사시 『라마야나』의 영웅]을 만나 그의 꼬리를 들어 올리려는 헛수고를 한다. 브

---

28   *Mahabharata* 4.32-42.
29   *Mahabharata* 4.66.20.

히마가 하누만에게 그의 모습 전체를 보여달라고 부탁하자, 하누만은 자신의 존재를 절반만 드러낸 채 "여기까지가 네가 견딜 수 있는 한계다"라고 말한다. 브히만은 마치 그가 태양을 똑바로 바라볼 수 없듯이 이 상태의 하누만을 바라보는 것도 견딜 수 없다는 걸 인정한다.)[30]

『기타』의 구절은 전쟁과 파괴에 관한 것이고, 「욥기」의 구절은 창조와 파괴에 관한 것이다. 다른 차이점도 있다. 욥의 환영은 이미 일어난 일에 대한 것이고(신은 고통과 죽음을 "철회한다"), 『기타』의 환영 속 전투는 일어날 일이다. 그러나 스티븐 미첼은 이 두 이야기의 유사점을 정확히 지적해주었다.

> 하느님의 대답에 대한 유일한 경전적 유비(성서 안에서 찾을 수 있는 다른 예들은 [*모세 앞에 나타난] 불타는 덤불의 예만 제외하고는 보다 열등한 신과 관계된 것이다)는 『[바가바드]기타』 11장에서 아르주나에게 나타난 비전이다. … 그러나 내 생각에는 욥의 비전이 좀 더 생생하다. 왜냐하면 그 상상력이 이 세상사에 아주 깊게 뿌리내리고 있기 때문이다.[31]

미첼의 『바가바드기타』에 대한 언급은 분명 옳다. 그러나 욥처럼 ― 아마도 욥보다 훨씬 더 ― "이 세상사"에서 위안을 구하는 모습을 발견할 수 있는 힌두교 텍스트가 또 있다. 『마하바라다』에는 현

---

30   *Mahabharata* 3.148-149. 또한 *Mahabharata* 14.16-50의 힌두교도들이 노골적으로 "Anu-Gita" "after-Gita"로 간주하는 텍스트에서 『기타』의 좀 더 진지한 모방을 보라.

31   Mitchell, *The Book of Job*, xxvi-xxvii.

자 마르칸데야Markandeya가 우주의 바다를 헤매다가 잠자는 한 어린 아이에 걸려 넘어지는 장면이 나오는데, 그 어린아이는 사실 비슈누/크리슈나였다(『마하바라다』 3.186). 마르칸데야는 신의 입속으로 들어가 그의 배 속에서 온 우주를 본다. 이 모티브는 몇몇 『푸라나』에서 자주 변주되어 반복된다. 그중 하나는 다음과 같다.

> 세상이 깜깜할 때 비슈누는 우주의 바다 한가운데서 잠자고 있었다. 연꽃이 그의 배꼽으로부터 자라났다. 브라흐마가 그에게 와서 말했다. "말해주오, 당신은 누구인가?" 비슈누가 대답했다. "나는 우주의 창조주 비슈누다. 이 모든 세계와 당신까지도 내 안에 있다. 그런데 당신은 누구인가?" 브라흐마가 대답했다. "나는 창조주이고, 나 자신을 창조했으며, 모든 것이 내 안에 있다." 그러자 비슈누가 브라흐마의 몸속으로 들어가 그의 배 속에서 세 개의 세상을 모두 보았다. 깜짝 놀라 브라흐마의 입에서 나온 비슈누가 말했다. "이제 당신이 똑같이 나의 배 속으로 들어가 세상을 봐야만 한다." 그래서 브라흐마가 비슈누의 배 속으로 들어가 모든 세상을 보았다. 그때 비슈누가 모든 입구를 닫아버렸기 때문에 브라흐마는 비슈누의 배꼽으로 나와 연꽃에서 안식을 취했다.[32]

아마도 10세기경 인도 남부에서 산스크리트어로 작성된 것으로 보이는 『바가바타 푸라나』가 같은 크리슈나 화신이 어린 시절

---

32 *Kurma Purana* 1.9.

아직 그의 인간 어머니인 야쇼드하Yashodha와 함께 지내던 때의 일을 이야기할 때 이 이미지에 또 다른 층위가 더해진다.

어느 날 같이 놀고 있던 아이들이 야쇼드하에게 와서 일렀다. "크리슈나가 흙을 먹었어요." 야쇼드하는 크리슈나의 손을 잡고 야단치며 말했다. "이런 장난꾸러기, 흙은 왜 먹었니? 네 친구들과 형이 네가 흙을 먹었다고 하더라." 크리슈나가 말했다. "엄마, 난 흙을 안 먹었어요. 그 애들이 거짓말을 하는 거예요. 만약 엄마가 내 말을 못 믿고 그 애들 말을 믿는다면, 내 입을 엄마가 한번 직접 들여다보세요." "그럼 입을 벌려보렴." 그녀가 인간 어린이의 모습을 한 신에게 말했고, 그는 입을 벌렸다. 그때 그녀는 그의 입속에서 온 우주를, 즉 하늘 저 먼 구석구석을, 바람을, 번개를, 그리고 산과 바다를 가진 지구를, 그리고 달과 별들을, 그리고 공간 그 자체를 보았다. 그리고 그녀는 자기가 사는 마을과 그녀 자신까지도 보았다. 그녀는 겁에 질리고 혼란에 빠져 생각했다. "이것은 꿈인가 아니면 신이 만들어 낸 환영인가? 아니면 단지 내 마음속 미망인가? 미망을 불러일으키는 신의 힘이 내 안에 '나는 존재한다', '이 사람이 내 남편이다', '이 아이가 내 아들이다' 따위의 헛된 믿음을 불러일으키니 말이다." 그녀가 이처럼 참된 실재를 이해하게 되자, 신은 모성애의 형태로 그의 마술적 환영을 펼쳤다. 즉시 야쇼드하는 방금 전 자신이 본 것을 모두 잊었다. 그녀는 전처럼 아들을 자신의 무릎에 앉혔다. 그러나 그녀의 마음은 자신이 아들이라고 생각하고 있는, 신에 대한 더욱 큰 사랑으로 넘쳤다.[33]

흙에 대해 거짓말을 하는 먼지투성이의 어린 소년보다 더 "세상사에 깊게 뿌리내린 것", 혹은 문자 그대로 땅에 발을 딛고 있는 현실적인 것이 있을까? 그러나 신화는 이런 소박한 순간에 뮈토스의 타임 워프 속도로 기어를 완전히 바꾸어 곤두박질치며 우주를 거꾸로 뒤집는다. 이 우주적 비전이 어린아이의 입, 쓸데없는 말들의 장소, 로고스의 장소에서 일어나며, 이제 그 장소가 신화의 말 없는 이미지 — 언제나처럼 말에 의해서 전달되는 이미지 — 에 의해서 침묵하게 된다는 것은 아주 적절하다. 말과 마찬가지로 죽음도 신의 입에서 나오기 때문이다. 야쇼드하 역시 아르주나나 욥처럼 그녀가 실재라고 여겨왔던 것을 넘어서는 세계의 현기증 나는 비전을 감당하지 못한다. T. S. 엘리엇은 (「번트 노튼Burnt Norton」에서) "인간은 너무 많은 실재를 감당할 수 없다"고 지적했다. 분명 인간은 너무 많은 비실재도, 혹은 텍스트가 또 다른 실재로서 제시하는 것도 너무 많이는 감당할 수 없다.

 신화는 이 어머니를 텍스트에서 편안한 환영의 수준 상태로 되돌린다. 그녀는 아이의 입이 신의 입이었다는 사실을 잊는다. 마치 욥이 입으로 "곤봉을 물어뜯어 산산조각이 나게 하는" 야수의 이미지를 잊듯이 그리고 아르주나가 이빨로 전사들의 머리를 가루로 만들어버리던 야수를 잊듯이 말이다. 물론 뒤에 『마하바라다』에서[34] 아르주나는 크리슈나에게 전투 직전에 그가 신의 모습을 드러냈던

---

33 *Bhagavata Purana* 10.8.21-45; Doniger O'Flaherty, *Dreams, Illusion*, 109-110; *Hindu Myths*, 218-220.

34 *Mahabharata* 14.16.6-12.

일을 상기시키며 다음과 같이 덧붙인다. "그러나 나는 당신이 우정으로 내게 말했던 모든 것을 다 잊었습니다. 오 인간들 속 호랑이여, 나는 망각하는 정신을 지녔기 때문입니다. 하지만 나의 주인이여, 그 일들이 다시 궁금해지는군요." 크리슈나는 오히려 심술궂게 아르주나가 영원한 비밀을 이해하거나 파악하지 못한 것이 못마땅하다고 말하고, "나는 이전과 똑같이는 다시 말할 수 없다"고 덧붙인다. 아르주나처럼 야쇼드하도 망각하는 정신을 지녔다. 그러나 이 경우 크리슈나는 그녀에게 일종의 선물로서 이러한 망각을 선사한 것이다.

더 나아가서 누구든, 심지어 베단타 힌두교 시대의 사람이라 할지라도 자신의 삶이 완전히 실재가 아니라는 것을 오랫동안 믿을 수 있을 것 같지는 않다.[35] 대부분의 사람의 직감은 욥의 마지막 장면과 같은 이야기에 대해서 진부한 일상이 현실이고 천문학적 비전은 그저 우주적 허풍에 불과하다고 반응한다. 그러나 신화 전체는 두 관점 사이에서 균형을 취하는 방식을 보여줌으로써 사실상 독자에게 둘 중 하나만 받아들이거나 하나만 선택하게끔 강요하지 않는다.

잘 알려져 있다시피 윌리엄 블레이크William Blake의 시 「순수의 전조Auguries of Innocence」의 도입부에서도 망원경과 현미경이 잘 융합되어 있다.

한 알의 모래에서 세상을 보고
한 송이 들꽃에서 천국을 보기 위해

---

[35] Doniger O'Flaherty, *Dreams, Illusion*.

손바닥 안에 무한을 쥐고
찰나 속에 영원을 잡아라.

사실 힌두 철학자들은 가장 문자 그대로의 의미에서 그리고 세밀한 방식으로 한 알의 모래에서 세상을 보았다. 12세기 카슈미르의 철학서 『요가바시스타』에서는 한 남자가 새로운 우주와 아름다운 소녀를 찾기 위해 돌멩이 안으로 들어간다.[36]

셰이머스 히니는 엘리자베스 비숍의 시 「도요새 The Sandpiper」에 대한 통찰력 있는 논평에서 블레이크를 끌어왔다.

> 글쓰기의 목적 중 하나는 거대한 것과 미세한 것 사이의 차이를 흐릿하게 하는 것이다. 블레이크의 제자들은 결국에는 한 알의 모래에서 세계를 보게 될 것이다. … 사실 우리는 좀 더 나아가 시는 세세한 것에 대한 과도한 집착이 통찰력 있는 이해로 이어질 수 있는 방식, 극도로 집중하면 우리 감각의 시야가 좁아지는 것이 아니라 오히려 확장되는 방식에 관한 것이라고 말할 수 있을 것이다. 시의 마지막 두 행은 미세하고 유일한 것을 변형시켜 이를 우주적 스크린 위에 투영한다. 이는 간과되거나 무시될 뻔했던 것을 눈부시고 근사하게 만든다. 또한 작은 것과 거대한 것이 만나서 작은 것이 거대한 것에 의문을 제기한다.[37]

---

36 *Yogavasistha* 6.2.56-94; Doniger O'Flaherty, *Dreams, Illusion*, 234.
37 Seamous Heaney, *The Redress of Poetry*; "Counting to a Hundred: On Elizabeth Bishop"

한 알 한 알의 모래는 무한히 작고, 모래알을 합한 수는 무한하기 때문에 모래 자체가 작은 것과 거대한 것, 무한한 것을 만나게 한다. 상상할 수 없을 만큼 큰 것의 이미지를 찾아 욥이 그의 슬픔이 "바다의 모래를 넘어설 정도"라고 말한 것은 이런 의미에서다.

망원경적 시각과 현미경적 시각의 조합에 의해 생겨나는 다른 위협은 솔 벨로의 소설 『비의 왕 헨더슨』에 나오는 동명의 주인공 입을 통해 잘 나타난다.

> 태양과 원자의 정확히 중간에 해당되는 크기로서, 모두가 하나의 신비인 엄지손가락과 지문을 가지고 천문학적 개념들 속에서 살아가는 우리는 어마어마한 숫자들과 함께 살아가는 것에 익숙해져야 한다. 세계의 역사 속에는 많은 영혼이 있어왔고, 있고, 또 있을 것인데, 별로 생각해보지 않아도 이것은 참으로 경이로운 일이지 우울해할 일이 아니다. 많은 어리석은 자는 이를 우울해한다. 엄청난 숫자에 그들이 산 채로 묻혀버린다고 생각하기 때문이다. 그러나 이것은 미친 생각이다.[38]

마치 지구가 (망원경을 통해 보이는) 태양과 (현미경을 통해 보이는) 원자를 매개하듯이 신화도 우리가 미치거나 "우울해지지" 않는 방식으로 "어마어마한 숫자들"에 기반을 둘 수 있게끔 해준다.

한 여자가 강연회에 가서 우주가 50억 년 후에 스스로 파괴될

(164-185), 177.

38 Saul Bellow, *Henderson the Rain King*, 137.

것이라는 말을 듣고 졸도했다는 오래된 우스운 이야기가 있다. 사람들이 그 여자에게 왜 50억 년 후에나 일어날 일을 가지고 그렇게 걱정하느냐고 묻자 그녀가 안도의 숨을 내쉬며 이렇게 말했다고 한다. "아 다행이네요. 나는 강연자가 500만 년이라고 말한 줄 알았어요." (애니 딜러드는 언젠가 이런 사람들에 대해서 "이 천문학자들은 짜증날 정도로 작은 숫자들에 집착한다"고 말한 적이 있다.[39] 그리고 그녀의 소설 『산다는 것』에 등장하는 한 소년은 "별들 사이의 공간이 작은 구멍 같고, 그 구멍으로부터 인간의 의미가 증발하고 있는 것"처럼 느낀다.[40]) 만약 「욥기」와 『기타』 그리고 『바가바타 푸라나』에 드러난 엄청난 스케일의 신학적 비전을 그 자체로 받아들인다면 이것은 모든 인간사를 하찮게 보이게 위협할 수도 있다. 이들보다 훨씬 과소평가된 신학자[*라고도 할 수 있을] 우디 앨런은 영화 〈애니홀Annie Hall〉의 일화에서 이 점을 잘 나타냈다. 숙제를 안 하려 하는 알비Alvy에게 엄마가 도대체 왜 그러는지 설명해보라고 강요하자, 그는 "우주가 팽창하고 있어요 … 그리고 … 언젠가는 산산이 부서질 것이고 그러면 모든 것이 끝장이에요!"라고 대답한다. 이에 엄마는 "우주가 이 일하고 무슨 상관이야! 너는 여기 브룩클린에 있어! 브룩클린은 팽창하지 않아!"라고 대답하며, 가족 주치의는 "수십억 년 동안 팽창하진 않을 거야, 알비. 그러니 우리는 우리가 여기 있는 동안 즐기면서 살아야만 해!"라고 말한다. 신화는 우리가 이 신학적 비전을 받아들이길 요구하지 않는다. 심지어 텍스트 안에서도 등장인물들은

---

39   Annie Dillard, *For the Time Being*.
40   Annie Dillard, *The Living*, 70.

평범한 일상의 세계에 안착한다. 그러나 신화가 반드시 이 결말이 앞선 비전에 비해 훨씬 더 실재적인 것이라고 말하는 것은 아니다. 반대로 신화의 목적은 우리의 삶이 실재라는 것을 보는 동시에 실재가 아니라는 것을 보라고 우리에게 요구하는 것이다. "어느 것이 실재인가?"라는 질문에 신화는 "예"라고 답한다.

정치적 렌즈로서의 신화

우리는 신화가 어떻게 스케일이 다른 말들, 다른 언어의 렌즈를 사용하여 신학과 일상의 실재를 연결하는지 살펴보았다. 텍스트 연속체에서 추상적인 끝이 만약 인간사로부터 완전히 시선을 거두어 철학적 관조나 거부 — 종교적인 것이든 아니든 간에 — 혹은 종말론적 기대로 돌아섰다면, 아마도 이것은 (물론 비정치적인 것은 아니지만) 반정치적이라고 할 수 있을 것이다. 그러나 국지적인 세부 사항에서 일반화, 추상화에 이르는 과정은 정치적인 측면 역시 지니고 있다. 여기가 바로 우리가 우리의 이기적인 개인의 관심사를 넘어서서 내다보고 글로벌하게 환경을 고려하며 생각하기 시작하는 지점이다. 미래를 생각하고, 지구상의 다른 곳에서 일어나고 있는 일들에 관해 생각하고, 우리 자신과는 매우 다른 정치적 상황에 처해 있는 사람들을 위해 말하고 행동하고 글 쓰는 행위의 결과에 대해 생각하기 시작하는 지점인 것이다. 우리가 우리의 고유한 신학적 가정들에 깃들어 있는 정치적 함축을 깨달을 때 혹은 타자의 신학을 인정함으로써 정치적 타자의 인간성을 존중하게 되기 시작할 때처럼 광각렌즈는 정치적인 동시에 신학적일 수 있다. 그리고 신화는 특히 이러한 연결을 만들어내는 데 적격이다. 현미경과 망원경의 관점을 이용해 일상의 실재를 글로벌한 — 실로 우주적인 — 정치와 연결시킴으로써 신화는 우리가 흔히 자동차 범퍼 스티커에서 볼 수 있는 다음 문구를 실제로 실천할 수 있게끔 해준다. "글로벌하게 사고하고, 지역적으로 행동하라."[41]

우리가 실재가 아니라는 신학적 주장에 저항하는 인간의 본능, 즉 상식은 정치적 본능이다. 그러나 정치적 내러티브가 우리로 하여금 우리 자신의 삶을 외면하게 하는 것이 아니라 정치적 타자까지도 포함한 타자의 삶을 바라보게 하는 망원경을 제시하는 경우가 있다. 위에서 논의한 것과 같은 신화를 통해 우리의 신학적 비전이 열리듯이 우리의 정치적 비전도 우리 자신의 고유한 신화에 의해서, 즉 특정한 텍스트와 우리 삶의 사건들의 병치를 통해서, 다른 문화의 신화와의 비교를 통해서, 그리고 무엇보다도 서로서로의 렌즈로서 작용하는 정치적 텍스트와 신학적 텍스트의 상호작용을 통해서 열릴 수 있다. 이러한 텍스트에서는 신학과 정치가 서로를 위한 렌즈가 된다. 우리는 상대방의 통찰력을 통해 각각을 다르게, 더 잘 본다. 만약 여기서 또다시 우리가 정치와 신학에 대해 "어느 것이 실재인가?"라고 묻는다면, 대답은 "예"이다.

토머스 케닐리의 책 『쉰들러 리스트』에서 (그리고 영화에서)[42]

---

41   이 문구를 처음 만든 사람은 엘리 릴리Eli Lilly라고 확신한다.
42   Thomas Keneally, *Schindler's List*; 〈쉰들러 리스트〉(1993). 원작 토머스 케닐리, 각본 스티븐 자일리안Steven Zaillian, 감독 스티븐 스필버그Steven Spielberg, 주연 리암 니슨Liam Neeson.

주인공은 언덕 위에서 말을 타고 서서 마치 망원경을 통해 보듯이 크라코프Krakow 게토가 사라지는 광경을 바라본다. 그 대살육의 현장에서 그는 빨간 외투를 입은 한 작은 소녀를 발견하고는 그 소녀가 그 공포의 현장 속에서 이리저리 헤매는 자취를 따라간다. 빨간 외투를 입은 소녀의 움직임은 대량 학살 현장을 관통하는 빨간 실처럼 보이며, 이는 마치 코로Corot가 그린 풍경화 속에 반드시 나오는 붉은 점 같기도 하다. (흑백영화의 이 장면에서 빨간 점은 유일한 컬러로서, 흑백으로 만들어진 영화 〈오즈의 마법사〉에 후에 컬러가 입혀졌을 때의 충격에 버금가는 장르적 쇼크를 유발한다.)[43] 그 소녀를 보면서 쉰들러는 자신이 무엇을 해야만 하는지 깨닫는다. 여기서 망원경에서 현미경으로의 전환은 무관심에서 공감으로의 이동이다. 욥의 관점의 이동은 자기 연민으로부터 무관심을 넘어서는 그 무엇 — 체념 혹은 아마도 순종 — 으로의 이동이었다. 여기서 신화는 관점의 급격한 전환을 사용하고 또 요구하는 내러티브다.

이 신화적 시야, 언어를 넘어서는 이미지의 좋은 예는(물론 여기서도 나는 이를 설명하기 위해 언어를 사용해야 하기는 하지만), 제1차 세계대전에 대한 영화인 〈오 얼마나 아름다운 전쟁인가What a Lovely War〉(1969)[44]에 나온다. 이 영화의 결말은 1930년작 영화 〈서부 전선 이상 없다All Quiet on the Western Front〉(1930)[45]의 결말을 인용한 것이라

---

43 〈오즈의 마법사〉(1939). 원작 프랭크 바움L. Frank Baum, 감독 빅터 플레밍Victor Fleming, 주연 주디 갈란드Judy Garland, 버트 라르Bert Lahr, 레이 볼저Ray Bolger. 컬러로 변한 것에 대해서는 Doniger O'Flaherty, *Other Peoples' Myths*, 158-159를 보라.

44 〈오! 얼마나 아름다운 전쟁인가〉. 조안 리틀우드Joan Littlewood의 뮤지컬을 토대로 각본 렌 데이튼Len Deighton, 감독 리처드 애튼버러Richard Attenborough.

45 〈서부 전선 이상 없다〉. 원작 에리히 마리아 레마크Erich Maria Remarque, 각본

할 수 있다. 〈서부 전선 이상 없다〉는 전쟁에 관한 고전적 영화로서 여기서 우리는 총소리가 들리고 우리의 주인공이 쓰러지는 장면을 본다. 그리고 들판에 가득한 흰 십자가들을 배경으로 진군해가는 병사들의 행렬을 보는데, 이들은 각각 고개를 돌려 잠시 동안 카메라를 비난하듯이 바라보고는 돌아서서 무덤의 들판으로 하나씩 사라져간다. 〈오 얼마나 아름다운 전쟁인가〉의 결말에서는 우리가 영화를 보는 사이에 — 영화적 현미경을 통해 — 알게 되고 관심을 갖게 된 주인공이 참호 속에서 싸우고 있다. 그가 총에 맞자 영화는 슬로모션과 침묵으로 전환되며, 우리는 그가 영국의 한 언덕에서 가족과 함께 소풍을 즐기며 햇빛과 포도주에 달게 취해 풀밭 위에 앉아 있는 모습을 본다. 그는 낮잠을 자기 위해 나무에 몸을 기대는데, 순간 나무는 그의 무덤을 표시하는 흰 십자가가 되고, 그는 사라진다. 카메라가 십자가로부터 계속 멀어질수록 우리의 시야는 넓어지고, 우리가 알고 있는 병사의 무덤 위 십자가는 프랑스 전장의 무덤들을 표시하는 수백만의 십자가들 중 하나라는 것을, 거대한 죽음의 숲속에 있는 하나의 작은 흰 나무에 불과하다는 것을 알게 된다. 1초 혹은 아마도 10초 동안 우리는 한 병사에 대해 느끼는 개인적 슬픔의 강렬함과 우리가 오랫동안 알고 있었지만 그러나 역시 오랫동안 주목하지 않았던, 제1차 세계대전 당시 죽어간 천문학적 숫자에 이르는 수많은 젊은이에 대한 좀 더 일반적이고 우주적인 슬픔을 동시에 경험할 수 있다. 영화 〈바람과 함께 사라지다Gone

---

루이스 마일스톤Lewis Milestone, 맥스웰 앤더슨Maxwell Anderson, 감독 루이스 마일스톤.

With the Wind〉(1939)⁴⁶에는 또 다른 전쟁, 즉 미국독립전쟁에 관한 유사한 두 시각이 등장한다. 스칼렛 오하라가 한 병사가 고통스러워하는 것을 보고 공포에 질렸을 때, 카메라는 갑자기 뒤로 물러나며 부상당하고 죽어가는 병사들로 가득 찬 거대한 애틀랜타의 광장, 무시무시한 살육의 현장의 전체 광경을 보여준다.

〈스타트랙Star Trek〉의 한 에피소드에서⁴⁷ 반¥불칸인이자 다른 사람들의 마음과 "접합"할 수 있는 능력을 지닌 스포크Spock는 멀리 떨어진 한 우주선에서 400명의 불칸인들이 죽어가는 비명 소리를 감지하고 갑자기 격심한 고통을 느낀다. 맥코이McCoy 박사가 이를 보고 놀라자 스포크는 다음과 같이 말한다. "[*다른 우주인과의 혼혈이 아닌] 오직 인간이기만 한 존재들은 이러한 것에 무감각하더군요. 당신들에게는 수백만의 죽음을 느끼는 것보다 친근한 한 존재의 죽음을 느끼는 것이 더 쉽죠." 이어서 맥코이 박사가 그렇다면 인간에게도 그러한 공감을 바라냐고 묻자 스포크는 대답한다. "그랬다면 당신네 역사가 좀 덜 피로 물들었을 것입니다." 우리의 신화는 우리 "오직 인간"인 존재들이 불칸의 망원경적 시각을 통해 사물을 볼 수 있게 해준다.

"한 사람의 죽음은 비극이다. 그러나 수백만의 죽음은 하나의 통계일 뿐이다"라고 (자신이 무엇에 대해 말하고 있는지 알고 있었던)

---

46 〈바람과 함께 사라지다〉. 원작 마거릿 미첼Margaret Mitchell, 각본 시드니 하워드Sidney Howard, 감독 빅터 플레밍 외. 주연 클라크 게이블Clark Gable, 비비안 리Vivien Leigh, 올리비아 드 하빌랜드Olivia de Havilland, 레슬리 하워드Leslie Howard.
47 〈스타트랙〉, "면역 신드롬The Immunity Syndrome". 각본 로버트 사바로프Robert Sabaroff, 감독 조지프 페브니Joseph Pevney. 1968년 1월 19일 첫 방송. 이 에피소드를 찾게 해준 피터 갓초크Peter Gottschalk에게 고마움을 표한다.

스탈린은 말했다. 신화는 통계를 다시 비극으로 되돌리고, 망원경을 다시 현미경으로 되돌린다. 그러나 욥의 경우처럼 때때로 우리는 렌즈를 반대 방향으로 돌릴 필요도 있다. 분노와 절망 가운데서 욥은 현미경을 통해 마음의 평화를 갉아먹는 수백만의 작은 각다귀들을 바라본다. 그리고 시인은 마치 한나 아렌트가 그랬듯이 우리를 위해 인간 고통의 평범함을, 악의 평범함을 확대해 보여준다. "마음의 눈을 괴롭히는 그것은 단지 티끌 하나라오."[48] 호라티오는 햄릿에게 우리 자신의 눈이 우리를 괴롭히는 소소한 일들을 크게 확대해서 보이게 한다는 것을 지적하며 이렇게 말했다. 「마태복음」에서 말하듯이(7장 3절) 바로 이 티끌이 우리의 이기심, 즉 다른 사람에 준하여 제대로 우리 자신을 바라볼 수 없는 무능력의 상징이다. "너는 어찌하여 형제의 눈 속에 있는 티는 보면서 네 눈 속에 있는 들보는 깨닫지 못하느냐?"

우리의 자아의 현미경이 일상생활의 세세한 것들에 우리의 시선을 붙들어 매놓을 때 신화는 우리의 눈을 이끌어 우리가 망원경으로 세상을 볼 수 있게 해주며, 별들과 은하계를 생각하게 하고 지구라는 별이 얼마나 자그마한지 생각하게 해준다. 그러나 이런 생각이 오래가기란 힘들다. 또한 걱정과 근심 속에 살아가면서 동시에 "우리의 삶이 진정 보잘것없다"는, 영화 〈카사블랑카Casablanca〉[49]

---

[48] Shakespeare, *Hamlet*, 1.1.
[49] 〈카사블랑카〉(1942). 원작 머레이 버넷Murray Burnett과 조안 앨리슨Joan Allison의 희곡 「모두가 릭의 까페로 온다Everybody Comes to Rick's」, 각본 줄리어스 엡스타인Julius J. Epstein, 필립 엡스타인Philip G. Epstein, 하워드 코흐Howard Koch, 감독 마이클 커티즈Michael Curtiz, 주연 험프리 보가트Humphrey Bogart, 잉그리드 버그만Ingrid Bergman, 클로드 레인스Claude Raines, 폴 헌레이드Paul Henreid.

속 릭Rick(험프리 보가트 분)의 대사를 항상 의식하고 있기란 어렵다. 릭은 이 세상 전부처럼 보였던 자신의 사랑이 나치의 위협이라는 거대한 현실 앞에서 정치적 망원경을 통해 보면 한없이 보잘것없어 보이는 상황에서 이 말을 한다. 그러나 마치 욥과 야쇼드하가 그들의 삶이 실재가 아니라는 것을 오랫동안 믿을 수 없었듯이 우리는 오로지 은하계나 나치, 혹은 세상 곳곳의 전쟁과 기근 속에서뿐만 아니라 우리가 살고 있는 도시 한구석에서 굶주림이나 질병 혹은 총상으로 죽어가는 어린이들만을 생각하면서 살 수는 없다. 우리는 이러한 것들에 대해 오랫동안 생각할 수 없다. 왜냐하면 우리는 인간이고 그러기에 우리의 삶에, 오늘 밤 무슨 영화를 볼 것인가 따위에 신경을 써야 하기 때문이다. 그러나 동시에 우리는 저기 어딘가에 저 은하계들이 있고, 저 어린이들이 있다는 것을 안다. 우리는 결코 완전히 잊지는 않는다. 우리 안에 존재하는 이 긴장은 어느 방향으로든 우리를 늘 따라다니며 우리가 인생의 한가운데서 정당하게 취하고 있는 즐거움의 강도가 약해지도록 위협하기도 하고, 우리가 우리의 삶을 넘어서는 대의들, 우리 모두가 죽고 난 100여 년 후 이 지구상에 살게 될 사람들을 생각하며 짊어져야 할 대의들에 헌신하지 못하도록 위협하기도 한다.

이중 초점 사이에서의 선택의 어려움은 (오늘날 "익명의 알코올 중독자들 모임"의 "평온을 비는 기도"로 잘 알려진) 라인홀트 니버Reinhold Niebuhr의 기도에서 포착된다. 이 기도는 우리가 바꿀 수 없는 것들을 견딜 수 있는 평온함과, 우리가 바꿀 수 있는 것들은 바꿀 수 있는 용기를 구하며, 이 둘을 구별할 수 있는 지혜를 달라고 간구한다. 그러나 지혜는 우리가 쉽게 무시할 수 있는 "평온함"이나 다른 사람들의 삶을 수용하는 쪽으로 우리를 좀 더 자주 밀고 간다. 내가 논의해온 이런 종류의 이야기들 ―「욥기」와 크리슈나의 이야기와 같은 신화 ― 과 그 밖의 이야기들은 독자들 사이에서 여러 종류의 반응 ― 후회, 죄의식, 분노 ― 을 불러일으킬 수 있지만, 이런 종류의 이야기들이 위안을 주기는 힘들다. 그러나 때때로 이런 이야기들이 우리를 흔들어, 우리가 우연히 갇혀 있게 된 어떠한 초점에서든지 깨어 나올 수 있게 한다. 긴장은 신화를 만들어낸다. 그리고 이 긴장은 우리에게 여러 방식으로 영향을 미치는데, 그중 아마도 가장 이상적이면서 그럼에도 불구하고 아주 현실적인 것은 현미경적인 것과 망원경적인 것이라는 두 차원의 정치적 시각을 우리가 동시에 유지하도록 노력하게끔 만든다는 것이다. 그렇다면 신화는 어떻게 이런 일을 할까?

    신화가 제기한 문제에 대해 신화는 허구적 해결책을 제시한다. 그러나 우리는 그것을 우리의 삶 속으로 가져와 실재로 만들 수 있다. 신화는 우리 각자가 우주의 아주 보잘것없는 일부라서 (붓다의 가르침 혹은 아무것도 영원하지 않다는 의미에서) 우리가 하는 모든 일이 전부 실재가 아니라는 확신과, 우리가 친구들, 가족들과 함께하는 소풍은 결코 사소한 일이 아니라 정말 멋진 일이라는 확신 사이에서 동시에 균형을 잡아준다. 신화는 우주에 관한 무지의 끔찍한 심연과 비록 짜증스럽긴 하지만 매일 되풀이되는 인간사의 편안한 친숙함 사이에 다리를 놓아준다. 신화는 우리의 초점을 바꿔준다. 즉 신화는 우리가 보통 현미경을 통해 보는 개인적 삶을 멀리 떨어져 망원경을 통해 보게 해주고, 우주적인 질문들은 가까이 다가가서 현미경을 통해 보게 해준다.

욥과 크리슈나의 신학적 신화에서 또 다른 실재의 충격을 가하는 것은 망원경이다. 그러나 〈쉰들러 리스트〉와 같은 정치적 신화에서 충격을 주는 것은 망원경이라기보다 현미경이며, 그때 신화는 오래되고 일반적이고 상식적인 진실이 주는 편안함과 동시에 전혀 새롭고 아주 구체적인 디테일이 주는 놀라움 사이에서 동시에 균형을 잡아준다. 사실 신화는 신학과 정치 모두에서 어느 방향으로든 작동할 수 있다. 레비스트로스는 신화 속 전도의 과정을 설명하는 데 광학적 이미지(일종의 조야한 현미경)라는 아이디어를 사용했다.

비슷한 전도가 광학에서도 일어난다. 적절한 크기의 구경을 통해 한 이미지를 관찰하면 완전히 세부까지 볼 수 있다. 그러나 구경이 좁아지면 이미지는 흐려지고 보기 힘들어진다. 그러나 구경이 더 작아져서 점 상태에 이르게 되면, 즉 다시 말해 의사소통이 막 사라지려는 찰나에 이미지는 전도되어 다시 선명해지기 시작한다. 이 실험은 학교에서 빛이 직선으로 전달되는 것을 보여주기 위해, 혹은 달리 말해 광선이 제멋대로 전달되는 것이 아니라 구조적 장의 범위 안에서 전달된다는 것을 증명하기 위해서 행해진다. … 신화적 사고의 장 역시 구조화되어 있다.[50]

이 같은 전도는 정확히 우리를 무한히 작은 것들의 세계에서 무한

---

50 Claude Lévi-Strauss, "The Story of Asdiwal", 42.

히 큰 것들의 세계로 이동시키는 "신화적 사고의 장"의 능력이다. 신화는 만약 현미경이 망원경으로 바뀔 만큼 강하다면, 정말 깊은 곳에 있는 것들과 정말 멀리 있는 것들이 서로 같아질 것이라고 말해준다.

레비스트로스의 전도의 이미지는 마르셀 프루스트가 같은 이미지를 사용한 것의 전도이다.

> 곧 나는 약간의 스케치를 보여줄 수 있게 되었다. 아무도 이를 전혀 이해하지 못했다. 심지어 내가 나중에 신전에 새겨 넣으려 한 진리에 대한 내 생각에 호의적이었던 사람들도 내가 그것을 현미경으로 발견한 것에 대해서 축하했다. 하지만 반대로 나는 매우 작지만 저 멀리 떨어진 곳에 위치해 있고 각각 그 자체로 하나의 세계를 가지고 있는 그런 것들을 관찰하기 위해서 망원경을 사용했다. 나는 거대한 법칙을 찾고 있었지만, 그들은 나를 사소한 디테일만 파고 있는 사람이라고 불렀다.[51]

각각의 "매우 작은" 것, 각각의 "사소한 디테일" 안의 "하나의 세계"는 위대한 소설가, 신화적 소설가의 거대한 비전이자, "거대한 법칙"의 파노라마다.

우리가 보아왔듯이 현미경 역시 공감의 도구가 될 수 있다. 그

---

51   Marcel Proust, *Remembrance of Things Past*, 여기 인용된 영어판은 vol. 2, 1118. 프랑스어판의 편집자에 따르면 vol. 4, 618에서 그는 그의 첫 번째 책 『즐거움과 나날 Les Plaisirs et les Jours』을 언급하고 있다.

러나 앤드류 델반코가 지적했듯이 "만약 어떤 사람이 지정된 역할에만 순응한다면, 그는 그에게 희생된 희생자를 육안으로 본 슬라이드 위에 얼룩진 미생물만큼도 분명하게 보지 못할 것이다. 그는 그 사라진 생명체 — 각각의 고유한 생명체, 그 자체로 하나의 세계인 생명체 — 가 아닌 얼룩밖에 보지 못할 것이다."[52] 각각의 생명체 속 세계는 힌두 신화에서 엄마가 아이의 입 안에서 본 세계의 이미지로 정확히 구체화된 것이며, 프루스트가 각각의 "매우 작은" 것 안에서 본 것이기도 하다.

애니 딜러드는 렌즈에 관한 그녀의 에세이에서 쌍안경으로 고니들을 보고 난 후 쌍안경의 세계로부터 일상 세계로 되돌아온 경험에 대해서 묘사한다.

그들 주위로 렌즈의 검은 프레임을 유지하기 위해 발뒤꿈치가 닳도록 빙빙 돌면서 나는 공간 감각을 완전히 잃었다. 그러다 쌍안경을 내려놓으면 내가 어느 쪽을 보고 있었는지 알고 항상 놀랐다 — 마치 영화 속에 완전히 압도되어 있다가 영화에서 빠져나와 차를 어디다 주차시켰는지 찾기 위해서 조금씩 조금씩 실제 세계를 다시 구축하려고 노력할 때 같은 얼떨떨한 상태였다.[53]

거대한 신화적 비전, 즉 진짜 와이드스크린의 세계에서 빠져나와

---

52 Andrew Delbanco, *The Death of Satan*, 231.
53 Dillard, "Lenses", 104.

이 세상 속 우리의 자리를 찾는 것, 문화적 충격에 상당하는 형이상학적 충격 혹은 물 밖으로 너무 빨리 나온 (혹은 들어간) 심해 잠수부의 "잠수병"을 겪지 않도록 하는 것, 혹은 때때로 우리가 꿈 꿀 때 들어가지만 보통 잊어버리고 마는 또 다른 세계로부터 너무 빨리 깨어나는 것을 피하는 것, 주차했던 곳과는 다른 곳에서 차를 발견하는 것 — 그것이 트릭이고 신화가 바로 그 열쇠다.

인간적 렌즈로서의 신화

때때로 신화는 텍스트 안에서가 아니라 텍스트와 우리 삶의 상호작용 속에서 형성된다.[54] 텍스트는 신학적 충격뿐만 아니라 정치적 충격까지도 주는 망원경이다. 델반코는 루스벨트가 키르케고르Kierkegaard를 읽고 처음으로 나치라는 악마를 이해했던 그 순간에 대해 쓴 적이 있다. 이는 "극적 거리감이 인식의 충격을 통해 사라지는 순간"이었다.[55] 이미 세상을 떠난 철학자의 인간 조건 일반에 관한 글과, 전혀 새롭고 특정한 세세한 인간사로부터 제기된 당면한 문제의 두 시각이 특별한 인식의 충격을 낳았다. 키르케고르의 인간 본성에 관한 일반적 통찰은 루스벨트로 하여금 나치라는 악마가 생겨났다는 사실(그때 당시 이미 그는 이를 알고 있었다)이 아니라, 어떻게 그런 존재가 생겨날 수 있었는지를 이해하게끔 해주었다.

---

54   Doniger O'Flaherty, *Other Peoples' Myths*.
55   Delbanco, *The Death of Satan*, 191.

또한 델반코는 1946년 잡지 『뉴요커』에 실린 존 허시John Hersey•의 글 「히로시마Hiroshima」의 영향에 대해서도 글을 썼다.

허시는 원자폭탄에 희생된 무명의 희생자들에게 얼굴과 이름을 부여했다. 그는 폭탄이 투여되기 직전 부엌에 있었던, 현관에 있었던, 아이들에게 잠옷을 입히고 있었던 히로시마 시민들을 보여줬다. 그는 창문 파편들 사이에서 쓰레기 조각처럼 흩날리는 그들의 잔해와 한때 지붕과 벽의 일부였던 파편들을 보여줬다. 그는 이 희생자들을 단지 (전후 방사선으로 인해 죽어간 사람들까지 포함하는가 마는가에 따라 7만 혹은 10만에 이르는) 숫자와 멸칭(잽스Japs)으로만 나타내기 힘들게 했다.[56]

때때로 오직 허구만이 실재를 현실적인 것으로 만든다. 뮤지컬 〈미스 사이공Miss Saigon〉의 라디오 광고는 다음과 같이 말한다. "사이공: 한때 뉴스 속 한 지명이기만 했던 그곳이 이제 현실이 되었습니다."[57] 이 신화적 드라마는 전쟁을 현실로 만든다고 주장하며, "뉴스 속 한 지명"은 이야기가 아니라 단지 지명일 뿐이기에 현실이 아니었다는 생각을 암시한다. 여기서 나는 조지 버나드 쇼의 희곡 『성녀 잔다르크』의 에필로그를 떠올린다. 코숑Cauchon은 묻는다.

• 존 허시(1914-1993)는 미국의 작가, 저널리스트. 픽션의 스토리텔링 기법을 차용해서 논픽션을 서술하는 소위 뉴저널리즘 글쓰기의 초기 대표자로서 이 책에서 언급한 그의 히로시마 원자폭탄에 관한 글은 20세기 미국 저널리즘의 최고작으로 손꼽힌다.

56 Delbanco, *The Death of Satan*, 200.
57 1992년 1월 18일 시카고 WFMT 채널에서 방송된 광고.

"그렇다면 그리스도가 저 상상력 없는 사람들을 구원하기 위해 매 시대 고문당하며 죽어야만 합니까?"[58]

그러나 때때로 삶 그 자체가 신화의 두 가지 시각을 읽어낼 수 있는 텍스트이기도 하다. 안네 프랑크와 그녀의 가족이 나치를 피해 숨어 있었던 암스테르담의 집 가운데 방 벽에는 두 개의 표가 나란히 보존되어 있었다. 하나는 우리 아버지가 나한테 그랬듯이, 또 내가 내 아들에게 그랬듯이 오토 프랑크가 짤막한 평행의 수평선으로 아이들이 세월이 지나면서 키가 자라는 걸 표시해놓은 것이었다. 다른 하나는 연합군의 진군을 핀으로 표시해놓은 유럽 지도였다 — 우리가 이제 알고 있듯이 연합군의 진군은 첫 번째 표를 결정적으로 몇 인치 더 올리기에는 너무 늦었다. 이 두 표는 거의 비슷한 크기였고, 사소하고 아주 평범한 개인적 관심과 세계사의 대변동이 비극적으로 상호 교차하는 것을 보여준다. 나에게 이것들은 홀로코스트의 현미경적 시각과 망원경적 시각이 나란히 놓여 있는 것으로 보인다.

우리는 우리가 가늠할 수 없는 세계를 보거나 흐릿하게 만드는 데 이 렌즈들을 사용할 수 있다. 위대한 신화들에서는 현미경과 망원경이 함께 시간의 흐름에 반해서 움직이는 우리 자신을 볼 수 있는 변위를 제공한다. 그래서 지구궤도의 서로 다른 양 끝에서 바라본 별처럼 우리 자신을 볼 수 있게 된다. 지구궤도의 양 끝에서 별을 관찰하는 것은 별이 움직이는 것을 볼 수 있는 몇 안 되는 방법

---

58 George Bernard Shaw, *Saint Joan*, 223; Doniger O'Flaherty, *Other Peoples' Myths*, 130에서 인용.

중 하나다. 그리고 우리가 아마도 지구궤도의 양 끝이 아니라 최소한 지구의 양끝에서 신화를 생각해볼 때, 우리는 우리 자신의 문화가 제공하는 것보다 조금 더 길게 신화적 현미경-망원경을 늘여서, 좀 더 깊이 그리고 좀 더 멀리 보는 데 — 인간 패러독스의 이중나선을 보는 데 — 그것을 사용할 수 있다. 다음 장에서 내가 논의하게 될 주제로 건너뛰자면 신화만이 아니라 비교신화학에 있어서 개별 텍스트는 우리에게 나무를 보게 해주는 현미경이고, 비교는 숲을 보게 해주는 망원경이다. 신화는 한꺼번에 인간사의 만화경 양 끝을 통해 볼 수 있게 해준다. 즉 우리 자신의 시선이라는 현미경을 통해 우리의 삶을 소중하게 만들어주는 개인적이고 세세한 일들을 보면서 동시에 다른 문화의 눈으로 주어지는 망원경을 통해 대단한 힘을 가진 자의 대단한 업적마저도 보잘것없어 보이게 만드는, 말하자면 욥과 우리 자신의 고통을 보잘것없어 보이게 만드는 광대한 파노라마를 볼 수 있게 해준다. 위기에 처한 인간존재에 관한 신화적 차원의 이야기를 듣고, 그리고 그것이 우리 자신의 삶의 이야기를 — 그리고 우리 자신의 삶의 이야기가 아닌 것을 — 어떻게 말해주는지를 귀 기울여 듣고 생각해볼 때마다 우리는 잠시나마 인간적인 현미경과 우주적인 망원경의 두 시각으로 세상을 본다.

2장 검은 고양이, 짖는 개, 수레 그리고 칼

검은 고양이들의 차이

1장에서 나는 현미경의 시각과 망원경의 시각을 비교하며 서로 다른 스케일의 말과 서로 다른 언어적 렌즈를 사용해서 신학과 일상의 실재를 연결시키는, 신화 본연의 능력에 관해 이야기했다. 이 장에서는 이 능력이 신화가 이중적 의미에서 선천적으로 비교의 장르라는 사실을 말해준다고 주장하고자 한다. 이중적 의미라 함은 신화가 무엇인가를 비교하는 동시에 신화 그 자체가 비교를 잘 받아들인다는 말이다. 1장에서 나는 신화가 일상적 실재를 글로벌한 ― 실로 우주적인 ― 정치 상황과 연결시키기 위해 망원경과 현미경을 사용한다고 주장했다. 어떤 신화가 우리의 신학적 비전을 열어주듯이 다른 어떤 신화는 우리의 삶에서 일어나는 사건들과 병치될 때 우리의 정치적 비전을 열어준다. 나는 또한 정치적 텍스트와 신학적 텍스트가 서로의 렌즈로 작용한다고 말했다. 이제 나는 다른 문화의 신화들을 비교하는 작업이 우리의 정치적 비전을 열어준다고 주장하고자 한다. 1장이 단일한 신화 안에서 우주적인 것과 일상적인 것을 수직적으로 연결해주는 것이었다면, 여기에서는 시선을 옆으로 돌려 다른 문화에서 서로 다르게 이야기되는 신화들 사이에 연결 관계를 구축하는 비교 문화적 작업을 진행하고자 한다. 나는 서론에서 메타포의 사용을 옹호했다. 이 장과 다음 장에서는 동물의 세계에서 끌어온 세 메타포 — 검은 고양이, 짖는 개 그리고 암시된 거미 — 를 통해 비교에 대한 주장을 전개할 것이다.

인간이 항상 의식적으로나 무의식적으로 비교를 하며 이로부터 효과적인 결과를 얻는다는 점을 알려주는 근거는 무수히 많다. 결국 비교는 우리 가치 체계의 기본이다. "이것이 좋아? 이것을 갖고 싶어?"라는 물음에 대한 대답은 자주 "뭐와 비교해서 말이야?"다. 모리스 슈발리에Maurice Chevalier*가 그의 80세 생일에 "슈발리에 씨, 80세가 된 소감이 어떠세요?"라는 질문을 받았을 때 그의 대답은 "그렇지 않았을 경우와 비교해보면 80세가 된 지금이 무척 흡족합니다"였다. 빅토리아 여왕 통치하에서 힐레어 벨록Hilaire Belloc**은 클레오파트라 여왕의 화려한 삶을 세세히 언급하며, "우리 친애하는 여왕님의 가정적인 삶과는 얼마나 다른가"라고 말했다. 비교는 우리가 차이를 이해하는 방식이다.

따라서 무엇인가 공통점을 갖고 있는 사물들을 서로 비교하는 것은 우리가 세계를 이해하는 모든 방식의 기본이자, 우리의 지적

• 모리스 슈발리에(1888-1972)는 프랑스의 배우이자 가수. 〈루이즈Louise〉, 〈미미Mimi〉, 〈발렌타인Valentine〉 등의 노래가 유명하며, 〈러브 퍼레이드The Love Parade〉(1929), 〈지지Gigi〉(1958) 등 수십 편의 영화에도 출연했다. 1968년 80회 생일을 맞고 나서 파리에서 은퇴 기념 공연을 했다.
•• 힐레어 벨록(1870-1953)은 영국의 시인, 역사가, 평론가. 20세기 영국 산문의 대가 중 한 사람으로 손꼽힌다.

분류학, 우리의 생존 체계의 기본이다. 동굴 속에 살면서 "이 검치 호랑이는 내가 어제 본 사자와 매우 비슷하게 생겼군. 이 동물도 아마 나를 잡아먹으려고 할지 몰라. 따라서 내가 사자한테서 도망쳤던 것처럼 이 동물한테서도 도망쳐야 해"라고 추론한 이가 바로 우리의 조상이다. "나는 이렇게 생긴 동물을 한 번도 본 적이 없어. 어제 본 사자는 줄무늬가 없었는데 이 동물은 줄무늬가 있네. 갈기도 다르게 생겼어. 이것은 어떨지 궁금하네"라고 추론한 이는 살아남아 우리에게 그 유전자를 물려주지 않았다.

같은 것과 서로 다른 것의 문제는 비교신화학 분야에서 그리고 포스트모더니즘의 자기 정의에서 중요한 쟁점이 되어왔다. 같은 것과 서로 다른 것, 일반적인 것과 특수한 것이 동시에 맞물리는 상황은 정확히 일종의 이중적 시각을 요청하는데, 모든 장르 중 이러한 이중적 시각을 가장 잘 유지할 수 있는 것이 바로 신화다. 데이비드 트레이시는 오직 그가 "차이 안의 유사성similarity-in-difference"이라 부르는 유추를 통해서만 우리가 타자를 알 수 있다고 주장했고, 다음과 같이 말했다. "아리스토텔레스는 '유사하지 않은 것들에서 유사한 것을 포착해내는 것이 시적 천재의 징표다'라는 그의 유명한 금언으로 유추적 상상력이 상상력으로서 갖는 힘을 높이 평가했다." 이러한 "차이에서의 유추analogies-in-difference"는 우리로 하여금 "다른 존재들, 사회, 역사, 우주"와의 관계에 대해 숙고해보게 해준다.[1] 트레이시는 종교 다원주의에서의 유추적 상상력의 역할에 관한 자신의 책 에필로그에 제임스 테이트*의 비슷함likeness과 차이

---

[1] Tracy, *The Analogical Imagination*, 410.

에 관한 시를 경구로 사용한다. 이 시는 비슷함의 역설적이고 뒤죽박죽인 성질에도 불구하고 인간은 이러한 비슷함을 필요로 한다는 것을 말해준다.

> 내가 서로 같은 것은 아무것도 없다고 생각할 때,
> 나는 말문이 닫히고 차가워져서 내 몸은 은이 되어버리고,
> 물은 나에게서 흘러나가버려요. 거기에서 나는
> 내 자신에게서 10피트 떨어져서, 아무것도 지니지 못한 채,
> 심지어 먼지 한 점조차도 이해할 수가 없어요.
> 그러나 내가 당신은
> 일식 혹은 월식 때의 늪의 동물과 같아요라고 말할 때
> 나는 행복하고, 지혜로 가득 차 아이들과
> 노인들에게 똑같이 사랑받아요. 만약 내 말이 당신을 혼란스럽게 했다면 미안해요.
> 일식 혹은 월식이 일어나는 동안 늪의 동물은
> 마치 낮이 밤인 양 행동하고,
> 잠을 자야만 할 때 물을 마시는 등의 행동을 하죠.
> 이것이 사람들이 밤새 깨어서
> 당신에게 편지를 쓰는 이유랍니다.[2]

- 제임스 테이트(1943-2015)는 미국의 시인. 애머스트대학 영문과 교수를 지냈다. 20여 권의 시집을 펴냈으며, 『시선집 Selected Poems』(1991)으로 퓰리치상을 받았고, 『화살제조인 동업조합: 시들 Worshipful Company of Fletchers: Poems』(1994)로 미국 도서상 National Book Award을 받았다. 그의 시들은 비극적이면서도 코믹하고, 고독하고 부조리하고 아이러니하면서도 희망을 이야기한다고 평가받는다.
2   "Entries", by James Tate, *Absences: New Poems*. Tracy, *The Analogical Imagination*, 446에서

서로 다른 것들 사이의 비슷함을 보지 못하는 것은 한 여자와 (밤과 낮의 유사성을 보는) 그녀를 사랑하는 연인의 유사성을 놓치는 것이며, 그들과 (밤과 낮이 다를 바 없다고 생각하는) 야행성 시인들의 유사성을 놓치는 것이다. 차이는 우리를 소외시키지만 비슷함은, 심지어 밤과 낮을 혼동하는 비슷함도 사랑을 만들어낸다.

이와 동시에 타자의 문화를 연구하는 학문의 역사에서 비슷함에 대한 강조가 큰 해를 끼쳤다는 것도 인정해야만 한다. 비슷함에 대한 강조를 비판하는 학자들은 흔히 제임스 테이트가 비슷함을 옹호하기 위해 사용한 것(어둠 속에서 보지 못하는 것을 의미하는 메타포)과 같은 메타포로 비슷함을 강조하는 태도를 요약한다. 가끔 이 메타포는 같음에 대한 긍정적인 발언으로 사용되기도 한다. 따라서 프랜시스 베이컨은 그의 에세이 「종교들의 일치」에서 종교들이 서로 닮았다는 것을 적극적으로 옹호하며 "어둠 속에서는 모든 색깔이 일치한다"고 말했다.³ 그러나 대부분의 경우 이 말은 경멸적인 의미로 사용된다. 플라톤의 『소피스테스』에 등장하는 같음과 차이에 대한 논의에서 손님은 "소피스트는 비존재의 어둠 속으로 피신해버리고 그곳에서 편하게 뭐든 자신의 방식대로 느끼는 성향이 있군요. 바로 그곳의 어둠 때문에 그를 알아차리기가 참 힘듭니다"⁴

인용.
3   Frances Bacon, "The Unity of Religions". 이어서 베이컨은 「시편」 139편을 인용하며 종교들을 대조한다. "당신과 함께라면 심지어 어둠도 빛입니다."
4   Plato, *Sophist*, 254a. ff; Comford 번역판(Cf. 218d, 손님이 소피스트는 "추적하기 힘든" 그러니까 정의 내리기 힘든 "일종의 아주 골칫거리"라고 말하는 부분). 플라톤은 철학자는 "그 영역이 아주 밝아서 보기 어렵다. 저속한 영혼의 눈은 신성한 것에 신성을 고정시키는 것을 견딜 수 없기 때문이다"라고 덧붙인다.

라고 말했다. 즉 모든 소피스트가 어둠 속에 있기에 그들 하나하나를 식별하기 어렵다는 말이다.

이것은 프랑스와 영국의 옛 문헌에서 나타나는, 명백히 성차별주의적인 함축을 지녔다고 인정되는 속담 ― "어둠 속에서는 모든 고양이가 다 회색이다" ― 으로 잘 알려져 있다. 16세기 초반 에라스무스는 플루타르코스의 격언에 대한 주석에서 이 "갈리아" 속담을 인용했으며,[5] 존 헤이우드는 1546년 출판된 그의 『금언집』에서 "촛불이 꺼지고 나면 모든 고양이는 다 회색이다"라고 언급했다.[6] 독일인들은 (아니, 내가 여기서 비난하고 있는 문화 본질주의와 고정관념을 피해 말한다면 몇몇 독일인은) 고양이를 암소cows로 바꿔버렸고 (암소라는 단어는 매우 인도-아리안적이며, 매우 소처럼 아둔하고, 매우 가정적인 것, 매우 Kinder[*킨더, 어린이], Kü[c]he[*퀴헤, 부엌], Kirche[*키르헤, 교회]를 생각나게 한다), 또한 이 메타포를 여성(혹은 종교)보다는 텍스트에 적용시켰다. 1807년 게오르크 헤겔은 "'절대자Absolute' 안에서는 모든 것이 동일했다"고 주장하는(그것이 프리드리히 셸링Friedrich Schelling의 주장임은 누구나 알 수 있다) 순진한 '동일'철학philosophy of Oneness은 '절대자'가 "흔히들 말하듯이 마치 모든 암소가 다 검은색인 밤과 같"았다는 것을 의미한 것이라고 말함으로써 오랜 친구인 셸링과의 관계를 완전히 파탄 내고 말았다.[7] 존 홀랜더•는 그의 시

---

5 Erasmus, *Opera Omnia*, 2:82. "Ego certe antequam Plutarchi locum adiissem, hujusce Graeci adagii sensum à Gallico edoctus eram adagio. *De nuici tous chats son gris.*"
6 John Heywood, *Proverbs*, part 1, chapter 5.
7 W. G. F. Hegel, *Phaenomenologiedes Geistes*, 19. "Das Eine Wissen, dass im Absoluten alles gleich ist, derunterschiedenden und erfuellten, oder Erfuellung suchenden und fordernden Erkenntnis entgegenzusetzen, ― oder sein *Absolutes* fuer die Nacht auszugeben, worin, wie

「키네레트」에서 헤겔의 이미지(추측컨대 암소)를 구체화했다.

> 모든 페이지가 다 똑같이
> 검은색인 이 밤: 헤겔주의자들은 폐점해야만 한다.[8]

그러나 그는 피츠제럴드-우마르 하이얌풍 4행시에서는 고양이에 대한 옛 이미지로 되돌아간다.

> 모든 고양이는 자정에는 회색이네, 달이
> 빛나거나 빛나지 않을 때도, 아침이 곧
> 이 모든 것을 멈추겠지만, 정오에 고양이 하나하나가
> 너무나 자기 자신처럼 될 때까지.[9]

심지어 정오에 너무나 자기 자신과 같이 되는 것도 궁극적으로 차이를 없애는 것이다.

상황주의자들Situationists(1960년대 파리에서 활동한 비非교조주의적

---

man zu sagen pflegt, alle Kuehe schwarz sind, ist die Naivitaet der Leere an Erkenntnis."

- 존 홀랜더(1929-2013)는 미국의 시인이자 문학평론가. 첫 시집인 『가시나무 타는 소리A Crackling of Thorns』(1958)를 비롯해서 『푸른 와인과 그 밖의 시들Blue Wine and Other Poems』(1979), 『13의 힘Powers of Thirteen』(1983), 『테세라Tesserae』(1993) 등 많은 시집을 냈으며, 평론가이자 편집자로서 시의 형식과 운율에 대한 책인 『운율의 이유Rhyme's Reason』(1981), 『19세기 미국 시American Poetry: The Nineteenth Century』(1994) 등 시 이론서와 시선집 등도 펴냈다. 미국 현대시에 중요한 영향을 끼친 작가이지만, 철학적인 시, 이해하기 어렵고 시학적인 시를 썼다는 비판도 받는다.

8   John Hollander, "Kinneret", in Selected Poetry, 6.
9   John Hollander, "Rubai #137 of "The Tesserae", in Tesserae, and OtherPoems.

맑스주의자들 그룹)은 헤겔로부터 (다른 많은 것과 함께) 이 방법론적 메타포를 빌려 왔다. 그들은 비록 소련과 중국의 관료층이 서로를 충분히 혁명적이지 못하다고 비난하고 있기는 하지만, 사실 이 두 나라의 관료층 모두 자본가, 계급 세력과 동일한 상태가 되었다고 주장하며, 나아가서 다음과 같이 주장했다. "극단까지 치달은 이데올로기는 산산이 부서진다. 이데올로기의 절대적인 사용은 이데올로기의 절대적인 제로 상태다. 즉 모든 이데올로기의 암소가 검은색인 밤이다."[10] 따라서 상황주의자들은 서로 경쟁하는 이데올로기들은 그 모든 이데올로기 위에 드리워진 노동자들의 그림자 속에서 마치 암소처럼 모두 똑같이 검은색이라고 주장한다.[11]

어네스트 겔너는 맑스주의에 반대하는 농담을 하면서 같은 메타포를 사용해서 이를 한 번 더 비튼다. 그는 이 메타포의 "고양이" 버전을 환기시킨다.

> 과학, 철학, 맑스주의의 차이에 대한 오래된 동유럽의 농담이 있다. 과학이란 무엇인가? 아주 큰 깜깜한 방 안에서 아주 조그만 검은 고양이를 잡으려고 하는 것이다. 철학이란 무엇인가? 아주 큰 깜깜한 방 안에서 있지도 않은 아주 조그만 검은 고양이를 잡으려고 하는 것이다. 맑스주의란 무엇인가? 아주 큰 깜깜한 방 안에서 있지도 않은 아주 조그만 검은 고양이를

---

10 Unsigned, "The Explosion Point of Ideology in China", in *Situationist International Anthology*, ed. and trans. Ken Knabb, 186 and 194.
11 Michael Lester O'Flaherty, 1995년 5월 1일 사적인 대화.

잡으려고 하면서, 그 있지도 않은 고양이를 이미 잡아서 이에 대해 이미 다 알고 있는 척하는 것이다.¹²

나는 이것이 과학 또는 철학(아마도 헤겔의 셸링을 제외하고) 또는 맑스주의의 특성에 대한 정당한 묘사가 아니라고 — 비록 이들 사이의 차이점을 드러내주기는 하지만 — 생각한다. 그렇지만 이는 암소든 고양이든 모든 '타자'가 전부 동일하다고 생각하는 사람들에 관해서는 전적으로 부정확한 묘사가 아니다.

이 메타포는 대실 해밋•이 쓴 「데인가의 저주」에서 거친 사설탐정의 입을 통해 널리 알려지게 되었다. 그는 "깜깜한 방에서 있지도 않은 검은색 모자를 찾고 있는 장님"에 대해 말한다.¹³ 고양이cat가 모자hat가 된 것인가? 이것은 오자인가? 이것은 농담인가? 나는 궁금하다. 이 책의 초고를 본 데이비드 슐만은 이 메타포를 여러 종교로 확장시켰다. "유대교는 커다란 깜깜한 방에서 있지도 않은 조그만 검은 고양이를 찾으면서, 고양이가 계속해서 심하게 자신을 할퀸다고 줄곧 불평하는 종교라 할 수 있죠. 그리스도교는 커다란 깜깜한 방에서 있지도 않은 조그만 검은 고양이를 찾으면서 그 안에 있던 고양이가 죽음에서 부활했다고 주장하고 있는 셈이

---

12   Ernest Gellner, in the *Times Literary Supplement*, September 23, 1994, 3-5.

•   대실 해밋(1894-1961)은 미국 하드보일드 탐정 소설의 창시자. 핑커턴 탐정 연구소에서 8년간 일했으며, 대중잡지에 「붉은 수확Red Harvest」, 「데인가의 저주」 등의 중단편소설을 발표하기 시작했다. 1930년에 쓴 『몰타의 매The Maltese Falcon』는 일반적으로 그의 작품 가운데 가장 뛰어난 것으로 평가되며, 1941년 존 휴스턴 감독에 의해 영화화되어 이 장르의 고전이 되었다.

13   Dashiell Hammett, *The Dain Curse*, 78.

고요. 박사 학위논문을 쓴다는 건 조그만 검은 고양이를 커다란 깜깜한 방에 넣어놓고서 그 고양이가 거기 있는지 확인하기 위해 자꾸자꾸 돌아와 보는 거라 할 수 있죠."[14] 이렇게 메타포는 계속 확장된다. 마치 전구 갈아 끼우기 농담*처럼 혹은 신화처럼 난잡한 같음sameness에 대한 메타포는 그 자체가 난잡하다.

테렌스 래퍼티는 한 폭력적인 영화에 대한 리뷰에서 다음과 같이 불평했다. "영화가 끝나고 나서 극장 밖으로 나와 담뱃불을 붙입니다. 그러면서 방금 전 당신이 본 영화 속 주인공의 이름이나 얼굴을 떠올리는 데 어려움을 느낄 겁니다. 〈다이하드Die Hard〉, 〈리썰 웨폰Lethal Weapon〉, 〈골드핑거Goldfinger〉 — 과연 차이가 뭐죠? 어떤 점에서 이것들은 어둠 속에서는 모두 똑같이 보입니다."[15] 이러한 표현은 그 핵심에 성적인 비하를 담고 있기 때문에[16] 성적이지 않은 것에 가해진 모욕에까지도 — 심지어 침실의 어둠이 아닌 극장의 어둠 속에서 상영된 영화에까지도 — 은밀한 외설성을 부여한다.

어둠 속의 고양이나 암소에 대한 메타포가 아니더라도 한 부류에 속한 사람들은 모두 다 똑같다는 가정은 많은 문화에서 성적 혹

---

14 David Shulman, 1996년 3월 사적인 대화.
• 전구 갈아 끼우기 농담은 특정한 그룹에서 전구 하나를 갈아 끼우는 데 몇 명의 사람이 필요한지 물어보는 질문으로, 그에 대한 대답에서 대상이 된 특정 그룹에 대한 고정관념을 드러내며 이를 희화화하는 농담이다. 예를 들어 "전구 하나를 갈아 끼우는 데 몇 명의 정신 상담사가 필요한가? 한 명도 필요 없다. 전구는 준비가 되면 스스로 변할 것이다", "전구 나사를 푸는 데 몇 명의 프롤레타리아가 필요한가? 한 명도 필요 없다. 전구는 그 안에 혁명을 위한 씨앗을 품고 있다" 등등.
15 Terrence Rafferty, "The Avengers: 'Die Hard with a Vengeance' and 'A Little Princess'", 92.
16 Wendy Doniger, "Myths and Methods in the Dark".

은 인종적 '타자'를 무시하는 용도로 사용되어왔다. (여기서 나는 형이상학적 차이 때문에 타자인 신deity보다는 민족적 차이 때문에 비인간으로 간주되는 사람들을 지칭하면서 신학적인 의미에서보다는 인류학적인 의미에서 대문자 '타자Other'를 사용한다.) 결국 편견의 핵심은 미지의 한 인물이 그 혹은 그녀가 속한 집단의 모든 특징을 고스란히 지니고 있다는 가정이라고 정의되어왔다. "너 같은 사람" 혹은 "그들은 다 똑같아"라는 말은 언제나 무례하다. 인종차별주의와 성차별주의는 판단을 흐리게 하여 '타자'를 경멸할 가치조차 없는 혹은 최소한 인식할 가치조차 없는 존재가 되게 한다는 점에서 똑같다. 인종차별주의와 성차별주의는 인종적, 성적 '타자'로부터 인간성을 빼앗고, 개인의 고유성을 빼앗는다. "모든 일본인은 똑같이 생겼다"는 인종차별주의자의 말은 "어둠 속에서 모든 고양이는 회색이다"라는 성차별주의자의 말과 대응을 이룬다. 인간성을, 특히 정치적 '타자'를 모호하게 하기 위해 큰 숫자를 사용하는 것 역시 잘 알려진 성차별주의자의 트릭이다. 모차르트Mozart/다 폰테Da Ponte의 〈돈 조반니Don Giovanni〉가 스페인에서 1,003명의 여자를 유혹했다고 자랑하는 장면은 유명하다.

    인종차별주의와 성차별주의는 단지 성적 '타자'나 인종적 '타자'의 동질성에 대한 사람들의 공통된 태도에서만이 아니라, 성적 '타자'와 인종적 '타자'의 동일화에서도 종종 겹쳐진다. 여성은 흔히 암흑으로 묘사된다. 혹은 다르게 표현하자면 성적인 '타자' ─ 여성 ─ 는 인종적 '타자'와 융합된다. 프로이트가 여성의 성을 묘사하면서 "암흑의 대륙"이라는 표현을 사용한 것은 인종차별의 함축을 지닌다. 메리 앤 도앤이 지적하듯이 그는 "아프리카를 묘사하는 데 이 표현을 사용한 빅토리아 왕조의 식민주의자들의 텍스트로부터 이 구절을 빌려 왔다."[17]

암흑의 대륙이라는 수사구는 인종적 차이와 성적 차이의 카테고리를 둘러싼 복잡한 역사적 접합을 말해준다. 여기에는 백인 여성을 식민주의자들의 "검은색" 개념과 연결시키는 모티브가 비상하게 압축되어 있다.[18]

그러나 이브 세즈윅이 지적하듯이 우리는 "모든 억압이 서로 일치한다는 것이 아니라 모든 억압이 서로 다르게 구조화되었다"는 것을 이해할 필요가 있다.[19] 즉 성차별주의와 인종차별주의는 어둠 속에서 꼭 똑같아 보이지 않는 것이다. 실제 삶에서처럼 신화에서도 차이에 대한 인식은 성과 정치 모두에 대한 열쇠다. 그래서 19세기의 산스크리트어 학자 윌슨은 탄트라Tantra라 불리는 아주 다양한, 때로는 성적인 면에서 일탈적인 텍스트를 모두 "기본적으로 똑같은 것"으로 간주했다. 그는 비록 탄트라 텍스트들이 "무한히 많다"는 것을 인정하기는 했지만, 한두 권 정도의 탄트라만 읽어보면 그 전체를 이해하는 데 충분하다고 말했다.[20] 그리고 텍스트들에 대한 이 같은 태도가 역시 사람들에 대해서도 똑같이 적용되었던 것이다. 아니

---

17 Mary Ann Doane, *Femmes Fatales*, 209; Sigmund Freud, SE 20, 212.
18 Doane, *Femmes Fatales*, 209 and 212.
19 Eve Kosofsky Sedgwick, *The Epistemology of the Closet*, 33.
20 Horace H. Wilson, *Essays and Lectures, Chiefly on the Religion of the Hindus*, 257-258. 이 자료에 대해서는 휴 어반Hugh Urban에게 감사를 표한다.

좀 더 인과관계를 따져서 말하자면 사람들에 대한 태도가 텍스트들에 대해서도 똑같이 적용된 것이다.

"가시적 소수 인종visible minorities"은 캐나다에서 자신들의 불리한 조건이 (어떤 국적이라든가 혹은 난청과 같은 장애와는 달리) 감춰져 있는 것이 아니라, 자신들의 얼굴에 (혹은 예를 들어 휠체어를 타고 있는 사람들처럼 그들의 몸에) 직접 쓰여 있는 사람들을 뜻하는 말이다. 그러나 랠프 엘리슨이 몇 년 전 지적했던 것처럼 이렇게 다른 인종들은 대개 [*가시적visible이 아니라] 사실상 비가시적invisible이 된다.[21] 우리는 인종차별에 대해 이야기하지만, 신화는 진짜 문제는 인종적 무차별 — 다른 인종 안의 서로 다른 구성원들 사이의 차이를 인정하지 않으려는 태도, 즉 그들 모두를 서로 꼭 닮은 또 다른 존재로 여기려는 경향 — 이라는 것을 가르쳐준다. 니버와 칸트는 "악惡을 다른 인간의 의식이 전혀 보이지 않는 것처럼 여기는 능력으로서 해석했던" 계몽주의 전통의 일부였다.[22]

한 19세기 작가는 "타타르인들은 모두 똑같이 콧김을 내뿜고, 에티오피아인들은 모두 검다. 그러나 자세히 들여다보면 그들은 모두 똑같은 만큼 또 모두 서로 다르다. … 파리, 개미, 지렁이, 개구리, 물고기처럼 똑같이 생겨서 서로 구별해서 말할 수 없는 몇몇 생명체도 있다"고 썼다.[23] 이 텍스트를 인용한 카를로 긴즈부르그는 냉정하게 다음과 같이 말했다. "타타르인 건축가, 건축에 대해 잘

21　Ralph Waldo Ellison, *Invisible Man*.
22　Andrew Delbanco, *The Death of Satan*, 194.
23　Carlo Ginzburg, "Morelli, Freud", 19, citing "Filarete", *Trattato di architettura*(건축에 관한 논문).

알지 못하는 에티오피아인, 개미는 모두 서로 다르게 사물을 정렬할 것이다." 때로는 식민지인들이 이러한 태도에 대해 똑같은 답례를 보내기도 했다. 인류학자인 내 친구는 자신의 친구인 또 다른 한 인류학자의 경험담을 들려줬다. 키가 작고 뚱뚱한 검은 머리 유대인인 이 인류학자는 3만 명의 중국인들이 사는 한 마을에서 현지조사를 하고 있었는데, 자신을 제외하고 이 마을에서 유일하게 중국인이 아닌 또 한 명의 인물은 키가 크고 마른 붉은 머리의 루터교 목사였다. 이 인류학자가 계속 자신에게 목사의 편지가 배달되는 것을 불평하자 중국인 우편배달부가 다음과 같이 말하면서 사과했다고 한다. "미안합니다. 하지만 당신들이 너무 비슷하게 닮아서요."[24]

그러나 권력자들이 이렇게 서로 비슷비슷하게 생긴 사람들을 계속 지배하기 위해서는 이들을 구분할 줄 알아야 한다. 긴즈부르그가 말했듯이 "모든 사회는 그 구성원들을 구별해야 할 필요가 있다. 그러나 이러한 필요를 충족시키는 방법은 장소와 시간에 따라 다양하다."[25] 고대사회에서는 발자국이[26] 그리고 현대사회에서는 지문이 개개인의 신분을 확인하는 데 사용되어왔다. 영국인들이 지문 사용법을 벵골인들로부터 배웠으나 나중에는 이들(그리고 다른 인도인들)을 통치하는 데 이 방법을 사용했다는 것은 정치적 아이러니라 할 수 있다. "벵골에는 중국에서와 마찬가지로 잉크 혹은 타르를 손가

---

24 마셜 샬린스Marshall Sahlins가 마티 프라이드Marty Fried에 관한 이 이야기를 내게 해줬다. 1996년 11월 시카고에서 사적인 대화.
25 Ginzburg, "Morelli, Freud", 24.
26 Wendy Doniger, "The Mythology of Masquerading Animals, or, Bestiality".

락 끝에 묻혀 편지나 문서에 날인하는 관습이 있었다. 분명 이것은 점술에서 비롯된 지식일 것이다."²⁷ 1860년 벵골의 후글리 지역 행정관이었던 윌리엄 허셜 경Sir William Herschel이 이 기술을 발견하고 이를 사용하기로 결정했다. "다른 영국 식민지에서와 마찬가지로 인도에서도 원주민들은 문맹이고, 곳곳에서 싸움을 일으키며, 교활하고, 남을 잘 속였다. 그리고 유럽인들에게는 그들이 모두 다 똑같아 보였다. … 제국 관료들은 벵골인들의 이 추측의 성격을 갖는 지식을 넘겨받았고, 이제 이를 그들을 통치하는 데 사용했다." 비록 이 기술이 모든 "원주민"이 아무리 다 똑같아 보인다 하더라도 실제 그들이 다 똑같이 생긴 것은 아니다라는 가정에 입각한 것이기는 하지만, 이 역시 인종차별적으로 이용되었다. "골턴Galton•은 … 지문에서 인종적 특질을 찾아내려고 노력했지만 성공하지 못했다. 그러나 그는 몇몇 인디언 부족에게서 '원숭이에 가까운 지문 패턴'을 찾아내길 기대하면서 연구를 계속 진행시키길 바랐다."²⁸ 비교 연구자들은 이처럼 텍스트와 사람 모두에게 적용되어온 같음의 원칙the doctrine of sameness의 잘못된 활용을 극복해야만 이 원칙이 이와는 전혀 다르게 휴머니즘적으로 사용될 수 있다고 주장할 수 있다.

---

27 Ginzburg, "Morelli, Freud", 26.
• 프랜시스 골턴(1822-1911)은 영국의 인류학자. 찰스 다윈의 사촌으로 유전학에 관심을 가졌으며, 우생학적 관점을 표명했다. 지문을 이용하여 범죄자를 가려내는 연구에 몰두하기도 했다.
28 Ginzburg, "Morelli, Freud", 27.

짖지 않는 개

종교학자들은 비교의 다양한 용법을 묘사하기 위해 짖지 않는 개의 메타포를 사용해왔다.[29] 그러나 모든 좋은 신화와 마찬가지로 개의 메타포는 각각의 새로운 컨텍스트에서 다시 이야기되며, 언제나 새로운 방식으로 사용될 수 있다. 셜록 홈즈는 태만이라는 결정적 증거를 이용해서 경주마인 실버 블레이즈Silver Blaze를 둘러싼 미스터리를 해결한 적이 있다. 그레고리 경감이 홈즈에게 혹시나 주의를 끌 만한 뭔가를 찾아냈냐고 묻자, 홈즈는 "어젯밤 개의 행동이 좀 이상했습니다"라고 대답한다. 소크라테스적 현인 홈즈 옆에서 이 희극의 핵심적 조연 역할을 하는 경감은 이 말에 어리둥절하면서 "어젯밤 개는 아무것도 하지 않았는데"라고 반문한다. 홈즈는 "그것이 바로 이상한 일이었죠"라고 응수한다. 누군가가 한밤중에 집 안에 들어왔는데도 개가 짖지 않았다는 것, 그 점이 바로 단서라는 말이며, 이 경우 단서는 범인이 개가 알고 있는 사람이라는 것이다.[30] 개는 다름 — 이 경우에는 자신에게 익숙한 사람과는 다른 사람 — 을 보고 짖는다.

선문답을 빌려서 말하자면 우리는 한 손의 박수 소리는 들을 수 없다. 우리는 똑같은 것은 들을 수 없다. 그러나 비교의 방법을 통하면 우리는 각 문화가 신화를 다시 쓰면서 구축한 점멸 신호를

---

29 최근에는 조너선 스미스의 글, "Map Is Not Territory", 300-302에, 그리고 나의 *Other Peoples' Myths*, 136에 사용되었다.
30 Sir Arthur Conan Doyle, "Silver Blaze", 276.

볼 수 있다. 비교는 신화에서 어떤 한 문화의 이야기 안에는 있지만 또 다른 문화의 이야기 안에는 없는 것을 드러나게 해주고, (햄릿이 호라시오에게 말했듯) "당신의 철학 안에서는 꿈꿀 수 없는"것들을 찾게 해주며,[31] 그리하여 말 그대로 문화의 경계를 넘나들 수 있게 해준다. 게다가 우리는 우리 자신의 개들이 짖지 않는 지점이 어디인지를 기록함으로써 우리 자신의 문화에 관한 이론을 시험하는 데도 비교 방법을 사용할 수 있다. 비교는 우리가 당연시하던 것들을 낯설게 만든다. 우리는 이본을 봤을 때에야 비로소 특정한 이야기의 굴곡을 볼 수 있다.

개들의 행동은 비교 연구자에게 또 다른 패러다임을 제공해준다. 폭스하운드foxhound[*여우 사냥개]는 본성상 그리고 후천적 훈련으로 인해 여우를 쫓을 때 (보르조이Borzoi와 같은 사이트하운드sight-hound처럼) 눈을 사용하는 것이 아니라 코를 사용한다. 여우 사냥을 하는 내 동료 데이비드 그렌은 몇 야드 떨어지지 않은 곳에 여우를 두고도 오로지 땅에 코를 박고 냄새의 흔적만을 따라가며 여우가 전에 있던 장소로 달려갔다가 여우가 지금 있는 — 그러나 오래 있지는 않은 — 장소로 다시 돌아오는 어린 사냥개를 보고 느낀 당혹감을 이야기해준 적이 있다. 좀 더 나이 든 개였다면 고개를 들고 주변을 둘러보는 감각도 아마 지니고 있었을 것이다.[32] 코를 박고 먹이의 냄새를 맡는 엄격한 방식에만 푹 빠져 있는 학자들은 보통 비교론적 증거들의 강요를 받고 나서야 고개를 들고 자신의 앞에 바로 놓인,

---

31 Shakespeare, *Hamlet*, 1.5.
32 David Grene, 1996년 3월 사적인 대화.

좀 더 명백한 (그리고 눈에는 보이지 않는) 인간의 진실을 보게 된다.

비교 방법은 또한 우리와 다른 동시에 같은 존재, 즉 '타자'와 타협할 수 있게 해준다. 도전적인 일은 아주 다른, 우리와 매우 상이한 '타자'를, 즉 아마도 처음에는 우리가 전혀 좋아하거나 이해하지 못했고, 그래서 좋아하거나 이해하기 위해서는 열심히 노력해야만 하는 '타자'를 우리와 처음부터 어떤 비슷함이 있다고 상정하고 선택하는 것이다. 처음부터 비슷함이 즉시 분명하게 드러나는 '타자'를 선택하는 비교는 좀 더 자민족 중심적인 태도라 할 수 있다. 이것은 좀 더 쉬운 방법이지만 궁극적으로 그 성과는 덜하다.

그러나 과연 '타자'의 어떤 점이 '타자성Otherness'을 규정하는가? 가톨릭 신학자인 내 동료 데이비드 트레이시는 불교도들과 대화하기를 즐긴다. 그런데 나는 그가 이성적이고 윤리적인 불교도를 대화자로 선정하는 쉬운 방법을 택한다고 나무라곤 했다. 수많은 팔과 수많은 머리를 가진 수많은 신을 모시는 힌두교도와 대화하는 것이 그에게 진정한 시험이 될 것이기 때문이다. 그는 전혀 그렇지 않다고 대답했다. 그는 가톨릭 신학자들에게 있어서 신을 전혀 갖고 있지 않은 불교도는 지나치게 많은 신을 갖고 있는 힌두교도보다 훨씬 더 낯선 '타자'라고 말했다. 힌두교가 제기하는 도전이라 할 수 있는 수많은 신은 가톨릭의 성인들이라든지 삼위일체 등을 통해서 가톨릭과 매개될 수 있기 때문이다.[33] (사실 가톨릭과 힌두교는 많은 공통점을 지니고 있다. 구조주의자라면 다음과 같은 도식을 제기할 수도 있을 것이다. 가톨릭/개신교·힌두교/불교·남쪽/북쪽·다수성/단일

---

33   David Tracy, 1995년 8월 사적인 대화.

성·뜨거움/차가움·키치/반형상주의aniconism 기타 등등.) 그러나 유일신론에 기반을 두기에 최소한 이 점에 있어서는 불교의 무신론이나 힌두교의 다신론보다 가톨릭에게 훨씬 덜 낯선 '타자'인 유대교는 역사적인 이유로 인해 대화를 원하는 가톨릭교도에게 훨씬 큰 문제가 된다. 유대교는 오랫동안 가톨릭의 투사projection로 존재해왔기에 가톨릭교도들이 유대교도들을 있는 그대로 바라보기에는 그들은 너무 가깝고 가톨릭의 역사와 너무 많이 엉켜 있다. 불교도들과는 달리 유대교도들은 가톨릭의 투사로부터 벗어나서 있는 그대로의 그들의 실제, 그들의 실제 '타자성'이 인정된 후에야 가톨릭과의 대화를 시작할 수 있을 것이다.[34]

우리가 비교에 있어서 '타자'를 위해 "같은same 것"보다 덜 이분법적인 개념인 "유사한similar 것"과 같은 개념을 선택한다면, 아마도 1장에서 언어적 표현을 위해 사용했던 것과 같은 그러한 하나의 연속체를 구축해볼 수 있을 것이다. 혹은 더 나은 방법으로 벤다이어그램을, 즉 다양한 정도의 닮음resemblance 혹은 "가족 유사성"으로 사슬 갑옷처럼 맞물린 카테고리들의 집합체를 만들 수도 있다. 이렇게 해서 우리는 양극화된 격자를 무한히 유동적인 연속체로 대체할 수 있다. 그러나 우리가 비교의 같은/비슷한/유사한/닮은 극極을 위해 어떤 단어를 선택하든 간에 우리는 또 다른 극인 차이의 극을 다뤄야만 한다. 그리고 어떤 '타자'를 선택하든 간에 처음에 상정한 비슷함이나 같음 혹은 유사성으로부터 결국 차이를 다뤄야만 한다.[35]

---

[34] Tracy, *The Analogical Imagination*, 249-250, and *Dialogue with the Other*, 4-6.

나아가서 유사성은 결코 규범적인 것이 되어서는 안 된다. '타자'에 대한 첫인상을 갖는 것, 처음에 '타자'의 어떤 면에 대해서 자기 자신의 모습을 가정해보는 것, 그 '타자'가 "나와 같다"고 말하는 것은 어느 정도는 불가피한 일이다. 그러나 이러한 태도는 즉시 차이와 중심 전환 둘 다로 수정되어야 한다. 따라서 우리는 계속해서 다음과 같이 말해야 한다. 즉 "나는 너와 같다", "나는 너와 같기 때문에 너를 이해할 수 있을 것이다"라고 말하고 나서 "나는 사실 네게서 나와 같지 않은 면들을 본다"고 말해야 한다. 우리는 이처럼 한쪽 끝에서 시작해서 다른 쪽 끝으로 건너가서 끝내야 한다. 예를 들어 만약 당신이 희랍의 서사시 『일리아스Iliad』를 아는 상태에서 산스크리트어 서사시 『라마야나』를 읽으면 처음에는 "이것은 『일리아스』와 같구나(서사시구나)"라고 말할 것이다. 그러나 그후에는 『일리아스』가 『라마야나』와 얼마나 다른가에 주목하는 방향으로 고개를 돌려야 한다. 자민족 중심적인 것은 자연스럽지만 좋은 것은 아니다. 그것은 첫걸음일 뿐 그것을 변명하거나 정당화할 수 없다는 것을 인정해야 한다. 우리는 나머지 다른 세계가 어떠한지 살펴보는 방향으로 나아가야 한다. 가치중립적인 비교란 존재하지 않겠지만, 그러나 우리는 할 수 있는 한 최선을 다해야 한다.

    우리와 '타자' 사이에는 언제나 최초에 추정된 비교가 있다. 비교는 자신의 문화가 아닌 다른 문화의 어떤 현상과 직면할 때마다 일어난다. 실제로 비교의 방법을 지지하는 논거 중 하나는 특정한 문화만 다루는 듯 보이는 방법론들도 사실은 비교의 틀을 사용하

---

35 이 문단의 생각에 대해서는 브루스 링컨과의 대화에서 많은 도움을 받았다.

고 있다는 것이다. 이것은 어떤 '타Other' 문화를 연구하는 학자는 언제나 그 '타' 문화와 학자 자신의 문화 사이의 암묵적 비교에 근거한 암묵적 판단을 내릴 것이라는 사실을 고려해볼 때 분명히 드러난다. 또한 각각의 이야기에서 해석자가 단지 특정한 문화적 컨텍스트의 관점에서만 이야기를 윤색하는 것을 방지하기 위해서도 비교적 통찰력은 필요하다. 예를 들어 인도에서는 (신데렐라를 불가촉천민으로 여긴다면) 신데렐라 이야기를 카스트제도의 관점에서 잘 설명할 수 있을 것이다. 그러나 같은 이야기가 카스트제도가 없는 다른 문화 안에도 있다는 것을 알게 되면 이 이야기를 단지 이런 관점에서만 설명할 수 없다는 것이 드러난다.

이런 일차적인 암묵적 비교 추정으로부터 하나의 '타자'를 또 다른 '타자'와 비교하는 단계로 넘어가게 되면 우리는 이제 명백히 비교라는 작업을 하게 된다. 그러나 우리는 언제나 우리 자신의 이해 주위를 선회하고 있으며, 이는 보이지 않는 제3의 면을 형성하여, 두 가지를 비교하는 것은 [*항상 자기 자신이 포함된] 영원한 삼각형이 된다. 해체주의자들은 어떠한 해석적 관점에서도 주관성은 불가피한 것이라 생각하는데, 어떤 의미에서 이것은 정말 그렇다. 그러나 명백히 비교 문화적 작업에 참여하고 있는 사람에게 이것은 또한 일종의 힘이기도 하다. 즉 이야기들을 서로 비교하는 관찰자는 비교 문화적 패러다임과 역사의 특정한 순간이 만나는 교차로에 서 있는 것이다. 학자는 자기 자신을 다양한 스토리 라인의 국면에 놓아봄으로써 삼각형을 만들 수 있으며, 비슷한 이야기들의 3차원 구성체를 축조할 수 있다. 물론 삼각형의 다른 꼭짓점에 위치한 다른 사람은 이와는 다른 구성체를 축조할 것이다. 그러나 이러한 각각의 구조물들은 결코 단 하나의 '진실'을 놓고 경쟁하지는 않는다.

조너선 스미스는 이것을 다음과 같은 말로 잘 드러낸다. "여느 학문적 탐구와 마찬가지로 종교학 연구에서도 가장 강한 형태의 비교는 학자의 마음속에서 학자 자신의 지적인 이유intellectual reason 에 따라 차이들을 함께 묶는다. 이 같은 공생 — '같음sameness' — 을 가능하게 만드는 것은 '자연적' 친화력이나 역사적 과정이 아니라 학자 자신이다."[36] 찰스 샌더스 퍼스•의 개념적 3자 관계를 이야기하면서[37] 스미스는 우리가 어떤 두 요소를 비교할 때마다 비교의 삼각형 속 제3의 요소인 우리 자신의 고유한 "지적인 이유"에 따라 그것들을 선택하고 비교한다는 점을 지적했다.[38] 그러나 퍼스는 제3의 요소는 매우 실제적인 일종의 "기호적 리얼리즘"을 지니고 있다고 주장했다.[39] 나 역시 이 제3의 면의 실재를 옹호한다.

구체적인 예로서 나는 히브리 성서에 나오는 다말과 유다의 이야기(「창세기」 38장)를 셰익스피어의 『끝이 좋으면 다 좋아All's Well That Ends Well』에 나오는 헬레나와 버트람의 이야기와 비교하고자 한다. 이 두 이야기를 고른 이유는 내가 현재 쓰고 있는 책의 주제인

---

[36] Jonathan Z. Smith, *Drudgery Divine*, 51.
• 찰스 샌더스 퍼스(1839-1914)는 미국의 철학자. 프래그머티즘의 기본 아이디어를 창안했으며, 기호론 및 논리학에 관한 주요 논문들을 남겨서 현대 기호학의 선구자로 거론된다. 퍼스의 기호학에서는 의미 작용이 기호와 그 기호가 지시하는 대상의 관계만으로 이루어지는 것이 아니라, 기호, 대상 그리고 해석자라는 세 요소의 관계 속에서 이루어진다고 본다.
[37] "제3은 다름이 아니라 가장 단순하고 기초적인 형태에서 중간과 매개를 구체화하는 대상의 특징이다. ⋯ 내가 사용하는 제3이라는 용어는 단지 표상과 동의어다." Charles Sanders Peirce, "The Reality of Thirdness", 68.
[38] Jonathan Z. Smith, "In Comparison a Magic Dwells".
[39] Peirce, "The Reality of Thirdness", 64-76.

성적인 변장과 베드 트릭Bed Trick*이라는 주제와 관련하여 내가 은연중에 이들을 마음속에서 비교하고 있었기 때문이다.⁴⁰ 두 이야기 모두 남편이 잠자리를 거부하자 아내가 다른 여자로 변장해서 남편을 잠자리로 끌어들이는 내용을 담고 있다. 내 관점에서 이 두 이야기는 세 번째 요소, 즉 비교의 삼각형의 제3의 면에서 유사해 보인다. 이 두 이야기는 모두 내 흥미를 끄는 특정한 플롯을 지니고 있다. 히브리 성서의 다말 이야기와 셰익스피어의 『끝이 좋으면 다 좋아』의 헬레나의 이야기가 2010년의 미국 사회에서 살아가는 나에게 의미가 있다고 말하는 것은 어느 정도의 보편성에 대해 말하는 것이다. 즉 다말과 헬레나가 직면했던 문제를 현대 미국 여성도 역시 직면하고 있다는 것이다. 그러나 이는 또한 여기에 제3의 요소가 개입되었다는 것을 의미한다. 즉 내가 다른 이야기가 아닌 이 이야기들을 선택했으며, 각각의 이야기의 독특한 요소들은 무시하고 그 둘 사이의 어떤 공통 요소를 강조하기로 마음먹었다는 것은 그저 내 시대와 장소만이 아니라 나에게 독특한 것이다. 클로드 레비스트로스는 신화학자들이 분석의 토대로 선택하는 주제들이 "분석자의 주관성에 상당히 많이 의존하고 있으며", "인상주의적 성격을 지니고 있다"는 것을 인정했다.⁴¹ 그러나 주관적이라고 해서 그것들이 전적으로 자의적이라는 말은 아니다. 자료에 대한 우리의

---

* 신화, 민담, 문학작품 등에서 누군가가 일부러 다른 사람으로 위장하여 자신의 배우자와 잠자리를 같이하는 플롯을 지칭한다. 이때 배우자는 상대방이 자신의 배우자라는 사실을 모르는 채로 잠자리를 같이한다.
40 Doniger, *The Bed Trick*.
41 Claude Lévi-Strauss, *The Story of Lynx*, 186.

책임감이 주제들의 자의성을 제한한다.

서로 다른 두 문화에서 나온 혹은 한 문화에서 나온 두 신화를 비교하면서 우리는 주어진 텍스트에 대한 이해를 보완하기 위해 (그 문화의 혹은 또 다른 문화의) 또 다른 신화를 사용할 수 있다. 레비 스트로스가 보여주었듯이 (다른 관련된 신화들의 단편에 의해 보완되어야 하는) 신화 자체의 단편적 성격 때문에 이러한 보완이 부분적으로 필요하다.[42] 그러나 이러한 보완 작업은 또한 우리가 신화를, 특히 고대의 텍스트에 담긴 신화를 이해한다는 것의 단편적 성격 때문에도 필요하다.

신화는 어떤 일에 대해 말할 때 이 이야기 속의 사람들이 왜 이런 일을 했는지 혹은 그들에게 벌어진 일에 대해 그들이 어떻게 생각하는지 등에 관해 언제나 분명히 말해주지 않는다. 이런 점에서 신화는 열려 있고 투명하며 한 문화 속에서 혹은 여러 문화 속에서 여러 가지 다른 의미로 다시 말해질 수 있다. 간결한 텍스트는 우리를 어둠 속에 남겨두며, 그 속에서는 이것저것이 다 많이 비슷해 보인다. 잘 이야기된 신화는 생명력과 현실성을 불어넣는 수많은 디테일을 지니고 있지만, 그렇다고 해서 그 신화가 항상 어떤 심리적 디테일까지 포함하고 있는 것은 아니다. 어떤 신화들은 특정한 시간에 행해지는 의례와 전례 안에서만 낭독되기에 비교적 간결하다. 그러나 의례와 분리된 좀 더 세속적인 장르의 신화들은 무미건조한 전례 버전 신화에 흔히 뛰어난 통찰력과 예술적 디테일을 첨가한다. 나는 "우리가 텍스트의 신화적 기원[내 생각에는 신화

---

[42] Claude Lévi-Strauss, *The Raw and the Cooked*, 13.

적 의미]을 재구축할 재료로 고전적 판본을 사용하는가 혹은 19세기 소설을 사용하는가는 중요한 문제가 아니다. 분명 때로는 후대에 만들어진 텍스트가 이런 연구에 더 효과적일 수도 있다"[43]고 한 유리 로트만•의 견해에 동의한다.

예를 들어 우리가 히브리 성서의 다말과 유다의 이야기를 읽을 때 유다가 어떻게 속았는지, 그가 어떻게 다말을 낯선 창녀로 착각하게 되었는지 궁금할 수 있다.[44] 에리히 아우어바흐는 오래전 『미메시스』에서 다른 전통들, 예를 들어 희랍인들의 장황하고 정교한 장르에서는 세세하게 알려주는 이야기의 내용에 대해 히브리 성서라는 삭막한 장르는 침묵과 틈을 남겨둔다는 점을 지적했다. 호메로스와 비교해봤을 때 히브리 성서는 "단지 내러티브의 목적에 필요한 만큼만의 현상을 외재화하고 나머지는 전부 모호하게 남겨둔다. 오로지 내러티브의 결정적인 대목만이 강조되며, 그 사이에 놓인 것들은 현존하지 않는다. 시간과 장소는 불분명하며 따라서 해석이 요청된다. 생각과 감정도 표현되지 않으며, 단지 침묵과 단편적인 말들로만 암시된다."[45] 다말과 유다의 이야기에서 내러티브의 배경은 불분명하며 독자에게는 풀 수 없는 수수께끼가 남겨진다.

---

43 Yuri Lotman, "The Semiosphere", 154.

• 유리 로트만(1922-1993)은 소비에트연방의 문학자, 기호학자, 문화 역사학자. 상트페테르부르크 유대계 가정에서 태어나 레닌그라드대학을 졸업하고 타르투Tartu대학에서 교수로 재직했으며, 타르투-모스크바 기호학파를 창시했다. 『영화 기호학』, 『시적 텍스트의 분석』, 『예술 텍스트의 구조』 등의 저서를 비롯해 기호학과 문화 연구에 관한 중요한 많은 저술 및 논문을 남겼다.

44 Wendy Doniger, "Deceptive Stories About Sexual Deception"; "Sex, Lies, and Tall Tales"; "Myths and Methods in the Dark".

45 Erich Auerbach, *Mimesis*, 11.

로버트 알터가 말했듯이 "다말 측의 반응은 기록되어 있지 않다. 이는 아마도 침묵의 복종을 의미하거나 최소한 아이가 없는 젊은 미망인으로서 그녀가 어떤 법적인 선택권도 지니지 못했음을 의미할 것이다. 이는 분명 우리로 하여금 그녀가 어떤 기분이었을지 궁금하게 만들고, 그녀의 행동이 곧 이를 밝혀줄 것이다."[46] 그런데 사실 그녀의 행동은 그다지 많은 것을 밝혀주지 않는다.

이 특정한 전통, 즉 유대교 전통 안에서 후대의 주석들은 유다가 다말을 알아보지 못했다는 사실을 놓고 논쟁을 벌였으며 이를 해결해보고자 애썼다. (유다가 술에 취했다고 주장한 이들도 있고,[47] 다말이 베일을 벗은 모습을 그전에 한 번도 보지 못했다고 주장하는 이들도 있으며[48] 기타 등등 여러 가지 주석이 있다.)[49] 이런 주석들을 통해 우리는 해석에 대한 몇몇 흥미로운 질문과 대면하게 된다. 먼저 장르의 관점에서 우리는 이것이, 말하자면 한 텍스트에 관한 잇따른 주석들을 전혀 다른 판본으로 인용하는 것이 유대인의 율법에 맞는지 물어볼 수 있다. 그리고 나서 왜 옛 텍스트로부터 이러한 새로운 통찰이 도출되었는지에 관한 질문을 다뤄볼 수 있을 것이다. 그런데 이 주석들이 텍스트를 오도하고 있다는 생각이 들면 어떻게 해야 할까? 이러한 질문들에 대한 대답은 각각의 특정한 전통 안에서 주석이 차지하는 위치에 의해 결정될 것이다. 어떤 주석들은 다른 곳에

---

46 Robert Alter, *The Art of Biblical Narrative*, 7.
47 *Testament of Judah* 14. Esther Menn, *Judah and Tamar (Genesis 38) in Ancient Jewish Exegesis*를 보라.
48 Midrash Rabbah, Bereshit Rabbah 85.8, Genesis 38.15에 관한 부분; 또한 Tan. Wayesheb 9.17, v. Sot. 10b, 그리고 b. Meg. 10b. *Targum Neofiti* Genesis 38.
49 Doniger, *The Bed Trick*.

서보다 훨씬 더 밀접하게 텍스트와 연결되어 있기 때문이다. (여기서 주석들을 비교하는 작업은 각각이 무엇을 보고 짚는지를, 말하자면 주석 하나하나만을 놓고 볼 때는 우리가 결코 볼 수 없는 것들을 말해준다.) 그러나 우리의 확신이나 확신의 결여와는 무관하게 주석의 전통 안에서 문화는 주석을 통해 우리 앞에 텍스트를 제시한다는 것을, 그리고 문화가 만든 공간 안에서 우리 역시 자신의 고유한 의미를 구축하기 위해[50] — 때때로 그 텍스트를 우리 자신의 목적에 맞게 전유하기 위해 — 노력한다는 것을 인정해야만 한다.

그러나 우리는 원 텍스트 전통의 밖에 있는 비공식적 주석도 찾아볼 수 있다. 그런 점에서 셰익스피어의 『끝이 좋으면 다 좋아』는 히브리 성서의 다말과 유다 이야기가 남겨놓은 질문들에 대한 지혜로운 대답을 많이 제시한다고 말할 수 있다. 예를 들어 성적 거부에 대한 심리학적 통찰과 같은, 랍비들의 대답과는 전혀 다를 뿐만 아니라 그들이 생각해보지도 않았던 (혹은 기록해놓길 원하지 않았던) 대답을 제시해준다. 몇몇 포스트모던 학자는 작가가 마음속에 품고 있었지만 글로는 옮겨놓지 않은 것들을 대담하게 상상하며 자신의 소설을 창작한다. 모든 창조적인 신화 분석가도 어느 정도는 이런 작업을 해야 한다. 톰 스토파드Tom Stoppard•가 셰익스피어

---

50 1994년 2월 마이클 피시베인Michael Fishbane과의 사적인 대화에서 이 통찰력을 얻게 되었다.
• 톰 스토파드(1937-)는 체코 태생의 유대계 영국인 극작가. 1967년 셰익스피어의 희곡 『햄릿』에 나오는 캐릭터 로젠크란츠와 길덴스턴을 주인공으로 한 희극 『로젠크란츠와 길덴스턴은 죽었다』로 큰 주목으로 받았으며, 〈진짜 사랑이란The Real Thing〉(1982), 〈아카디아Arcadia〉(1993), 〈사랑의 발명The Invention of Love〉(1997) 등의 희곡 작품을 썼다. 1998년 영화 〈셰익스피어 인 러브Shakespeare in

의 『햄릿』에서는 비교적 간결하게 등장했던 두 인물 로젠크렌츠와 길덴스턴 사이의 생략된 대화를 상상하며 『로젠크란츠와 길덴스턴은 죽었다Rosencrantz and Guildenstern Are Dead』를 썼을 때, 그는 내가 여기서 셰익스피어가 성서에 대해 했다고 주장하는 작업과 동일한 작업을 셰익스피어에 대해 한 것이라 할 수 있다.

게리 솔 모슨은 특정한 소설가들, 특히 도스토옙스키와 톨스토이가 한 가지 사건이 다른 모습으로 일어났을 경우를 상상해서 독자들에게 생생하게 묘사해주는 이와 비슷한 과정을 분명히 밝힌 바 있다. 그는 이와 동일한 장치가 "대중문화, 종교, 저급 문학과 고급 문학의 다른 형식들, 예를 들어 내가 파라크paraque라 부르는 형식에서 나타난다"고 주장한다 — 파라크는 "한 작가가 다른 유명 작가가 써서 잘 알려진 고전 작품의 뒤를 이어 쓰거나 그 작품 안에서 생략된 부분들의 틈을 메워가는 과정"을 묘사하기 위해 모슨이 차용한 용어다.⁵¹ 신화의 영역이 바로 모슨이 말한 파라크의 영역인 것이다.

힐러리 맨틀*은 포로로 잡혀간 이들의 내러티브에 관한 존 데모스**의 책 서평에서 소설가들과는 대조적으로 학자들에 의해 이

    Love〉의 각본을 쓰기도 했다.
51 Gary Saul Morson, *Narrative and Freedom*, 12.
• 힐러리 맨틀(1952-)은 영국의 소설가. 1985년 『매일이 어머니날Everyday is Mother's Day』로 데뷔해 『플러드Fludd』(1989), 『혁명 극장A Place of Greater Safety』(1992), 『사랑 실험An Experiment in Love』(1996) 등의 작품을 썼으며, 2009년 『울프홀Wolf Hall』로 맨부커상을 수상했다.
•• 존 데모스(1944-)는 예일대 교수를 지낸 미국의 사학자. 이 글에서 언급된 책 『구하지 못한 포로: 초기 아메리카의 한 가족 이야기The Unredeemed Captive: A Family Story from Early America』는 1704년 예수회 선교사들에 의해 가톨릭으로 개종한 모호크족이 메사추세츠주의 한 청교도 마을을 공격했을 때 잡혀간 마을 목사

뤄지는 이러한 종류의 창작의 확장에 대해 반론을 펼쳤다.

> 누군가는 데모스가 그의 신간에서 위험하면서도 꼭 필요한 작업을 했다고 주장할지도 모른다. 그는 상상력을 끌어안고 — 적절히 통제되고 조심스런 방식으로 — 이 상상력의 즐거움을 따라갔다. 그리하여 그는 재구성한 혹은 개정한 혹은 — 좀 더 솔직히 말하자면 — 꾸며낸 구절들을 삽입해 넣었다.[52]

그러나 비교 연구자들은 허구의 위험에서 비켜서서 조금은 소극적으로 자신이 현재 다루고 있는 텍스트에서 말해지지 않은 것을 채워 넣기 위해 다른 문화의 비슷한 이야기에서 발견된 가정들을 사용하는, 조금 더 이성적인 선택을 할 수 있다. 레비스트로스로부터 우리는 한 문화 안에서 어떤 한 신화에 대한 최고의 윤색은 그 문화 안의 또 다른 신화라는 것을 배운다. 미르체아 엘리아데로부터 우리는 한 문화 밖에서 어떤 한 신화에 대한 최고의 윤색은 다른 문화로부터 나온 신화라는 것을 배운다. 그리고 우리는 신화를 마치 각 문화들을 갈라놓은 틈 사이에 놓인 디딤돌처럼 여기며 한 신화에서 다른 신화로 건너뛰면서 의미의 영역을 더욱더 확장해나갈 수 있다. 이러

의 어린 딸이 이후 자라서 가톨릭교도 원주민과 결혼하고 원주민 마을에 정착해 살았던 이야기를 중심으로 당시 청교도와 가톨릭, 유럽인과 아메리카 원주민 사이의 복잡한 종교적, 사회적 컨텍스트를 서술한다. 이 외에도 초기 미국사의 마녀사냥을 다룬 『사탄 초대하기: 마법과 초기 뉴잉글랜드의 문화Entertaining Satan: Witchcraft and the Culture of Early New England』등의 책이 있다.

52 Hilary Mantel, review of John Demos, *The Unredeemed Captive*, *London Review of Books*, October 20, 1994, 20.

한 방식으로 비교 연구자들은 다말과 유다의 마음속에서 일어났을 법한 일들을 상상하는 데 셰익스피어를 이용할 수 있을 것이다. 츠비 야겐도르프는 레아가 야곱을 속인 일(유다를 속인 속임수와 비슷하면서도 비슷하지 않은 성적인 대체)을 이야기하면서 "셰익스피어는 헬레나의 말을 통해 레아가 야곱의 품에 안겨 무슨 생각을 했었는지 이해할 수 있게 해준다"는 데 동의했다.[53] 그리고 이것은 양방향으로 적용된다. 즉 셰익스피어에 관한 질문은 신화들, 즉 "[셰익스피어의] 많은 희곡을 만들어낸 토대가 된 같은 종류의 신화들"을 돌아봄으로써 (혹은 곁눈질해봄으로써) 해결될 수 있다.[54]

예를 들어 [*이 신화를 해석하는] 하나의 제안은 내가 아는 어떤 유대 주석서에서가 아니라 다른 전통에서 발견된 다말 신화의 이본으로부터 나온다. 여기서는 트릭스터의 성별과 트릭을 행하게 된 이유가 반대로 되어 있지만, 자신의 배우자를 침대에서 알아보는가, 알아보지 못하는가라는 중심 문제는 그대로 남아 있다. 이는 나탈리 제먼 데이비스가 기록한 바대로 한 사기꾼이 마르탱 게르의 부인을 침대에서 속인, 혹은 속이지 못한 사건을 다루고 있는, 마르탱 게르의 귀향 이야기이다.[55] 프랑스에서 벌어진 이 사건을 통해 우리는 "속았다"는 사람이 완전히 속은 것이 아니라 속은 체한 이유가 있었을지도 모른다는 것 — 만약 우리가 이를 다말과 유다의 이야기 속에 집어넣어 다시 읽는다면 많은 것을 말해주는 통찰력

---

53 Zwi Jagendorf, "'In the Morning, Behold It Was Leah': Genesis and the Reversal of Sexual Knowledge", 57.
54 Joel Fineman, "Fratricide and Cuckoldry: Shakespeare's Doubles", 427.
55 Nathalie Zemon Davis, *The Return of Martin Guerre*.

―을 알게 된다. 전통 밖으로 나감으로써 우리는 히브리 성서에서는 유다의 자기기만 가능성 문제에 대해 개가 짖지 않았다는 것을 주목하게 된다.[56] 그러나 우리가 단지 다른 이야기들의 소음으로부터만 감지할 수 있는 이 침묵은 단순히 다른 전통에서 제공된 추측으로만 채워질 수 없다. 우리는 또한 히브리 성서가 침묵하기를 선택한다는 사실, 유다가 자기기만 속에서 이 사건의 공모자였을 가능성을 히브리 성서에서는 고려해보려고도 하지 않는다는 사실에 주목해야 한다. 다말이 유다와 잠자리를 같이했을 때 그녀가 무슨 느낌이었는지에 대해 성서가 전혀 관심이 없다는 것 또한 분명하다. 그러나 우리는 셰익스피어를 읽음으로써 이런 질문들에 대해 어느 정도는 대답할 수 있다. 다말의 상황에 처한 여성이 무엇을 느꼈을지 상상할 수 있으며, 이를 궁금해했으나 억압당했던, 성서 속 여성의 목소리를 상상할 수 있다. 침묵 역시 하나의 주장이다. 그러나 우리는 이를 다른 소리들과 비교했을 때만 들을 수 있다.

비교 방법은 우리가 비-유대 텍스트에 의해 제시된 몇몇 답변을 조심스럽게 다말과 유다의 이야기 속에 넣어 읽어볼 수 있음을 알려준다. 다말의 이야기에 관한 성서학자들의 연구는 너무나 많아서 나는 감히 탈무드 전문가들이 들어가기 두려워하는 지점으로 돌진해 가는 것도, 그들의 대화에 의견을 보태는 것도 결코 바랄 수 없을 것이다. 그러나 바라건대 아마도 나는 이 이야기를 다른 종류의

---

56 하지만 에이드리언 블레드스타인Adrien Bledstein은 (「묶는 자, 트릭스터Binder, Trickster」에서) 이와 밀접히 관련된 야곱과 에서의 신화에서 이삭이 일부러 야곱에게 속은 척한다고 주장했다.

대화로, 즉 이 이야기의 의미를 고대 유대교의 역사적 컨텍스트에서만이 아니라 인간의 종교적 상상력이라는 넓은 컨텍스트에서 그리고 심지어 이를 넘어서는 인간 경험이라는 컨텍스트에서 논의하는 대화로 끝어낼 수 있을 것이다. 그리고 나는 성서학자들이 다말의 이야기에 대한 새로운 통찰력을 얻기 위해 『끝이 좋으면 다 좋아』를 읽기를, 그리고 셰익스피어 학자들이 성서를 다시 보기를 바란다.

그러나 여전히 작은 위험의 목소리가 들린다. 과연 다말 이야기의 저자가 성관계 거부 같은 문제에 대해 셰익스피어처럼 느꼈을까? 이와 관련해서 다음과 같은 질문이 뒤따른다. 우리는 우리의 질문이 투사projections가 아니라는 것을 어떻게 알까? 물론 어느 정도는 투사다. 우리는 저자의 마음속에 무슨 생각이 있었는지 결코 알 수 없다. 그러나 문제의 텍스트에 우리 자신의 생각이 아닌 혹은 우리 자신의 생각에 덧붙여 다른 텍스트들을 투사해봄으로써 우리는 최소한 이 투사를 좀 더 섬세하게 만들며, 단지 우리의 머릿속과 성서 사이뿐만 아니라 셰익스피어의 머릿속(그리고 우리의 머릿속)과 성서 사이에 그려진 상상적 선을 지지하는 주장을 하게 된다. 이 방법은 텍스트들이 서로 대화하는 상황을 만든다.[57] 그래서 가끔은 심지어 텍스트들이 은밀한 관계 속에서 침대 머리맡 대화를 하는 것도 가능해진다.

비교 문화적 비교 놀이의 핵심은 어떤 특정 문화도 초월하는 그런 종류의 질문을 선택하는 데 있다. 어떤 사람들은 이 같은 질문은 없다고 생각한다. 그러나 어떤 사람들은 나처럼 가치 있는 비

---

[57] David Tracy, *Pluralism and Ambiguity*, 19-20.

교 문화적 질문이 제기될 수 있다고 생각한다. 말리스 데즌스는 성서 속 다말과 셰익스피어 희곡 속 헬레나가 벌인 속임수에 관한 이야기에 반응하는 청중들에게서 공통분모를 가정한다. "베드 트릭에 대한 오늘날 사람들의 반응 중 일부는 우리만의 문화적 컨텍스트에서 나온 것일 테고, 우리는 이러한 반응들을 무시해서는 안 될 것입니다[내가 말하고자 하는 것은 첫 번째 청중들도 그러한 반응을 공유했을 것이라고 가정해서는 안 된다는 것입니다]. 그러나 우리는 또한 잠시 멈춰 서서 우리가 첫 번째 청중들과 어떤 공통의 유대를 이루는 지점이 있지 않나 살펴볼 수 있을 것입니다."[58]

레비스트로스는 이를 가장 멋지게 그리고 가장 대담하게 말했다. "인류에 대한 연구를 제안하면서 나는 인류학에 대해 의심을 품고 있지 않다. 인류학이 모든 사람에게 의미가 있는 인류 전체의 차이와 변화를 검토하고, 단일 문명에만 특수한 것들은 배제하기 때문이다. 이러한 특수한 것들은 외부 관찰자의 시선에서는 아무것도 아닌 것으로 용해되어버린다."[59] 따라서 차이 자체가 비교의 기반이다 — 이 비교는 차이가 "모든 사람에게"(그리고 아마도 모든 여성에게) "의미"를 지닌다는 가정에 의해서만 가능하다. 다른 말로 하면 우리 모두가 같다고 할 수 있는 것 중 하나는 차이에 대한 우리의 공통된 관심사다.

신화의 이본들을 모으는 작업은 이야기들이 하나하나 더해짐으로써 더욱 분명해지는 하나의 내러티브 패턴을 재구축한다. 이는

---

58   Marliss C. Desens, *The Bed-Trick in English Renaissance*, 16.
59   Claude Lévi-Strauss, *Tristes Tropiques*, 58, 강조는 내가 했다.

마치 "다 맞춘 그림이 어떤 모습으로 나타날지 보여주는 상자 뚜껑이 없는 퍼즐을 맞추는 것"과 같다. "퍼즐 조각들은 한 조각이 하나 이상의 다른 조각들과 연결되도록 만들어져 있다."[60] 「시편」 85편 10절("사랑과 진리가 함께 싸웠다")* 에 대한 미드라시Midrash** 에서는 사랑과 진리 사이의 논쟁이 나온다. 하느님이 이 둘을 갈라놓으려고 진리를 땅에 내던지고(「다니엘서」 8장 12절)*** 산산조각 내버린 것이다.[61] 후대의 전통이 이 이야기를 이어간다. "그 이후로 진리는 마치 퍼즐 조각처럼 곳곳에 파편화되어 흩어졌다. 누군가가 한 조각을 찾아낸다 해도 그것은 그가 다른 조각들을 찾아낸 다른 사람들을 만나기 전까지는 거의 의미가 없다. 그들은 서서히 자신들이 찾아낸 진리의 조각들을 맞추어나가면서 사물을 이해하게 된다."[62]

---

60 Barbara Fass Leavy, *In Search of the Swan Maiden*, 28-29.
* 성경의 「시편」 85편 10절은 다음과 같다. "자애와 진실이 서로 만나고 정의와 평화가 입 맞추리라."
** 미드라시는 히브리어로 '조사', '연구'라는 뜻으로 히브리 성서 타나크에 대한 해석과 주석, 혹은 그 해석과 주석 문헌 전통 전체를 일컫는 말이다. 미드라시는 유대교의 율법인 할라카와의 관계에서 타나크를 연구하는 할라카식 미드라시와 율법이 아닌 일반적인 삶의 교훈의 관점에서 연구하는 아가다식 미드라시로 나뉜다. 비슷한 주석 전통인 미쉬나와의 차이점은 미쉬나가 주제별로 된 해석, 주석집인 데 반해, 미드라시는 타나크를 구절별로 해석하고 주석을 달았다는 점이다.
*** 성경의 「다니엘서」 8장 12절은 다음과 같다. "그 군대는 죄악으로 바뀌어버린 일일 번제와 함께 그 뿔에게 넘겨졌다. 그 뿔은 진리를 땅에 내동댕이치면서도 하는 일마다 성공을 거두었다."
61 Hayim Nahman Bialik and Yehoshua Hana Ravnitzky, eds., *The Book of Legends*, 13; Midrash Rabbah, Genesis, 8.5.
62 퍼즐 메타포는 잘 알려져 있다. 여기 이 버전은 지금 예루살렘에 살고 있는 랍비 로페즈 카르도조Lopez Cardozo에게서 나온 것으로 시라 라이보비츠 슈미트Shira Leibowitz Schmidt와 로알드 호프만Roald Hoffmann이 다시 말해주었다. 1996년 10월 사적인 대화.

그러나 우리가 퍼즐 한 조각, 신화의 이본 한 편을 또 다른 조각, 또 다른 신화와 나란히 놓고자 할 때, 우리는 비록 완성 그림을 보여주는 상자는 없지만 그래도 이것이 하나의 퍼즐이라고 가정한다. 나아가 이 두 조각이 서로 다른 퍼즐이 아닌 "같은" 퍼즐의 조각들이라고 가정하며, "같은" 주제의 이본들이라고 가정한다 — 그리고 우리는 이때 "같은"이라는 말이 무엇을 의미하는지 밝혀주어야만 한다. 이는 처음 생각만큼 그리 쉬운 일은 아니다.

같은 옛이야기

다말의 이야기와 헬레나의 이야기가 "같은" 신화의 이본이라고 말할 때 이는 무슨 의미인가? 같은 이야기를 다시 말한 두 이야기는 결코 똑같지 않다. 심지어 한 사람이 한 이야기에 대해 각각 다른 시기에 두 가지 이본을 만들었다 해도 이 둘은 결코 똑같지 않을 것이며, 또한 한 사람이 한 판본이 같은 사람에 의해 낭송되는 걸 두 번 서로 다른 시기에 들었다 해도 이는 결코 서로 똑같지 않을 것이다. 매 순간 우리가 이야기를 들을 때 우리는 개인사의 특정한 한 시점을 통과해가고 있기 때문에 심지어 한 단어도 달라진 것이 없을지라도 이야기를 매번 다르게 듣는다. 똑같은 이야기는 결코 똑같은 이야기가 아니다. 이것이 바로 프랑스 철학자 장피에르 조슈아Jean-Pierre Joshua가 매 10년마다 자신이 얼마나 변했는지 가늠하기 위해 마르셀 프루스트를 다시 읽는다고 말했을 때 염두에 두었던 것이다.[63] 우디 앨런은 한 단편에서 "같은" 이야기를 다시 읽을 때마다 생기는 차이를 풍자하는데, 여기서는 한 뉴욕 출신 유대인 사업가가 플로베르Flaubert의 소설 『보바리 부인Madame Bovary』 속에 들어가 엠마와 관계를 갖고, 그래서 『보바리 부인』을 읽는 누구나 이 사업가에 대해 읽게 된다. 스탠포드의 한 교수는 이 새로운 캐릭터가 텍스트 안에 삽입된 것에 놀라면서 학생들에게 다음과 같이 설명한다. "그래요, 고전의 징표는 여러분이 이를 수천 번 다시 읽을 수 있고 그러면서도 언제나 새로운 것을 발견할 수 있다는 데 있죠."[64]

햄릿의 어머니는 햄릿의 아버지의 죽음에 대해 언급하며 다음과 같이 말한다. "너도 알지 않니, 이건 일반적인 일이야. … 왜 이것이 네게만 이렇게도 특별하게 보이는 거니?" 햄릿은 이 말에 대답한다. "그렇게 보인다고요, 아니요, 사실이 그렇습니다. '보인다'는 것은 저는 모릅니다."[65] 신화 역시 마찬가지다. "일반적인, 공통적인 것"일지라도 언제나 "특별한 것"이 된다. 한 문화의 컨텍스트에서 다른 문화의 컨텍스트로 옮겨진 신화는 사실 "같은" 신화가 아니다. 기표가 산스크리트어에서 영어로 번역되면 그 속에 담긴 의미, 기의 역시 매우 달라질 것이다. 또한 심지어 단일 문화 안에서도 그 구조들에 담긴 의미가 때때로 아주 많이 다를 수 있으므로 다른 문화로 경계를 넘어갈 때는 더 다양한 변화를 기대할 수 있다. "같은" 조각들로 다시 조립된 신화는 "같은" 순서로 "같은" 조각들을 보여주는 판본이라 할지라도 새로운 의미를 지닐 수 있으며, 다

---

63   David Tracy, 1994년 12월 사적인 대화.
64   Woody Allen, "The Kugelmass Episode", 72; Doniger O'Flaherty, *Other Peoples' Myths*, 140.
65   Shakespeare, *Hamlet*, 1,2.

른 언어로 번역되었을 때는 말할 것도 없고 심지어 단일 문화 안에서도 새로운 신화가 될 수 있다.

예를 들어 악마 라바나Ravana에게 유괴당하는 것을 막기 위해 시타와 꼭 닮은 여인을 만들어내는 힌두 신화와, 헬레네가 파리스에게 유혹당하는 것을 막기 위해 헬레네와 꼭 닮은 여인을 만들어내는 그리스신화는 단지 겉보기에만 같은 이야기이다. 초기의 발미키Valmiki 판본에서 후대의 툴시 다스Tulsi Das 판본에 이르는 사이에 시타가 신성의 위치로 끌어올려지자 시타의 순결성에 오점을 남기지 않기 위해 시타의 그림자가 고안되었다. 한편 헬레네의 환영은 플라톤, 헤로도토스, 에우리피데스가 트로이전쟁의 (그리고 암시적으로는 펠로폰네소스전쟁의) 헛된 무익함을 비웃기 위해 고안했는데, (그들의 견해에 따르자면) 트로이전쟁은 거기 있지도 않았던 한 창녀를 위해 싸운 것이었기 때문이다. 두 경우 모두 단지 한 문화와 다른 문화(힌두 문화와 그리스 문화)의 차이뿐만 아니라 한 문화권 안에서의 다른 개작(발미키 판본에서 툴시 판본으로 그리고 호메로스 판본에서 에우리피데스 판본으로의 개작) 사이의 중요한 차이를 보여준다.[66]

스토리텔링 전통 자체에서는 다른 두 사람이 말한 이야기를 "같은" 이야기로 간주하는 것의 위험성이 이미 잘 연구되었다. 앤서니 트롤럽Anthony Trollope의 소설 『어둠 속에서Kept in the Dark』에서는 한 남자와 한 여자가 만난다. 그는 여자에게 자신이 방금 전 약혼녀에게 차였다는 이야기를 들려준다. 마침 그녀 역시 방금 전 자

---

[66] Wendy Doniger, "Sita and Helen, Ahalya and Alcmena: A Comparative Study" 그리고 *Splitting the Difference*.

신의 약혼자를 차버린 후였다. 그녀는 이 이야기를 남자에게 할까 말까 망설인다. 그녀는 자신의 이야기가 남자의 이야기와 같은 이야기라서 이 이야기를 하면 마치 그녀가 그의 이야기를 그의 면전에 다시 되던져주며 비웃고 있다고 그가 생각하지 않을까 걱정했기 때문이다. 그녀는 결국 그 남자와 결혼한 후까지도 자신이 이전에 약혼했던 사실을 숨긴다. 마침내 그가 사실을 알게 되었을 때 그는 — 유사성 때문이 아니라 차이 때문에 — 심히 괴로워한다. 그녀의 약혼자는 그와는 달리 비열하고 못 믿을 인간이었고, 그의 약혼녀 역시 그녀와 달리 어리석은 여자였기 때문이다. 비록 그들의 이야기가 핵심에 있어서는 같은 이야기였을지라도 왜 그녀는 이것이 (결국 마지막에 가서 그러했듯이) 그들을 더 가깝게 만들어주기보다 그들 사이를 갈라놓을 것이라고 생각했단 말인가?

컨텍스트

문화적 특수성에 주목하는 것은 신화학자들을 포함한 종교학자들에게 있어 히포크라테스 선서의 일부나 마찬가지다. 문화적 특수성뿐만 아니라 역사적 특수성에 대한 요구는 더 많은 엄격함을 요하는데, 이는 현상(내 경우 신화)이 공간(문화적 경계)뿐만 아니라 시간(그 문화 안에서 신화가 말해진 특정한 시점) 안에서 맥락화되어야 하기 때문이다. 많은 종교학자는 이러한 요구를 자신들의 작업에 있어서 문화적 특수성에 대한 요구보다도 더 핵심적인 것으로 간주하고 있다.

텍스트는 컨텍스트를 갖고 있으며, 그 컨텍스트에 의해 결정된다. "같은" 이야기가 말해지는 컨텍스트는 마치 그 옛날 유배된 왕들을 위한 축배의 물 한 잔처럼 그 이야기의 의미를 완전히 바꿔놓을 수도 있다. 즉 제임스 2세와 제임스 3세가 프랑스에 유배 가 있을 때 영국에 남아 있던 그들의 지지자들은 자신들이 인정하지 않는 왕들에게 축배를 들도록 강요받았고, 그래서 그들은 포도주 잔을 들고 "왕을 위해서"라고 말해야 했다 ─ 그러나 그들은 물 잔 너머로 포도주 잔을 들음으로써 사실상 "물 건너에 있는 왕"을 위해 축배를 들었던 것이다. 신화-의례학파myth-and-ritual school•의 학자들은 의례(포도주 잔을 드는 행위에 해당되는 것)가 신화(축배의 말에 해당되는 것)의 의미에 대한 열쇠를 쥐고 있다고 주장한다. 우리가 4장에서 살펴보게 될 에덴동산의 신화와 같은 경우, 신화가 말해진 시간과 공간의 특정한 지점이 마치 축배에서의 물 한 잔과 마찬가지로 의미를 역전시키는 데 기여할 수도 있다. 널리 퍼진 그 모든 형태의 신화가 어떤 비교 문화적인 인간적 의미를 지니고 있다는 것을 우리가 인정한다 하더라도, 이 기본적 의미에 대해 신화가 말하는 바는 문화들 사이에서만이 아니라 개개의 문화 내에서도 서로 다르다. 또한 한 문화가 플롯이나 주제를 다른 문화로부터 빌려 왔을 때 그것은 다른 플롯이 된다. 그것은 더 이상 "같은" 이야기가 아니다.

우리가 위에서 다룬 질문 ─ 히브리 성서 속 이야기의 저자가

• 신화-의례학파는 신화와 의례의 관계에 있어서 의례가 신화보다 우선한다는 주장을 견지한 학자들로서 로버트슨 스미스Robertson Smith, 제임스 프레이저James Frazer를 비롯해서 제인 엘렌 해리슨Jane Ellen Harrison, 쿡A. B. Cook, 콘포드F. M. Conford 등 1920년대 케임브리지대학의 고전학자들을 주축으로 한다. 이들은 신화는 의례로부터 비롯된 것이기 때문에 신화를 이해하기 위해서는 먼저 의례를 알아야 한다고 생각했다. 케임브리지 의례학파라고도 불린다.

성관계 거부와 같은 문제에 대해 셰익스피어처럼 생각했을까? —
에 대한 로라 보해넌˙의 대답에서 핵심이 되는 것은 컨텍스트다. 보
해넌은 그녀가 현지 조사를 했던 곳의 아프리카인들이 들려준 『햄
릿』의 플롯이 얼마나 달랐는지 아주 재미있게 기록하고 있다. 여기
서는 햄릿이 악당이 되고 클로디어스가 영웅이 된다. 이러한 내러
티브의 붕괴는 한 영국인이 미국인인 보해넌에게 다음과 같이 말
하면서 도전했을 때 일어났다. "당신네 미국인들은 종종 셰익스피
어를 이해하기 힘들어하죠. 결국 그는 아주 영국적인 시인이거든
요. 사람들은 보통 특수한 것을 오해함으로써 보편적인 것을 쉽게
왜곡할 수 있죠." 보해넌은 이에 대해 다음과 같이 대꾸했다. "인간
의 본성이라는 것은 전 세계에 걸쳐 거의 똑같습니다. 최소한 위대
한 비극들의 일반적인 플롯이나 동기는 번역상의 몇몇 세부 사항
이 약간의 차이들을 만들어낼지라도 언제나 — 어디서나 — 분명
할 겁니다."⁶⁷ 이 재미있는 햄릿 개작은 보해넌의 이러한 믿음에 심
각한 도전이었다 — 물론 나에게는 결코 그렇지 않다는 점을 인정
해야만 할 것이다.

  그러나 나는 다른 컨텍스트에서 말해진 한 이야기가 전혀 다른
이야기가 될 수 있다는 것을 인정한 최초의 사람일 것이다. 호르헤

• 로라 보해넌(1922-2002)은 미국의 문화인류학자. 1949년에서 1953년까지 남편
인 폴 보해넌Paul J. Bohannan과 함께 나이지리아에서 티브족Tiv과 함께 생활했다.
1961년에 발표한 대표 논문 「숲 속의 셰익스피어Shakespere in the Bush」는 셰익스피
어의 『햄릿』 이야기를 들은 티브족 사람들이 얼마나 서구인들과는 다르게 이
이야기를 이해하고 다르게 다시 이야기했는지를 보여주었다.

67 Laura Bohannan, "Shakespeare in the Bush", 28.

루이스 보르헤스는 세르반테스Cervantes의 『돈키오테Don Quixote』를 개인적으로 다시 고쳐 쓴 피에르 메나르에 관한 그의 소설에서 그 야말로 정확히 글자 그대로 똑같은 이야기의 두 말하기 사이의 차이에 관해 이야기한다.

> 메나르의 『돈키호테』를 세르반테스와 비교해보면 그것은 확연히 드러난다. 예를 들어 세르반테스는 다음과 같이 썼다(1부 9장).
> … 진리, 진리의 어머니는 시간의 적이고, 사건들의 저장고이고, 과거의 목격자이고, 현재에 대한 표본이며 충고자이고, 그리고 미래에 대한 상담관인 역사이다.
> 17세기의 "평범한 천재"인 세르반테스에 의해 편집된 이러한 열거형 문장은 역사에 대한 단순한 수사적 찬양에 불과하다. 반면 메나르는 다음과 같이 적는다.
> … 진리, 진리의 어머니는 시간의 적이고, 사건들의 저장고이고, 과거의 목격자이고, 현재에 대한 표본이며 충고자이고, 그리고 미래에 대한 상담관인 역사이다.
> 역사는 진리의 어머니이다. 이러한 생각은 놀라운 것이다. 윌리엄 제임스와 동시대 사람인 메나르는 역사를 현실에 대한 탐구가 아닌 현실의 원천으로 정의한다. 메나르에게 있어 역사적 진실이란 일어난 사건이 아니라 사건이 일어났을 것이라고 판단하는 행위를 가리킨다. 마지막 문구는 … 뻔뻔스럽게도 실용주의적이다.[68]

두 작품의 시간적 간극 사이에 역사에서 무슨 일들이 일어났는지 우리가 알고 있기 때문에 똑같은 말도 우리에게 전혀 다른 의미를 지닌다. 또한 작품의 내용이 중요하지 않은 것도 아니다. 만약 역사가 진실이라면, 똑같은 말들이 역사 속에서 전해져 올 때 그 말들은 더 이상 똑같은 말들이 아니다.

같은 이야기가 어느 곳에서나 가능하다면, 컨텍스트에 주목하는 것이 중요하다. 누가 이야기를 하고 왜 이야기를 하고 있는지 주목해야 한다. 심지어 우리가 이런 질문에 대한 답변을 모를지라도 (보통 그러한데 특히 고대의 텍스트를 다룰 때 더 그렇다) 최소한 경험에 근거한 신뢰할 만한 추측(내가 여성의 목소리를 찾아내려고 할 때 사용하는 추측)을 감행하는 모험을 해보는 것은 여전히 유용하다. 심지어 우리가 많은 고대 텍스트의 (저자는 고사하고) 독자의 컨텍스트를 모를지라도 독자로서 우리 자신이 우리가 접근할 수 있는 하나의 컨텍스트, 때때로 유일한 컨텍스트가 된다. 우리는 언제나 텍스트가 우리에게 어떤 의미인지 (그리고 때때로 우리에게 어떤 의미인지만) 알 수 있기 때문이다. 그리고 우리가 화자의, 최초의 저자와 청중의 진짜 목소리를 알 수 없을 때는 우리는 어쩔 수 없이 텍스트 안의 목소리를 들어야만 한다.

그러나 심지어 우리가 저자를 알 경우에도 텍스트와 그 문화의 깊은 상관성은 텍스트를 "저자"를 넘어선 무엇이 되게끔 한다. 텍스트는 양성兩性적 성격을 가질 수 있을 뿐만 아니라 궁극적으로 어떤 특정한 종파에도 속하지 않을 수 있다. 텍스트의 저자들이 익명

68　Jorge Luis Borges, "Pierre Menard, Author of the *Quixote*", 43.

이 아닐 수는 있으나 이들은 집단적이다. 그리고 이러한 집단성은 역사적 경험의 차이에도 불구하고 문화의 경계를 넘어서 같은 플롯과 같은 문제를 많이 공유한 다른 문화권으로까지 뻗어나간다. 게다가 만약 우리가 각각의 텍스트가 각각의 컨텍스트로부터 취한 독특한 디테일 가운데서 컨텍스트를 찾아내는 방법을 안다면, 컨텍스트는 텍스트에 깊게 새겨져 있다.

우리가 컨텍스트를 상실한다면 분명 우리는 엄청난 것을 잃는 것이다. 그러나 비교 작업이 아주 엄격할 정도로 컨텍스트화될 필요는 없다. 그랬다간 컨텍스트에 대한 관심이 필요 이상으로 비대해질 수 있다. 물론 비교 연구자는 해석 검증에 대비한 자료들을 확보하기 위해 일반적 컨텍스트를 반드시 알아야 한다(이것은 [*원자료의] 언어 습득, 주석 해석, 기타 등등을 의미한다). 그러나 반드시 이러한 중층적 문화 기술이 궁극적으로 독자에게 비교의 기본 자료로 제시되는 해석의 일부가 되어야만 하는 것은 아니다. 컨텍스트를 잃을 때 뭔가 소중한 것을 잃는다는 것도 사실이지만 또한 뭔가 다른 소중한 것이 얻어지는 것도 분명하다.

비교를 옹호하는 주장은, 레비스트로스가 오래전 말했듯이, 신화를 그 역사적 컨텍스트에서 빼내어 그 대신에 다른 신화, 다른 관련된 이야기의 컨텍스트 안에 집어넣어보는 작업을 정당화해야만 한다.[69] 또한 레비스트로스가 분명히 말하지는 않았지만 그의 글들이 함축하고 있는 것처럼[70] 이러한 다른 신화들은 다른 문화들에서

---

69 Lévi-Strauss, *The Raw and the Cooked*, 13.
70 Wendy Doniger, "Structuralist Universals", 267-281.

도 취해질 수 있다. 종종 신화를 이해하는 최선의 방법은 하나의 신화가 다른 문화들 안에서 이본들과 어떻게 다른지뿐만 아니라 같은 문화 안에서 다른 신화들과 어떻게 다른지를 이해하는 것이다.

또한 우리는 컨텍스트 자체를 비교해볼 수도 있으며 몇몇 학자는 그런 작업을 하고 있다. 예를 들어 각각의 경우에 다음과 같은 질문들을 제기함으로써 수행적 컨텍스트를 비교해볼 수 있다. 그때 당시 무엇이 이야기하는 사람으로 하여금 그 특정한 이야기를 선택하게끔 만들었는가? 당시 다른 어떤 일들이 벌어지고 있었는가? 우리는 또한 두 유사한 상황에서 텍스트와 컨텍스트의 관계를 비교해볼 수도 있다. 밀만 패리와 알버트 로드는 (마치 내가 히브리 성서의 컨텍스트에서는 발견할 수 없었던 심리적 컨텍스트와 관련하여 셰익스피어 속에서 확장된 신화의 어떤 측면들을 고려하듯이) 관찰 불가능한 고대 그리스의 호메로스의 상황을 추정해서 이를 현대 유고슬라비아 이야기꾼들의 공연 속에 등장하는 컨텍스트 및 그들의 구술 연기와 비교했다. 이러한 시도는 비록 많은 논박을 불러일으키기는 했으나 호메로스에 대한 새로운 독해로 이어졌다.[71] 인도학자 로버트 골드만은 인도의 성전환 신화를 논의하면서 이러한 신화들이 한편으로는 "전통적인 동남아시아 가족과 사회생활의 구체적인 특징들에서 파생된 긴장들의 강한 콤플렉스"에서 기인했지만, 또 다른 한편으로는 "이 논문에 실린 신화, 전설, 판타지, 그리고 이것들이 말하는 사회적, 심리적, 정치적 실상은 결코 동남아시아에만 국한된 것이 절대 아니다. … 이와 유사한 수많은 예를 유럽, 동아시아, 이

71　Milman Parry, *The Making of Homeric Verse* and Albert Lord, *Serbocroatian Heroic Songs*.

슬람 그리고 다른 전통에서 찾아볼 수 있다"고 지적했다.[72] 다시 말하자면 이러한 관점에서 이것들을 설명해주는 신화 그리고 컨텍스트는 "유럽, 동아시아, 이슬람 그리고 다른 전통"을 넘어서 공유되고 있는 것이다.

컨텍스트를 비교하는 일 — 좀 더 정확히 말하자면 텍스트와 그 컨텍스트의 관계를 비교하는 일 — 을 통해 우리는 일종의 중간 지점을 확보하면서 보편주의의 오류에 빠지지 않고 비교 작업을 추진해나갈 수 있다. 여기서 개인, 집단/문화 그리고 인류로 이어지는 또 다른 연속체를 상정해보자면, 두 극단의 가운데에 위치한, 비교적 탄탄한 중간 길에 초점을 맞출 수 있을 것이다. 문화적 형태론 혹은 문화적 유형의 형태론이 그것이다. 같은 종류의 구조와 관습을 가진 집단 혹은 사회는 아마도 같은 종류의 신화를 이야기할 것이기 때문이다. 아마도 가장 좋은 방법은 문화를 넘어서는 것은 고사하고 하나의 문화 안에서 (왕과 농부, 남성과 여성의 차이를 간과한 채 남성과 여성, 부자와 가난한 자를 똑같이 다루면서) 비슷한 예들을 찾아보는 것이 아니라, (중국의 농촌 여성과 인도의 농촌 여성처럼) 서로 다른 문화에서 같은 부류의 사람들 사이의 비슷한 예들을 찾아보는 것이다.[73] 이 작업은 컨텍스트의 비교를 통해 남성과 여성, 부자와 가난한 자, 지배자와 피지배자가 각기 화자로서 등장할 때 어떤

---

[72] Robert P. Goldman, "Transsexualism, Gender, and Anxiety in Traditional India", 394, 397.

[73] Caroline Bynum, 1992년 5월 사적인 대화. 또한 Doniger, *Splittingthe Difference*를 보라. 여기에서는 서로 다른 문화의 여성에 대한 신화에서는 젠더가 문화보다 중요하다고 주장한다.

차이가 나타나는지 주목한다. 형태론적 접근은 밀란 쿤데라가 말한 다음과 같은 작업과 좀 유사한 면이 있다. "사람들을 어떤 범주로 나누어 보는 것이 가능하다고 할 때 범주를 나누는 가장 분명한 기준이 될 수 있는 것은 그들 안에 뿌리 깊게 자리 잡은, 어떤 일을 평생 동안 하고 싶도록 몰아가는 욕망이다. 프랑스인 각각은 모두 서로 다르다. 그러나 세상의 모든 배우는 서로 비슷하다 — 파리에서나 프라하에서나 혹은 멀고 외진 곳에서나."[74]

또한 형태론적 접근은 역사적 접근이 종종 모호하게 하는 것들을, 즉 타인들의 편견의 부정적 측면(여성들에 대한 태도 같은 것) 또한 공유되고 있다는 사실(정치적으로 만들어졌다고 할 수 있는 성차별주의적 관점)을 볼 수 있게끔 해준다. 문화 연구가 비교 문화적 시각에서 제기된 비판을 침묵시킬 때 — 때때로 그러하듯이 — 이는 또 다른 문화 안에서 행해지는 불의를 암묵적으로 정당화함으로써 — 비록 다른 방향에서 비롯된 것이기는 하지만 문화적 상대주의가 종종 그러하듯이 — 또 다른 정치적 문제를 불러일으킬 수 있다. 문화적 유형론은 새로운 방식으로 이러한 불의에 태클을 걸 수 있다. 그러나 컨텍스트를 비교하는 것은 이 불의를 컨텍스트로부터 끄집어내어 결국은 우리를 무한 후퇴에 봉착하게 할 우려도 있다(모든 농부는 똑같은가? 모든 여성은 똑같은가?). 게다가 컨텍스트에 깊이 뿌리박힌 이야기는 상당히 많은 분량의 설명을 요구하고, 따라서 비교 작업에 제한이 생긴다.

나는 비교하는 작업이 왜 가치 있는 것인지 이야기하면서 비교

---

[74] Milan Kundera, *The Unbearable Lightness of Being*, 192.

를 통해 얻을 수 있는 장점들을 옹호해왔다. 또한 컨텍스트를 무시했을 때 잃게 되는 것도 지적했다. 브렌트 쇼는 캐롤라인 워커 바이넘의 『육신의 부활』에 대해 논평하면서 다음과 같이 주장했다.

> 특정한 역사적 시기에 나타난 특수한 사회적 요인들은 내세에서의 주체와 육화의 개념에 대해 일반적이고 비역사적인 오래된 공포보다 더 나은 설명적 컨텍스트를 제공한다. 중세 말기에 육신과 영혼의 관계가 연인들의 이미지로 묘사되었다면, 이는 그 시대에 세속적 사랑에 대한 새로운 아이디어가 점차 중요하게 간주되기 시작했다는 점과 분명히 관련이 있을 것이다. 또한 이 새로운 아이디어는 반드시 새로운 경제적 인간의 부상과 관련이 있을 것이다.[75]

왜 세속적 사랑에 대한 새로운 아이디어가 반드시 "새로운 경제적 인간의 부상과 관련"이 있어야만 하는가? 쇼가 요구하는 분석은 한 역사적 시점에 기반을 둔 어떤 종류의 대답을 제공할 것이다. 그러나 캐롤라인 바이넘은 그와는 다른 질문을 제기하고 있고, 따라서 한 역사적 시점을 넘어서는 또 다른 대답을 제공하고 있다.

비교 작업을 할 때 역사적 맥락화 과정이라는 상호보완적(나는 이를 경쟁적인 것으로 간주하지 않는다) 작업을 책임감 있게 인식하게 해주는 방법들이 있다. 나는 한 문화권 안에서 작업하는 작가들이나 한 문화권 안에서 각 신화들의 컨텍스트를 연구하는 학자들보

---

[75] Brent D. Shaw, review of Caroline Walker Bynum, *The Resurrection of the Body*, 47.

다 비교 연구자들에게 우월한 지위를 부여하고자 하는 것이 아니다. 비교 문화적 시각은 컨텍스트화된 시각을 포괄하는 개관이 아니라, 문제를 다른 방향으로 절단해서 보는 또 다른 시각일 뿐이다. 이는 양옆을 보면서 문제를 수직적이 아니라 수평적으로 보는 시각이다. 또한 나는 비교 문화론자가 자신의 이야기를 찾아내는 그 역사적 컨텍스트가 그 자체로 비교 문화적, 다문화적인 것이 아니라고 말하는 것도 아니다. 원컨텍스트 그 자체는 복합적이고, 많은 문화적 상호작용의 산물이며, 비교 문화론자는 단지 이를 다른 (다)문화들로 대체할 뿐이다. 이사야 벌린Isaiah Berlin의 역사에 관한 유명한 글의 제목은 『고슴도치와 여우The Hedgehog and the Fox』인데, 이는 아르킬로코스Archilocus의 다음과 같은 구절에서 따온 것이다. "여우는 많은 것을 알고 고슴도치는 중요한 한 가지만을 안다." 에라스무스는 (1500년에 쓴 [*라틴 금언집] 『아다지아Adagia』에서) 여기에 중요한 말을 덧붙였다. "여우는 많은 것을 알고 고슴도치는 중요한 한 가지 진리만을 안다." 비교 연구자들이 여우라면 컨텍스트주의자들은 고슴도치다. 학문 세계는 이 둘 모두를 요구한다.

다른 이들은 학자들을 다른 방식으로 이분화했다. 나 자신의 경우 다른 글에서 사냥꾼과 현자, 생선을 싫어하는 사람과 생선을 좋아하는 사람으로 구분했다.[76] 프랑스 역사학자 에마뉘엘 르 루아 라뒤리Emmanuel Le Roy Ladurie(1929-)는 역사학자는 낙하산 부대원이거나 송로 채집가일 수 있다고 말했다. 낙하산 부대원은 과거를 멀리서 관찰하며, 둥둥 떠서 천천히 땅으로 내려온다. 반면 송로 채집

---

[76] Doniger O'Flaherty, *Other Peoples' Myths*, 78.

가는 흙 속의 보물에 매혹당해서 땅에 코를 대고 떼지 못한다. 정치사가 헥스터J. H. Hexter(1910-1996)는 "세분파 분류학자splitters"로 구분될 수 있는 학자들이 독특성과 복합성을 볼 때, "병합파 분류학자lumpers"로 구분될 수 있는 학자들은 단일성을 본다고 지적했다. 낙하산 부대원, 병합파 분류학자, 고슴도치는 망원경을 든 비교 연구자인 반면, 송로 채집가와 세분파 분류학자 그리고 여우는 현미경을 든 역사학자다. 이 두 그룹은 항상 서로 반목하기보다는 서로를 보완한다. 그리고 역사 속의 신화 그리고 신화 속의 역사를 이해하기 위해서 우리에게는 이 둘 모두가 필요하다.

전체와 부분들: 수레와 칼

한 신화가 하나의 문화에서 다른 문화로 옮겨지면서 불가피하게 발생하는 변화를 고려해볼 때, 여러 판본 속에서 한 이야기의 정체성이 어떻게 계속 유지되는지, 혹은 비교 문화적 이본들 가운데서 한 이야기의 본질적인 일관성이 어떻게 유지되는지 설명할 수 있을까? 이 경우에 윌리엄 제임스William James가 존 커틀러 경Sir John Cutler에 대해 한 주장, 즉 존 커틀러 경은 검은색 소모사 양말이 한 켤레 있었는데, 너무 자주 명주실로 꿰매 신다 보니 원래의 실은 찾아보기 힘들어졌다는 주장을 응용해볼 수 있을 것이다. "만약 짜깁기를 통해 양말이 의식이라는 것을 지니게 되었다면, 마지막에 비록 원래의 실이 단 한 올도 남아 있지 않게 되었다 할지라도 양말은 자신을 여전히 소모사로 짜인 양말이라고 생각했을 겁니다."[77]

플루타르코스는 그리스의 전설을 다시 이야기하면서 같은 (혹은 유사한) 주장을 펼쳤다.

테세우스와 아테네의 젊은이들을 [크레타로부터] 데리고 돌아온 배는 30개의 노를 가지고 있었으며, 아테네인들은 이 배를 데메트리우스 팔레리우스Demetrius Phalerius 시대까지 보존하고 있었다. 그들은 오래된 판자가 썩자 이를 떼어내고 그 자리에 새롭고 튼튼한 목재를 붙였다. 그렇게 해서 이 배는 철학자들 사이에서 자라나는 것들에 대한 논리적 질문의 고정된 예가 되었다. 한편에서는 이 배가 여전히 같은 배라고 주장했고, 다른 편에서는 이 배는 같은 배가 아니라고 주장했던 것이다.[78]

그래서 플루타르코스는 만약 배 전체가 조금씩 [*다 다른 것들로] 교체된다면 그래도 여전히 같은 배라고 할 수 있는지 질문한다. 따라서 우리는 만약 교체된 부분들이 또 다른 배를 건조하는 데 사용된다면 무슨 일이 일어날지 질문할 수 있다. 만약 그렇다면 어느 배가 테세우스의 진짜 배일까?

데이비드 흄은 여러 다른 형태 속에서도 한 사람의 정체성은 계속 지속된다는 것을 주장하기 위해 테세우스의 배의 메타포를 사용했다.

---

77   Richard Ellman, *along the riverrun: Selected Essays*, 204.
78   Plutarch, *Vita Thesei*, 22-23. Trans. John Dryden (*Plutarch's Lives of Illustrious Men*).

한 배가 있다. 이 배는 상당 부분을 자주 수리해서 그 모습이 변해버렸다 해도 여전히 같은 배로 간주된다. 수리에 사용된 재료가 달라졌다고 해서 이 배가 동일한 배라고 이야기하는 것이 문제되지 않는다. … 이는 모든 동물과 식물의 경우에도 그렇다. 여러 부분이 어떤 일반적 목적을 지향하고 있을 뿐만 아니라 상호 의존하고 서로 연결되어 있다. 이 연결 관계의 효과는 아주 강력해서, 누구나 다 이것을 인정해야 한다. 즉 몇 년 사이에 식물과 동물이 어떤 총체적인 변화를 겪는 상황에서도, 그래서 그 형태, 크기, 실체가 완전히 변해버려도 우리는 여전히 그것들을 동일한 것들로 간주한다. 작은 식물에서 커다란 나무로 자란 참나무는 여전히 같은 참나무다. 물질의 한 입자, 혹은 그 부분들의 형상이 같지 않더라도 말이다. 갓난아이는 어른이 되고, 때때로 살이 찌고 때때로 야위지만, 그의 자기 동일성에는 전혀 변화가 없다.[79]

『오즈의 나라』의 틴 우드맨은 그의 몸의 모든 부분이 다 다른 것으로 교체되었지만 여전히 그 자신으로 남아 있다(물론 의미심장하게도 그는 자신이 '마음'을 상실했다고 잘못 생각하기는 하지만 말이다). 또한 과학자들은 우리의 몸이 매 7년마다 세포 단위로 다시 재생된다고 말한다(또한 7년이라는 단위는 흔히 이야기되는 "7년 후의 권태기"라는 말에서 나타나듯이 전통적으로 성적 정절의 유효기간으로 간주되어왔는데, 아마도 이것은 우연의 일치가 아니리라).

---

[79] David Hume, *A Treatise of Human Nature*, 257(Book I, Part IV, section VI).

어네스트 겔너는 흄의 배에 대한 계몽주의적 은유가 일종의 마니교적 분열을 막기 위해 고안되었다고 주장했다.

[흄의]『인간 본성에 관한 논고』는 심오하게 인간에 대한 비-이원론적인 설명을 제공하며, 자연과 연결되어 있는 일자를 이야기한다. … 그리하여 이원론은 극복되었다. 천사와 야수의 오랜 공존은 흄의 유명한 "지각의 묶음Bundle of Perceptions"으로 대체되었다. 이 묶음을 만드는 요소들은 자연의 다른 개체의 요소들과 정확히 똑같으며, 단지 감각에 의해서 축척될 뿐이다. 따라서 자연 안에 있는 인간이라는 종을 위해 특별한 탈-지상적 상태를 가정할 이유가 더 이상 없다. 이처럼 파편화되고 투명하며 따라서 기본적으로 무해한 요소들로 만들어진 이 창조물을 나는 때로 "번들맨Bundleman"이라 부르고자 한다.[80]

따라서 흄의 이론은 파편화가 아니라 반대로 통합적인 주체의 구축이다.

그러나 같은/유사한 이미지(이 경우에는 배가 아니라 수레)가 고대 불교 텍스트에서는 한 사람의 자기 동일성이 여러 다른 형태 속에서 지속된다는 생각에 반대하는 주장에 사용된다. 이 불교 텍스트는 그 자체로 비교 문화적 이해의 좋은 예이다.『밀린다왕문경The Questions of Milinda』이라는 이 텍스트는 기원전 2세기 중반(텍스트 자체는 몇 세기나 더 후에 만들어졌다) 북서부 인도를 다스리던 그리스의

---

80 Ernest Gellner, *The Psychoanalytic Movement, or, The Cunning of Unreason*, 13.

왕 메난드로스Menander[*밀린다]와, 왕을 불교로 개종시킨 불교 승려 나가세나Nagasena 사이의 대화를 기록하고 있다. 여기에 그들의 대화를 어느 정도 요약한 버전이 있는데, 이는 (소크라테스적 비틀기인 "내 마음을 읽어봐"가 가미된) 셜록 홈즈의 이야기에서 우리가 처음 마주쳤던 현자와 들러리라는 구도의 또 다른 버전이기도 하다.

밀린다 왕이 물었다. "존자는 세상에 어떻게 알려져 있습니까, 당신의 이름은 무엇입니까?" 나가세나가 대답했다. "대왕이여, 나는 나가세나라고 알려져 있습니다. 나의 동료 수행자들은 나를 나가세나라 부르고 있습니다. 그러나 부모가 나에게 그러한 이름을 붙여주었지만, 이것이 어떤 영원한 개체가 있다는 것을 의미하지는 않습니다." 왕이 물었다. "만약 당신의 동료 수행자들이 당신을 나가세나라고 부른다면, 그렇다면 나가세나라고 불리는 것은 대체 무엇입니까? 존자여, 당신의 머리카락이 나가세나라는 말씀입니까?" "대왕이여, 그렇지 않습니다." "그렇지 않다면 당신의 손톱, 치아, 살갗, 혹은 당신 몸의 다른 부분들이란 말입니까, 아니면 외형, 혹은 감각, 혹은 지각, 혹은 심리적 구성체, 혹은 의식이란 말입니까? 이들 중 어느 것이 나가세나입니까?" "아닙니다, 대왕이여." "그렇다면 나는 당신에게 물을 수 있는 데까지 다 물어보았으나, 나가세나를 찾아낼 수 없었습니다. 나가세나란 빈 소리에 지나지 않습니다! 존자여, 분명 당신이 한 말은 거짓입니다."

그때 나가세나 존자는 왕에게 반문했다. "대왕이여, 그대는 여기에 어떻게 오셨습니까? — 걸어서 오셨습니까, 아니면 탈 것을 타고 오셨습니까?" "수레를 타고 왔습니다." "그대가 수레를 타고 왔다면 무엇이 수레입니까? 수레의 끌채가 수레입니까?" "존자여, 그렇지 않습니다." "아니면 굴대, 바퀴, 차체, 멍에, 고삐, 바퀴살, 혹은 채찍이 수레입니까?" "이들 중 어느 것도 수레가 아닙니다." "그렇다면 이 모든 개별 부분을 함께 모으면 수레입니까?" "아닙니다, 존자여." "그렇다면 수레는 이 개별 부분들이 아닌 그 무엇입니까?" "아닙니다, 존자여." "그렇다면 대왕이여, 나는 그대에게 물을 수 있는 데까지 다 물어보았으나, 수레를 찾아낼 수 없었습니다. 수레란 단지 빈 소리에 지나지 않습니다. 수레는 대체 무엇입니까? 분명 대왕님이 말씀하신 것은 거짓입니다! 수레는 존재하지 않습니다!" 왕이 대답했다. "나는 거짓말을 한 것이 아닙니다. 수레는 이들 모든 요소, 즉 끌채, 굴대, 바퀴 등등을 가지고 있기 때문에 수레라고 불립니다. 이는 단지 일반적으로 통용되는 이름이며, 실용적인 지시어입니다." "그렇습니다, 대왕님! 대왕께서는 '수레'라는 말이 무엇을 의미하는지 잘 알고 있습니다. 저도 마찬가지입니다. 저라는 존재의 다양한 구성 요소 때문에 저는 일반적으로 통용되는 이름이자 실용적인 지시어인 나가세나로 알려져 있습니다!"[81]

따라서 오로지 관습, 이름밖에 없다. 흄과 불교도 둘 다 (인간 육체

---

81 *Milinda Panha*, 40, 71, 108-116, The Trenckner edition [*『밀린다팡하』, 서경수 옮김, 동국역경원, 39-44쪽을 참조하라. 한글 번역본은 이 책의 지은이가 이용한 편집본과 약간 다르며 더 세부적인 부분들이 첨가되어 있다].

의 연속적인 해체 혹은 재구축) 같은/유사한 과정을 선택했다는 것은 형식이 내용을 반영하는 한 예(연속적인 육체의 같음에 관해 상술하는 저자들의 마음의 유사성)이다. 그들이 이를 정반대되는 주장에 (즉 하나는 육체가 동일하다고, 다른 하나는 육체가 동일하지 않다고 하는 데) 사용했다는 것은 이 이미지의 투명성을, 이 이미지가 양극화된 의미들을 모두 뒷받침할 수 있다는 것을, 그리고 역사적 컨텍스트의 중요성을 보여주는 예다. 동시에 서로 다른 두 문화권에서 모두 이 이미지가 사용된 것은 차이 안의 유사성에 대한 비유이기도 하다.

라마누잔은 서로 다른 역사가 "같은" 상징을 서로 다르게 만든다는 것을 보여주는 한 민담의 메타포를 사용해서 흄을 반박하고 나가세나를 옹호하는 좋은 변론을 펼쳤다. 황금 깃털을 가진 새가 있었다. 이 새는 친구들을 도와주기 위해서 이 황금 깃털을 하나씩 뽑아서 썼다. 황금 깃털이 하나씩 빠져나갈 때마다 그 자리에는 검은 깃털이 돋아났다. 마침내 이 새는 황금 깃털을 찾아볼 수 없는 검은 깃털의 새가 되었다. 그렇다 하더라도 이 새는 원래부터 언제나 검은 깃털만 갖고 있었던 새와는 결코 "같은" 새가 아니었다.[82] 또한 칼에 대한 이야기도 있다.

유럽의 아리스토텔레스와 인도의 한 철학자에 관한 이야기에서 철학자가 한 마을의 목수를 만났다. 목수는 오래된 아름다운 칼을 갖고 있었다. 철학자는 그에게 물었다. "얼마나 오랫동안 이 칼을 지니고 있었소?" 목수는 대답했다. "이 칼은 우리

---

82   A. K. Ramanujan, 1989년 1월 사적인 대화.

집안 대대로 전해 내려오는 것이랍니다. 칼자루도 몇 번 교체했고, 날도 몇 번 교체했죠. 하지만 이 칼은 여전히 똑같은 칼이랍니다." 이와 마찬가지로 여러 이야기꾼의 입을 거쳐 변해가는 민담에서도 문화적 디테일들은 모두 변할지라도 이야기의 구조는 그대로 남아 있다. 다른 이야기의 일부가 결합되어 그 문화에 특징적인 새로운 미학적, 윤리적 구조를 표현하는 새로운 이야기를 만드는 것이다. 같은 이야기가 다른 시간과 공간 속에서 다시 이야기될 때 그것은 보통 그 기본 스토리 라인에는 아무런 변화 없이도 새로우면서도 고유한 것들을 이야기하게 될 수 있다. 어떤 고정성도, 어떤 재구성된 원형도 하나의 허구, 하나의 꼬리표, 하나의 편의이다.[83]

이 "허구"야말로 내가 여태껏 옹호해온, 공유된 의미의 핵심이다. 그러나 허구는 매우 현실적인 것이며, 나는 목수와 흄이 옳았다고 생각한다. 이는 분명 어떤 의미에서 이야기해볼 만한 가치가 있는 같은 칼이다 — 재료가 아니라 형태에 대해서, 심지어 역사에 대해서도 말이다. 이 이야기가 흄과 고대의 불교도는 말할 것도 없이, 아리스토텔레스와 "인도의 한 철학자"의 추종자들에게도 중요한 이야기라는 점 또한 의미심장하다. 사실 나는 다른 미국인의 예도 알고 있다. 내 한 친구는 어느 날 박물관에서 조지 워싱턴이 벚나무를 베는 데 사용했다는 손도끼를 봤다. 설명문에는 칼자루와 날이 여러 번 새것으로 교체되었으나 이는 여전히 조지 워싱턴의 손도끼라

83　A. K. Ramanujan, *Folktales from India*, introduction, xx.

고 적혀 있었다.[84] 이와 마찬가지로 키웨스트Key West에 있는 유서 깊지만 완전히 무너져가는 집을 법적인 이유로 다시 수리했던 내 친구도 원래의 구조가 계속해서 그대로 남아 있도록 한 번에 벽 하나씩만 수리해야 했다.[85] 문화적 특수성만을 옹호하는 학자는 불교의 신화는 흄의 메타포와 전혀 다르다고 주장할지도 모른다. 사실 불교 신화의 어떤 이본도 다른 이본과 똑같지 않고, 어떤 불교도도 다른 불교도와 똑같지 않다. 그러나 비교 문화론자는 신화는 모든 부분이 전부 다 변하더라도 전체는 계속 존속한다는 것을 — 혹은 상황에 따라서는 존속하지 않는다는 것을 — 보여준다고 주장할 것이다. 우리는 아마도 밀린다의 수레가 아리스토텔레스의 칼로 대체되었고, 그것이 인도의 칼로 대체되었고, 그것이 또 워싱턴의 손도끼로 대체되었으며, 또한 플루타르코스의 배는 흄의 배로, 내 친구 잭이 키웨스트에 지은 집으로 대체되었다고 말할 수 있을 것이다. 그러나 그렇다고 해서 이것이 우리가 칼날이나 칼자루가 교체되는 순간들, 즉 비교 문화적 변용이 일어나는 순간들에 대해 동등한 관심을 가질 수 없다는 것을 의미하는 것은 절대 아니다.

수레에 대해 논한 같은 불교 텍스트에서 우리는 칼날과 칼자루와 비슷한, 등잔과 불에 대한 또 다른 이미지를 발견할 수 있다. 이 이미지는 윤회할 영혼이라는 것 자체가 없는 상황에도 불구하고 환

---

84 인류학자 개리 클레비던스Gary Clevidence가 해준 이야기; Annie Dillard, 1996년 12월 키웨스트에서 사적인 대화. 브루스 링컨은 파슨 웜즈Parson Weems가 1820년대에 벚나무 이야기를 지어냈다고 말해주었다. 그렇다면 결국 이 모든 이야기는 다 시대착오적이다.
85 Dan Gerber, 1996년 12월 키웨스트에서 사적인 대화.

생이 일어날 수 있다는 메커니즘을 설명하는 가운데 등장한다. 우리는 아마도 이 논제를 전해져 내려오는 원형이라는 것이 없는 상황에도 불구하고 어떤 신화적 주제들은 계속 이어져간다는 주장에 끼워 넣어볼 수 있을 것이다. 밀린다 왕은 다음과 같이 묻는다. "한 인간이 태어났을 때 그는 같은 존재로 남아 있는가 아니면 새로운 또 다른 존재가 되는가?" 나가세나는 이 질문에 대해 예상대로 다음과 같이 대답한다. "그는 완전히 같은 존재도 아니고 그렇다고 또 다른 존재가 되는 것도 아닙니다." 예를 들어 설명해보라는 왕의 요구에 나가세나는 등잔에서 타고 있는 불꽃은 매 순간마다 그 모습을 바꾸지만, "밤새도록 같은 등잔이 불을 밝힙니다. … 이와 마찬가지로 한 인간이 존재하게 되고 또 다른 이는 세상을 떠납니다. 그리고 이런 일이 같은 존재도 아니고 그렇다고 다른 존재도 아닌, 자기의식을 가진 존재 없이 끊임없이 이어져갑니다." 또한 그는 한 등잔을 가져다가 다른 등잔에 불을 켤 때 한 등잔이 다른 등잔으로 옮겨 가지 않듯이 "아무것도 옮겨 가지 않지만 환생은 있습니다"라고 말한다.[86] 따라서 서로 다른 문화권에서 발견되는 이야기들의 다른 판본들 사이에는 언제나 문화적 경계를 넘어서 그대로 전달되는 것은 단 하나도 없을지라도 어떤 연결 고리가 있다고 말할 수 있을 것이다.

    비교 작업에서 인간의 보편성이라는 교리를 옹호하는 데 있어 번들맨이라는 계몽주의적 개념과 계몽주의적 사상가의 역할이 유용하기는 하지만 이 계몽주의라는 것은 어떤 의미에서는 바로 문제의 장본인이기도 하다. 계몽주의의 합리주의는 (그리스신화의 신들

---

[86] *Milinda Panha*, 40, 71, The Trenckner edition.

을 탈신화화시킨 고대 시칠리아인 에우헤메루스Euhemerus의 이름을 딴) 에우헤메리즘Euhemerism, 즉 신화와 옛날이야기가 실제 사람들에 대한 진짜 이야기들에 바탕을 두고 있을 뿐만 아니라 또한 애초에 특정한 실제 사람들에 대한 이야기로서 말해진 것이라는 믿음을 부활시켰다. 설사 그렇다고 할지라도 나는 이러한 이야기들은 그것들이 처음 말해진 순간의 특정한 개인적 차원을 넘어서 보편적인 인간의 문제들에 관해서도 말하고 있다고 생각한다.

사회적 조건에 관한 에우헤메리즘적 강조는 (심지어 그것이 특정한 한 문화를 넘어서 공유된 사회적 조건에 관한 것이라 할지라도) (공상적) 원형의 소굴로부터 (현실적) 비교 문화적 경험을 구해낸다. 이것은 좋은 일이다. 그러나 비역사적 구조를 누르고 사회적 컨텍스트를 방어하는 것은 상상력을 누르고 경험주의를 선택하는 격이다. 로렌스 설리반이 다음과 같이 말했을 때, 그는 엘리아데의 역사성의 결여를 유용하게 바로잡아준 조너선 스미스를 다시 유용하게 바로잡아준 셈이다. 즉 설리반은 역사학을 포함한 사회과학이 서구인들의 의식 속으로 스며들어오는 피식민지인들의 강력한 세계관으로부터 서구인 자신들을 방어하고 주의를 분산시키는 데 사용되어왔다고 지적했다. 따라서 역사적 컨텍스트만을 고집하는 것은 신화적 혹은 상상적 의식의 힘을 거부하는 것이다. 이것은 차이를 무시하며, 변화하지 않고 통제 속에 그대로 남아 있으려는 또 다른 방식이기도 하다.[87] 만약 이러한 고집, 이러한 거부가 문자 그대로 행해진다면, 이는 비교 문화적 신화 연구의 종말이 될 것이다.

87　Lawrence Sullivan, *Icanchu's Drum*, 599, 681-82, 870 n. 361.

3장 암시된 거미와 개별주의의 정치학

보편주의자의 문제

컨텍스트가 다르다는 것을 인정하면서도 한 이야기가 다른 이야기와 "같다"든가 혹은 "유사하다"고 말하는 것은 무슨 뜻일까? 자주 되풀이되어 이야기되는 신화의 다양한 이야기가 똑같다고 느끼는 경우가 종종 있다. 이는 그 이야기들이 우리가 신화의 본질적인 부분이라고 생각하는 것 — 이것이 없으면 적어도 신화의 매력의 일부를 그리고 신화의 의미의 대부분을 잃게 된다 — 을 누락하지 않음으로써 우리를 실망시키지 않는다는 것을 의미한다. 서로 다른 두 문화의 두 신화가 "같다"고 말할 때는 거기에 반복해서 계속 등장하는 어떤 플롯이 있으며, 이것이 문화적 경계를 뛰어넘는 인간적 관심과 우리가 비교 문화적이라고 혹은 문화적 차이를 뛰어넘는다고 말할 수 있는 경험을 드러내고 있다는 것을 뜻한다. 마리나 워너는 그것을 다음과 같이 말한다.

물론 특정한 한 지역에만 고유하게 나타나고 다른 곳으로 전해

지지 않은 동화들도 있다. 그러나 유명한 동화들 중에서 한 걸음에 천 리를 가지 않는 이야기들은 거의 없다. 우리가 공통의 이야기 창고를 갖고 있을 수 있다는 가능성은 우리의 호혜적 관계를 향상시키고, 공간 및 민족적 이기주의와 자만의 장벽을 넘어 소통하게끔 할 수 있다. 우리는 아마도 우리가 인정하거나 알고 있는 것보다 더 많은 것을 공유하고 있으며, 상당히 오랜 시간 동안 그래왔다.[1]

예를 들자면 우리는 언젠가는 부모님과 헤어진다는 것, 언젠가 부모님이 돌아가신다는 것("너도 알지 않니, 이건 일반적인 일이야."•) 그리고 우리도 결국 언젠가 죽는다는 것에 대한 앎을 공유한다. 우리는 섹스, 음식, 노래 부르기, 춤추기, 일출, 일몰, 달빛, 강아지, 해변에 가는 것 등의 기쁨을 공유한다. 세상 어느 곳에서나 사람들은 사랑에 빠지고 아이를 갖는다. 따라서 이러한 경험들에 관한 이야기들은 분명 어떤 공통점을 갖고 있을 것이 분명하다. C. S. 루이스가 말했듯이 "신화는 우리 각자의 사고의 반도를 우리가 속한 거대한 대륙과 연결시켜주는 지협이다."[2] 우리는 어떤 성향이나 선호도를 공유하고 있으며, 그것이 왜 커피와 차가 아프리카와 동양에서 들어온 이후 세계 곳곳에서 사람들의 기호를 사로잡았는지[3] — 그리

---

1   Marina Warner, *From the Beast to the Blonde: On Fairy Tales and Their Tellers*, 414.
•   셰익스피어의 희곡 『햄릿』 1막 2장에 나오는 왕비 거투르드의 대사. 아버지의 죽음 때문에 괴로워하는 햄릿에게 왕비가 하는 말이다. 이 책 2장을 참조하라.
2   C. S. Lewis, Michael Nelson in "One Mythology Among Many: The Spiritual Odyssey of C. S. Lewis", 628에 인용되어 있다.
3   Sir Ernest Gombrich, *The Sense of Order*, 191-192(또한 246-247의 융에 대한 비판적 논의

고 왜 동양에서 들어온 어떤 신화들이 사람들의 마음을 사로잡았는지를 설명해준다.

또한 신화 속에서는 내가 종교적 질문이라 부르고자 하는 특정한 질문들이 계속 반복적으로 나타난다. 우리는 왜 여기 있는가? 우리가 죽을 때 무슨 일이 일어나는가? 신은 있는가? 남자는 어떻게 여자와 다른가? 신화의 이면에서 작용하는 이와 같은 질문들에 대해서는 경험에 근거한 답변이 없으며, 경험에 근거하지 않고 제시된 그러한 답변들에 대해서는 많은 견해차가 있다. 서로 다른 문화는 그 구성원들로 하여금 공통된 경험을 다르게 인식하게 만들며, 공통된 질문에 대해 다르게 묻도록 만든다. 따라서 비교 문화적 비교는 자연적으로 주어진 것과 인위적으로 만들어진 것 사이에서 닭이 먼저냐 달걀이 먼저냐를 따지는, 풀 수 없는 역설에 공헌할 점이 많다. 만약 우리가 어떠한 것들은 문화적으로 구성되지만, 서로 다른 여러 문화가 그것들을 같은 방식으로 구성한다는 사실에 대해 의심을 품어보면, 이러한 같음은 자연적으로 주어진 것이라는 생각이 우리를 강타한다.

다른 텍스트들과 공유하는 주제들이 한 신화의 가장 중요한 측면을 구성하는 것은 아닐지도 모른다. 그러나 바로 그것들이 차이에 대한 질문들을 제기해볼 수 있는 유용한 기반을 만든다. 신화가 제기하는 몇몇 질문과 몇몇 이미지 그리고 내러티브의 기본 골격은 비교 문화적이다. 그러나 공유된 이미지들과 생각들은 각각의 내러티브 속에서 서로 다른 방식으로 구축되고, 그래서 서로 아주

도 보라); *Topics of Our Time*, 43-44.

다른 답변들이 제공되며 때때로 질문들이 서로 달라지기도 한다. 각각의 이야기는 공통의 기반 위에 무언가 독특한 것을 첨부하며, 때로는 독특하게 이를 변형시키기도 한다. 또한 공유된 의미가 반드시 동일한 의미일 필요도 없다. 조너선 스미스가 비교 연구자들이 반드시 "동일성이나 독특성을 단언"해야만 한다고 가정하는 것을 나무란 것은 옳았다.[4] 사실 비교 연구자의 주장은 아마 두 이야기가 서로 동일하다는 말이 아니라 단지 두 이야기가 몇몇 디테일 그리고/또는 몇몇 의미를 공유하고 있다는 말일 것이다.

서로 다른 문화에서 나타나는 신화적 주제들이 인간의 어떤 공통된 경험에서 비롯된 것이라고 설명하면, 보편적인 주제가 계속 나타나게끔 만드는 하나의 메커니즘(예를 들어 칼 융의 집단 무의식, 혹은 보다 근사하게는 — 그러나 그보다 설득력은 약한 — 역사적 전파)을 밝혀내야 한다는 의무감으로부터 자유로워진다. 우리가 지적해야 할 것은 최소한 한 차원에서 유사하게 보이는 인간의 경험에 대한 반응으로서 같은 형태들이 다른 많은 지역에서 나타나며, 이러한 경험이 다른 차원에서는 유사하지 않게 드러나기에 같은 형태들이 서로 다른 의미를 갖게 된다는 점이다. 공유되고, 개인을 넘어 확장되는 신화의 이러한 본질적 성격은 가장 기본적인 차원에서의 신화의 힘의 일부다. 신화가 한 집단 내에서 말해지거나 의례에서 행해질 때 신화는 유아론적 공포를 잃고 공통적인 것이 되며, 그렇게 해서 신화가 이야기하는 현상들 — 상실감, 존재론적 고뇌, 감정적 혼란 — 을 경험한 개인들은 다음과 같이 말할 수 있다. "그러니

---

4   J. Z. Smith, *Drudgery Divine*, 47.

까 결국 나만 그런 것은 아니었구나."(브루노 베텔하임Bruno Bettelheim 은 그의 책 『옛이야기의 매력The Use of Enchantmen』에서 어린아이들에게 들려주는 무서운 민담들이 이러한 기능을 한다고 주장한다.) 그래서 신화적 공동체는 고대적 의미의 자조 집단을 형성한다.

 샤일록이 한 소수집단을 옹호하며 한 말을 떠올려보자. "유대인은 눈이 없나? 유대인은 손이 없나, 장기가 없나, 몸집이 없나, 감각이 없나, 감정이 없나, 열정이 없나? 그리스도교인과 같은 음식을 먹고, 같은 무기에 상처 입으며, 같은 병에 걸리고, 같은 방법으로 치료되고, 같은 겨울과 여름에 춥고 덥지 않나? 만약 당신이 찌르면 우리는 피를 흘리지 않나? 당신이 간지럼을 태우면 우리는 웃지 않나? 만약 당신이 우리에게 독을 먹이면 우리는 죽지 않나? 그리고 만약 당신이 우리에게 잘못했으면 우리는 복수하지 않겠나?"[5] 그가 비교를 위해 함축적으로 예로 들고 있는 여러 가지 것들에 주목해볼 필요가 있다. 즉 신체 기관과 생리작용, 이것들은 우리 모두가 대부분 보편적이라고 인정할 만한 것들이다. 그러나 그는 또한 감정과 열정, 웃음과 복수를 말하는데, 어떤 이들은 이것들이 훨씬 더 문화적으로 구축된 것이라고 생각할 것이다. 기원전 5세기의 이른바 소피스트인 안티폰Antiphon은 여기 나온 것과 똑같은 현상들뿐만 아니라 다른 것들도 비교했다. "우리는 모든 인간에게 필수적이며 모두에게 똑같이 부여된 자연적 속성을 검토할 수 있다. 이러한 측면에서 보자면 우리 중 누구도 야만인들이나 그리스인들로 구별되지 않는다. 우리 모두 다 입과 코를 통해 숨을 쉬고, 기쁠 때 웃

---

[5] Shakespeare, *Merchant of Venice*, 3.1.

고 아플 때 울며, 귀를 통해 소리를 듣고 빛과 시각으로 보며, 손으로 일하고 발로 걷기 때문이다."⁶ 고대 인도의 『마하바라다』는 유사한 관점을 제시하기 위해 우리가 공유하는 다른 속성들을 제시한다. "욕망, 분노, 두려움, 탐욕, 슬픔, 걱정, 배고픔, 피로는 우리 모두에게 영향을 끼친다. 그러니 여기에 어떤 계급의 차이가 있겠는가? 땀, 소변, 대변, 가래, 점액, 피는 우리 모두의 몸에서 나온다. 그러니 여기에 어떤 계급의 차이가 있겠는가?"(12.181.5-10). 케네디 대통령은 1963년 아메리칸대학American University에서 행한 기념비적 연설에서 냉전의 종식을 호소하며 그가 "우리의 가장 공통되는 연결 고리"로 여기는 것들을 지적했다. "우리는 모두 이 작은 행성에 살고 있습니다. 우리는 모두 같은 공기를 들이마시고, 우리는 모두 자식들의 장래를 소중히 여기며, 우리는 모두 결국 죽습니다." 안티폰, 샤일록, 케네디의 주장은 학문적 논쟁보다는 정치적 논쟁에서 나온 것으로 부끄러울 정도로 낭만적이지만, 그 요지는 보다 일반적인 인문학 논의에서도 역시 유용하다. 실제로 우리는 인류의 공통성을 넘어서는 일반화를 열망하며 우리의 경험을 공유하는 이들 가운데 동물들 — 동물들 역시 결국은 공기를 들이마시고, 자기 자식들을 돌보고 또 결국은 죽는 존재다 — 까지 포함시킬 수도 있을 것이다. 물론 이러한 동물들은 자신들의 필멸성에 대한 의식을 샤일록과 케네디와 공유하지는 않을 것 같지만.⁷

---

6 Michael Gagarin, *Antiphon the Athenian*, 66(DK 87, B44, A2-3).
7 Doniger O'Flaherty, *Other Peoples' Myths*, chapter 4, "If I Were a Horse"; Doniger, "The Mythology of Masquerading Animals"를 보라.

플라톤은 태양과 달의 방향 변화에 관한 신화를 논의하면서 공통의 경험과 이를 굴절시키는 신화의 관계에 대해 논의한 적이 있다.

이 모든 이야기는 바로 같은 경험(파토스pathos)에서 비롯되고 여기에 심지어 더 경이로운(타우마스토테라thaumastotera) 수천의 또 다른 것들이 덧붙여져 있었으나, 시간이 지남에 따라 이들 중 일부는 잊히고 또 다른 것들은 이곳저곳으로 흩어지게 되었으며(디에스파르메나diesparmena), 그리하여 이제 각각은 다른 것들과 분리되어 이야기된다. 그러나 이 모든 것의 근원(아이티온aition)인 경험에 대해서는 누구도 말하지 않았다.[8]

플라톤의 유일한, 중대한 경험은 단 한 번만 일어나는 우주적인 것이다. 즉 창조주는 우주를 창조하고 나서 이 우주로부터 물러나버렸다. 나의 (각각의 신화에 대한) 유일한, 중대한 경험은 불가피한 이별의 상황에서 엄마가 멀어지듯 되풀이해서 계속 일어나는 인간적인 것이다. 이 두 경우의 유비 관계는 분명하다. 이 둘 다 창조자의 상실에 관한 것이기 때문이다. 물론 플라톤이 말하는 상실은 내가 망원경의 차원이라고 부르는 차원에서 일어나고, 내가 말하는 상실은 현미경의 차원에서 일어난다는 차이가 있다. 나는 플라톤으로부터 그의 이론의 구체적인 내용이 아니라 그가 구체화한 과정의 개요를 취하고자 한다. 그것은 단일한 경험에서 시작되는 신화의 파편화다.

내러티브의 뒤에는 실제이거나 상상된 하나의 경험이 있다. 즉

---

8 Plato, *The Statesman*, 269B.

무엇인가가 일어났다는 것이다 — 그것은 역사적 사건처럼 한 번 일어난 것이 아니라 개인의 습관처럼 여러 번 일어난 것이다. 내러티브는 날 경험 자체를 받아들이지 않고 여기에 하나의 형식을 부과한다. 인간의 경험은 본질적으로 내러티브적이다. 이는 우리의 삶을 조직하고 우리의 삶에 일관성을 부여하는 기본적인 방식이다. 그러나 우리가 어떤 이차적인 수정이나 가공 없이 꿈을 상기할 수 없듯이 우리는 어떤 경험에 대해서도 정확한 설명을 할 수 없다. 마치 제논의 아킬레스와 거북이에 관한 역설에서처럼 우리가 아무리 가까이 가더라도 결코 그것[*그 경험 자체]에 도달할 수는 없는 것이다. 우리가 거기에 절반쯤 도달하면 절반의 거리가 남아 있는 식으로 우리는 결코 거기에 완전히 도달할 수 없다.[9] 분명 어떤 하나의 경험이 있기에 이를 굴절시킨 재서술도 존재하지만, 그러나 우리가 가진 전부는 (어떤 것은 경험에 좀 더 가깝고, 또 어떤 것은 경험에서 좀 더 먼) 굴절들, 이야기들이다. 이 이야기들은 문화적으로 특수하며, 실제로 그 문화 안에서 각 개인에게 특수한 것들이다. 그리고 우리는 모든 신화가 공통적으로 가지고 있는 것들 — 다른 문화들에서 인간 상황과 관련해 간단히 관찰할 수 있는 것들을 고려해서 다듬어진 것들 — 로부터 추론함으로써 이러한 이데아적 날 경험에 (아킬레스가 가까이 갈 수 있는 만큼) 가까이 다가갈 수 있다.

신화 이면에 있는 플라톤적 경험에 관한 유비는 언어학(다른 신화학자들, 특히 프리드리히 막스 뮐러[10]와 클로드 레비스트로스도 이 언어

---

[9]   Wendy Doniger O'Flaherty, *Dreams, Illusion*, 203.
[10] F. Max Müller, *Lectures on the Science of Language*; 특히 "Metaphor"를 보라.

학이라는 영역에서 영감을 받았다)에서도 찾아볼 수 있다. 상당수의 인도·유럽어족 언어들에는 매우 유사한 몇몇 단어, 예를 들어 [*'발'을 뜻하는] *foot*(영어), *pied*(불어), *fuss*(독일어), *ped*(라틴어), *pada*(산스크리트어) 등등이 있다. 발음이 시대에 따라 어떻게 변해왔는지 보여주는, 그림Grimm의 법칙과 같은 언어학적 규칙을 따라가보면 이 단어들의 근원으로 추정되는 *원原인도·유럽어족 단어를 상정해볼 수 있다. 이는 실제로 존재하는 단어가 아니다. 별표는 그것이 순전히 이론적 구축물임을 나타낸다. 그러나 그러한 단어의 존재를 가정해봄으로써 다른 단어들 사이의 관계에 대한 수수께끼도 풀 수 있다. 물론 이 방법을 맹종할 수는 없다. 손에 해당하는 공통된 인도·유럽어가 없다는 사실로 말미암아 *원인도 유럽인들은 발은 있지만 손은 없다는 엉뚱한 결론에 이르게 될 수도 있기 때문이다. 또한 인도·유럽어족 단어를 추적하듯이 쉽게 인도·유럽어족 신화들의 이론적 기원으로 거슬러 올라갈 수도 없다. 막스 뮐러와 조르주 뒤메질Georges Dumézil이 이를 시도했고 각각 다른 성공도를 보였다. 그러나 여기에는 여전히 많은 문제가 있다.[11]

그럼에도 불구하고 언어학적 유추는 적절하다. 왜냐하면 이러한 인도·유럽어족 신화들이 정도의 차이는 있더라도 모두 공유하고 있는 한 가지는 바로 언어이기 때문이다. 즉 언어는 종종 사람들 사이의 넘을 수 없는 장벽으로 (서문에서 말한 『오즈의 나라』의 호박머리 같은 사람들에 의해서) 간주되기도 하지만, 나와 같은 사람들

---

11   나 역시 *Women, Androgynes, and Other Mythical Beasts*라는 책에서 이를 시도했는데, 절반 정도의 성공을 거뒀을 뿐이다.

은 언어는 인간이라면 누구나 공유하고 있는 위대한 것들 중 하나며, 모든 장벽을 넘을 수 있는 길을 제시해준다고 생각한다. 마이클 코는 언어학적 특징의 보편성과 문화적 특수성이라는, 연속체의 양 끝을 모두 묘사한다. 먼저 그는 문화적 특수성에 대해 이야기한다. "태아가 태중에서 이미 언어에 반응함이 틀림없어 보인다. 태어난 지 나흘 된 프랑스 아기들을 데리고 실험해보니 이 아기들은 러시아어를 들었을 때보다 프랑스어를 들었을 때 더 강하게 엄마 젖을 빨았다고 하기 때문이다." (나는 프랑스어를 듣고 있던 아기들이 엄마 젖 대신 포도주를 달라고 하지는 않았는지, 그리고 실험자의 발음을 고쳐주지는 않았는지 궁금할 따름이다.) 또 다른 실험 결과들은 중국 아기들은 한 음절을 여러 가지 다른 성조로 옹알거렸다고 보고한다.[12] 코 씨의 실험들은 헤로도토스가 2000년 전에 한 말, 즉 이집트인들이 아기들이 태어나자마자 격리시키고 난 후 이 아기들이 "자연적으로" 무슨 말을 처음 하는지 살펴봤다는 것을 떠올리게 한다(아기들이 처음으로 한 말은 베코스bekos라고 하는데, 이는 프리기아 말로 "빵"이라는 뜻이다).[13] 그러나 그다음에 코 씨는 보편성에 대해 이야기한다. "오늘날 4,000에서 6,000개의 언어가 이 지구상에 존재하지만, 외계인 관찰자의 입장에서는 이 모든 언어가 충분히 서로 비슷하게 보인다. 다른 말로 하자면 인류학자들이 그처럼 소중히 여기는, 세계 문화의 다양성의 대부분은 피상적이며, 그 상호 유사성과 비교해보자면 그다지 대단한 것이 아니다. 인종적 차이는 문자 그대로 단지 '피

---

12 Joan Aitchison, *The Language Web*, 44.
13 Herodotus, *History*, 2.2.

상적skin deep'일 뿐이다. 인류의 근원적 통일성은 노암 촘스키Noam Chomsky의 보편문법의 주제다."[14] 노암 촘스키의 문법은 모든 인간 본성에 내장된 것이다(심지어 이는 몇몇 영장류에까지 적용되며, 님 침스키Nim Chimpsky라는 어울리는 이름이 붙여진 재주 많은 침팬지에 대한 연구에서 분명해졌다).[15] 코의 기본적인 관점 — 더 정확히 말하면 차이와 같음에 대한 그의 기본적인 두 관점 — 은 잘 이해된다.

일레인 스캐리는 언어와 고통의 관계의 보편성에 대해 이와 유사한 주장을 펼쳤다.

> 누군가 다른 많은 예를 나열한다 하더라도 전체적으로 살펴보면 그러한 문화적 차이들 자체가 아주 근소한 변화를 만들 뿐이며, 따라서 결국에는 핵심적인 문제가 보편적으로 같음을 드러내주고 확인해줄 것이다. 이 핵심적인 문제는 어떤 한 언어의 경직성이나 문화의 소심함보다는 고통 그 자체의 철저한 단단함에서 비롯된다. 즉 고통이 언어에 저항하는 것은 단지 우발적이고 우연적인 고통의 속성 중 하나가 아니라 고통이라는 존재 그 자체에 핵심적인 것이다.[16]

따라서 신화가 말해지는 언어를 포함하여 세상의 그 어떤 언어보다도 앞서고 심지어 이에 저항하는 인간 경험의 차원이 있으며, 고

---

14 Michael D. Coe, review of Steven Pinker's *The Language Instinct*, 7-8.
15 H. S. Terrace, *Nim*.
16 Elaine Scarry, *The Body in Pain*, 5.

통은 그 생생한 예다. 그러나 언어에 저항하는 바로 그 경험이 우리를 한데 묶어주는 무엇이다. 고통의 보편성은, 심지어 말로 표현할 수 없는 가운데서도 내러티브 이면에, 언어 이전에 존재하는 경험의 한 예다. 이는 (마크 테일러Mark Taylor와 같은) 해체주의자들과 (라캉Lacan을 따르면서 수정하는 쥘리아 크리스테바Julia Kristeva와 같은) 후기 프로이트주의 페미니스트들이 서로 다른 방식으로 도달하고자 한 지점이기도 하다. 한스 블루멘베르크는 경험과 연결해서 신화를 이해하고자 한다.[17] 그러나 그의 '원-경험'은 낭만주의자들의 것(혹은 나의 것)과는 달리, (워즈워스가 말했듯) 세속적 관심사가 너무 많은 우리의 일상생활의 조건에서는 이해되지 않고, 현상학자들이 세계-상실이라 부르길 좋아하는 것과 관련된 경험들, 즉 불안과 같은 것 혹은 일레인 스캐리가 지적한 고문의 경험 같은 것 속에서 포착된다. 이와 마찬가지로 신화를 이야기하는 수많은 언어는 그 방대한 다양성에도 불구하고 이러한 경험들을 결코 그 자체로 표현할 수 없으며, 그렇지만 이를 표현하기 위해 돈키호테처럼 끊임없이 시도한다는 공통점을 지니고 있다.

　　클리포드 기어츠는 "사람은 어딜 가나 당연히 똑같은 사람이다. 우리가 그들을 이집트인, 불교도, 혹은 터키어 사용자라고 부르지 않고 사람이라고 부를 때는 반드시 이 점을 확실하게 인지하고 있어야만 한다. 그러나 그들이 행하고 있는 역할들, 그들에게 할당된 역할들은 그렇지가 않다."[18] 토머스 라커는 차이와 같음 사이의 논쟁

17　Hans Blumenberg, *Work on Myth*.
18　Clifford Geertz, *After the Fact*, 51.

의 양 측면을 생생하게 보여준다. 첫째, 그는 신화의 의미를 이해하는 데 컨텍스트가 핵심적이라고 주장하는데, 그에게 있어 신화는 남성과 여성의 몸이 하나의 성性이라는 것이다. "성은 인간존재와 마찬가지로 컨텍스트적이다. 이를 담론적, 사회적 환경에서 떼어내고자 하는 시도는 진정 야수와 같은 아이를 찾고자 하는 [*계몽주의] 철학자philosophe●의 시도나 문화적인 것을 걸러내어 본질적인 인간성의 잔여물만을 남기고자 하는 근대 인류학자들의 시도처럼 이미 실패하도록 운명 지어진 것일 뿐이다."¹⁹ 그러나 그다음에 그는 컨텍스트와는 무관한 중요한 무엇인가의 잔존, 즉 "본질적 인간성의 잔여물"과 매우 비슷한 무엇을 옹호하는 주장을 펼친다. "하나의 성 모델은 … 사회적, 정치적 그리고 문화적 삶의 급격한 변화를 거치면서도 수천 년 동안 지속되어온 것 같다."²⁰ 그리고 이는 그 어떤 특정한 "사회적, 정치적 그리고 문화적" 컨텍스트로도 설명될 수 없는 것이다.

융학파 학자들은 지구 아래 어디에서나 흐르고 있는 일종의 이야기의 바다 — 종교학자들에게 유용한 또 다른 메타포 — 처럼 기본적인 테마는 어디에서나 항상 이용 가능한 것이었다고 주장할 것이다. 그들은 이 웅덩이에서 나온 신화가 우리의 몸에 연결되어 (각인되어) 있고 가끔가다 이 대륙 저 대륙에서 이야기꾼이 한 우물

- 철학자를 뜻하는 프랑스어 필로조프는 여기서 특히 18세기 계몽주의 프랑스 사상가들을 일컫는다. 볼테르, 몽테스키외에서부터 디드로, 루소 등 백과전서파 학자들을 포함한다.
19 Thomas Laqueur, *Making Sex*, 16.
20 Laqueur, *Making Sex*, 61.

에 빠져 이 우물에서 무엇인가를 건져 올린다고 주장할 것이다. 예를 들어 그들은 다말과 유다의 이야기의 저자는 그 바닷속 특정한 웅덩이에서 이야기를 끌어왔고, 셰익스피어는 『끝이 좋으면 다 좋아』의 헬레나와 버트람의 이야기를 쓸 때 그와 똑같은 웅덩이에서 이야기를 끌어왔다고 주장할 것이다. 라마누잔은 **특정한 한 문화권** 안에서 어떤 주제들이 계속 재활용되는 것을 지적하며 유사한 메타포를 사용한 적이 있다. "『라마야나』에 고유한 문화적 영역은 (마치 유전자 웅덩이 같은) 기표들의 웅덩이다. 플롯들, 인물들, 이름들, 지형들, 사건들 그리고 관계들 등등을 포함하는 기표들. 모든 작가는 과감하게 메타포를 사용하려고 할 경우 여기에 손을 집어넣고서 독특한 결정체, 즉 독특한 결texture과 신선한 컨텍스트를 지닌 새로운 텍스트를 끄집어낸다."[21] 그의 주장은 한 문화권 안에서의 문화적 전파와 특정한 컨텍스트에 적용될 것이며, 분명 이름과 지형은 문화적으로 특수한 것들이다. 그러나 나는 웅덩이의 메타포는 비교 문화적 전파로도 확장될 수 있다고 믿는다. 그럴 경우 아마도 플롯들, 인물들, 사건들 그리고 관계들은 우리를 보다 더 큰 웅덩이 속 더 깊은 물로 끌어들일 것이다.

레비스트로스가 평소답지 않게 단순하게 말했듯이 "세계 곳곳의 신화가 그렇게 서로 비슷하다는 것을 우리는 어떻게 설명할 수 있을까?"[22] 또한 좀 더 미묘하게는

---

21 A. K. Ramanujan, "Three Hundred Ramayanas", 46.
22 Claude Lévi-Strauss, "The Structural Study of Myth", 208.

신화적 이야기들은 자의적이고, 의미가 없고, 부조리하다. 혹은 그렇게 보인다. 그러나 그럼에도 불구하고 신화적 이야기들은 전 세계에서 계속 재등장한다. 어느 한 장소에서 이뤄진 정신의 "기발한" 창작물은 유일한 사건일 것이다 ― 당신은 똑같은 창작물을 전혀 다른 장소에서는 발견할 수 없을 것이다. … 만약 이것이 인간 정신 속 질서의 기본적 필요성을 나타낸다면 ― 결국 인간 정신도 우주의 일부에 불과하기 때문에 ― 이러한 필요성은 아마도 우주에 어떤 질서가 있고 우주는 혼돈스러운 것이 아니기에 존재하는 것이다.[23]

만약 우리가 이 놀라운 고백의 저자가 프랑스의 저명한 구조주의자라는 사실을 몰랐다면, 우리는 그를 융으로 잘못 알았을 수도 있다.

비교 문화적 결론

특정한 신화가 모든 문화에서 다 나타난다는 것을 증명하는 것은 이론적으로 불가능하다. 이야기들은 잊히기 마련이고 문화는 언제나 창조되기 때문이다. 게다가 실질적으로 이러한 작업은 비슷하게도 이루어지기 힘들다. 하지만 설사 우리가 특정한 신화가 보편적이라는 것을 증명할 수 있다 하더라도 우리는 그것의 보편성을 어떤 보편주의적 이론(융학파, 프로이트학파, 엘리아데학파 혹은 적어도 전

---

23 Claude Lévi-Strauss, *Myth and Meaning*, 11.

파주의자)의 관점에서 설명해야 할 것이다. 이는 만만치 않은 과제다. 반면 하나의 신화가 비교 문화적으로 여러 문화에서 나타난다고 주장하는 것은 그 의미가 어떤 특정한 문화에만 묶여 있지 않다는 것을 보여주는 것이다. 이는 전자에 비해 훨씬 덜 야심적인 작업이다(비록 둘 다 결코 쉬운 일은 아니지만).

    나는 대부분의 비교 체계의 보편주의는 피할 수 있다고 생각한다. 거창한 보편주의 이론들은 위로부터 아래로from the top down 구축되었다. 즉 그것들은 희생, 혹은 지고신, 혹은 오이디푸스콤플렉스와 같이 광범위한 개념들에 관한 어떤 연속성을 상정했다. 그러나 이러한 연속성은 필연적으로 인지적, 문화적 요인들과 관련되어 있는데, 나는 여기에서 비교 문화적 연속성을 찾기란 지극히 힘들다고 본다. 내가 주장하고자 하는 방법은 이와는 정반대로 아래로부터 위로from the bottom up 향하는 방법이다. 이는 보편적인 인간존재를 위에서 아우르는 어떤 연속성이 아니라 몸, 성적 욕망, 출산, 양육, 고통, 죽음과 관련된 특정한 내러티브 디테일에 관한 연속성을 가정한다. 이러한 디테일은 비록 문화적인 매개를 완전히 피할 수는 없다 해도 최소한 보편주의자들의 광범위한 개념적 범주보다는 훨씬 덜 문화적으로 매개된 것들이다. 일레인 스캐리는 이를 잘 논증해주었다.

    몸과 목소리에 관한 개념들은 … 비록 이것들이 문화와 책략보다 우선하지는 않다 하더라도 최대한 우선함에 근접한 듯하다. 이것들은 창작의 초기 단계에 설명적 표제로 등장하거나, 창작자와 창작물 사이의 관계에 문제가 생겨 우리가 창작의 최초 시점으로 다시 돌아가게 될 때 나타나는 듯하다. 동시에 이것들은 이미 만들어진 문화가 완전히 안착된 이후에도 여전히 분석적으로 유용한데, 어느 정도는 우리가 이것들을 언제나 직접적으로 알아볼 수 있기 때문이다. 이것들은 처음에 우리의 유일한 동반자였던 것처럼 마지막까지 최고의 동반자로 남아 있다.[24]

주디스 버틀러 역시 몸은 단지 언어를 통해서만 생각할 수 있지만, 그럼에도 불구하고 언어의 밖에 존재한다고 주장했다.[25]

아래로부터 위로 작업하는 학자는 비록 이론에서 영감을 받았다 하더라도 주어진 자료에 좀 더 많이 무게를 둔다. 그녀는 일단 철저한 역사적 연구로부터 시작한 후, 그다음에 비교 작업에 착수한다. 학자의 실제 삶에서의 경험과 텍스트가 개인적 취향과 관심사, 제3의 측면의 요소, 동기를 부여하는 아이디어를 형성한다. 그러나 그 아이디어가 다시 그녀를 그녀의 텍스트로 돌아가게 하고, 그녀는 그곳에서 자신이 찾고 있던 아이디어를 수정하게 하는, 생각지도 못했던 디테일을 발견할 수도 있다. 아래로부터 위로 작업하는 학자는 많은 이본異本, 일반화를 유도하는 많은 예를 고려한다. 아래로부터 만들어진 주장은 논리학적이라기보다는 수비학적numerological이며, 연역적이기보다는 귀납적이기 때문이다. 이런 주장은 연속되는 명제의 필연성(혹은 반증 가능성)보다는 이를 증명하는 자료의 양적인 크기로 설득력을 얻고자 한다.[26] 언제나 독자적

---

24 Scarry, *The Body in Pain*, 182.
25 Judith Butler, *Bodies That Matter*, 68.
26 "백과사전적" 접근에 대한 대단히 강력한 비판으로는 Jonathan Z. Smith, "Adde Parvum Parvo Magnus Acervus Erit", 249-253을 보라.

인 작업일 수밖에 없는 귀납법은 적어도 꼼꼼하고 철저하며 세심한 학문에 의해서 강화되어야만 한다.

또한 아래로부터 위로 작업하는 것은 학자로 하여금 아일랜드 벽처럼 논증을 쌓아갈 수 있게 해준다. 훌륭한 아일랜드 벽은 회반죽을 필요로 하지 않는다. 돌이 서로 꼭 들어맞도록 신중하게 선택되고 배치된다면, 돌이 하나하나 서로를 지탱하여 벽이 설 것이기 때문이다. 이와 마찬가지로 학자가 텍스트들을 신중하게 선택해서 이것들을 자신이 말하고자 바에 꼭 맞게 적절한 순서로 배치한다면, 왜 이것들이 같은 부류에 속하고 이것들이 어떤 주장을 함축하고 있는지 설명하기 위한 이론은 비교적 거의 필요하지 않을 것이다.

암시된 거미

기어츠는 서로 다른 문화 안의 "같음"이란 것의 본질에 관한 어떤 가정들을 경계한다. "교묘하게 병렬해놓으면 이 영역들은 일정 정도 서로가 서로를 설명해줄 수 있다. 그러나 이것들은 결코 서로의 이본異本이 아니며, 그렇다고 이것들을 모두 초월하는 어떤 초영역을 표현해주고 있는 것도 아니다."[27] "이것들을 초월하는 어떤 초영역" 대신에 나는 이것들이 앞선 어떤 한 경험, 즉 이 경험 없이는 누구도 이것들을 "교묘하게 병렬해놓"을 수 없고, 이러한 병렬을 통해 서로가 서로를 설명해줄 수 있는 상태에도 이르지 못하는 그런 경험에

---

27   Geertz, *After the Fact*, 28.

대한 표현이라고 제안하고자 한다. 기어츠는 그의 또 다른 유명한 글에서 인간을 인간이 스스로 자아내는 의미라는 거미줄, 즉 문화라는 거미줄에 걸려 있는 동물로 묘사했다.²⁸ 가나나스 오베예세케르는 이 메타포를 사용해서 다음과 같이 말했다. "기어츠를 읽는 동안 나는 곳곳에서 거미줄을 봤지만, 거미줄을 만드는 거미는 하나도 보지 못했다."²⁹ 오베예세케르는 계속해서 『우파니샤드Upanishad』에 나오는, 자신의 내부로부터 세상을 창조해내는 거미로서의 신의 메타포(이에 대해서는 곧 다시 자세히 살펴볼 것이다)를 인용하며 다음과 같이 말한다. "그러나 인류학자는 신이 아니다. 그는 세상을 자신의 배꼽이 아니라 세상 자체부터 창조해내야만 한다. … [그는] 의미라는 거미줄[을 잣는다] ― 그런데 과연 무엇으로부터?"³⁰

만약 우리가 거미를 오베예세케르처럼 신화(혹은 민족지)라는 거미줄을 잣는 문화의 창조자(혹은 인류학자)로서가 아니라 모두가 공유한 인간성, 모두가 공유한 삶의 경험의 전달자로 간주한다면 이것은 비교 연구자에게 매우 유용한 메타포다. 이 경험은 거미줄을 만드는 재료, 즉 내러티브의 원재료를 인간 인류학자와 비교 연구자를 포함하여 수많은 거미줄 제작자, 작가에게 공급해준다. 이러한 인간 이야기꾼들은 자신들의 고유한 개인적인 문화적 생산물을 짜고, 공통의 주제를 완전히 새롭게 그리고 색다르게 엮어 자신들만의 고유한 벤다이어그램 거미줄을 짜기 위하여 마치 비단 만드는 이

---

28 Clifford Geertz, "Thick Description", 5.
29 Gananath Obeyesekere, *The Works of Culture*, 285.
30 Obeyesekere, *The Work of Culture*, 286.

가 누에고치로부터 실을 뽑아내듯이 거미가 뿜어낸 실 가닥들을 모은다. 내가 암시된 거미implied spider라고 부르고자 하는 것의 이미지는 웨인 부스의 "암시된 저자implied author"*라는 유용한 개념에서 끌어온 것이다(이 개념은 또한 볼프강 이저의 "암시된 독자implied reader"라는 개념,³¹ 그리고 미셸 푸코의 "담론의 기능으로서의 저자"의 축약인 "저자 기능author function"³²을 상기시킨다). 그것은 작품에서 드러난 감정의 총합에 의해 암시된 저자를 일컫는 말이다.³³ 암시된 거미는 신화를 만드는 것들을 발생시키며, 따라서 신화를 만드는 것들에 의해서 암시되어 있다. 이것이 바로 "과연 무엇으로부터?"라는 오베예세케르의 질문에 대한 나의 대답이다. 나는 우리가 거미줄을 짜는 이러한 거미를 결코 볼 수 없다는 것이 사실일지라도 거미의 존재, 신화의 이면에 있는 경험을 믿어야만 한다고 주장한다. 우리는 단지 거미줄, 즉 작가들이 짜낸 신화들만을 찾을 수 있을 뿐이다.

정말로 만약 우리가 거미가 없다고 생각한다면 거미는 없다.

- 문학의 'implied author/implied reader'는 '내포 저자/내포 독자' 혹은 '상정상想定上의 저자/상정상의 독자'라고 번역되기도 한다. 지은이는 웨인 부스의 'implied author'라는 개념이 자신이 'implied spider'라는 개념을 창안하게 된 것과 직접적인 관련이 있음을 밝히고 있는데, 웨인 부스의 이 'implied author'라는 개념은 이미 권택영의 『소설을 어떻게 볼 것인가』(문예출판사, 1995) 8장, 웨인 부스의 "소설의 수사학"에서 '내포 저자'라고 번역된 바 있다. 그럼에도 불구하고 이 기존 번역어를 따라 '내포된 거미'라는 번역어를 채택하지 않은 이유는 '내포', 즉 '어떤 성질을 품고 있다'라는 말에서는 implied에 들어 있는 "직접 드러내지는 않지만 은연중에 무엇인가를 시사하는"이라는 의미가 선명히 부각되지 않기 때문이다. 그래서 이 책에서는 '암시된'이란 번역어를 채택했다.

31 Wolfgang Iser, *The Implied Reader*.
32 Michel Foucault, "What is an Author?", 124-127.
33 Wayne Booth, *The Rhetoric of Fiction*, 70-77.

셰익스피어의 레온테스Leontes가 일찍이 지적했듯이 오직 우리의 믿음만이 이를 (마치 팅커벨처럼) 실제로 만든다.

> 거미 하나가 술잔에 빠졌는데,
> 누군가가 그 술을 마시고, 떠나가도
> 독을 마시지 않았고, 게다가 거미가 빠졌다는 것도 알지 못했기 때문에
> 온전할 수 있다.
> 그러나 누가 거미를 보여주고, 그런 거미가 든 술을 마셨다고 하면,
> 마신 사람은 목구멍과 옆구리가 터지도록 구역질을 할 것이다.
> — 나는 거미가 든 술을 마셨고 그 거미를 보았구나.[34]

그리고 만약 우리가 거미가 있다고 생각한다면 거미는 있다.

우리가 경험을 혹은 암시된 거미를 그대로 복원할 수 없다는 사실이 그것들 자체가 존재하지 않는다는 것을 의미하는 것은 아니다. 우리는 바람을 볼 수 없지만, 바람이 움직이며 들판의 긴 풀 위에 자국을 남기는 것을 관찰할 수 있다. 기어츠와 오베예세케레가 문화의 포착하기 힘든 측면을 이야기하는 곳에서 신학자들은 신의 존재를 증명하기 위해서 거미 논제를 적용한다. 그리고 세상에는 그림자와 발자국 같은 가시적 형상을 통해서만 감지될 수 있는 보이지 않는 연인이나 신의 존재를 이야기하는 많은 신화가 있

---

[34] Shakespeare, *The Winter's Tale*, 2.1.

다.³⁵ 물론 이는 아주 확실한 증명은 아니다. 19세기 문학에서라면 사람들은 의자가 움직이므로 유령이 여기 있다는 것을 "안다"고 할 것이고, 부재하는 연인 혹은 신의 현존은 물리적이 아니라 심리적으로만 증명할 수 있다. 때때로 불이 나지 않아도 연기가 난다. 그러나 바람, 작가, 꿈, 거미(그리고 심리적인 의미에서 유령과 연인) — 무엇보다도 경험 — 는 우리가 보는 흔적들, 즉 꺾인 줄기, 텍스트, 이차적 가공, 거미줄(그리고 그림자와 발자국) — 내러티브 — 을 남기기 위해서 어떤 방식으로든 존재했어야만 한다. 그리고 이것들이 핵심적인 지점들이며, 우리는 이 지점들로부터 우리가 돌아갈 수 있는 자료들, 즉 내러티브의 자료들의 방향을 (대부분의 사람들이 서향으로) 정한다.•

신화적 거미의 거미줄이라는 메타포는 서로 다른 여러 문화를 연결해준다. 히브리 전통의 신비주의 텍스트 『조하르』는 신을 자기 자신을 감싸서 궁전으로 만드는 누에에 비유한다. 한 번역자는 이에 대해 누에는 "자기 자신으로부터 고치를 자아낸다"는 의미의 주석을 달고, 이를 『우파니샤드』에 나오는 거미의 이미지와 비교한다.³⁶ 그러나 내가 신화의 전파를 설명하기 위해 거미의 이미지를

---

35 Doniger O'Flaherty, *Other Peoples' Myths*, 160-161; "The Mythology of Masquerading Animals"; *Splitting Women*.

• 도니거는 '위치를 확인하다, 방위를 맞추다'라는 뜻의 영어 단어 orient에 들어있는 원래의 뜻, 즉 해 뜨는 곳, 동쪽을 향하게 하다'라는 의미를 상기시키며, 사실 많은 서구 학자의 작업 방향은 동쪽이 아닌 서쪽, 즉 서구 중심적이라는 점을 은근히 비판하고 있다.

36 *Zohar, The Book of Enlightenment*, 49-50. 나는 1996년 11월 코넬에서 로알드 호프만 덕분에 이 구절에 주목하게 되었다.

사용하는 것에 비해, 기원전 6세기경 산스크리트어로 쓰인 『우파니샤드』는 나가세나가 불꽃의 메타포를 사용한 것처럼 거미의 이미지를 영혼의 윤회를 설명하기 위해 사용한다.

> 마치 거미에서 실이 나오듯이, 마치 불에서 작은 불꽃이 일듯이 이 '영혼'에서도 모든 생명의 숨결이, 모든 세계가, 모든 신이, 모든 존재가 나온다.[37] 마치 거미가 [실을] 뽑아내듯이, 잔디가 땅 위에서 자라나듯이, 살아 있는 사람의 머리와 몸에서 털이 자라나듯이 그처럼 저 불멸자로부터 여기 모든 것이 솟아난다.[38] 하나인 '신'은 마치 거미처럼 제1질료로 만들어낸 실로 자신을 감싸고 있다.[39]

이 텍스트들은 죽은 후 영혼의 윤회와, 세계의 '영혼' ― 드러나지 않고 보이지 않는 실 잣는 이로 『바가바드기타』(2. 17b)는 그로부터 "이 모든 것이 짜여진다"고 표현했다 ― 으로부터 영혼들이 처음 출현하게 되는 것 두 가지를 다 이미지화하기 위해 거미를 사용한다. 월터 휘트먼은 거미의 본질을 잘 포착하였다.

> 조용하고 끈질긴 거미 하나
> 조그만 돌출부에 홀로 있는 모습 구경하였네,

---

37 *Brihadaranyaka Upanishad* 2.1.20.
38 *Mundaka Upanishad* 1.1.7.
39 *Shvetashvatara Upanishad* 5.10.

광막한 사위四圍의 허공 어찌 탐색하는지 지켜보았네,

녀석은 제 몸에서 가느다란 실을 자꾸자꾸 뽑으면서

한없이 실을 풀어대고 쉬임 없이 빠르게 움직였네.

그리고 너, 오, 나의 영혼이여, 너도 그곳에서

무한한 공간의 바다에 둘러싸여 외따로 떨어진 채

명상하고 탐험하고 내던지고 연결할 천체들 찾는 일에 여념이 없구나,

네게 필요한 다리 놓이고 부드러운 닻 내려질 때까지,

네가 던지는 가느다란 실 어딘가에 닿을 때까지, 오 내 영혼이여.[40]

휘트먼의 시에 나오는 거미와 신화의 저자처럼 우리는 우리 앞에 있는 우리의 사유의 실을 그것이 저기 어딘가 다른 인간존재의 상상력의 산물에 닿아 신화들 사이에 다리를 놓을 수 있을 때까지 던져야만 한다. 구전 공연자는 비록 매 공연에서 모든 텍스트가 아니라 일부분만을 공연하더라도 그 텍스트의 총체성을 믿는다. 유사한 의미에서 우리가 『일리아스』라 부르는 것도 하나의 거미이며, 『햄릿』도 그렇다. 단일한 텍스트란 없다. 단지 여러 공연에서 사용되는 변주들만이 있을 뿐이다. 그렇지만 우리는 하나의 『일리아스』, 하나의 『햄릿』이 있다는 것도 안다.[41]

---

40 Walt Whitman, "A Noiseless Patient Spider".
41 1996년 10월 12일 시카고 인문학 연구소Chicago Humanities Institute의 컨퍼런스에서 그렉 나지Greg Nagy와 나눈 대화.

키르케고르는『이것이냐 저것이냐』라는 의미심장한 제목을 가진 책에서 미지의 세계로 도약하는 거미의 용기에 관해 유려하게 말했다.

무엇이 전조가 되는가? 무엇이 미래를 가져오는가? 나는 알지 못한다. 나에게는 아무런 예감도 없다. 거미가 그 본성대로 일관되게 어떤 한 고정된 지점에서 몸을 던져 아래로 내려올 때 거미는 언제나 자기 앞에 있는 텅 빈 공간만 본다. 아무리 버둥거려도 거기에서는 어떤 발판도 찾을 수 없다. 나 역시 그렇다. 내 앞에는 언제나 텅 빈 공간이 놓여 있다. 나를 앞으로 나아가게 하는 것은 내 뒤에 놓여 있는 일관성이다. 이러한 삶은 뒤죽박죽이고 끔찍하며 견딜 수 없는 것이다.[42]

역시 거미는 미래에 대한 맹목적인 믿음을 가리키는 메타포로 사용되었다. 그러나 우리는 이를 거미들 — 또는 저자들, 또는 공통된 인간 경험, 또는 텍스트 — 에 대한 맹목적 믿음의 메타포로 사용할 수 있다.

최근 조안 애치슨은 거미와 거미줄의 메타포를 이용해서, 우리

---

[42] Søren Kierkegaard, *Either/Or: A Fragment of Life*, 1:19. Friedrich Durrenmatt, *The Assignment*, 70의 번역은 약간 다르다. "무엇이 올 것인가, 이상한 시절은 무엇을 가져올 것인가? 나는 모른다. 나에겐 예감이 없다. 검은 과부[거미]가 한 곳에서 몸을 던질 때, 그는 항상 자신 앞에 놓인 텅 빈 공간을 본다. 아무리 허우적대도 거기에서 고정된 발판은 찾을 수 없다. 나에게도 마찬가지다. 내 앞에는 영원히 텅 빈 공간이 놓여 있고, 나를 앞으로 나아가게 하는 것은 내 뒤에 놓여 있는 결과물들이다. 이러한 삶은 뒷걸음치고, 알 수 없고, 견딜 수 없다."

가 앞서 논의한 바 있는 촘스키의 문법과 같은 맥락에서 인간 언어의 보편성을 묘사했다.

> 망, 특히 거미줄은 복잡하게 엉킬 수도 있다. 그러나 망 그 자체는 그저 복잡하게 엉킨 한 덩어리가 아니다. 설사 각각의 망이 그 구체적인 모습에서는 다르다 할지라도 그것들은 예정된 전체적 패턴을 갖고 있다. 인간들이 어떤 언어를 말하든 간에 자연은 인간들에게 어떤 특정한 방식으로 언어 망을 짜도록 만든다. 우리는 단지 어떤 정해진 틀 안에서만 자유로울 뿐이다. … 그러나 인간들은 거미들과는 달리 자신들이 짠 거미줄에 대해서 생각할 수 있다. 이는 때때로 쓸데없는 과잉 걱정의 거미줄을 만든다. … 우리 인간들은 다른 거미줄이 아니라 자신들이 만든 거미줄을 따라서 움직이는 데 익숙해진 거미들과 같다. … 두뇌는 무수한 회로와 복합적인 상호 연락망을 지닌 거대한 거미줄 망과 같다고 밝혀지고 있다.[43]

이 망의 "예정된 전체적 패턴"은 인간에게 보편적인 것, 즉 (레비스트로스가 주장하듯이) 인간 (두뇌라기보다는) 정신의 구조와 어쩌면 우주의 구조를 담고 있다. 세세한 것들, 그리고 쓸데없는 과잉의 거미줄들은 문화에 따라서 그리고 개인에 따라서 달라진다. 그러나 정신 그 자체, 언어와 신화의 바탕은 진정 "전 세계적인 망World Wide Web"이라 불릴 수 있는 것이다.

---

43 Aitchison, *The Language Web*, 2, 58, 91, 95.

비교에 대한 포스트식민주의적, 포스트모던적 비판

나는 비교 방법에서 제기되는 문제점들에도 불구하고 비교 방법을 사용해야만 한다고 주장해왔다. 그러나 종교학이라는 학문 안에서 학자들은 미르체아 엘리아데, 그리고 그에 앞서서 프레이저, 프로이트 그리고 융 등을 통해 유명해진 보편주의적 비교 연구 방법을 대체로 단념해버렸다. 많은 사람이 이런 연구는 결코 할 수 없다고 생각하고, 또 다른 이들은 이런 연구를 결코 해서는 안 된다고 생각한다. 지금까지 이 장에서 나는 이러한 연구를 할 수 있는지 없는지에 관한 질문을 해결하려고 노력해왔다. 이제 이러한 연구를 해야만 하는 것인지의 여부를 고찰해보자(그리고 이러한 연구를 어떻게 해야만 하는가라는 질문은 다음 장으로 미룬다).

현존하는 비교 연구 작업에 대한 가장 일반적인 비판은 이러한 작업이 엄정성을 결여했다는 것, 진위를 입증할 수 없는 보편주의적 가정을 제시한다는 것 그리고 정치적으로 건전하지 못하다는 것이다. 나는 이 세 가지 비난을 차례대로 검토해보겠다.

엄정성의 결여에 대해 말하자면 분명 상당량의 조잡하고 피상적인 비교 연구가 곳곳에 널려 있는 것이 사실이다. 20세기 초의 위대한 비교 연구자들의 뒤를 좇는 별 재능 없는 신참자들이 내가 위에서 열거한 것들뿐만 아니라 이제부터 살펴보게 될 많은 다른 문제점의 구덩이에 빠졌고, 그리하여 비교 연구에 오명을 씌우게 되었다. 내가 조지프 캠벨Joseph Campbell에 대해 화를 내는 이유 중 하나는 그가 비교 연구를 그르쳐놓았고, 그래서 이제 내가 다른 사람들에게 이것을 제대로 할 수 있다고 설득하기가 더 힘들어졌기 때문이다.[44] 그가 이야기하는 고정된 단일 신화monomyth는 내가 여기서 주장하는, 쉴 새 없이 바쁘고 언제나 연구 대상이 넘치는 접근법과는 정반대다. 많은 비교 연구자는 "플루엘레니즘Fluellenism"[45]이라 불리는 것 때문에 속을 썩고 있다. 이것은 셰익스피어의 희곡 『헨리 5세』에서 알렉산더 대왕과 젊은 헨리 5세를 자꾸 비교하려 드는 웨일즈인 플루엘렌 대위의 이름에서 따온 것이다. 다른 사람들은 두 사람의 차이점을 지적하려고 애쓰는 반면, 플루엘렌은 다음과 같이 억지를 부린다. "마케도니아에도 강이 하나 있지요, 역시 몬머스Monmouth에도 강이 하나 있고요. … 이것은 마치 내 손가락들처럼 서로 똑같은 거죠. … 그냥 그 형태를 비교하면 그렇다는 말이에요."[46] 플루엘렌은 언제나 피상적인 수렴에 매혹된다. 그러나 이는 사실상 단지 우연적인 일치이거나 그렇지 않으면 아무 의미도 없는 것이다. 예를 들어 똑같은 문장이 핀란드어와 헝가리어에서 모두 "기차가 도착했다"는 의미인데, 핀란드어로 "기차"를 의미하는 부분이 헝가리어에서는 "도착했다"를 의미한다면, 혹은 그 반대의 경우라면 그것이 무엇을 의미하는가? 책임감 있는 비교 연구자가 그러한 자료를 본다면 그는 다음과 같이 소리쳐야만 한다. "사탄아 물러가라."

그러나 좀 더 구체적으로 일관성 있고 의미 있는 유비 관계를 찾는다면 비교는 책임감 있게 행해질 수 있다. 내 생각에는 카를로

---

44 Wendy Doniger, "A Very Strange Enchanted Boy".
45 Marjorie Garber, *Vice Versa*, 510 n 66.
46 Shakespeare, *Henry V*, 4.7.

긴즈부르그,[47] 조너선 스미스,[48] 브루스 링컨,[49] 그리고 로렌스 설리반[50]이 이를 잘하고 있다. 책임감 있는 비교 연구의 정도正道를 지키는 방법은 클리포드 기어츠가 말한, 유익한 차이와 무익한 이분법 사이의 (이분二分이 아니라) 구분을 지키는 것이다.

> 차이와 이분법 사이에는 차이가 있다. 전자는 비교이며 그것은 관련시킨다. 후자는 단절이며 그것은 고립시킨다. … 모로코와 인도네시아 사이의 차이점들은 그것들을 절대적인 유형, 즉 자연적인 것에 버금가는 사회적 유형으로 분리하지 않는다. 그것들은 서로를 이리저리 반영하며, 상호 간에 틀 짓고, 서로를 명확히 해준다.[51]

분명 나는 관련시키고, 틀 짓고, 명확히 하는 비교를 요청하고 있다. 또한 나는 비교 연구자는 자신이 연구하는 전통들 가운데 최소한 한 전통의 원자료 언어는 잘 알고 있어야 한다고 강조하고 싶다. 그렇다면 다른 전통으로부터 번역된 텍스트들을 다뤄야만 하는 불가피한 상황에서 적절하게 조심하고 지나치게 야심을 부리지 않을 것이다. 즉 번역된 텍스트들을 가지고서 무엇을 할 수 있고, 무엇을 할 수 없는지 안다는 것이다. 그리고 비교 연구자는 텍스트의 의미

47　Carlo Ginzburg, *Ecstasies: Deciphering the Witches' Sabbath*.
48　J. Z. Smith, *Map Is Not Territory; Imagining Religion*.
49　Bruce Lincoln, *Discourse and the Construction of Society*.
50　Sullivan, *Icanchu's Drum*.
51　Geertz, *After the Fact*, 28.

를 알기 위해서 컨텍스트를 알아야만 한다 — 컨텍스트를 제대로 알고 있는 이가 쓴 좋은 책을 최소 한 권이라도 읽었어야만 한다. 비록 실제 비교 작업에서 컨텍스트를 사용하지 않는다 하더라도 그렇다. 엄정성의 결여는 마치 포르노그래피처럼 보기만 하면 바로 알 수 있는 무엇이라는 것, 그것 말고는 나는 엄정성에 대해 더 이상 추상적으로 말하기 주저된다. 내게 있어 엄정성은 연습에서 나오며, 이 책이 제시하는 종류의 문제들과 가정들을 주지하고 있는 상태에서 나온다. 그리고 이제 내가 묘사하려고 하는 것과 같은, 단계적인 방법을 조심스럽게 고수하는 가운데 나오는 것이다. 그러나 엄정성rigor은 언제나 사후경직rigor mortis이 될 위험이 있다.•

진위를 입증할 수 없는 이론[*이라는 비판]에 대해 말하자면, 어느 영역에서나 개념적으로 대담한 연구는 이러한 비판을 완전히 피할 수 없을 것이다. 그러나 이러한 연구가 아무 의식 없이 혹은 환원주의적으로 전개되는 것이 아니라 명백하게 집단적으로 적용된다면 해악이 최소화될 수 있을 것이다. 이러한 방식으로 하나 이상의 이론을 끌어오는 비교 연구자는 마치 술 취한 두 사람이 서로 의지하며 가듯이 이론들이 서로의 단점을 보완하며 지탱하게끔 할 수 있다. 혹은 만약 킬케니Kilkenny의 고양이에 관한 오행시••에서처럼 서로가 서로를 죽이려 한다면 전부 다 없애버릴 수도 있다("그리하여 두 마리 고양이는커녕 한 마리도 남지 않았다네").[52] (이는 절충주의를

• rigor mortis는 사후경직이라는 뜻이지만, 단어 자체로 보면 '죽은 엄정성'이다. 여기서도 도니거는 이 단어가 지닐 수 있는 이중적 의미를 암시한다.
•• 킬케니는 아일랜드의 도시로, 여기에서 두 고양이가 서로 싸우다 결국 둘 다 죽었다는 이야기의 오행시가 전해온다. 자세한 내용은 각주 52를 참조하라.

의미한다.) 그리고 어떤 이야기 그룹의 의미 패턴에 관한 가정들은 만약 그것들이 틀렸다고 입증된 것이 아니라면 수많은 문화권에서 수많은 디테일에 주의를 기울이며 다시 말해진 수많은 이야기의 분야에 적용해보거나, 혹은 시대 착오성, 설명의 부조리성 등을 테스트해볼 수도 있을 것이다.

신화의 정치성에 대한 질문은 좀 더 복잡하다. 내 생각에 근대 비교 종교학이 대개 우리에게 "외래" 종교 역시 "우리의 것"과 많은 면에서 비슷하다는 것을 가르치고자 하는 경건한 희망에서 기획되었다는 사실에는 약간의 아이러니가 있다. ("우리의 것"이라 함은 보통 개신교를 의미한다. 필딩의 『톰 존스』에 나오는 스와컴Thwackum 씨의 다음과 같은 말을 하고자 하는, 그러나 결코 그렇게 직접 말하지는 않는 학자들처럼 우리가 "우리의 것"이라고 할 때는 보통 개신교를 의미한다. "내가 종교라 말할 때 나는 기독교를 의미합니다. 그리고 기독교뿐만 아니라 개신교를 의미합니다. 그리고 개신교뿐만 아니라 영국국교회[*성공회]를 의미합니다.")[53] 그 희망이라는 것은 만약 우리가 다른 종교들에 대해 배우게 되면 더 이상 그 종교를 신봉하는 사람들을 미워하고 죽이지 않을

---

[52] There once were two cats of Kilkenny,
Each thought there was one cat too many,
They started to fight,
To scratch and to bite,
And instead of two cats, there weren't any.
옛날 킬케니에 두 마리의 고양이가 있었다네.
둘은 한 마리도 너무 많다고 생각했네.
그래서 싸우기 시작했다네,
할퀴고 물어뜯고,
그리하여 두 마리 고양이는커녕 한 마리도 남지 않았다네.

[53] Henry Fielding, *Tom Jones*, III:3:109.

것이라는 점이었다. 즉 "그들을 안다는 것은 그들을 사랑한다는 것이다." 에마뉘엘 레비나스는 타자의 얼굴은 "나를 죽이지 마세요"[54]라고 말한다고 했다. 이것이 바로 비교 연구가 비추고자 했던 얼굴이다. 신문지상에 오르는 기사들을 흘끗 보기만 해도 이 목표가 아직도 이 세계 안에서 충분히 이뤄지지 못했다는 것을 알 수 있다.

그러나 학계는 이러한 단순한 패러다임을 넘어서서 이제 포스트-포스트식민주의로부터 반격을 당하고 있다. 다민족주의, 개별 민족과 종교 집단의 정치학, 정체성의 정치학과 소수집단의 정치학이 지배하는 시대에 서로 다른 문화권의 두 현상이 어떤 의미에서든 "똑같다"고 가정하는 것은 개별주의의 의미를 손상시키는 것으로 "(가무잡잡한 피부를 가진) "모든 유색인은 다 똑같다"라는 오래된 인종차별주의의 반영으로 간주된다. 또한 우리 시대에 반식민주의라는 연속체의 다른 한쪽 끝에 서서 문화들 간의 유사성을 본다는 것은 여러 다른 이유로 인해 정치적인 퇴행으로 간주되게 되었다. 마치 애니 딜러드가 1983년 중국에서 다음과 같은 사실을 발견했던 것처럼 말이다. "마오는 '인간 본성'이라는 것은 없다고 말했다. 오직 계급 본성만이 있을 뿐이라는 것이다. 따라서 인간 본성에 대해 이야기하는 것은 사회주의의 이론적 토대를 훼손하는 것이다. … 가장 최근에는 4개월 전에도 중국에서 인간이 문화적 차이에도 불구하고 공통의 감정을 갖는다고 말하는 것은 좀 위험한 발언이었다."[55]

게다가 현재의 반反오리엔탈리즘의 분위기에서, 예를 들어 다

---

[54] Emmanuel Levinas, *Totality and Infinity*, 198–199.
[55] Annie Dillard, *Encounters with Chinese Writers*, 10, 71.

른 문화 현상들 밖에(추정컨대 위에) 서서 그 현상들을 동일시하는 것은 인도를 연구하는 학자의 제국주의적 시각이라고 간주된다. 단지 그것들의 공통점을 강조하는 것만으로도 롤레나 아도르노Rolena Adorno가 말한 "유사성들을 포착해서 '타자'를 고정시키는 과정"을 함축하게 되는 것이다. 단순한 비교의 유해한 효과는 이미 오늘날의 몇몇 사회과학에 (특히 정치학과 경제학에) 타격을 주었다. 이러한 사회과학에서는 모든 이에게 다 동일하게 적용된다고 추정되었던 "합리적 선택rational choice"과 같은 지배적 이론들이 좀 더 특수화된 지역 연구 영역들을 추방했다. 심리학 역시 최근까지도 자주 문화적 요소를 무시한 채 인간 행위의 하나의 보편적, 생물학적, 인지적, 정서적 토대를 가정했다.

그러나 우리는 보편주의라는 프라이팬으로부터 한 문화권 안에서 하나의 신화를 맥락화하는 작업에서 도출될 수 있는 또 다른 종류의 본질주의라는 불로 도약할 때 조심해야만 한다. 이 문화적 본질주의의 칼리 유가[*마지막 시대]에 우리는 본질적이지만 그러나 본질주의적이지는 않은 무언가를 추구해야만 한다. 따라서 아마도 이 장에서 제기된 근본 문제는 상충하는 본질주의들의 문제라고 공식화할 수 있을 것이다. 내가 말하는 본질주의라는 것은 한 학자가 파괴적인 결과를 낳을 때까지도 끝끝내 붙잡고 있는, 집단의 통일성에 관한 전제들을 의미한다. 이는 마치 원숭이 우리 입구가 주먹이 왔다 갔다 할 만큼의 크기는 되지만 바나나를 쥐고 움직일 만큼은 크지 않은 상황에서도 원숭이가 끝끝내 바나나를 손에서 놓지 않아서 우리 안에 스스로 갇히고 마는 격이다. 나는 목표 집단의 구성원들이 서로 다르다는 것이 밝혀진 상황에서도 끝내 포기하지 않거나 수정하지 않는 선험적 편견에 대해 말하는 것이다(그리고 내가 이미 말했듯이 어떤 학문적 전제도 이러한 편견과 같은 것으로부터 출발해야만 한다). 나는 내가 아는 모든 환원주의자에게 다음과 같이 말하고 싶다. "바나나를 놓아버리세요." 파울 파이어아벤트Paul Feyerabend는 『방법에의 도전Against Method』이라는 제목의 책을 쓴 적이 있는데, 이에 빗대어 내 방법은 "환원주의에의 도전"이라고 불릴 수 있을 것이다.

개별 문화에 대한 강조가 (종종 그러하듯이) 어처구니없는 상태에까지 이르면, 처음에는 우리가 방금 살펴보았듯이 비교의 컨텍스트가 한없이 넓어지다가 결국에는 컨텍스트 자체가 한없이 좁아지면서 무한정 퇴보할 수 있다. 이러한 강조는 점점 더 초점을 작게 만들어 끝내 아주 근접한 것들을 일반화하는 것마저도 불가능하게 만든다. 즉 그 어떤 것의 특징을 밝혀보려고 해도 이것은 다른 것들과 비교될 만한 공통점을 전혀 갖고 있지 않은 것이 된다. 각각의 사건은 마치 윌리엄 제임스의 게처럼 단지 갑각류가 아니라 그 자체로서 홀로 유일무이하게 존재하는 것이다.[56]• 예를 들어 문화인류학의

---

56 William James, *The Varieties of Religious Experience*(New York: Modern Library edition, 1929), 10; Jonathan Z. Smith, "Fences and Neighbors", 6에서 인용.

• 도니거는 각주 56에서 밝히고 있듯이 자신이 연구하는 대상의 유일무이성에 대한 윌리엄 제임스의 이 표현을 조너선 스미스의 글 「담장과 이웃」에서 재인용했다. 스미스가 인용한 윌리엄 제임스의 원문은 다음과 같다. "어떤 대상과 접했을 때 맨 처음 이루어지는 지적 활동은 다른 것을 고려하면서 그것을 구분하는 일이다. 하지만 자신을 바칠 만큼 한없이 소중한 대상에 대해서는 마치 그것이 유일무이하고 독자적인 가치를 가지고 있는 것처럼 느끼게 된다. 아마도 우리가 미안한 표정도 없이 쉽사리 게를 갑각류로 분류하여 처리해버리는 것을 알게 된다면 게는 화를 참지 못해 씩씩거리면서 다음과 같이 말할지도 모른다. '나는 갑각류가 아니다. 나는 나 자신이고, 또 나 자신일 뿐이다.'"(조너선 스미스, 『종교 상상하기: 바빌론에서 존스타운까지』, 장석만 옮김, 청년사, 2013, 40쪽)

최근 이론이 보여주는 철저한 특수화 성향은 인류 전체는 말할 것도 없고, 같은 문화에 속한 구성원들 사이의 어떤 공통된 기반마저도 거부하는 것 같다.⁵⁷ 그러나 차이에 관한 어떤 논의도 동일함에 대한 가정으로부터 출발해야만 한다. 빌헬름 딜타이는 다음과 같이 말했다. "만약 삶의 표현들이 완전히 낯선 것이라면 해석은 불가능했을 것이다. 만약 삶의 표현들에 낯선 것이 전혀 없다면 해석은 불필요했을 것이다."⁵⁸ 만약 우리가 절대적인 차이를 가정하고 출발한다면 대화란 전혀 있을 수 없을 것이고, 우리는 오직 내 모습만을 반사하는 거울 게토Looking-Glass ghetto라는 정원에 갇힌 자신을 발견하게 될 것이다. 그리고 아무리 문화라는 문을 통해 그곳을 빠져나가려 해도 그 문을 통해 다시 되돌아오는 우리 자신을 계속 마주하게 될 것이다.⁵⁹

내 생각에 아무리 가차 없는 프랑스 해체주의자라 할지라도 그리스비극과, 말하자면 워드퍼펙트 윈도우즈 1995 사용자 설명서를 비교할 수는 없을 것이다. 이 둘 사이에는 어떤 공통된 기반도, 어떤 같은 점도 없다. 그러나 밥값을 하는 비교 연구자라면 누구라도 그리스비극과 1995년 『뉴욕 타임스』에 실린 수많은 이야기를 비교할 수 있을 것이다. 만약 주어진 한 주제에 대한 모든 이야기가 똑같다면, 그 이야기들에 대한 어떤 연구도 아주 짧은 책, 즉 하나의 텍스트와 [*이에 대한] 아주 긴 주석으로 이루어진 책이 될 것이다. 그러

---

57 1997년 2월 7일 앤아버에서 있었던 나의 강연에 대한 사라 콜드웰의 요약 소개 말에서 도움을 얻었다.
58 Wilhelm Dilthey, *Pattern and Meaning in History*, 77.
59 Lewis Carroll, *Through the Looking Glass*, chapter 2.

나 그 이야기들이 모두 완전히 다르다면, 비교가 안 될 정도로, 비교할 수가 없을 정도로 다르다면, 비교할 것이 없을 뿐만 아니라 우리는 우리 자신의 이야기를 제외하고는 어떤 이야기도 이해할 수 없을 것이다. 우리는 "통일성을 추구하는 플라톤주의자의 성향과 더 이상 나눌 수 없을 정도까지의 특수성을 추구하는 유명론자nominalist의 성향 사이에서 절묘한 균형을 유지할 수 있도록 노력해야만 한다. 만약 우리가 플라톤과 함께 잠자리에 든다면, 아리스토텔레스와 함께 깨어나는 것이 좋을 것이다."[60] 세계화와 다각화의 극단이 동시에 세상을 지배하고 서로가 서로를 계속해서 부추겨나가는 이 같은 시대에 이러한 균형을 유지한다는 것은 특히 어려운 일이다.

그러나 유사성과 차이는 똑같지 않고, 서로 비교할 수 없다. 그들은 서로 다른 쓰임새를 갖는다. 우리는 안정성을 위해, 정치적 가교를 위해, 우리 사회를 정박시키기 위해 유사성을 찾으면서 동시에 차이의 위협에 대한 불안감을 달래기 위해 내러티브를 자아낸다. 유사성이든 차이든 마비시키는 환원주의와 의미를 훼손시키는 본질주의의 형태가 되어 마침내 "차이" 자체가 정치적인 면에서 해로울 수 있는 영역에 떨어질 수 있다. 극단적인 보편주의가 타인은 당신과 아주 똑같다라고 말하는 곳에서 극단적인 유명론은 타인은 아마 아예 인간이 아닐지도 모른다고 말하기 때문이다.[61] 유대인이

---

60 Ralph Williams, 1997년 2월 앤아버에서의 논평.
61 사실 유명론은 극단적인 차이와 보편주의 모두의 기반이지만, 이는 또 다른 이야기이다.

나 흑인, 혹은 "유색인"으로 정의되는 다른 어떤 집단은 모두 아주 비슷하다고 (즉 서로 닮았다고) 주장하는 (그리고 계속 그렇게 주장하는) 많은 사람은 또한 그들은 완전히 다르다고 (즉 우리 백인들, 우리 프로테스탄트들과는 다르다고) 계속 주장한다(혹은 더 자주 가정한다). 그리고 이 두 번째 주장은 그런 사람들은 우리와 어떤 동등한 권리들을 누릴 가치가 없다는 단언에 쉽게 도달하게 된다. 본질화된 차이는 지배의 도구가 될 수 있다. 유럽의 식민주의는 차이의 담론에 의해 지탱되었다.

나는 단일 문화 "집단"의 구성원들도 서로 매우 다를 수 있다고 주장해왔다. 모든 일본인이 다 똑같다고 말하는 것은 일본인들은 프랑스인들과 똑같다고 말하는 것만큼이나 모욕적인 언사다. (세기말fin-de siècle 유형이라는 것에 대해서도 마찬가지다. 즉 시간에 대한 본질주의 역시 장소에 대한 본질주의만큼이나 해로울 수 있다.) 나는 사람들이 "아리안 물리학"이나 "도이치 물리학"●과 같은 주장에 저항하듯이 "르네상스적 인간", "낭만주의적 심리학" 등의 범주에 저항한 미술사가 에른스트 곰브리치 경에게 박수를 보낸다.[62] 문화적으로 본질화된 입장은 그 자체로 변명의 여지가 없을 뿐만 아니라 정치적으로 위험하다. 그러나 사람들은 "문화적으로 맥락화되고" 역사적

● 도이치 물리학Deutsche Physik 혹은 아리안 물리학Arische Physik은 1930년대 나치 치하에서 특히 성행한 독일 물리학계의 인종차별적, 민족주의적, 반유대적 성향 연구로 특히 아인슈타인의 상대성이론을 "유대 물리학"이라 명명하며 이를 비난했다. 대표적인 사람으로는 필립 레나르트Philipp Lenard, 요하네스 슈타르크Johannes Stark 등이 있다.

62 Sir Ernst Gombrich, *The Essential Gombrich*.

으로 특수화된 연구에서 종종 이러한 입장을 취하며 다음과 같이 말한다. "유럽과 아메리카에서 세기말에 모든 사람이 어떻게 생각했는지 이야기해보겠습니다." 한 계급이나 인종 집단에만 초점을 맞추는 것은, 만약 획일적으로 행해진다면, 지루해질 수 있을 뿐만 아니라 인종차별적인 것이 될 수도 있다.

나는 독특한 것과 보편적인 것 양면 모두에서 우리 인간성을 고양시키는 탐구에 대한 포괄적인 인문학적 전망을 목표로 한다. 나는 전반적인 면에서 나와 의견을 공유하는 이들이 문 밖에 서서 피켓을 들고 항의한다고 해서 비교 연구자의 가게 문을 닫고 싶지 않다. 내가 정치적 사안들에 민감해진 것은 사실이지만, 그렇다고 해서 그것들이 궁극적으로 비교 연구의 기획을 파멸시킬 것이라고 생각하지는 않는다. 설사 내가 비교 연구의 몇몇 요소를 맹렬히 비난하는 것을 묵인하거나 혹은 그러한 비난에 직접 동참한다 할지라도 폭넓은 비교 연구의 의제들은 지키고 싶다. 나는 움베르토 에코Umberto Eco가 "텍스트 희롱textual harrassment"이라 멋지게 이름 붙인 것 그리고 벨케루 나라야나 라오Velcheru Narayana Rao가 (산스크리트어로) 브하바-하티야bhava-hatya라 명명한 것 — 직역하면 "아이디어를 죽이는 것"이지만 사실상 "이데올로기"의 좋은 번역어 — 에 복종하길 거부한다. 이는 아이디어를 살해하는 것일 뿐만 아니라 아이디어에 의한 살해이기도 하다(산스크리트어 중문들은 마치 신화처럼 두 의미 사이에서 왔다 갔다 할 수 있다). 나는 지금 영국령 인도제국의 일원이 아니며 물론 이전에도 그랬던 적이 없다. 그렇지만 나는 거기에 속했던 사람들이 편집한 텍스트들을 읽고 번역하는 일을 그만두지 않을 것이다. 인도의 식민지 상황에서 이룩된 학문에는 보존할 만한 것들이 많다. 나는 아이가 목욕한 목욕물을 버리며 아이까지 버리고 싶지 않다. 못 말리는 신랄한 비평가 리 시걸이 말했듯이 "저 헤게모니적, 제국주의적, 유럽 중심적 식민주의자들은 참으로 놀라운 작가들이며, 그들은 인도에 대해서 우리보다 훨씬 더 많은 것을 알고 있었다. 그들 역시 말을 탈 줄 알았다."[63]

그러나 유지할 가치가 있는 포스트식민주의적 비판 역시 많다. 사실 이제 우리는 그것을 고려하지 않고서는 아무것도 생각할 수 없다. 우리가 의도하건 의도하지 않건 우리는 텍스트들이 어떻게 우리에게 오게 되었는지 알고 있다. 마치 영국과 미국에 온 제3세계 이민자들처럼 텍스트들은 우리에게 이렇게 말한다. "당신들이 예전에 거기 있었으니 이제 우리가 여기 있는 거요." 식민주의는 이제 더 이상 예전과 같은 정치적 힘을 행사하지 못하지만, 그러나 아직도 거기에 있다. 특히 우리가 식민주의colonialism가 아니라 제국주의imperialism와 같은 용어를 사용한다면, 그리고 (인종차별적) 영화 〈부시맨The God Must Be Crazy〉[64]에서 원주민의 삶을 침범하는 콜라병처럼 우리의 학문이 우리가 연구하는 나라들을 여전히 침해하는 측면이 있다는 것을 고려한다면. 특히 포스트식민주의적 비판은 우리로 하여금 사회진화론적 사고가 비교의 역사 속에 얼마나 깊게 침투해 있는지, 그리고 이를 극복하기 위해 우리가 얼마나 열심히 노력해야 하는지 깨닫게 해주었다. 혈거인과 호랑이에 관한 농담•

---

63 Lee Siegel, 1996년 10월 28일 록우드 키플링Lockwood Kipling의 *Beast and Man in India*에 관한 사적인 대화.
64 〈부시맨〉(1980), 제이미 유이스Jamie Uys 각본, 감독.
• 원시인을 소재로 한 농담. 예를 들자면 어느 날 밤 한 혈거인이 허겁지겁 달려

은 궁극적으로 보편적 인간성이라는 사고가 그렇듯이 진화론적 사고에 기반을 두고 있다.

그러나 우리는 사회진화론의 부정적 부산물들을 극복할 수 있다. 계속 이런 식으로 갈 필요는 없는 것이다. 우리가 이러한 문제들을 알고 있다는 사실 바로 그 자체가 이제 최소한 어느 정도 그 문제들을 피해 갈 수 있게 해줄 것이 분명하다. 비교의 바다에는 상어가 살고 있다. 그러나 이제 상어가 있다는 것을 알기 때문에 우리는 여전히 거기서 — 아마도 조금 더 조심스럽게 — 헤엄칠 수 있다. 예를 들어 이제 우리는 우리가 비교하는 문화들도 비교를 해왔다는 것을 안다. 그것들은 우리 연구의 객체일 뿐만 아니라 우리와 마찬가지로 주체이기도 하다. 헤로도토스는 고대 그리스인들과 이집트인들을 비교했다. 최근의 꽤 많은 연구는 고대 중국인들, 인도인들 등이 자기 주변부의 '타자들'에 대해 어떤 태도를 취했는지 보여준다.[65] 이러한 방법으로 우리는 초점을 바꿀 수 있다. 즉 우리는 텍스트를 들여다보다가look at 텍스트를 통해 그 너머를 보게look through 된다. 거울이 창문이 되는 것이다.

이제 우리는 초기 그리스도교인들이 자신들의 종교와 그들이 경멸해 마지않았던 이교도들의 종교 사이의 놀랄 만한 유사성들을 이해하고 또 정당화하기 위해 노력했다는 것을 알고 있다. 유스티누스Justin Martyr•는 "우리가 다른 사람들처럼 생각하는 것이 아니

동굴에 들어서면서 소리쳤다. "호랑이가 초원을 가로질러 날 쫓아왔어!" 그 아내가 물었다. "왜?" "글쎄, 정신없이 뛰어오느라 멈춰 서서 물어볼 경황이 없는데."

65 예를 들어 David Gordon White, *Myths of the Dog-Man*을 보라.

라 그들 모두가 우리를 모방해서 말하는 것이다"라고 주장했고, 알렉산드리아의 클레멘스Clement of Alexandria**는 그리스인들이 그리스도교인들의 생각을 훔쳐갔다고 비난했다.⁶⁶ 그러고도 만족하지 못한 클레멘스는 후에 테르툴리아누스Tertullian***와 유스티누스에 의해 전개된 "악마적 모방에 관한 테제들The Thesis of Demonic Imitation"을 제기하는데, (만약 시대차를 무시하고 말한다면) 이는 가장 궤변적인 Jesuitically 방식의 논증을 보여준다.

[유스티누스의] 시선에서 악마는 성서의 특정한 구절에서 조작의 선택 기반을 찾는다. 즉 메시아적 예언 전통에서 영감을 받은 선지자들이 신비하게도 구세주가 이미 세상에 오기 오래전에 그를 묘사했던 것이다. 그래서 악마는 나중에 사람들이 그리스도 이야기를 들었을 때 이 역시 그리스신화와 같은 종류의

- • 순교자 유스티누스(100-165년경)는 2세기의 그리스도교 신학자, 호교론자. 이교 가정에서 출생하고 그리스철학을 공부하다 후에 그리스도교에 입교한 후, 철학을 바탕으로 그리스도교를 옹호하는 글들을 썼다. 로마의 그리스도교 박해에 항의하며 그리스도교를 설명하는 『호교론Apologia』, 유대인 트리폰과의 대화와 토론을 담은 『트리폰과의 대화Dialogus cum Triphone』 등의 책을 썼다. 신앙과 이성을 조화시키고자 한 최초의 그리스도교 사상가로 불린다.
- •• 알렉산드리아의 클레멘스(150-215년경)는 2세기 말에서 3세기의 그리스도교 신학자. 알렉산드리아 초기 신학학파의 대표적 인물. 알렉산드리아 교리문답학파의 지도자였으며, 그리스철학, 특히 플라톤 철학을 그리스도교에 적용한 신학을 전개했다.
- 66 Jean Pépin, "Christian Judgements on the Analogies between Christianity and Pagan Mythology", 659b.
- ••• 테르툴리아누스(155-230년경)는 그리스도교 신학자, 호교론자. 라틴 신학의 대부. 정교한 라틴어로 그리스도교를 옹호하고 이단을 반박하는 많은 신학 저술을 남겼다. 『호교론Apologeticum』, 『이단 논박De praescriptione haereticorum』 외에도 많은 라틴어 저술이 있다.

우화로 생각하길 바라면서 인간을 속이고 잘못된 길로 인도하기 위하여 공세를 취하고, [그리스]신화를 만든 시인들에게 제우스가 많은 아들을 두고 그들에게 무시무시한 모험을 하게 만들라고 제안했다.[67]

이 왜곡된 형태의 그리스도교 비교 호교론이 19세기의 위대한 비교 연구자인 제임스 조지 프레이저 경의 연구 — 그리스도교와 "이교" 사이의 유사성들을 가지고 무엇을 해야 하나 — 를 출발시킨 원동력이기도 했다.[68]

좀 더 일반적으로 말하자면 19세기에 프로테스탄트 학자들이 고대 그리스도교의 제국주의적 비교 프로젝트를 부활시켰고, 이제 거기에 반反가톨릭적 편견을 덧붙여서, 비교에 관한 학문적 작업을 오늘날까지도 계속 손상시켜온 논제를 만들어냈다.[69] '타자들'이 그들 자신의 '타자들'을 비교해온 방식의 역사를 검토해보면 우리의 식민주의가 최초의 식민주의가 아니었을 뿐만 아니라 비교가 이미 오래전부터 제국주의적 기획이었다는 것이 드러난다. 우리는 이를 알아야만 하고 그럼으로써 우리는 그들이 해오던 방식의 비교를 그만두고 우리 방식의 비교를 시작할 수 있다. 그런데 이것은 우리 자신의 방법들을 낯설게 다시 보기 위해 비교를 이용하는 또 다른 예라 할 수 있다. 우리가 우리 자신을 비교 연구자로서 고대의 비교

67　Pépin, "Christian Judgements", 661b.
68　Robert Ackerman, *J. G. Frazer: His Life and Work*, 95 and 189, citing letters by Frazer.
69　조너선 스미스가 *Drudgery Divine*에서 이에 대해 논의해주었다.

연구자들과 비교할 때 우리는 우리가 간과했던 우리 자신에 관한 것들을 알게 된다.

다성적, 다문화적 논제들을 추구해가는 과정에서 우리는 우리 자신의 목적을 위해 타인들의 신화를 이용하고 있다는 사실의 의미와 대면해야 한다. 문화를 전유하는 자와 문화를 전유당하는 자 사이의 권력의 불균형에는 정치적 문제가 내재되어 있다. 따라서 포스트식민주의자들은 유럽이 인도를 지배했다면 유럽인이 인도인의 신화를 이용하는 것은 잘못이라고 생각한다. 그러나 내가 보기에는 타인들의 신화를 이용하는 방법에는 여러 가지가 있으며, 또 그중 일부는 상당히 악의 없는 것 같다.[70] 나는 외국 텍스트를 전유하는 것 (그 전유가 얼마나 부적절하든 착취적이든 주관을 투사하든 간에)에 대한 통상적인 대안 — 즉 그 텍스트를 무시하거나 경멸하는 것 — 이 더 해로울 수도 있다고 생각한다. 게다가 유럽인들의 전유가 인도인들의 버전을 대신하지 않아도 된다. 외국인의 목소리가 내는 학문적 함성 너머로 토착민의 목소리를 여전히 들을 수 있기 때문이다.

포스트식민주의적 비판이 우리에게 안겨준 선물은 우리가 하고 있는 것이 무엇이고, 왜 하고 있는지 그리고 이에 수반된 위험이 무엇인지에 대한 자각을 높인 것이다. 그러나 선물을 준 이가 위험 부담이 너무 커서 안 되겠다며 선물을 다시 가져가버리면 선물은 망가진다. 우리는 단지 서구적 사고의 세계를 게토화하는 데 이바지할 뿐인, 서구 학자들의 비서구 신화 연구를 막기 위해서가 아니라, 신화가 (그리고 신화에 대한 비교 연구가) 어떻게 세계 전반에서뿐

---

70 Doniger O'Flaherty, *Other Peoples' Myths*.

만 아니라 우리 자신의 사회 안에서도 게토-블래스터로서 — 즉 이데올로기의 게토를 폭파시키는 데 사용될 수 있는지 보여주기 위해서 포스트식민주의 의식을 사용해야만 한다. 분명 (똑같지는 않더라도) 유사한 인간 문제들에 대해 여러 문화권이 제시한 전혀 다른 접근들 사이에서 (반드시 조화롭지는 않더라도) 하나의 대화를 이끌어내는 것은 가능하다. 렌즈의 이미지로 돌아가서 이야기하면 우리는 비교 문화학의 와이드스크린 안에 정체성 정치학의 좁은 시각을 첨부해야 한다.

포스트식민주의적 논제들은 포스트모더니즘의 몇몇 논제와 양립 가능하다. 포스트모더니즘은 메타내러티브를 거부하고 이미지의 무한한 증식을 옹호한다.[71] 포스트모더니즘에게 같음은 악마이며, 차이는 천사다. 평범한 영어 단어[*difference]는 단지 양음 부호accent aigu를 하나 더 붙이는 것[*e가é로 됨]만으로 올바른 사고right-thinking(혹은 이 상황에서는 좌파적 사고left-thinking)를 하는 남성들과 여성들이 염두에 두어야 할 모든 것을 뜻하는 마법의 전문적인 유행어, 즉 différence(혹은 좀 더 전문적인 유행어로는 différance[*차연])로 변한다. 파리로부터 새로운 전투의 함성이 울려 퍼진다. 비바 라 디페랑스Viva la différance! 차이Difference에 관한 해체주의적 신화는 조엘 파인만Joel Fineman이 르네 지라르René Girard를 인용하며 말한 대로 "하나의 이야기이다. 사회는 이를 통해 지라르가 '차이가 없는 상태No Difference'의 위기라고 이름 붙이고, 문화의 자살을 불러일으킬 만큼 문화적 구분의 상실이 심각한 상태라 정의한 질서의 파국을 막고

---

71   포스트식민주의에 관해서는 데이비드 트레이시의 도움을 받았다.

해결한다."⁷²

그러나 포스트모던적 비판은 이브 세즈윅이 다음과 같이 지적한 대로 문화적 차이의 문제를 해결하지 못했다.

전후 사상에서 이론적, 정치적으로 흥미로운 모든 프로젝트는 사람들이 서로 비슷하거나 다른 모습으로 존재하는 다양하고 고정되지 않은 방식들에 관해 구체적으로 세세히 묻거나 생각해볼 공간의 정당성을 결국은 축소시키는 효과를 낳고 있다. 사람들이 또한 그들 자신들과도 완전히 다를 수 있다는 것을 보여줌으로써 이 프로젝트는 쓸모없는 것이 되지 않는다. 차이/연diffEr(e/a)nce의 과학으로서 성립된 해체는 차이의 개념을 지나치게 물신화하고 그 구체적 모습을 증발시켜버렸다. 그래서 해체를 아주 철저하게 실천하고 있는 사람들은 누군가가 특정한 차이에 관해 고민할 때 가장 도움을 청하지 않을 법한 사람들이 되어버렸다.⁷³

그러나 근대 이전의 차이difference의 구축과 근대 이후의 **차연**différance 사이에는 결정적인 차이가 존재한다.⁷⁴ 해체주의는 특히 다성성과 다양한 해석의 개념을 널리 알렸으며, 이는 내가 4장부터 6장까지

---

72 Joel Fineman, "Fratricide and Cuckoldry: Shakespeare's Doubles", citing René Girard, "Myth and Identity Crisis in *A Midsummer Night's Dream*", 1969년 겨울 뉴욕주립대 버팔로캠퍼스SUNY Buffalo 콜로키엄.
73 Sedgwick, *The Epistemology of the Closet*, 23.
74 Jacques Derrida, "Violence and Metaphysics".

논의할 방법론에 있어서 핵심적인 것이다. 그리고 해체주의는 내가 지금부터 논의하고자 하는 주제인, 개인 저자에 대한 검토되지 않은 가정에 대해 경각심을 불러일으키는 데도 공헌했다. 우리는 아마도 대중문화와 고전문학작품, 양자 모두에 대한 현대 문학 이론의 통찰력을 우리가 다루는 익명의 신화들에 적용해볼 수 있을 것이다. 물론 몇몇 고대 신화의 경우 그 사회적 컨텍스트를 알 수 없는 데 반해 이 두 내러티브 형식의 경우 대개 그 사회적 컨텍스트는 알 수 있지만, 그럼에도 불구하고 몇몇 대중문화 작품은 (유일한 경우는 아니지만 특히 무문자無文字 문화의 작품들의 경우) 개인 저자를 알 수 없다는 점에서 신화와 공통점을 가지며, 그리하여 신화학의 진영에 들어오게 된다. 예를 들어 영화는 옛 농담에서의 낙타와 마찬가지로 종종 위원회에 의해 만들어진다.• 이와 마찬가지로 의심의 해석학은 위대한 문학작품에 있어서 개인 저자의 의도에 대한 질문을 부적절한 것으로 간주함으로써 그 작품을 신화학자들의 먹잇감으로 만들어준다. 셰익스피어가 무엇을 "의미했는지" 파악하기 위해서는 엘리자베스 시대 영국에 대해 많은 것을 알 필요가 있을 것이다. 그러나 저자의 의도를 파헤치는 것이 더 이상 현실적인 목표로 간주되지 않는다면, 셰익스피어의 이야기들과 그의 독특한 이야기 방식을 다른 문화권의 작가들과 비교하기 위해 셰익스피어의 사회적 컨텍스트를 알 필요는 없다. 태드 프렌드••는 저작권법하에서 영화들 사이에서 무

- • "낙타는 위원회가 고안한 말이다A camel is a horse designed by a committee." 여러 사람이 모여서 논의해 나온 결과를 비웃는 속담이다.
- •• 태드 프렌드Tad Friend(1962-)는 1998년부터 잡지 『뉴요커』의 필진으로 일했으며, 「캘리포니아에서 온 편지Letter from California」라는 칼럼을 썼다.

엇이 "실질적으로 유사한 것"인지 구분하는 것의 어려움과, 대부분의 구분 기준의 "본질적으로 주관적이고 확실성 없는" 본성에 대해 이야기하면서 다음과 같이 말했다. "만약 셰익스피어가 오늘날 살아 있다면 그는 〈웨스트 사이드 스토리West Side Story〉의 제작자를 표절로 고소하는 데 어려움을 겪었을 것이다. 왜냐하면 부분적으로 그는 늘 그렇듯이 [*그의『로미오와 줄리엣』의] 플롯을 아서 브룩Arthur Brooke의 지루한 서사시, 『로메우스와 줄리엣의 비극적 이야기The Tragicall Historye of Romeus and Juliet』에서 훔쳐 왔기 때문이다."[75]

따라서 포스트모던적 비판은 개인 저자에 집중함으로써 생기는 왜곡을 피할 수 있도록 도와준다. 힐러리 맨틀은 존 데모스의 책에 대한 토론에서 이러한 문제들을 풀고자 하는 여러 가지 시도에서 나타나는 결함들을 지적했다.

> [이전] 책에서 데모스는 개개인에 너무 주목하지 않기 위해 주의를 기울였다. 그 대신 그는 일화적 방법anecdotal method을 개선시키고자 했다. 그는 개인적 성향과 개인적 운명의 특이성에 의해 왜곡되지 않은 폭넓고 일반적인 묘사를 위해 주민들의 삶을 집단적으로 묘사했다. 이것은 소중한 작업이고 그의 책은 빠르게 많은 정보를 전달해준다. … 그러나 상상력이 풍부한 사람에게 왜 일반화의 방법이 뭔가 부족한 것처럼 보이는지는 쉽게 알 수 있다. 모두에게 진실인 것은 누구에게도 진실이 아니다.[76]

75 Tad Friend, "Copy Cats".

만약 공통적인 핵심에 있는 것만을 선택한다면 인간적인 의미를 잃을 위험이 있다. 이러한 보편화의 덫을 피하기 위해서는 방향을 틀어 다른 많은 인간의 "개인적 성향"을 분명히 설명해야 할 것이다.

각각의 이야기가 공통의 기반에 매번 뭔가 독특한 것, 때때로 무엇인가를 변형시킬 만큼 독특한 것을 첨가하기 때문에 우리는 각각의 이야기에 대해 다음과 같은 의례적 질문들Passover questions•을 던져야만 한다. 왜 이 판본이 다른 판본들과 다른가? 이 이야기가 어떤 특별한 공헌을 하는가? 따라서 우리는 우리의 비교 문화적 패러다임을 비교 문화적 주제의 특정한 이야기들이 주는 독특한 통찰력에 고정시키는 것이 더 좋을 것이다. 이것이 보편주의와 문화적 본질주의 사이의 진퇴양난에서 균형을 잡고 나아갈 수 있는 한 방법이다. 즉 개별 신화들로부터 얻은 통찰력에 집중함으로써 우리는 모든 인도인이 다 똑같다거나 모든 유대인이 다 똑같다는 가정을 할 필요가 없는 것이다. 한 나라의 한 신화의 이야기는 같은 나라 안의 다른 이야기뿐만 아니라 다른 나라의 이야기와도 어떤 점들을 공유할 수 있다. 분석을 하는 개별 학자가 삼각형의 제3의 면을 구성한다는 것에 대한 우리의 인식이 반反본질주의의 정초를 마련해주듯이 텍스트 저자의 개인적 공헌에 대한 인식 역시 그런 역할을 할 수 있다. 이 초점은 차이를 심각하게 다루고 이를 끝까지 밀고나가서, 한 개인의 통찰력이 그녀의 특정한 순간을 넘어서서

---

76 Mantel, review on John Demos, *The Unredeemed Captive*, *London Review of Books*, October 20, 1994, 20.

• 유월절Passover 의례에서 유대인들의 이집트 탈출, 유월절 의례의 의미 등에 관해 물어보는 의례적으로 고정된 질문을 뜻한다.

시간과 공간을 초월해 우리에게 말을 건네는 지점까지 나아간다. 개별적인 것에 대한 강조는 문화에서 비교 문화로, 외부로 향하는 움직임과, 문화에서 개인 저자로, 내부로 향하는 움직임 사이의 균형을 이룬다. 이것은 개별적인 것에 대한 초점과 연속체의 또 다른 끝에 있는 인류에 대한 초점 — 현미경과 망원경 — 사이에서 균형을 이룬다. 따라서 그것은 문화의 범주를 제한하려는 시도에 대항하는 전투의 제2의 전선을 연다.

이 방법은 『끝이 좋으면 다 좋아』를 단지 자신의 부인을 거부하는 남자에 대한 전형적인 (혹은 심지어 비전형적인) 이야기로만 읽어서도 안 되며, 또한 엘리자베스 시대 영국의 컨텍스트에서만 읽어도 안 된다고 주장한다(이는 셰익스피어가 다른 모든 엘리자베스 시대 작가를 만들어낸 똑같은 영향력들에 의해서 "설명될 수 있다"고 가정하는 접근 — 로라 보해넌에게 셰익스피어는 "매우 영국적인 시인"이라고 말하며 도전한 영국인의 주장의 연장 — 이기도 하다). 그 대신 이 방법은 그 텍스트를 다른 사람들과 많은 면에서 달랐던, 엘리자베스 시대 한 영국인의 독특한 통찰력으로서 다루고자 한다. 이처럼 개인의 통찰력에 초점을 맞추는 것은, 겉보기에는 유사 융학파의 보편주의와 닮았으나 사실은 개인 저자의 개인적인 점으로 형성된 **점묘법**에 기반을 둔 "같음"을 사실로 가정함으로써 폴 리쾨르Paul Ricoeur가 이차 순진성second naïveté•이라 부른 것의 다양한 형태로 우리를 이끈다.

• 폴 리쾨르(1913-2005)는 프랑스의 철학자. 렌과 소르본에서 철학을 공부했으며 제2차 세계대전 중에는 독일군의 포로가 되어 5년 동안 포로수용소에서 지내기도 했다. 프랑스 대학에서 가르치기 시작했으나 이후 프랑스를 떠나 미국, 캐나다 등의 대학에서 가르치다 은퇴한 후 다시 프랑스로 돌아갔다. 가장 큰 영

애니 딜러드는 중국인 작가들에 대한 자신의 책에서 이에 대해 다음과 같이 주장한다.

> 중국의 실상에 대한 논의는 전문가들에게 남겨놓겠다. 나는 단지 몇몇 작은 이야기를 들려주고 어떤 특정한 순간들을 정확하게 묘사하고자 한다. 이러한 순간들을 모아놓으면 다른 방향의 많은 첨예한 지점에 대한 어떤 인상을 줄 수 있지 않을까 — 복잡성에 대한 생생한 느낌을 전달해줄 수 있지 않을까 — 하고 기대하면서. 이 장의 내러티브와 분석은 물론 가치중립적인 것이 아니다. 그러나 나는 이것들이 모순적인 인상을 만들어내길 바란다.[77]

"모순적인 인상"이야말로 바로 내가 내 방법을 통해 만들어내길 바라는 것이다. 아래로부터 논증을 전개하며 실제 사람들을 강조하면, 위로부터 논증을 전개하며 비교 문화적 일치의 근원으로 어떤 초월적 행위자를 가정할 때 생기는 문제들을 피해 가게 된다. 그리고 이 실제 사람들은 단지 정치적인 행위 주체만이 아니다. 그들의 텍스트는 여러 다른 어젠다를 지니고 있다.

조안 스콧은 다양한 종류의 역사 구축에서 [*여성이라는] 집단

향을 끼친 영역은 해석학, 해석 이론이며 종교적 믿음과 사회정의에 대한 관심을 지속적으로 자신의 학문 속에 녹여냈다. 리쾨르는 종교적 이야기와 교리를 의심 없이 그대로 믿는 것이 일차 순진성이라면, 이로부터 거리를 두고 비판적 관점으로 이를 다시 검토하고 종교적 이야기들의 상징성을 인식한 후, 그럼에도 불구하고 이를 믿겠다는 결심을 하는 것을 이차 순진성이라 명명했다.

77 Dillard, *Encounters with Chinese Writers*, 4.

을 호명하고자 하는 — 겉보기에 개인을 강조하는 것과는 반대되어 보이는 — 페미니스트의 바람을 추구하면서 개개인의 이름을 사용하는 것에 대해 다음과 같이 묘사했다.

> 우리는 과학자들, 발명가들, 정치가들 그리고 예술가들의 명단에 개별 여성들의 이름을 첨가해야 한다고 주장했다. 사실 비역사적 집단 범주로부터 빠져나오는 최상의 방법은 각각의 여성들을 개별화하는 것이다. 나는 처음에는 이 전략이 왠지 꺼림직하게 생각되었다. 왜냐하면 그것이 모든 집단 범주화를 개별성에 정반대되는 것으로 보고 거부하는 보수적인 비판에 동조하는 것처럼 보였기 때문이다. 나는 마침내 서로 다른 특색을 지닌 개인들을 포함시키는 것이 추상적 개인으로부터 그의 독특성과 보편성을 빼앗는 것이 아니라고 결론지었다.[78]

즉 수많은 개인을 포함시키는 것은 이상적 개인(조안 스콧의 주장에서 보면 남성이자 백인)의 개념이 기준이 되는 것을 막는다.

개별 텍스트를 강조함으로써 우리가 잃는 것은 무엇인가? 우리는 문화 연구에 유용한 통계적 분석, 대략적인 도표로 제시되는 일종의 큰 그림을 잃는다. (x는 힌두 텍스트에서 중심적이고 되풀이해서 나타나는 텍스트다. y보다 x의 판본이 더 많다. 여성들은 y보다 x를 더 많이 본다. 그런데 — 제한적 매개변수 안에서 — x는 없다[우리가 다른 곳에서 x를 알기 때문에 x를 기대하고 있을 때 이는 즉 짖지 않는 개다].) 그러나 우

---

[78] Joan W. Scott, "Gender and the Politics of Higher Education", ms., 15.

리는 모든 개별 텍스트를 한데 모음으로써 다른 종류의 큰 그림을 얻는다.

보편주의를 민족 단위의 온전성에 대한 식민주의자의 비하로 바라보는 사람은 또한 개별적 독창성에 관한 강조를 민주주의적 단위에 대한 엘리트주의자의 비하로 바라볼 것이다. 개인에 대한 강조가 엘리트주의라고 가정하는 것은 그 정반대, 즉 인류 전체에 대한 강조는 곧 파시즘이라고 가정하는 것만큼이나 어리석은 짓이다. 개별 이야기꾼에 대한 강조를 엘리트주의라고 할 수 있는 것은 단지 이 단어의 아주 협소한 의미 — 즉 일부의 사람들이 한 집단 안에서 "선택"되었다는 것 — 에서일 뿐 그 이상의 폭넓은 함축 — 즉 이 선택받은 사람들이 특정한 사회적 혹은 문화적 이점을 갖는다는 것 — 을 지니지는 않는다. 그러한 강조는 재능(이 경우에는 이야기꾼의 재능)의 불평등한 분배는 인정하지만, 재능이 사회의 어떤 수준에서는 발견되고 다른 수준에서는 발견되지 않을 것이라고 가정하지는 않는다. 우리의 개별 예술가들을 서구라는 요새 안에서뿐만 아니라 주목받지 못하고 별로 알려지지 않은 구전 전통과 거부된 이단들 안에서도 찾는 것, (솔 벨로우Saul Bellow의 악명 높은 도전에 대한 대답으로)[79] 줄루족Zulus의 톨스토이들, 파푸아인Papuans의 프루

---

[79] 찰스 테일러Charles Taylor는 보통 솔 벨로우가 했다고 여겨지는 이 말을 자신의 책 *Multiculturalism*, 42에서 논의했다. "솔 벨로우가 대충 다음과 같이 말했다고 유명하게 인용될 때, 즉 '줄루족이 톨스토이와 같은 작가를 배출하면 우리는 이를 읽을 것이다'라는 식으로 말했다고 할 때, 이는 유럽인의 전형적인 거만한 진술로 받아들여진다. 이는 벨로우가 이른바 실질적으로 줄루족 문화의 가치에 대해 무감했기 때문만이 아니라 또한 흔히 인간 평등의 원칙에 대한 거부를 나타내고 있는 것으로 보이기 때문이다." 테일러는 여기에 주를 또 첨가해서 내

스트들 그리고 또한 길거리 낙서와 B급 영화의 예술가들에게 경의를 표하는 것 등은 좁은 범위의 문화적 우수성을 옹호하는 것이 아니라 그 반대로 어느 한 문화에서 나올 수 있는 것보다 더 폭넓은 영감의 구축을 옹호하는 것이다. 줄루족 가운데는 톨스토이들이 없다는 것이 사실일 수도 있다. 그러나 그렇다면 러시아인들 가운데는 얼마나 많은 톨스토이들이 있는지 물어봐야 할 것이다. 즉 그처럼 고도로 독창적인 개인들은 문자를 가지고 있는 집단에서나 그렇지 않은 집단에서나 모두 매우 드물게 나오기 때문이다. 또한 서로 다른 문화는 저마다 서로 다른 면에서 뛰어나며, 또 그 문화가 경탄하는 재능도 저마다 다르다는 것을 주지할 필요가 있다. 우리에게 독창적으로 보이는 것이 그 문화에서는 가치를 지니지 못하고 우리 문화에서 가치를 지니며, 그리고 아마도 그 고유문화 안에서는 독창적이라기보다는 이상하다고 불릴 수도 있다. [*이 문제를 풀 수 있는] 책략은 그 문화가 독창적이라고 간주하는 것과 그 문화는 멸시하더라도 우리는 경탄할 수 있는 것, 이 두 가지 모두를 이해하는 (아마도 사랑하기까지 하는) 법을 배우는 것이다.

줄루족의 톨스토이들에 대한 질문은 누가 어떤 작품들과 작가

가 하고 싶은 말을 하고 있다(42 n18). "나는 솔 벨로우가 정말 정확히 이렇게 말했는지, 혹은 다른 누군가가 말했는지 알 도리가 없다. 내가 이를 인용하는 이유는 단지 이 말이 사람들 사이에 널리 퍼져 있는 태도를 잘 포착하고 있기 때문이다. 물론 그렇기 때문에 이 말이 인기 있는 것일 테고." 벨로우는 후에 자신이 이런 말을 한 적이 없다고 부인했다. 그러나 『뉴욕 타임스』의 앨런 블룸Allan Bloom의 프로필에 이 말을 처음 인용한 제임스 아틀라스James Atlas는 여전히 벨로우가 이런 말을 한 것이 사실이라고 주장하며, 『뉴요커』의 벨로우 프로필에도 이 말을 또 인용했다. *The New Yorker*, "The Shadow in the Garden", 84.

들을 "좋다"고 결정하는지, 그리고 어떤 근거에서 그런 결정을 내리는지에 관한 질문이다. 고급문화로부터 대중문화에 이르는 사회의 모든 차원의 개인들에 대한 나의 강조는 이 질문에 답하기 위해 고안되었고, 그뿐만 아니라 해체주의자들의 보편주의에 대한 반대 그리고 내가 옹호하는 일종의 휴머니즘에 대한 반대 — 휴머니즘이 특권자들의 이익에 기반을 둔 이데올로기적 허구를 부당하게 보편화시킨다는 반대 — 에 답하기 위해 고안되었다. 나는 또한 궁극적으로 같음의 컨텍스트에서 가장 잘 나타나는 차이의 특별한 섬광을 옹호하는 입장이다. 전체 계층이나 문화의 특징에 대한 강조는 다른 문화권에서 발견되는 유사점뿐만 아니라 그 어떤 문화의 독창성도 잡아내지 못하는 반면, 한 개인(다른 이와 비교해볼 때 좀 영감이 떨어지는 개별 이야기꾼)에 대한 강조는 비록 제대로 된 설명을 제공하지는 못할지라도 최소한 이러한 영감의 순간을 정확히 집어낼 수는 있다. 내가 **점묘법**에 대해 말한 그리고 [*앞으로] **브리콜라주**에 대해 말할 주장은 새로운 것에 대한 순진한 요구에 맞서기 위한 것이다.

유비적 상상력을 논의하며 데이비드 트레이시는 "부정의 긴장된 힘"을 결코 잃어서는 안 된다고 경고한다. 트레이시는 "이 힘을 잃게 되면 유비적 개념은 시시한 비슷함의 범주가 되어버린다. 차이 속의 유사성이라는 위치에서 추락한 유비적 개념은 그저 단순한 비슷함이 되어버리고 결국에는 긴장이 풀어진 동일한 목소리와 손쉬운 긍정의 하모니의 무미건조함 속으로 떨어지게 된다"고 말한다.[80] 내가 주장하는 이와 비슷하면서도 다른 맥락, 즉 신학적이

---

80 Tracy, *The Analogical Imagination*, 410.

라기보다는 신화적인 컨텍스트에서 "부정의 긴장된 힘"은 "역사적 구체성의 긴장된 힘"이라 부를 수 있는 것에 의해 실현되며, 나는 이를 "개별적인 것의 긴장된 힘"이라 부르고자 한다. 이 힘을 자각하지 못하는 것은 비교신화학 환원주의자들의 "손쉬운 긍정의 하모니"로 추락하는 것이다. 하지만 "차이 속의 유사성"을 자각하지 못하는 것 또한 우리의 작업에 치명적이다. 우리는 한 신화 속에 존재하는 구심력과 원심력 사이에서 균형을 잡아야만 한다.

신화학의 예술과 과학

제프리 하트만은 (그의 우선적인 관심사인 성서와 같은) 한 텍스트 혹은 (우리의 관심사인) 한 신화가 수많은 개인의 노력이 어우러진 "영광스런 패치워크"일 수 있으며, "그 이음새가 들여다보이는 것이 비록 신화적인 의미에서의 장점은 아닐지라도 마치 현대의 콜라주에서처럼 일종의 예술적인 미덕일 수 있다"고 주장했다.[81] 신화는 신학자들의 영역인 만큼 예술가들의 영역이기도 하기에 나는 하트만이 말하는 이 이음새에 대한 옹호에 동참하고자 한다. 그러나 트레이시가 보여주었듯이 심지어 신학자들도 다원적일 뿐만 아니라 예술적이기도 하다. 나는 "예술이 주변화되는 곳에서 종교는 사적인 것이 된다"[82]고 주장한 그의 말에 전적으로 동의한다. 보통 예술가 개인에

---

81   Geoffrey H. Hartman, "Midrash as Law and Literature", 339.
82   Tracy, *The Analogical Imagination*, 13.

초점을 맞추는 것은 일종의 사사화私事化privatization로 간주되며, 문화를 상세하게 다룬 연구만이 진정으로 공적이라고 받아들여진다. 그러나 나는 개별 텍스트들에 대한 상세한 비교가 다수의 개인에 의해 공유된 특성을 정확히 밝혀주고 있음에도 왜 공적인 것이 될 수 없는지 모르겠다. 나는 훌륭한 비교 연구자가 (비교 연구에 예술적 예들을 사용함으로써) 예술을 탈주변화하는 동시에 (이러한 개별적인 예들이 광범위한 인간사의 연속체에 어떻게 적절히 연관되어 있는지 보여줌으로써) 종교를 사적인 것에서 벗어나게deprivatize 만들려고 애쓰길 바란다.

비교 연구자는 반쯤은 과학자이고 반쯤은 예술가다. 그런데 거의 그렇게 인정받지 못한다. 로리 패튼이 말했듯이 "현미경은 예술가와 과학자 모두에 의해 사용되며 그들이 남긴 유산은 시적인 동시에 이성적이다. 종교학자는 모든 방법론을 다 갖추고서도 그다지 운이 좋지 못하다. 한 사람이 정확하고 과학적으로 흥미로우면서 동시에 시적일 수 있다는 생각은 종교학이 인문과학을 흉내 내기도 하고 문학을 흉내 내기도 하고, 그러다가 결국 둘 다 잘하지도 못하며 갈팡질팡하는 동안 사라져버렸다."[83] 그렇지만 우리는 컵이 반이나 비었다고 생각하기보다는 반이나 차 있다고 생각할 수 있고, 그래서 비교 연구자는 예술가로서 그리고 학자로서 적절하게 현미경(그리고 망원경)에 대한 이중적 요구를 지닌다고 주장할 수 있다.

신화학 연구가 과학적 기획이라는 생각은 막스 뮐러(『언어 과학[*언어학] 강의Lectures on the Science of Language』)로부터 융(『신화 과학

---

83 Laurie Patton, 1997년 1월 에모리대학에서 있었던 나의 American Lecture on the History of Religions 강연 소개말.

[*신화학]에 관한 에세이들Essays on a Science of Mythology』) 그리고 레비스트로스(『신화 과학[*신화학] 입문Introduction to a Science of Mythology』 — 비록 레비스트로스는 후에 미국인 출판업자가 레비스트로스 자신도 모르게 이러한 제목을 붙였다고 주장하기는 했지만)[84]에 이르기까지 계속 이 학문 분과를 따라다니며 괴롭혔다. 그렇지만 우리가 과학보다 예술에 빚지고 있는 부분을 인정한다면 반증 가능성과 같은 기준에 굴복할 필요가 없다. 우리는 또한 예술가로서의 우리의 위치를 이용해서 조너선 스미스가 주장하는 것처럼 비교 연구자가 창조하는 것은 "저 밖에" 있지 않고 비교 연구자의 마음 안에 있다는 이야기를 인정할 수도 있다. 그러나 이러한 이야기는 너무 많이 양보하는 것이 될 것이다. 왜냐하면 내가 암시된 거미에 대해 주장했던 것처럼 그것은 단지 개별 학자의 마음에만 존재하는 것이 아니며, 저 밖에도, 다른 사람들의 마음 안에도 존재하는 것이기 때문이다. 사실 우리는 우리가 과학자를 신뢰하는 방식과는 다른 방식으로 예술가를 신뢰한다. 과학자의 경우 실험의 진위를 파악하거나 혹은 똑같이 반복할 수 있는, 혹은 심지어 공식을 적용할 수 있는 우리의 능력 때문에 그녀를 신뢰한다. 그러나 예술가의 경우 우리는 그녀의 능력, 즉 마치 과학자처럼 저 밖에 놓인 현상들 사이의 연관성(그것이 아무리 주관적인 것이라 할지라도)을 볼 수 있는 그녀의 능력에 대한 믿음 때문에 그녀를 신뢰한다. 제시 노먼이 예술은 "안에서 밖으로" 작동한다고 말했듯이 나는 비교신화학은 밑에서 위로 작동한다고 주장한다. "예술은 보편적 감정의 개별적 표현이기 때문에 우

---

84   Claude Lévi-Strauss, 1980년 10월 파리에서 사적인 대화.

리 모두를 하나의 가족처럼 만들어준다."[85]

예술은 "단지" 예술이 아니다. 거미(혹은 신화 작가)가 처음부터 무로부터 창조할 수 있는 것이 아닌 것처럼 결국 소설가도 처음부터 무로부터 창조해내는 것은 아니다. 시인은 모든 연상 작용을 동원해 가능한 단어를 사용한다. 한편 과학은 "단지" 과학이 아니다. 토머스 쿤[86]을 비롯한 다른 이들이 보여주었듯이 과학의 많은 부문에는 상당한 양의 주관성과 문화적 구성이 개입되어 있다. 따라서 예술과 과학은 각각 그 자체 내에서 그리고 또 서로 함께 또 다른 연속체를 형성한다. 이 연속체는 저 밖의 자료와 여기 영감에 의존하는 정도에 따라 형성된다. 비교 연구자는 이 연속체 위에, "순수한" 예술가와 "경험적인" 과학자 사이의 중간 지점에 서 있다.

비교 연구자가 다루는 현상들은 텅 빈 캔버스에 그림을 그리는 화가들 같은 대부분의 예술가가 다루는 재료들보다 훨씬 더 "저 밖에" 있다. 비교 연구자는 마치 초현실주의자처럼 오브제 트루베 objets trouvés[*우연히 발견된 재료]를 선택한다. 비교 연구자는 화가가 아니라 콜라주 작가, 즉 사실상 신화 자체를 만드는 작가들처럼 브리콜라주 작가(혹은 브리콜뢰르 bricoleur[*손재주꾼])다. 호시디우스 게타는 베르길리우스의 시구들을 빌려 와서 그것들을 소위 "패치워크 시"로 재배열해 메데아 이야기를 만들었다.[87] 발터 벤야민의 콜라주는

---

85 Jessye Norman, 1997년 6월 6일 래드클리프 칼리지의 강의.
86 Thomas Kuhn, *The Structure of Scientific Revolution*.
87 Hosidius Geta, *Medea*. 3세기 초반 아프리카에서 쓰인 것으로 추정되는 이 발췌 형식의 시문은 패치워크 시로는 가장 길 뿐만 아니라 유일하게 비극 형식이다. Scott McGill, *Virgil Recomposed*, 2장을 보라.

이 전통에 무엇인가 기대고 있다. 이와 마찬가지로 애니 딜러드의 "발견된 시들"에 대한 멋진 책도 그렇다. 그 책의 각각의 시들은 모두 다른 누군가에게서 빌려 온 단어들을 편집하고 재배치하여 만들어졌으며 그렇게 만들어진 시들은 틀림없는 애니 딜러드의 목소리를 들려준다.[88] 이는 신화를 만드는 브리콜뢰르의 아주 생생하고 구체적인 예이다. 또한 그것은 그렇게 분명하지는 않지만, 예술가와 과학자 양자의 작업, 그리고 비교 연구자의 작업에 모두 공평하게 적용되는 패러다임이다.

[88] Annie Dillard, *Mornings Like This*.

4장 미시 신화, 거시 신화 그리고 다성성

관점이 없는 신화

1장에서 나는 현미경의 시각과 망원경의 시각을 비교할 수 있는 신화 고유의 능력에 대해 논의했다. 2장과 3장에서는 서로 다른 문화의 신화가 서로 비교되며 또한 비교 가능하다는 것을 제시했다. 이 장에서는 비교를 가능하게 만드는 학문적 구축물로서 미시 신화와 거시 신화를 논의해볼 것이다.

신화는 다음과 같은 몇 가지 이유로 여러 번 되풀이되어 말해진다. 우선 공동체는 그 공동체가 사용하는 기표들에 고착되고, 그래서 그 기표들은 권위적인 것이 되며 역사적으로 기억을 환기시키는 것이 되기 때문이다. 또한 신화는 마치 **브리콜뢰르**가 사용하는 조각들처럼 언제나 가까운 곳에서 사용 가능한 것이고, 그래서 아무것도 없는 상태에서 무엇인가를 창조해내는 것보다는 이것들을 사용하는 것이 훨씬 더 쉽기 때문이다. 그리고 신화는 본질적으로 카리스마적이기 때문이다. 그러나 신화의 생존 전략 가운데 가장 강력한 것은 아마도 거꾸로 설 수 있는 능력일 것이다. 신화라는 단어 자체는 대부분의 경우 역사적 융합 과정에 의해 하나의 의미와 그 정반대의 의미를 동시에 지니게 된, 소규모이지만 흥미로운 단어 집단 중 하나다("무엇인가에 달라붙다"와 "둘로 쪼개다" 둘 다를 의미하는 *cleave*처럼). 이와 마찬가지로 라틴어 *sacer*(영어의 "sacred")는 "멋진" 혹은 "끔찍한"이라는 의미를 지니며, *altus*는 컨텍스트에 따라서 "높은" 혹은 "깊은"이라는 뜻을 지닌다. *Kal*은 힌디어에서 "어제" 혹은 "내일"을 의미하며, 이러한 모호함은 남아시아인들 사이에 만연한 시간에 관한 혼동의 전부는 아닐지라도 상당수에 대한 설명이 된다. 그러나 이 단어는 기본적으로 단지 "시간"을 의미하며, (어느 방향으로든지) "오늘로부터 하루"라는 의미를 함축한다. 앵글로 인디언Anglo-Indian이라는 말은 더 복잡한 모순이 내재된 말로서, 식민지 인도의 최상위 사회계층(식민지 인도를 통치하는 영국인 귀족)을 의미하거나, 최하위 계층(영국-인도 혼혈아)을 의미한다. 옥스퍼드대학과 하버드대학 교수를 지낸 해밀턴 깁 경Sir Hamilton A. R. Gibb이 말했다고 전해지는 오래된 명언에 의하면 모든 아랍어 단어는 일단 일차적인 의미를 갖고, 이어 그와 정반대되는 의미를 지니며, 또한 낙타와 관련된 무엇인가를 의미하며, 마침내는 뭔가 외설적인 것을 의미한다고 한다.[1] 이와 마찬가지로 내가 다녔던 1960년대 하버드대학에서는 모든 산스크리트어 단어는 그 자체의 의미와, 그 정반대의 의미, 신의 이름, 그리고 성 관계에서의 체위를 의미한다는 말이 떠돌았다.

단어뿐만 아니라 생각 전체도 종종 정반대되는 것을 포함한다. 닐스 보어Niels Bohr의 아들 한스에 따르면 닐스 보어는 "두 종류의

---

1 Joel Kraemer, 1996년 1월 사적인 대화.

진리를 구분했다. 심오한 진리들은 그 정반대 역시 심오한 진리라는 사실에 의해 인정되며, 반대로 하찮은 진리들은 그 반대가 명백히 터무니없는 것이다".² 그리고 토마스 만Thomas Mann은 『프로이트에 관한 에세이Essay on Freud』(1937)에서 "위대한 진리는 그 반대 역시 위대한 진리다"라고 말했다. 다른 많은 재담과 마찬가지로 이것 역시 오스카 와일드로 거슬러 올라갈 수 있다. "예술에는 하나의 보편적 진리라는 것이 없다. 예술에서의 유일한 진리는 진리의 반대 역시 진리라는 것이다."³ 이러한 생각의 비교적 초창기 표현에 대한 멋진 도전이 한델스만이 『뉴요커』에 그린 만화에 나타난다. 거기서 19세기 옷을 입은 한 편집자가 한 작가에게 말한다. "디킨스 씨 당신이 결정을 내렸으면 좋겠습니다. 그러니까 그때가 가장 좋은 시절이었습니까 아니면 가장 나쁜 시절이었습니까? 둘 다일 수는 없지 않겠습니까."⁴

이러한 종류의 이중 시각에 대한 또 다른 메타포는 달에 보이는 검은 형체다. 미국인들과 유럽인들은 이를 달에 사는 남자의 얼굴이라고 생각했으며(일부 유대 전통은 이를 평생 떠돌아다닐 저주를 받은 카인과 동일시했다), 다른 문화권에서는 이를 여성, 혹은 사슴, 버팔로, 개구리 등등이라 했다. 그러나 대부분의 힌두교도들은 (중국인, 일본인 그리고 아즈텍인과 마찬가지로) 산토끼hare를 봤다.⁵ (나는 또 다른 이중 시각인 적절하지 않은 영어 동음이의어 hare/hair[*산토끼/털]를

---

2   Hans Bohr, "My Father", 328.
3   Oscar Wilde, "The Truth of Masks", 마지막 문단.
4   J. B. Handelsman의 카툰, *The New Yorker*, 1987년 3월 9일.
5   Doniger, *The Hindus*, 11, 14.

피하기 위하여 이를 rabbit[*집토끼]이라 부른다. 물론 이를 집토끼라고 부르는 것은 내게 Rabbit in the Moon이라는 록그룹을 떠올리게 하지만.) 달에 사는 사람의 오른쪽 눈은 토끼의 귀로, 왼쪽 눈은 토끼의 가슴으로, 그리고 그의 입은 토끼의 꼬리로 생각될 수 있다. 철학자 루트비히 비트겐슈타인은 오리-토끼의 이미지가 의기양양한 토끼나 축 처진 오리[6]로 생각될 수 있지만, 동시에 둘 다가 될 수는 없다고 했다. (내 생각에 비트겐슈타인이 요새 인터넷에 떠돌아다니는 이중적 이미지를 봤다면 더 좋아했을 것 같다. 그것은 가까이서 보면 알베르트 아인슈타인 같지만, 5피트 떨어져서 보면 마릴린 먼로 이미지를 빼닮았다.)[7] 이것이 바로 신화가 우리에게 강요하는 것이다. 즉 둘 다를 동시에 보라는 것인데, 이것은 하나의 신화 속에 들어 있는 망원경과 현미경의 시각, 혹은 서로 다른 두 문화 안에 서로 다른 형태로 존재하는 "같은" 신화, 혹은 심지어 한 문화 안에서도 다른 사람들에게 서로 반대되는 의미를 지니는 "같은" 신화를 의미한다고 할 수 있다.

닐스 보어의 심오한 진리와 그 정반대에 대한 언급은 신화에 가장 밀접하게 적용될 수 있는데, 신화는 때때로 정반대되는 것뿐만 아니라 한쪽과 그 정반대되는 쪽 사이에 있는 모든 의미를 다 포함한다. 우리가 서론에서 살펴보았듯이 신화라는 말은 관점에 따라 "진실"과 "거짓"이라는, 매우 강하고 정반대되는 두 의미를 지닌다. 심지어 원-탈신화론자라 할 수 있는 플라톤도 신화에 대해 말

---

[6] Ludwig Wittgenstein, *Philosophical Investigations*, part II, paragraph xi; citing Jastrow, "The Mind's Eye".
[7] http://www.123opticalillusions.com/pages/albert-einstein-marilyn-monroe.php.

할 때는 일구이언했다고 할 수 있다.

그러나 진실이라는 사냥개와 함께 사냥하면서 동시에 그 반대되는 토끼(혹은 여우)와 함께 도망치며 달린다는 것은 사실 신화 그 자체다. 오랫동안 종종 진실이 거짓으로, 혹은 거짓이 진실로 간주되게끔 되어버렸기 때문이다. 샐먼 루시디는 "모든 이야기는 다르게 전개될 수도 있었던, 또 다른 버전의 이야기라는 환영에 끊임없이 시달린다"고 말했다.[8] 루시디는 계속해서 다음과 같이 말했다. "왜냐하면 모든 이야기에는 그것의 반대-이야기가 있으며 … 모든 이야기는 … 자신의 그림자 이야기를 갖고 있기 때문이다. 만약 이 반대-이야기를 원래의 이야기 속에 쏟아 넣는다면 둘이 서로서로를 감춰버릴 것이다. 빙고! 이것으로 이야기는 끝이다."[9] 로베르토 칼라소는 이 양날을 신화의 본질적인 특성으로 본다.

신화 속 행위들은 그와 반대되는 행위들 역시 포함한다. 영웅이 괴물을 죽인다. 그러나 심지어 그렇다 해도 우리는 그 반대, 즉 괴물이 영웅을 죽이는 것도 참이라는 것을 감지한다. 영웅이 공주를 데려간다. 그러나 그렇다 해도 우리는 그 반대, 즉 영웅이 공주를 버리는 것 또한 참이라는 것을 감지한다. 어떻게 이를 확신할 수 있는가? 바로 여러 다른 이본이 이를 말해준다. 이러한 이본들은 신화의 피가 계속 순환할 수 있도록 유지시켜준다. 만약 어떤 보이지 않는 손에 의해서 한 신화의 모

---

[8] Salman Rushdie, *Shame*, 116.
[9] Salman Rushdie, *Haroun and the Sea of Stories*, 160.

든 이본이 다 지워지고 사라져버렸다고 상상해보자. 그 신화는 여전히 똑같은 신화일 수 있을까? 여기에 바로 신화와 다른 종류의 내러티브를 구분하는 실낱같은 차이가 있다. 이본들이 없어도 신화 안에는 반대되는 것들이 포함되어 있다.[10]

사실 우리는 이를 (소설과 같은) 다른 종류의 내러티브와 비교하여 신화를 정의하는 성격들 중의 하나로 뽑아볼 수 있다. 신화는 여러 번 반복하여 다시 이야기되는 내러티브로서 다양한 의미 구성을 가능하게 하는 투명성을 지니며, 역설적인 의미들이 팽팽한 긴장 관계 속에 공존할 수 있게끔 해주는 중립적 구조다. 렌즈의 성질이기도 한 이 투명성은 그 어떤 다른 내러티브보다도 신화가 (다양한 관점을 가진 개인들의 집합으로서의) 한 집단에서 공유되며 시간을 초월해 (서로 다른 관점을 지닌 서로 다른 세대를 거쳐 내려오며) 살아남을 수 있도록 만들어준다.[11]

신화의 투명성은 최소한 다음과 같은 세 가지 중요한 효과를 갖는다. (1) 어떤 단일한 이야기에도 여러 목소리가 통합되어 있을 수 있다. (2) 어떤 신화도 제각기 고유한 목소리를 지니며 다르게 이야기된 것, 다른 이본들을 만들어낼 수 있다. (3) 어떤 단일한 이야기도 여러 가지 해석이 가능하며, 이는 전통 안에서 그리고 전통 밖의 다른 학자들에 의해서 이뤄질 수 있다. 이 장에서 나는 우선 이 세 측면을 모두 가능하게 만드는 투명성에 대한 논의에서부터 시작해서,

---

10 Robert Calasso, *The Marriage of Cadmus and Harmony*, 280.
11 Doniger O'Flaherty, *Other Peoples' Myths*, chapter 2.

신화의 이러한 다중성과 다성성이 지니는 정치적 함축에 대한 논의로 나아감으로써 서로 연관된 신화의 이 세 측면을 고찰해보겠다.

투명성은 신화의 뒤에 놓인 경험에서부터 비롯되며, 신화는 다른 관점을 지닌 어느 누구에 의해서도 해석될 수 있는 것이라는 의미에서 투명하거나 혹은 중립적이라 할 수 있다. 비록 우리가 말해지지 않은 경험에 다가갈 수는 없다 하더라도 말해지지 않은 이야기, 아무런 관점 없이 말해진, 존재하지 않는 이야기를 가정해볼 수는 있을 것이다. 이 가설적 이야기는 신화의 이면에 놓인 가설적 경험과 완전히 똑같지는 않더라도 비슷하게 작동하는 학문적인 구축물이다. E. M. 포스터는 이야기와 플롯을 다음과 같이 구분했다. "'왕이 죽고 그다음에 왕비가 죽었다'는 이야기다. '왕이 죽고 그다음에 왕비가 슬픔에 빠져 죽었다'는 플롯이다."[12] 그는 계속해서 다음과 같이 말한다.

> 왕비의 죽음에 대해 생각해보자. 만약 이것이 하나의 이야기라면 우리는 "그래서 그다음에는?" 하고 말한다. 만약 이것이 하나의 플롯이라면 우리는 "왜?"라고 묻는다. 이것이 바로 소설의 두 측면 간의 근본적인 차이다. 입을 헤 벌리고 있는 원시시대 혈거인들이나 전제군주 술탄, 혹은 오늘날 그들의 후예인 극장 관객들에게 플롯을 이야기해줄 수는 없다. 그들은 오로지 "그리고 그다음에는 이렇게 되고 ― 그래서 그다음에는 또 저렇게 되고 ―"와 같은 구성에 의해서만 깨어 있을 수 있기 때

---

12   E. M. Forster, *Aspects of the Novel*, 130.

문이다. 그들은 오로지 호기심만을 채운다. 그러나 플롯은 지력과 기억력 또한 요구한다.[13]

나는 "원시시대 혈거인들"(인도에서 살며 글을 썼던 포스터는 분명 이 말로 당시의 비서구 청중을 언급하고 있을 것이다)과 "극장 관객들(그 안에 나도 포함된다)"도 플롯을 들을 능력을 충분히 갖추고 있다고 생각한다. 사실 내가 이야기와 플롯 사이에서 구분 짓고자 하는 점은 이야기만을 듣는 사람은 거의 없으며 텍스트의 대부분은 이야기가 아니라 플롯 — 텍스트는 계속 "왜?"라고 질문하며 이에 대해 다양한 답변을 제공한다 — 이라는 점이다. 하나의 신화는 하나의 이야기다. 그러나 이를 다시 말하는 것, 각각의 텍스트는 하나의 플롯이다. 만약 말하기 없는 경험이 존재할 수 있다면, 이 일이 왜 일어났는지, 혹은 이러한 일이 일어났다는 것이 결국 무엇을 의미하는지(플롯) 말하지 않고서, 그저 "이런 일이 일어났다"(이야기)고 하는 것이 가능할 것이다. 그러나 우리는 절대로 이러한 경험에 다가갈 수 없다.

방금 지적했듯이 신화라는 단어는 오늘날 종종 하나의 관념(특히 그릇된 관념)을 지칭하는 것으로 사용되는데, 신화는 절대 하나의 관념이 아니다. 신화는 무수한 관념을 가능하게 하는 내러티브일 뿐 그 자체가 하나의 관념은 아니다. 신화는 고용된 총잡이, 즉 용병처럼 누구를 위해서도 싸울 수 있는 존재가 될 수 있다. 그래서 예를 들자면 윌리엄 보우덴이 베드 트릭이라는 특정한 신화적 주제에 대해 한 말을 떠올려볼 수 있다. "베드 트릭의 윤리는 그 자체로

---

13   Forster, *Aspects of the Novel*, 130-131.

는 좋지도 나쁘지도 않다. … 베드 트릭은 도덕적으로 중립적인 장치인데, 극작가들이 이를 기본적으로 도덕적인 맥락에서 사용하고 있을 뿐이다."[14] 도그마에 대한 신화의 태도는 왜 메시지를 전하는 영화를 만들지 않느냐고 물어보는 이에게 "메시지를 전하고 싶을 때는 웨스턴 유니온Western Union 전보사를 불러야죠"라고 대답한 샘 골드윈Sam Goldwyn•의 태도와 같다. 골드윈이 뚜렷한 메시지를 드러내는 것에 대해 반대하고 있다면, (곧 살펴보게 되듯이 신화를 말하는 텍스트가 아니라) 신화는 뚜렷하든 은밀하든 간에 어떤 구체적인 메시지에 대해서 적대적이라기보다 무관심하다.

그렇지만 과연 관점이 전혀 없는 신화가 존재할 수 있는가? 그렇기도 하고 그렇지 않기도 하다. 여자, 남자, 동산, 나무, 열매, 뱀 그리고 지식에 관한, 아무 표지 없는 중립적 경험이 있다고 가정해보면, 어떻게 히브리 성서의 지배적인 독해가 이 이야기를 그러한 모습(교활한 뱀, 금단의 열매, 사악한 여성, 불복종과 파멸의 지식)으로 말해주는지, 한편 그 신화에 대한 다른 말하기는 이것을 얼마나 다른 모습(생명을 주는 뱀의 형상을 한 자비로운 여신, 인간의 삶을 가능하게 한

---

14 William R. Bowden, "The Bed-Trick, 1603-1642", 118.

• 샘 골드윈(1879-1974)은 폴란드 출신의 미국 영화 제작자. 초기에는 라스키Jesse L. Lasky, 세실 드밀Cecil B. DeMille 등과 함께 라스키 컴퍼니The Jesse L. Lasky Feature Play Company를 만들어 파라마운트와 계약을 맺고 영화를 공급했다. 후에 브로드웨이 제작자 에드가 셀윈Edgar Selwyn, 아치볼드 셀윈Archibald Selwyn 형제와 함께 골드윈 픽쳐스Goldwyn Pictures를 만들었고, 이것이 1924년 메트로 픽쳐스Metro Pictures Corperation와 병합되어 MGM(Metro-Goldwyn-Meyer)사가 된다. 그러나 골드윈은 이후 MGM사에서 나와 자신의 제작사인 새뮤얼 골드윈 프로덕션Samuel Goldwyn Productions을 설립했다. 새뮤얼 골드윈 프로덕션에서는 〈폭풍의 언덕Wuthering Heights〉(1939), 〈우리 생애 최고의 해 The Best Years of Our Lives〉(1946) 등의 영화를 제작했다.

유용한 지식을 전달해준 축복의 열매)으로 주조했는지 이해할 수 있게 된다. 「창세기」에 대한 이 대안적 해석은 타락이 아니라 (무지와 압박의 장소인) 에덴동산으로부터 나와, (성의 즐거움은 말할 것도 없이)[15] 열린 기회와 자유와 지식의 장소인 보다 넓은 세계로 나아가는 진보, 즉 유혹적인 여인 혹은 교활한 뱀이 가져다준 선물을 암시한다. 영원한 유혹이 자유의 대가라고 주장하는 이러한 해석은 이미 고대 근동에서부터 성서 문헌 곁에 있어왔다고 (주로 페미니스트들에 의해서) 종종 이야기되지만,[16] 이를 뒷받침할 문헌적 증거는 없다. 하지만 뱀에 대한 (비록 여성에 대해서는 아니지만) 긍정적인 해석은 신이 악하고 뱀이 선한 존재로 나오는 오피스파•의 「창세기」에 수용되었다.[17] 여기서 뱀을 뜻하는 고대 희랍어 오피스ophis는 여성명사이기에 이것이 여성성을 암시한다고도 볼 수 있다.[18] 뱀에 대한 긍정적인 해석은

---

15 아담과 이브가 타락 이전에 성관계를 갖지 않았다는 것이 「창세기」 안에서 분명히 드러나지는 않는다. 「창세기」에 나와 있는 것은 단지 타락 이후에 그들이 자신들의 벌거벗음에 대해 알게 되었다는 것뿐이다. 이에 대해서는 많은 논쟁이 있다 — 밀턴은 그들이 타락 이전에 이미 성관계를 가졌을 것이라 말한다 — 그러나 나는 「창세기」가 그들이 타락 이후에 성적인 자각을 갖게 되었다는 것을 의미한다고 해석한다.

16 Elizabeth G. Davis, *The First Sex*를 보라. 또한 Robert Graves, *Adam's Rib*, 그리고 좀 더 최근작으로는 Karen Ziegler, "Creation Myths: Bridge to Human Wholeness", 15를 보라. "고대 중근동에서 뱀이 지혜, 예언, 신비한 지식과 연결되었다는 것을 제시하는 많은 증거가 있다. … 수메르에서 여신 니다바Nidaba는 … 때때로 뱀으로 묘사되었다."

• 오피스파라는 이름은 뱀을 뜻하는 고대 희랍어 오피스ophis에서 유래했으며, 기원후 100년경 시리아, 이집트 등지에 퍼져 있던 영지주의 분파들 가운데『구약성서』「창세기」에 나오는 뱀이 참된 지식 그노시스를 상징한다고 여겨 뱀을 중시하였던 이들을 일컫는다.

17 Ireneus 1.31

18 오피스에 관한 제안에 대해서 일레인 페이글스Elaine Pagels에게 고마움을 표한

낭만주의자들을 통해 더 발전되었다. 예를 들어 셸리˙는 사탄의 선물인 열매와 프로메테우스의 선물인 불 사이에서 직접적인 유비 관계를 보았다. 프로메테우스의 선물 역시 에덴동산의 열매와 마찬가지로 질투심에 가득 찬 신들의 분노와 불길할 만큼 유혹적인 첫 번째 여성, 판도라의 탄생을 초래했기 때문이다.[19] 셸리는 『사슬에서 풀린 프로메테우스』 서두에서 "프로메테우스와 얼마만큼이라도 닮은 유일한 상상적 존재는 사탄"이라고 밝히며, 따라서 에덴동산의 사탄에 대해서도 충분히 잘 쓸 수 있었을 테지만, (아마도 짐작컨대 그리스도교인) 독자가 텍스트에서 사탄에 대한 부정적인 가정을 떠올릴 것을 생각해서 그 주제를 선택하지 않았다고 말했다.[20] 하지만 찰스 램˙˙은 전혀 그러한 가책 없이 "인간이 다행히도 프로메테우스의 교묘함과 대담함으로 스스로 죄를 짓고 에덴동산에서 나올 때까

- 다. 1997년 5월 14일 사적인 대화.
- 퍼시 비시 셸리(1792-1822)는 영국의 시인. 바이런, 키츠와 함께 영국 낭만주의의 3대 시인으로 꼽힌다. 『사슬에서 풀린 프로메테우스』(1820), 「서풍의 노래Ode to the West Wind」(1820), 「종달새에 부쳐To A Skylark」(1820), 『헬라스Hellas』(1822), 『아도나이스Adonais』(1821) 등의 시 작품이 있으며, 시인의 예언자적 사명을 선언한 시론으로 유명한 『시의 옹호A Defence of Poetry』(1821년 작, 1840년 출판)를 썼다.

19 Hesiod, *Works and Days*, 54-105; *Theogony*, 535-616. Nicole Loraux, "Origins of Mankind in Greek Myths: Born to Die"; Laura Mulvey, "Pandora: Topographies of the Mask and Curiosity"; Froma Zeitlin, "Signifying Difference: The Case of Hesiod's Pandora"를 보라.

20 Percy Bysshe Shelley, *Prometheus Unbound*, Preface, 35-36.

- •• 찰스 램(1775-1834)은 영국의 시인이자 수필가. 누나 메리Mary와 함께 셰익스피어 희극 20여 편을 어린이들이 읽기 쉽게 이야기로 풀어낸 『셰익스피어 이야기Tales from Shakespeare』를 펴냈고, 후에 『엘리아의 수필Essays of Elia』로 명성을 얻었다. 시인으로서 친구였던 콜리지Coleridge의 시집에 몇 편의 시를 같이 싣기도 했다.

지 그곳은 원시 감옥일 뿐이었다"고 말했다.²¹ 마크 트웨인은 「창세기」 3장에 대한 자신의 견해를 다음과 같이 제시했다. "아담은 그저 인간이었다 — 이것이 모든 것을 설명해준다. 그는 사과 자체 때문에 사과를 원한 것이 아니었다. 그는 금지되어 있었기 때문에 사과를 원한 것일 뿐이었다. 실수는 뱀을 금지하지 않은 데 있었다. 그랬다면 그는 뱀을 먹어버렸을 것이다."²²

1793년 로열 타일러*가 지은, 에덴동산 신화에 대한 익살맞은 원proto-프로이트적 풍자시가 있다.

혼인의 축복도 모르고,
생명의 향유도 알지 못한 채
무의미하고 거친 애무로,
아담은 그의 처녀 신부를 희롱했네.
이브는 팔로 그를 꽉 끌어안고,
이리저리 손을 돌려 그를 가지고 놀다가
사랑의 정원 한가운데서
지식의 나무가 서 있는 것을 보았네.

---

21 Charles Lamb, Letter to William Wordsworth, January 22, 1830. *The Letters of Charles and Mary Lamb*.
22 Mark Twain, *Puddnhead Wilson and Other Tales*, 2장의 경구.
•   로열 타일러(1757-1826)는 미국의 법률가이자 희곡작가. 1787년 뉴욕에서 공연된 그의 희곡 『대조The Contrast』는 전문 배우들에 의해 공연된 미국 최초의 희극으로 여겨진다. 1797년 소설 『알제리인들의 포로The Algerine Captive』를 발표했으며, 소설과 희곡 작품 외에도 음악 드라마, 시, 에세이, 여행기를 남겼다.

...

그녀의 부드러운 손이 그것을 반쯤 감싸 안고,
그녀의 부푼 가슴을 그에게 기울인 채
그녀는 산홋빛 입술을 열어 그것을 맛보았네
하지만 먼저 그녀는 그 황갈색 껍질을 벗겨야만 했다네.

...

그러나 그 감미로운 즙을 이브가 맛보았을 때,
그녀는 온 몸의 힘이 녹아내리는 듯하여 단지 한숨만 내쉴 수 밖에 없었네.
"나는 ― 나는 내 생명이 없어져버린 것 같아.
이 순간 나는 먹고, 그리고 지금 죽는구나."
그러나 그렇게 높게 치솟은 나무가
활기 없이 줄어들어 아주 작아져버린 것을 보았을 때,
그녀는 그것을 가리키며 아담에게 부드럽게 속삭였네.
"보아요! 저기 죽음DEATH이 있어요! 그리고 저기 타락FALL이 있어요!"[23]

사실 이처럼 에덴동산의 나무를 남근으로 보는 해석 전통의 기반은 카발라Kabbalah 전통*에 있다.[24] (물론 나는 카발라 전통에서 타락이 발기

---

[23] Royall Tyler, "The Origin of Evil", 1793.

감퇴를 암시한다고 이야기한 적은 없다고 생각한다.)

내가 위에서 인용한 텍스트들은 에덴동산의 주제를 둘러싼 수많은 글과 이미지의 다양한 이본 중 극히 일부일 뿐이다. 에덴동산이라는 주제는 서구 문명사에서 가장 많이 개작되고 변형된 주제들 중 하나다. 「창세기」 신화에 대한 이렇게 매우 다른 구성이 가능할 뿐만 아니라 그것이 입증되었다는 사실로 인해 학자는 양극화된 해석들이 서로를 상쇄시킨 후 어떤 이상, 즉 나무, 여성, 뱀, 그리고 열매가 도덕적으로 중립적인 신화의 플라톤적 형상만이 남게 할 수 있다.

그러나 도덕적으로 굴절되지 않은 신화가 의미를 지닐 수 있는가? 나는 그럴 수 있다고 생각한다. 신화의 "중립적" 요소들은 내재적 의미를 지니고 있으며, 거기에 다른 의미의 층이 연속해서 끌려 들어간다. 우리는 "중립적" 혹은 굴절되지 않은 에덴동산 신화의 가설을 다음과 같이 만들어볼 수 있을 것이다. "한 여자와 한 나

- 카발라는 유대교 신비주의 전통을 일컫는 말. 인간과 우주의 본성, 존재의 본질과 질서 등에 집중된 신비주의적 토라 해석 전통이라고도 할 수 있다. 토라에 대한 신비주의적 해석 전통은 고대부터 있어왔지만, 카발라 전통의 가장 중요한 문헌으로 간주되는 『조하르』가 편집되어 나온 13세기경을 그 중요한 시작점으로 볼 수 있다. 『조하르』는 토라에 대한 신비주의적 주석과 신과 세계에 대한 신비주의적 논의를 담은 문집이다. 『조하르』에서는 아인소프Ein Sof라 불리는 무한 불변하는 신비로운 존재와 신의 창조로 만들어진 유한한 이 세계 사이의 관계를 설명하려고 하며, 세피롯Sefirot이라 불리는 신의 현현이 각각 케테르Keter(왕관), 호크마Hochma(지혜), 비나Binah(이해), 헤세드Chesed(자비), 게부라Gevura(힘), 티페레트Tiferet(아름다움), 호드Hod(위엄), 네차흐Netzach(영원), 예소드Jesod(기초), 말쿠트Malchut(왕국)의 10단계로 나타난다고 설명하며 이는 생명나무 형태로 그려지기도 한다. 카발라 전통은 유대교를 넘어서 다른 전통의 신비 사상에도 많은 영향을 끼쳤다.

24 Moshe Idel, 1995년 1월 사적인 대화.

무 위에 있는 뱀이 한 남자에게 한 열매를 먹으라고 주었다. 그 열매는 어떤 신성한 존재가 만든 것으로 그에게 지식을 가져다주었다." 이것은 이미 우리에게 많은 것을 이야기해준다. 남성보다는 여성이 변화(비록 이 변화가 선한 것인지 악한 것인지에 대해서는 의견이 다를 수 있지만)에 더 책임이 있으며, 남성이 아니라 여성이 최초의 음식을 공급해주었고(모유를 생각해볼 것. 또한 아담이 다음과 같이 불평하는 소리가 들리지 않는가. "맙소사, 또 무화과 캐서롤이야! 다른 과일 좀 먹으면 안 되나"), 음식은 섹스와 관련이 있고, 음식과 섹스는 지식과 관련 있다, 기타 등등. 그러나 이러한 신화 혹은 여러 문화에 걸쳐 나타나는 신화의 다양한 변형체가 모두 공유하는 가장 기본적 의미는 신화에 반영된 경험이 무척 중요하다는 것이며, 그처럼 중요하기 때문에 다른 수많은 인간 경험을 제치고 그 경험이 여러 다른 문화권에서 그들의 신화의 기반으로 선택되었다는 (혹은 구축되었다는) 점이다.

많은 목소리

묘사하는 사건에 대한 여러 다양한 태도를 잠재적인 형태로 한꺼번에 담을 수 있는 신화의 능력은 말하자면 각각의 다른 이야기들이 [다른 것과] 모순되지 않는다고 여기는 태도를 제시할 수 있게끔 한다. 그러나 각각의 이야기들 자체도 그 안에 여러 관점, 여러 목소리를 동시에 담고 있을 수 있다. 따라서 남자, 여자, 뱀 등에 관한 신화의 이본들을 보고 나면 우리는 이미 알고 있던 굴절된 버전(이 경우에는 「창세기」)을 또 다르게, 좀 더 엄격하게 볼 수 있다. 그리고 나무(결국에는 두 나무가 있다), 여자, 과일에 대한 텍스트의 모호한 입장에 주목할 수 있으며, 심지어 단일한 ("가부장적") 관점만을 지니고 있다고 종종 주장되는 텍스트인 히브리 성서 속 이야기에서도 이러한 모호성을 찾아볼 수 있다. 다양한 작가가 썼기 때문에 그럴 것이라는 가능성은 제쳐두고라도 통찰력 있는 작가라면 누구나 이야기 안의 모든 등장인물의 관점을 동시에 알아차릴 수 있다. 호메로스는 죽은 엘리트 백인 남성의 입장에서 『일리아스』를 이야기하지만, 동시에 테르시테스Thersites*를 통해 트로이전쟁의 이면을 보여주기도 한다. 셰익스피어는 오델로를 비난하는 동시에 옹호한다. 『십이야』의 광대 페스테Feste의 목소리, 혹은 『리어왕』의 바보 광대의 목소리는 텍스트에 내재된 전복의 목소리다.

신화는 여러 사람이 말하는 여러 가지 이야기를 동시에 표현할 수 있다는 점에서 오페라와 비슷하다. 일상에서 여러 사람이 동시에 말한다면 알아들을 수 없는 웅성거림이 되어버리지만, 이와는 달리 오페라에서는 각각의 목소리가 동시에 노래하는 것을 들을 수 있다. 신화를 특징짓는 다성성은 〈리골레토Rigoletto〉의 사중창, 〈람메르무어의 루치아Lucia di Lammermoor〉의 육중창, 〈장미의 기

---

* 테르시테스는 트로이전쟁에 참여한 그리스 군 병사. 다른 이들과 달리 아버지의 이름이 거론되지 않는 것으로 보아 귀족이 아닌 평민이었을 것이라고 추측된다. 『일리아스』 2권에서 호메로스는 그를 안짱다리에 다리를 절고 어깨가 굽은 추한 외모의 소유자로 묘사한다. 또한 테르시테스가 그리스 군의 리더인 아가멤논 왕을 욕심쟁이에 겁쟁이라고 조롱하다가 오디세우스에게 맞아 눈물을 흘리며 물러나는 장면이 있다. 후대의 철학자들에게 이러한 테르시테스의 모습은 권력에 굴하지 않는 사회 비판가 유형으로 해석되기도 했다.

사Rosenkavalie〉의 마지막 트리오에서 그 극치에 이른다. 각각의 등장인물들이 자신의 마음을 이야기할 때 각각의 목소리는 노래라는 하나의 태피스트리를 짜낸다. 이 테크닉의 극단적인 예는 리하르트 슈트라우스Richard Strauss의 오페라 〈낙소스 섬의 아리아드네Ariadne auf Naxos〉에서 서로 다른 두 오페라가 서로 다른 두 플롯으로 — 하나는 비극적/고전적으로, 다른 하나는 희극적/현대적으로 — 동시에 공연되는 것이다.• 리하르트 슈트라우스는 이 주제의 또 다른 변형으로 오페라 〈카프리치오Capriccio〉에서 등장인물들이 현악 사중주가 연주되는 중간에 "이야기"를 하게 한다(정확히 말하자면 "이야기"를 노래한다). 그런 장면은 슈트라우스의 〈장미의 기사〉에서 이탈리아 테너가 아리아를 부르는 중에도, 그리고 〈아리아드네〉 속 신화 공연 중에도 나온다. (내가 1994년 시카고 리릭 오페라Lyric Opera의 〈카프리치오〉 리허설에 참석했을 때, 내 옆 청중석에 앉아 있던 사람들은 음악 중간에 등장인물들이 이야기하는 바로 이 장면에서 자기들끼리 이야기를 하고 있었다. 나는 처음에는 그들의 이런 행동에 무척 화가 났지만, 나중

• 리하르트 슈트라우스의 오페라 〈낙소스 섬의 아리아드네〉는 원래 극작가 호프만슈탈Hofmannsthal이 몰리에르의 희곡 「서민귀족Le Bourgeois gentilhomme」을 다시 쓰고, 연출가 막스 라인하르트Max Reinhardt가 연출한 연극의 막간극으로 제작되었다. 그러나 30분으로 예상했던 오페라의 분량이 90분 가까이로 늘어나고, 따라서 전체 연극 시간이 6시간에 육박하게 되면서 관객들의 호응을 얻지 못했다. 이후 슈트라우스는 이 막간극을 독립된 오페라로 만들기 위해 서막을 첨부했는데, 이 서막은 18세기 빈의 한 저택 안에서 〈낙소스 섬의 아리아드네〉 오페라 공연을 준비하는 사람들 사이에 오가는 이야기들을 다루고 있다. 여기서는 그리스신화 속 아리아드네와 테세우스의 이야기를 다룬 진지하고 비극적인 내용의 〈낙소스 섬의 아리아드네〉와 익살스러운 코미디극을 어떻게 서로 연결시킬까를 놓고 논쟁하는 인물들의 이야기가 그려진다. 서막 이후 오페라는 서막에서 이야기되었던 〈낙소스 섬의 아리아드네〉를 직접 보여준다.

에 가서는 그것이 나름대로 얼마나 적절한 것이었는지 깨달았다.) 사람들은 신화 속에서 문자 그대로 동시에 자주 이야기하지는 않는다. 그러나 레비스트로스가 지적했듯이 그들의 다양한 생각, 상징, 계획은 동시에 진행되고 있다. 즉 우리는 신화를 하나의 계속적인 연속체로서는 이해할 수 없고, 단지 악보처럼 모든 줄을 동시에 읽음으로써 이해할 수 있는 것이다.[25] 레비스트로스가 오페라와 신화의 융합점의 대표적인 예로서 바그너Wagner를 인용했다는 것은 놀라운 일이 아니다. 모든 오페라 작곡가 중 가장 신화적인 인물이라 할 수 있는 바그너는 라이트모티프leitmotifs를 창안해냈는데, 이 라이트모티브라는 것은 레비스트로스가 "신화소mythemes"라 부른 것과 정확히 같은 기능을 하는 음악적 주제이다. "신화소"는 각각이 고유한 의미를 지닌 신화의 원자적 단위다. 라이트모티브들이 결합되면 음악은 다양한 상징적 가치를 동시에 표현한다.

    시각적 아이콘들도 음악적 이미지처럼 내러티브보다 더 모호하고 더 투명하다. 때때로 하나의 이미지는 전혀 다른 목적을 위해 재활용될 수 있다. 미켈란젤로의 [*원형 부조] 타데이 톤도Taddei Tondo, 즉 〈예수, 세례 요한과 함께 있는 성모Madonna with Jesus and John the Baptist〉는 [*성모와 아기 예수, 세례 요한이 아니라] 만투아Mantua에 있는 메데이아 석관Medea Sarcophagus•에 묘사된 메데이아와 그녀의 두 아이를

---

25 Claude Lévi-Strauss, "Myth and Music", *Myth and Meaning*, 44–54.

• 메데이아 석관은 기원전 140년경에 만들어진 것으로 추정되는 로마 시대의 대리석 석관으로서 현재 국립 베를린 미술관에 소장되어 있다. 석관 부조에는 그리스신화 속 메데이아 이야기의 주요 장면들이 묘사되어 있다. 콜키스의 왕 아이에테스의 딸이자 주술사이기도 했던 메데이아는 황금 양털을 찾으러 온 이

모델로 했을 수도 있다. 당연하게도 메데이아 석관의 이야기는 성모의 이야기와는 전혀 다른 것이다.²⁶ 혹은 때로는 하나의 이미지가 두 개의 전혀 다른 신화를 포함할 수도 있다. 남인도 마말라푸람Mamallapuram에 있는 7세기의 위대한 부조 중에는 한 발을 들고 요가 자세로 서 있는 남자의 모습이 있다. 이 사람에 대해 미술사가들은 오랫동안 논쟁을 벌여왔다. 어떤 학자들은 그가 영웅 아르주나이며, 시바 신을 설득해 특별한 무기를 얻기 위해 내면의 열을 발산하는 중이라고 말한다. 다른 학자들은 그가 『마하바라다』(3.105-8)(그리고 『라마야나』(1.42-3))에 등장하는 현인 바기라타Bhagiratha이며, 천상의 갠지스(은하수)를 설득해 땅으로 내려가 선조들의 재를 다시 소생시키기 위해 내면의 열을 발산하는 중이라고 말한다. 내 생각에 가장 현명한 의견은 이 부조가 두 이야기를 한꺼번에 표현하고 있다는 것이다.²⁷ 이 부조는 642년 마말라Mahamalla 왕의 대승전에서 영감을 받아 지어진 찬가의 시각적 형상이며, 아르주나와 바기라타, 그리고 시바 신과 비슈누 신 모두에 대한 언급을 담고 있다. 이는 서로 다른 두 이야기를 한꺼번에 언급하는 문학적 표현인 소위 **슐레샤**shlesha(의미의 "포옹")라는 산스크리트어의 비유적 표현을 조각으로 재현한 것이라 할 수 있다.²⁸ 전형적인 **슐레샤**의 예는 산스크리트어 희곡에서

아손에게 반해 아버지를 배신하고 이아손을 도와 황금 양털을 훔치는 데 성공한 후 이아손과 아이를 낳고 함께 살지만, 후에 이아손이 자신을 배신하고 코린토스의 왕 크레온의 딸 글라우케와 결혼하려 하자 마법의 옷을 보내 글라우케를 죽게 하고, 자신과 이아손 사이에서 태어난 아이들까지도 모두 죽인다.

26 E. Panofsky, *Studies in Iconology*. 또한 R. S. Liebert, "Methodological Issues in the Psychoanalytic Study of an Artist"를 보라.
27 Michael Rabe, "The Mahamallapuram Prasasti".

궁전 안의 여인이 숲속의 연인과 주고받는 메시지에서 찾아볼 수 있는데, 메시지들은 이중적 의미(이 밀회를 알면 안 되는 사람들이 보기에는 단순한 의미이지만 이를 아는 사람들이 보면 또 다른 의미를 지닌 것)뿐만 아니라 카드뤼플 앙탕드르quadruple entendres, 즉 각각의 문장이 네 가지 의미를 지닌다.[29] (그래서 어떤 비평가는 냉정하게 이것이 산스크리트어 문학에서 가장 어려운 문장이라고까지도 말했다.)[30]

그러나 내 생각에 모호하지 않은 시각적 이미지들도 신화적이다. 시각적 이미지들이 내러티브의 핵심일 때, 그것은 마치 영화 속 정지 화면처럼 이야기 전체를 환기시킨다. 데 키리코De Chirico, 마그리트Magritte, 에셔Escher의 초현실주의 그림은 신화처럼 서로 다른 규칙에 의해 지배되는 두 세계, 우리의 세계와 또 다른 세계 안에 동시에 존재하는 내러티브와 장소를 제시한다. 브리콜라주, 오브제 트루베의 예술은 본질적으로 신화적이다. 라스코 벽화에서부터 오늘날의 그리스도교 이콘에 이르기까지 특정한 문화에 속한 사람이라면 누구나 아는 이야기를 언급하는 모든 이미지도 마찬가지다. 그러나 이러한 이미지들이 항상 우리에게 — 혹은 그 문화권 내부의 사람들에게도 — 그 이야기에 대해 어떻게 생각해야 할지 말해 주는 것은 아니다.

바흐친Bakhtin을 통해서 우리는 소설 속에서 서로 경쟁하는 목소리들과, 동일한 텍스트 안에 있는 서로 다른 해석 공동체들을 인

28　Doniger, *The Hindus*, 346-347; Yigal Bronner, *Extreme Poetry: The South Asian Movement of Simultaneous Narration*.
29　Subandhu, *Vasavadatta*, 203.1-214.2.
30　Robert A. Hueckstedt, *The Style of Bana*, 132n5.

식할 수 있게 되었다. 우리는 바흐친의 다성성 개념을 이용해서 남성이 쓴 텍스트 안에서 여성의 목소리를 끌어올 수 있을 뿐만 아니라 한 문화에서 작성된 텍스트의 목소리를 다른 문화에서 작성된 텍스트에 끌어올 수 있다. 더 나아가 게리 솔 모슨은 마이클 안드레 번스타인Michael André Bernstein과 함께 그가 사이드섀도윙이라 명명한 개념을 발전시켰다.[31] "현재에 미래의 그림자를 투사하는 전조foreshadowing와 대조적으로 사이드섀도윙은 — '옆'에서 — 또 다른 현재의 그림자를 투사한다. 이를 통해 우리는 상황이 어떠했을지 가늠해볼 수 있으며, 따라서 현 상황에 대한 우리의 견해를 바꿀 수 있다."[32] 바흐친과 모슨은 소설에 대한 이야기를 하고 있지만, 나는 소설보다 훨씬 더 직접적으로 다양한 저자의 공동체와 연관되어 있는 신화가 사이드섀도윙의 긍정적인 효과에 대한 모슨의 신념을 더 잘 뒷받침한다고 주장하고 싶다.

사이드섀도우는 어떤 일들이 있었을지 혹은 어떤 일들이 있을 수 있는지 보여주는 유령 같은 현재를 불러낸다. … 사이드섀도윙을 사용하면 뚜렷이 구별되는 시점들이 계속해서 현존의 매 순간을 두고 겨룬다. 동등한 통치권을 주장하며 왕위를 노리는 자의 도전을 받은 왕처럼 현재는 어떤 시간적 정당성을 상실한다. 이는 더 이상 당연하고 필연적인 것으로 간주될 수 없으며, 또 다른 가능성을 고려해보는 것이 말조차 되지 않았

---

31 Gary Saul Morson, "Sideshadowing", in *Narrative and Freedom*, 117-172.
32 Morson, *Narrative and Freedom*, 11.

던 그러한 안정적 위치에 놓여 있지 않다. 혹은 바흐친이 선호하는 메타포를 빌려서 말하자면 사이드섀도윙에 종속된 현재의 한 순간은 더 이상 프톨레마이오스적인, 즉 의심 없이 받아들여지는 세상의 중심이 아니다. 그 대신 그것은 코페르니쿠스적인 우주로 옮아간다. 수많은 행성이 존재하듯이 각각의 실현된 현재에 대해 수많은 가능성의 현재가 존재하는 것이다.[33]

신화는 소설보다 더 코페르니쿠스적이다. 혹은 만약 도그마가 프톨레마이오스적 우주에서 움직이고 소설이 코페르니쿠스적 우주에서 움직인다면, 신화는 아이슈타인의 우주, 즉 진정한 상대성의 공간에서 움직인다고 말할 수도 있을 것이다.

 신화의 다성성에 크게 기여하는 특정한 책략이 있다. 즉 그것은 이야기 안에 이야기를 포개어 넣는 문학적 관습으로, 가장 외부에 있는 화자로부터 가장 중심에 있는 직접적인 화자에 이르기까지 모두가 한데 포개져서 우리는 종종 누구의 목소리가 말을 하고 있는지 알지 못하는 것이다. 모두가 동시에 말을 하고 있기 때문이다. 예를 들어 『마하바라다』에서 시인이 한 현자가 어떤 왕에게, 어떤 다른 왕이 또 다른 왕에게 해준 이야기를 들려줄 때, 번역에서 이를 인용부호로 표시하자면 다음과 같이 된다. """"전하…." """"[34] 그런데 도대체 여기서 전하란 호칭은 어떤 왕을 가리키는가? 그리고 누가 그에게 말을 하고 있는가? 이와 마찬가지로 텍스트 밖에서

---

33 Morson, *Narrative and Freedom*, 11.
34 Doniger O'Flaherty, *Dreams, Illusion*, 129.

는 신화가 여러 저자에 의해 만들어진 공동 작업의 성격을 갖고 있다는 점이 팔림세스트palimpsest, 즉 여러 번 다시 덧씌워진 양피지 같은 기능을 하게 만든다. 수세기를 거치면서 이야기와 해석이 겹겹이 쌓이고 쌓여 이것이 각각의 신화에 모호한 고색창연함을 부여한다.

미커 발은 히브리 성서의 신화를 해석하는 데 있어서 이러한 종류의 다차원성을 옹호해왔다. (그 다차원성에 대해 내가 좀 전에 논의한) 에덴동산의 신화뿐만 아니라 다말과 같은 성적 트릭스터도 그의 논의에 포함된다.

내러티브에 녹아 있는 다른 주체-입장들에 주목함으로써 여러 가지 표현의 위상을 구분할 수 있다. 이렇게 함으로써 치명적 사랑이라는 아이디어와 함께 그것의 문제적 배경, 사랑에 대한 다른 관점과의 투쟁, 그것의 불확실성에 주목하는 것이 가능해진다. 만약 다윗이 사랑 때문에 우리아Uriah를 죽였다고 해도 텍스트의 전반적인 이데올로기가 이에 동의한다고 가정할 필요는 없다. 그리고 이것은 텍스트의 전반적인 이데올로기라는 것은 없다는 단순한 이유 때문이다.

이 연구에서 옹호하는 서사학적 분석 유형은 텍스트가 문제로서 제시하는 것을 꿰뚫어 볼 수 있게 해준다. 사랑은 치명적이지 않다. 그러나 그렇다고 생각하는 사람들에게는 문제가 생긴다. 즉 어쨌든 주장이라는 것이 있다면, 이러한 것이 내가 이야기들에서 읽어낸 주장이다. 이러한 이야기들을 받아들이는 역사적 과정에서 잘못된 것은, 문제를 억누르고 그래서 텍스트의 이질적인 이데올로기를 억누름으로써 결국 그것들이 획일적인 하나가 되어야만 했다는 것이다. 텍스트의 주체성textual subjectivity이 텍스트의 주제the subject of the text로 대체되어야만 했던 것이다.

핵심은 아무것도 없다는 것, 최소한 단일한 하나는 없다는 것이다. 문학 분석의 핵심은 진실이란 없으며, 이러한 주장이 합리적으로 제기될 수 있다는 것이다.[35]

미커 발이 진실이란 없다고 단언하는 데 반해, 나는 차라리 같은 이야기 안에 수많은 서로 다른 진실 — 혹은 관점이라고 할 수 있는 것 — 이 표출되어 있다고 주장하고 싶다.

화자와 청자가 다수라는 것 외에도 신화의 다성성을 확장시키는 여러 다른 요소가 있다. 또한 한 신화 안에서 그 의미의 차원의 윤곽을 드러내는 여러 가지 방법이 있다. 그중 한 방법은 서로 다른 목소리들에 주목해서 그것이 남성의 것인지 여성의 것인지, 전통적인 것인지 전복적인 것인지 가늠해보는 것이다. 또는 서로 다른 의도에 주목해서 텍스트가 성, 종교, 정치 중 어디에 더 신경을 쓰고 있는 것으로 보이는지 가늠해보는 방법이 있다. 어떤 이야기들은 명백히 프로이트적인 것처럼 보이는 반면 다른 이야기들은 종교적 그리고/또는 정치적 왕조를 정당화하고 정립하기 위한 것처럼 보인다. 라마누잔은 신화 속의 세 가지 기본적인 갈등, 즉 높은 것과 낮은 것(계급, 두뇌, 혹은 돈), 남성과 여성, 그리고 늙음과 젊음에 주

35　Mieke Bal, *Lethal Love*, 131-132.

목하는 것을 선호했다. 또 다른 측면에서 어떤 이야기들은 단지 과거의 즐겁고 사소한 일들을 전해주는 반면 다른 이야기들은 심각하고 무거운 예측을 제시하기도 한다. 즉 상황은 반드시 그렇게 되어야만 하는 결과로 귀결되는 것이다. 구술 전통과 문자 전통의 상호작용은 다시 말하기에 더 많은 다양성을 부여한다. 지방의 비규범적 전통은 종종 규범적 텍스트의 이야기 구조를 지니고 있지만, 이는 규범적 텍스트에서와는 다른 의미를 지닌다. 이러한 것들은 우리가 구축한 다양한 연속체에서 나타나는 현상들처럼 모든 텍스트에 어느 정도 그리고 서로 다른 비율로 적용된다.

따라서 하나의 말하기가 수많은 관점을 지니고 있어서 결국에 그 모든 목소리가 서로를 상쇄시켜버리는 것처럼 보이고, 또 어떤 (단일한 혹은 심지어 지배적인) 관점도 없는 것처럼 보일 수도 있다. 그러나 각각의 말하기, 각각의 텍스트는 어떤 한 관점을 다른 관점들보다 더 선호한다. 만약 그것이 어떤 관점인지 우리가 결정할 수 없다면, 이는 그 관점을 발견할 만한 충분한 자료를 우리가 갖고 있지 못하거나 혹은 사실 거기에 있는 것을 우리가 충분히 식별해내지 못한 탓이라는 것을 인정해야만 한다. 그 어떤 신화 말하기의 정치적 관점도 카오스나 브라운운동[*액체나 기체 안에 떠서 움직이는 작은 입자의 불규칙한 운동]이 아니다. 사람들은 신화를 이야기할 때마다 이쪽 혹은 저쪽 (혹은 양쪽 다, 즉 뱀은 선하고 악할 수도 있으며, 여자와 남자 모두 악할 수도 있고, 혹은 둘 다 악하지 않을 수도 있으며, 양쪽 중 하나만 악할 수도 있다) 방향으로 기울기 마련이다. 이야기가 무한정 유연한 것은 아니다. 이야기는 언제나 주어진 의미 세트 주변에 모이고, 그 의미 세트를 전복시킬 수도 있다. 이야기꾼은 보통 하나의 기본 시작점을 택한다. 영웅들과 악당들이 있고, 화자/독자는 이중 한 캐릭터의 관점을 공유한다. 이는 신화의 기본 뼈대 구조뿐만 아니라 이야기꾼이 하나의 묘사 혹은 하나의 말에서 다양한 의미를 교묘하게 숨아내는, 고도로 정교화된 신화 버전에서도 마찬가지다.

그러나 비록 경험 자체에는 어떤 이데올로기도, 어떤 해석도 없더라도 모든 말하기는 경험을 해석한다 — 정말로 경험을 서로 다르게 해석한다. 드러내놓고 도덕적인 가르침을 내놓는 것은 신화의 일이 아니지만, 모든 말하기는 암시적으로 화자와 청자, 그리고 주해자에게 도덕적 가르침을 전한다. 신화의 다른 판본들은 다른 계획에 따라 만들어진 것이고, 따라서 필연적으로 각각의 특정한 판본은 저마다 하나의 메시지를 보낸다. 말하자면 모든 화자가 저마다 웨스턴 유니온 전보사를 부르는 것이다. 심지어 여러 신화 중 어떤 신화를 말할지 고르는 과정에서도 화자는 이미 특정한 한 관점을 선택하고 있다. 따라서 정말로 신화가 최초로 말해졌던 순간부터 그것에 대해 어떤 견해를 가진 인간에 의해서 만들어졌다고 가정한다면 — 분명히 그렇게 가정해야만 한다 — 어떤 관점이란 것은 항상 있었다. 그러나 우리는 또한 신화가 두 번째 말해졌을 때는 이와는 매우 다른 관점이 드러났을 것이라는 점도 인정해야만 한다.

미시 신화와 거시 신화

신화의 다성성은 우리가 실제 텍스트에서 조우하게 되는 특성이다. 그러나 신화 — 여전히 일군의 텍스트에서 구체화된 이야기라는 의미에서 — 는 내가 미시 신화micromyth와 거시 신화macromyth라 부르는 두 종류의 실재하지 않는 메타 신화를 통해 분석할 수 있다. 미시 신화는 내가 여태껏 이야기해온 중립적 구조로서 다음과 같이 관점이 전혀 없는, 실제로는 존재하지 않는 이야기이다. "한 여자와 한 나무 위에 있는 뱀이 한 남자에게 한 열매를 주었다…." 미시 신화는 모든 가능한 판본이 만들어질 수 있는 기본 요소들을 담고 있는 상상적 텍스트, 학문적 구축물이자, 모든 판본을 한꺼번에 살펴보고 그 판본들 모두에 대해 동시에 질문을 던질 수 있게 해주는 이론적 구축물이다. 미시 신화는 어떤 관점이 투영된 표현을 완전히 제외할 수는 없지만 최소화한다. 미시 신화는 각 문화가 자신의 고유한 신화를 세우는 발판에 그치는 것이 아니다. 그것은 각 문화가 자신의 고유한 문화적 의미로 훨훨 날아갈 수 있게끔 해주는 트램펄린에 더 가깝다. 즉 한정된 제한적 구조(종종 원형을 표현하는 데 사용되는 묘사)에 묶여 있는 대신에 훌쩍 뛰어올라 자유롭게 여러 가지 다른 이본을 만들어가게끔 해준다. 결국 같은 뼈대라 해도 매우 다른 몸을 구성할 수 있는 것과 마찬가지다. 에이브러햄 링컨과 마릴린 먼로는 (갈비뼈 한두 개쯤의 차이는 있을지 몰라도) 기본적으로 같은 뼈대를 지니고 있었다.

미시 신화는 무색의 격자가 아니다. 그보다는 무지개, 혹은 특정한 문화의 말이라는 프리즘을 통해 반사되기 전까지는 무색처럼 보이는 순수한 광선 같은 것이다. 미시 신화는 클로드 모네Claude Monet가 계속 반복해서 그린 건초더미 같은 것이다. 모네가 그렇게 한 것은 단지 건초더미 그 자체만을 그리기 위해서가 아니라(물론 볼록한 부분의 모양, 수확 시기, 가을, 농촌 등 건초더미가 전혀 의미가 없는 것은 아니지만), 연중 각기 다른 때의 빛을 그리기 위해서, 즉 마치 거미처럼 누구도 직접 보거나 그릴 수는 없는 바로 그 똑같은 순수한 광선을 건초더미를 통해 간접적으로 묘사하기 위해서였다. 미시 신화는 "제3의 것", 학자 스스로의 관심사이며, 그것은 이제 비교되는 두 대상의 선회 축 역할뿐만 아니라 무한한 바큇살이 연결될 수 있는 바퀴 축 역할도 한다.[36] 따라서 1장에서 살펴본 초점의 선택과 마찬가지로 미시 신화는 매우 주관적이며, 어디서 자르는가에 따라 이야기가 상당히 달라질 것이다.

예를 들어 나는 에덴 이야기에 대한 나의 미시 신화에 신성을 포함시켰다. 「창세기」 버전에서 신은 분명 핵심 역할을 담당하며, 또 미시 신화에 신을 포함시킴으로써 신을 포함한 다른 판본들의 신학적인 이슈를 논의할 수 있기 때문이다. 그리고 신성이라는 중성적 용어를 사용함으로써 만약 내가 여신들에 관한 이야기들을 찾아낼 수 있다면 나는 남신들뿐만 아니라 여신들에 관한 이야기들도 논의에 포함시킬 수 있게 된다. 어떤 민속학자들은 종교적인 내용 및 다른 요소들에 근거하여 신화와 민담 사이에 명확한 구분을 짓지만, 어떤 이들은 그렇지 않다. 여기서 또다시 나는 거의 신화 같고, 거의 민담 같은 내러티브들의 연속체를 보고 싶다. 그러나 이렇게 하기 위해서도 민담을 대개 세속적 맥락에서 보통 인간 주인공이 주로 등장하며 초자연적 존재들은 최소한 개입하는, 주로 인간의 문제를 다루는 이야기와 연관시켜야 할 것이다. 반면 신화

---

36 모든 이본이 되돌아오는 바퀴 또는 원형의 기관차 차고 메타포가 사용되는 다른 예에 대해서는 Doniger, O'Flaherty, *Other Peoples' Myths*를 보라.

는 성스러운 맥락에서 주로 초자연적 행위자들과 우주적인 문제를 다룰 것이다.[37] 양자를 분명하게 구분하는 민속학자라면 미시 신화에서 신과 신학을 완전히 배제하는 것을 선호할 것이며 따라서 다음과 같이 말할 것이다. "한 여자와 한 나무 위에 있는 뱀이 한 남자에게 지혜를 가져다주는 한 열매를 주었다." 그러나 내 목적을 위해서는 미시 신화에서 신성을 그대로 보존시키는 것이 더 유용하다.

이러한 선택의 주관성이 미시 신화를 "제3의 요소"보다 더 자의적인 것으로 만들지는 않는다. 학자는 자신이 개인적으로 관심 있는 것뿐만 아니라(만약 학자가 개인적인 관심사만 이야기한다면 아무도 그 책을 사지 않을 것이다) 자신이 살고 있는 시대, 자신의 학생들, 동료들에게 중요한 것도 선택하기 때문이다. 미시 신화는 우리가 제기한 질문들과 다른 문화에서 제기된 질문들이 만나는 교차로에, 즉 우리 자신의 문화에만 해당되는 현대의 질문들과 더 이상 우리 시대에 적합하지 않은 옛 질문들, 둘 다를 모두 버리고 나서도 여전히 남아 있는 영역에 위치해야 한다. 비록 미시 신화는 주관적이고 직접적으로 경험할 수 있는 것은 아니지만, 서구 학문 세계 밖의 다른 문화권 텍스트에서 이와 매우 비슷한 기능을 하는 것을 찾아볼 수 있다. 예를 들어 인도에는 옛날의 텍스트, 즉 베다에서 하나의 수수께끼 같은 구절을 인용한 다음 이를 완전한 내러티브로 확장시킨 텍스트들이 종종 있다.[38] 또한 서사시 『마하바라다』에 삽입되어 있는 압축된 신화 이야기들은 하나의 내러티브와 또 다른 내러

---

37   Doniger O'Flaherty, *Tales of Sex and Violence*, 10.
38   The Brahmanas and the *Brihaddevata*. Laurie L. Patton, *Myth as Argument*를 보라.

티브 사이의 교각 역할을 한다. 시인은 다음과 같이 말한다. "지금 당신에게 일어나는 일은 이러저러한 일을 했던 아무개 왕에게 일어난 일과 같은 것입니다." 혹은 "이곳은 아무개 왕이 이러저러한 일을 했던 장소입니다." 여기에 대해 청중 중 누군가가 이렇게 질문한다. "그 왕이 누구고 그는 왜 그런 일을 했죠? 좀 더 자세한 세부 사항들[vistarena]을 이야기해주시오." 그러면 화자는 돌아가서 전체 이야기를 들려주며, 그가 청중 — 물론 텍스트 밖의 청중까지 포함해서 — 의 관심을 낚기 위해 미끼로 사용한 미시 신화 속 간극들을 채워나가는 것이다.

발견적 장치heuristic device로서 미시 신화는 우리에게 도약대와 같은 역할을 해주며, 따라서 우리는 그것이 없었다면 극복할 수 없었을 비교 작업의 장애들을 뛰어넘을 수 있게 된다. 그것은 서로 다른 관점으로 윤색된 서로 다른 판본들을 "같은" 기본적인 내러티브의 이본들로서 비교할 수 있게끔 해준다. 그것은 일군의 텍스트들을 정의하는 기본 틀로서 유용하다. 미시 신화는 조지프 캠벨이 단일 신화라 부르는 것[39]과 단지 피상적인 차원에서만 유사할 뿐이다. 그것은 좀 더 특수하고 구체적인 세부 사항의 조합 위에 구축되어 있다.

만약 미시 신화를 하나의 주어와 하나의 동사, 그리고 보통 하나의 목적어를 지닌 한 문장으로 정의한다면("한 여자와 한 나무 위에 있는 뱀이 한 남자에게 한 열매를 주었다"), 우리는 편집자이자 도덕적 견해를 집어넣는 저자의 존재를 드러내는 형용사들과 부사들은 제외시킨다. 그러나 이러한 작은 단위들을 신화로부터 추려낼 때는

---

39 Joseph Campbell, *The Hero with a Thousand Faces*[*조지프 캠벨, 『천의 얼굴을 가진 영웅』].

주의를 기울여야 한다. 클리포드 기어츠가 경고했듯이 자바와 모로코를 서로의 "렌즈optics"로 사용할 때 우리는 "지역 무리에 서로 달리 결합되어 있는, 추상화할 수 있고 쉽게 진술할 수 있는 주제들(성, 지위, 대담함, 정숙함…)의 집합, 서로 다른 선율에 연결되어 있는 같은 음들"[40]은 찾지 않는다. 이러한 것들(지위, 정숙함)처럼 추상적이고 가치가 크게 개입되어 있는 주제들은 비행기의 수화물처럼 운반 과정에서 반드시 그들의 무게를 전가한다. 우리는 기본단위들을 찾는 데 훨씬 더 신중해야만 한다. 그러나 기어츠의 비교 모델에서 암시된 메타포 — 자바와 모로코가 서로의 '렌즈'로 기능한다는 것 — 는 우리가 조심스럽게나마 한 문화를 또 다른 문화의 눈으로 바라볼 수 있다는 것을 암시하기도 한다.

내가 생각하는 구성단위들의 중심축에는 블라디미르 프로프[•]가 따로 분별해서 "움직임moves"[41]이라 명명한 구성단위처럼 동사가 있다. 뱀과 같은 명사는 너무 많은 양극단의 것들 — 지혜와 악, 재생(탈피)과 죽음(독), 남성성(남근)과 여성성(휘감는 힘), 물(많은 뱀의 요소)과 불(혀에서 나오는 불길) — 을 상징할 수 있기 때문에 결국 거의 모든 것을 다 상징하는 것처럼 보일 수 있다. 물론 자세히 조사해보면 어떤 커다란 집단을 상징한다는 것이 드러나지만. "주다" 혹은 "물다"와 같은 동사를 삽입하면 그 결과로 나타나는 미시 신

---

40 Geertz, *After the Fact*, 28.

• 블라디미르 프로프(1895-1970)는 러시아의 민속학자. 1928년 출판한 『민담 형태론』에서 마법 이야기에 새로운 형태적 분류 방법을 제시함으로써 이후 구조주의적 분석 연구에 지대한 영향을 끼쳤다.

41 Vladimir Propp, *The Morphology of the Folktale* [*블라지미르 쁘로쁘, 『민담 형태론』].

화의 의미는 명사 홀로 있을 때보다 훨씬 더 한정된다. 왜냐하면 미시 신화의 의미는 두 용어, 즉 명사와 동사가 만나서 서로 상대편의 더 넓은 잠재적 의미 영역 속 특정한 하부 영역을 작동시킴으로써 구축되기 때문이다. 여기서 또다시 벤다이어그램(혹은 거미줄)의 이미지가 적용된다.

데이비드 바이넘은 명사(그가 상징이라고 부르는 것)가 아니라 그가 모티브라 부르는 것(나는 미시 신화라 부르는 것)에 주목해야 할 또 다른 좋은 이유를 잘 설명해주고 있다.

상징은 본래 그것의 상징성을 처음으로 부여한 사람들 사이에서 전달될 때는 본질적으로 그 고유한 의미를 더할 나위 없이 적절하게 전달한다. 그러나 내러티브 모티브는 그 자체로서는 아무것도 의미하지 않고, 심지어 그것이 속한 이야기-유형 안에서 그것을 둘러싼 다른 모티브들 없이는 확인조차 되지 않는다. 또한 우리가 상징적으로 사용된 이미지의 상징성을 공유하고 있지 않을 때는 그것은 거의 아무것도 의미하지 않으며, 오로지 그 이미지로부터만 상징성을 추출해내려는 어떠한 노력도 소용없기 마련이다. 상징성은 이미지와 연관된 의미이지 이미지 그 자체 안에 내재하는 것이 아니기 때문이다. 그러나 내러티브 모티브는 적절한 유형 안에서는, 사람들이 그 의미를 깨닫든 말든 혹은 그 의미를 어떤 내러티브 외적인 것에 사용하든 말든 상관없이, 내러티브에 내재한 특정한 의미를 지닌다. 상징을 효과적으로 사용하기 위해서는 (의례의 조항에서처럼) 그것이 무엇을 상징하는지 세세하게 배워야만 한다. 그러

나 내러티브 모티브 속의 일반적인 생각을 전달하기 위해서는 이야기하는 법을 배워야만 한다.[42]

만약 뱀이 상징이라면, 뱀에 대해 이야기하는 특정한 문화 속에서 뱀이 무엇을 상징하는지 알아야만 한다. 그러나 이야기 속 근친상간 혹은 신체 절단과 같은 좀 더 동사적인 주제들은 어느 판본에서든 일단 일반적인 의미를 지니며, 이러한 의미에 또한 특정한 문화적 의미가 수반됨으로써 대개 더욱 복잡해진다.

미시 신화를 통해 우리는 같은 신화를 공유한 모든 문화가 공유하는 의미들, 즉 개별 문화의 변화 너머에 있는 의미들을 찾을 수 있다. 미시 신화를 통해 우리는 한 신화 그룹 안의 어떠한 문화 속 어떠한 화자도 낯설게 느끼지 않을, 단지 하나의 개별 텍스트에 국한되지 않는 어떤 본질적 의미를 보유하고 있는 핵심을 분리해낼 수 있다. 미시 신화를 통해 우리는 어떤 특정 신화가 미치는 영향력의 범위의 윤곽을 그려볼 수 있다. 미시 신화는 또한 개별 이야기에서는 명시적으로 드러나지 않거나 혹은 심지어 의식되지도 않을 수 있지만 거기에 잠재적으로 존재하는 어떤 기본적인 비교 문화적 의미의 원천으로서도 유용하다. 그리고 이것은 처음 볼 때 특정 문화에서 다시 만든 이야기의 유일한 의미라 생각된, 겉으로 드러난 의미에 일침을 가한다. 그러한 비교 문화적 의미들이 얼마나 흥미로운지는 한편으로는 무수한 이본에 수용될 수 있을 만큼 단순한 구조와, 또 다른 한편으로는 다른 것들과 구별되는 독특한 신

---

42   David E. Bynum, *The Daemon in the Wood*, 80-81.

화를 구성할 만큼 복합적인 세부 사항 전체, 이 둘이 만들어내는 균형에 의해 결정된다. 미시 신화는 또다시 어디서 자를 것인지에 대한 주관적 질문에 이른다. 왜냐하면 당신은 한 연속체 위 일련의 형태들 안에서 어떤 신화도 말할 수 있기 때문이다. 즉 "한 남자와 한 여자에게 아이들이 있다"라고 말할 수 있다. 그리고 이것은 수백만 개의 이야기에 적용될 수 있으며, 이것이 우리가 지금도 모르는 어떤 것에 대해 말해주는 경우는 거의 없다. 혹은 당신은 다른 신화들과 비슷하지 않은, 아담과 이브에 관한 「창세기」의 모든 세부 사항을 포함시킬 수 있다. 세부 사항의 경계선을 어디에 긋느냐에 따라 이야기들이 서로 좀 더 비슷비슷하다고 주장할 수도 있고 혹은 서로 좀 더 다르다고 주장할 수도 있다. 나는 이야기들이 비교적 유사한 지점에서 미시 신화를 자르고, 그것들이 서로 공유하는 것이 무엇인지 조사하는 것에서부터 시작한다. 이것은 미니멀리스트의 접근법이다.

그러나 미시 신화는 신화의 의미까지는 아닐지라도 신화에 색깔과 복합성을 부여하는 모든 세부 사항을 조직적으로 제거한다. 이는 신화들의 그룹을 단지 한 공통분모로만 축소시킬 위협이 있다(레이먼드 제임슨은 이를 미덕으로 봤다. 그는 민담의 주제들이 "인간 본성의 최소공통분모, 인간의 열망과 공포의 핵심"이라고 주장했다).[43] 피상적인 비교 연구자들(나는 그들 중에 캠벨을 포함한다)은 미시 신화에서, 여러 판본이 서로 만나는 골자만 남은 플롯에서 멈춘다. 그들은 진짜 고된 작업이 시작되기 전에 그만둔다. 만약 당신이 『티베트 사자의

---

43 Raymond D. Jameson, *Three Lectures on Chinese Folklore*, 17.

서』와 단테의 [*『신곡』의] 「지옥편」이 어떻게 서로 비슷한지 단지 지적하기만 한다면, 거기서 뭔가 흥미로운 것을 볼 수 있기는 하겠지만 그러나 당신이 이탈리아어와 티베트어를 배우고 나서야 볼 수 있는 것들은 결코 볼 수 없다. 미시 신화를 분리해내자마자 신화 분석을 그만두는 것은 마치 정신분석학자가 환자의 성격이 분해되고 다시 세워지기 직전에 그만두는 것과 같다. 다르게 표현하자면 비교는 개별적인 것에 대한 강조에 암시되어 있는 "이차 순진성"을 수반한다. 처음의 비교는 피상적이지만, 비교가 우리를 개별 문화 속으로 그리고 이어서 문화 아래의 더 깊은 인간적 의미 차원으로 이끌어감에 따라 인간적 의미는 더 깊어진다.

(단지 개별 문화만이 아니라) 각 개별 이야기꾼들이 기본 이야기에 가한 특정한 변형 및 다른 이야기들은 갖고 있지 않는 세부 사항들을 지적하기 위해서는 우리가 구상한 기본단위, 즉 미시 신화를 사용해서 거시 신화를 구축해야 한다. 물론 우리는 결코 모든 판본에서 모든 세부 사항을 다 얻을 수는 없으며, 만약 우리가 그렇게 할 수 있다면 그 연구 결과물은 프레이저의 『황금가지』를 짧은 어구로 보이게 만들 것이다. (『황금가지』는 비록 내 방식과는 다르게 구축되었지만 사실 내가 아는 현존하는 작품들 중 거시 신화에 가장 가까운 것이다. 프레이저는 살해되고 부활하는 왕/사제를 암시하는 미시 신화를 구성할 때 여기에 너무 기본적인 요소만 남겨서 결과적으로 너무나 많은 텍스트를 이 안에 포함시켰다.) 그러나 우리는 세부 사항의 영역에서뿐만 아니라 그러한 세부 사항들을 끌어낼 수 있는 장르의 영역에서도 포괄적인 분석을 기대할 수 있을 것이다. 내가 아래로부터 위로의 작업이라고 부르는, 논리적이라기보다는 수비학적인 방법을 통해서 비

록 논증은 아닐지라도 설득력 있는 사례를 만들기에는 **충분한** 세부 사항들을 얻을 수 있다.[44] 또는 로렌스 설리반이 신화 자체의 작동 방식을 지칭하며 "이미지의 논증arguments of images"[45]이라 지칭한 것을 시도할 수도 있을 것이다.

데이비드 바이넘은 "우화들의 다양한 판본을 비교하고 그것들에서 일반적 모티브를 추출해내는 것의 목적은 그렇게 하지 않으면 그저 한없이 무겁기만 할 이본들을 판독하는 작업을 가볍게 하는 데 있다. 이 다양한 이본을 서로 참고하지 않고 하나씩 살펴본다면 그것은 정말 영영 실현 불가능한 판독 작업이 될 것이다"라고 말했다.[46] 나는 이 주장을 약간 수정해서 바로 미시 신화가 개별 판본들을 "서로 참고"하여 판독하게끔 해준다는 것, 그리고 이는 비록 영영 실현 불가능하지는 않을지라도 여전히 엄청난 "판독 작업"이라는 것을 강조하고자 한다. 나는 제임슨이 비교 연구자의 작업은 "상징의 다양한 변형을 검토하고 이러한 다양한 변형이 일어난 이유를 결정하는 것"이라고 말한 것에 동의한다.[47]

거시 신화는 많은 이본과 통찰력의 세부 사항들의 복합물이다. 거시 신화는 텍스트들과 미시 신화들을 가능한 조직적 관계 속에 배열한다. 거시 신화는 다민족적 다중 신화multinational multimyth를, 즉 하나의 콜라주를 구축하기 위해 모든 관점의 표현을 ― 비록 모

---

44 "'사실에 입각한' 제시 자료들의 밀도"에서 나온 논증에 대한 엄청난 비판으로는 J. Z. Smith, "Adde Parvum Parvo Magnus Acervus Erit", 252-253을 보라.
45 Sullivan, *Icanchu's Drum*, 20.
46 Bynum, *The Daemon in the Wood*, 78.
47 Jameson, *Three Lectures on Chinese Folklore*, 17.

든 것을 다 포함할 수는 없을지라도 — 제시한다. 어떤 문화권의 이야기꾼이든 그 콜라주에서 그가 결코 — 아직까지는 — 꿈꾸지 못했던, 그러나 아마도 그만의 특정한 통찰력을 모두가 공유한 신화로 확장시켜줄 많은 것을 발견할 수 있다. 이것은 맥시멀리스트의 접근법이다. 거시 신화는 보편주의적 작업보다는 비교 문화적인 작업을 가능하게 한다.

미시 신화("한 여자와 한 나무 위에 있는 뱀…")는 텍스트 밑에 있고(이 경우 텍스트는 「창세기」 3장), 텍스트보다 작다. 거시 신화는 텍스트 위에 있고, 때때로 텍스트보다 크다(이 경우 거시 신화는 내가 미시 신화의 몇몇 이본으로 짤막하게 검토한 것들, 즉 오피스 전통, 로열 타일러, 셸리, 마크 트웨인 등등의 확장된 버전이다). 학자들이 텍스트를 분석하면서 마주치는 실제 일어나는 굴절된 신화로부터 구축해낸, 실제로 존재하지 않고 굴절되지 않은 미시 신화는 마치 농축된 수프 큐브 같다. 학자는 수프(신화의 특정한 판본)를 마주하고 그것을 끓여서 수프 큐브, 기본적인 수프 스톡(미시 신화)으로 만든다. 하지만 이것은 오직 수프를 다시 조리해서 모든 종류의 수프(실제 개별 텍스트에서 대면하게 되는 다양한 세부 사항을 지닌 신화들)를 만들고, 마침내 거시 신화(수많은 이본의 비교)라는 거대한 내러티브의 부야베스bouillabaisse•를 만들기 위한 것이다.[48] 따라서 내가 계속 사용하고

• 부야베스는 프랑스 항구도시 마르세유에서 기원한 생선 스튜. 원래는 어부들이 내다 팔기 힘든 생선들을 모두 한 냄비에 넣고 끓여 먹던 것에서 시작되었다고 하나, 오늘날에는 신선한 생선과 어패류, 채소, 다양한 향신료를 첨가해서 만드는 대표적인 남부 프랑스의 음식이 되었다.

48 처음에는 제한되고 나중에는 확장되는 음식의 리스트로 경전을 비유한 조금

있는 예를 통해 말하자면 학자는 텍스트(「창세기」)를 마주하고 여기서 미시 신화("한 여자와 한 나무 위에 있는 뱀…")를 추출해낸다. 그녀는 이를 사용해서 셸리, 트웨인 등등의 텍스트를 히브리 성서와 연결시킨다. 그리고 마침내 성서, 셸리, 그 밖의 다른 것들을 다 포괄하는 거시 신화를 창조한다. 따라서 거시 신화는 비교 차원에서 신화적 의미의 해석 대상이며, 섹슈얼리티, 음식, 지식의 기원 신화의 수많은 다른 문화의 개개의 이본들에 대한 해석이다.

또 다른 예로서 신데렐라 이야기를 들어보자. 일단 털신을 잃어버린 소녀에 관한 몽골의 이야기와 유리 구두를 잃어버린 소녀에 관한 프랑스 파리의 이야기, 이 두 텍스트로부터 시작할 수 있다. (6장에서 나는 몽골 버전이 프랑스 버전의 출처였다는 주장을 검토해볼 것이다.) 이 두 텍스트로부터 우리는 구두를 잃어버린 한 소녀에 관한 미시 신화를 추출해내거나(구두가 어떤 재질로 되어 있는지에 대한 다양한 설명은 우리의 기본단위에서 떨어내버리고), 또는 좀 더 기본적으로는 (반지처럼) 의복 중 일부를 잃어버린 한 소녀에 관한 미시 신화를 추출해낼 수 있을 것이다. 거시 신화는 모든 이본(털신을 잃어버린 소녀, 유리 구두를 잃어버린 소녀, 반지를 잃어버린 소녀 등등)을 다 포함한다. 프로이트가 오이디푸스에 대해 이야기한 것, 라마누잔이 신데렐라에 대해 이야기한 것처럼 학자들의 독해 역시 거시 신화의 일부가 된다.[49] 거기서부터 우리는 각 개별 버전에서는 물어볼 수 없었던 거시 신화의 질문들을 물어볼 수 있다. 유리는 털과 어떻

다른 메타포로는 J. Z. Smith, "Sacred Persistence", 39-40을 보라.
[49] A. K. Ramanujan, "Hanchi: A Kannada Cinderella".

게 다른가? 어떻게 그 둘 모두 잃어버린 소녀에 관한 이야기와 연결될 수 있는가? 그것들이 함께 의미하는 것은 무엇인가? 왜 이 이야기들에서는 여성의 발을 그녀의 정체를 확인하는 데 중요한 열쇠로 간주하는가? 왜 어떤 이본에서는 반지가, 혹은 특정한 음식을 요리할 수 있는 능력이 다른 이본에서의 구두와 같은 역할을 하는가? 여성의 성적 정체성에 대한 문화적 공식에서 반지와 신발은 무슨 역할을 하는가? 기타 등등.

이 이야기의 모든 판본에 공통으로 들어가는 몇몇 요소는 다음과 같이 공유하는 의미를 전달한다. 즉 계모는 무자비하다, 온유한 자들이 땅을 차지할 것이다 등등. 라마누잔은 다음과 같은 점을 상기시켜주었다. "신데렐라 이야기들은 '깊은' 구조에서뿐만 아니라 특정한 표면적 세부 사항에 있어서도 유사한 경향을 보인다. … 확인의 징표가 되는 물건은 유럽 이야기들에서는 구두, 칸나다어Kannada 이야기에서는 음식, 고전 산스크리트어 이야기에서는 반지다. 언어의 단어 항목처럼 문화적 내용은 그러한 세부 사항에서 가장 분명하다 ― 물론 우리가 살펴보았듯이 추상적인 구조들조차도 문화 및 맥락과 관련된 의미에 따라 해석되어야 하지만."[50] 그렇지만 우리가 거시 신화를 갖고 있을 때만 우리는 구두가 털처럼 늘어나는 재질이 아닌 유리로 만들어졌을 때 신발 사이즈를 측정하는 것이 더 큰 효과를 갖는다는 점에 주목할 수 있다. 단지 거시 신화를 통해서만 우리는 유리가 유리일 뿐만 아니라 털이 아니라는 것을, 말하자면 프랑스 버전은 신데렐라의 털에 대해 짖지 않는다는 것을 인식할

---

50 Ramanujan, "Hanchi: A Kannada Cinderella", 272.

수 있다(예를 들어 신데렐라의 털 덮인 발 그리고 그녀가 동물 가죽으로 만든 무엇을 입는 다른 많은 이본은 그녀가 성적으로 지나치게 활발한 여성임을 암시하는 것일 수도 있다. 그리고 털 덮인 발을 가진 여자 악마에 관한 인도의 한 이야기가 이러한 의견을 뒷받침한다 — 또 다른 비교 문화적 통찰력이다).[51] 마리나 워너는 유리와 털이 어떻게 서로를 설명해주는지 지적한다.

> 유리 구두는 [신데렐라의] 문제가 될 만한 측면들, 그녀의 타고난 육체, 털투성이 생명력을 비물질화시키고, 그렇게 함으로써 새로운, 사회화된 가치의 표지를 부여한다. 신발이 유리가 되고 공주는 그 안에서 밝게 비치는 자신의 값어치를 본다. 야수가 금발 미녀와 대비되듯이 이야기꾼들이 말하는 물갈퀴 달린 발이나 당나귀 발굽은 신데렐라의 유리 구두와 대비된다.[52]

혹은 털과 유리의 관계는 자연과 문화의 관계와 같다고도 할 수 있을 것이다. 현대적이고 정치적으로 올바른 관점에서 이를 다시 이야기한 글에서는 다음과 같이 말한다. 파티에서 "그녀는 도망치려고 했지만 비실용적인 유리 구두 때문에 거의 불가능했다. 다행스럽게도 다른 여자들이 신고 있는 구두도 나을 게 없었다."[53] 따라서 이제 유리는 남성 쇼비니즘과 동일시된다. 가능성은 엄청나게 많

---

51 Jaiminiya Brahmana 2.269-270; Doniger O'Flaherty, *Tales of Sex and Violence*, 105-107.
52 Warner, *From the Beast to the Blonde*, 362.
53 James Finn Garner, *Politically Correct Bedtime Stories*, 35.

다 ─ 그러나 무한하지는 않다. 아래로부터 위로의 비교 방법은 오로지 구조의 가장 기초적인 단서(신데렐라라는 존재를 확인해주는 어떤 물건)로부터 출발해야 할 것이며, 나아가서 그 물건의 다양한 변종(발, 음식, 반지, 털, 유리)이 한 사람을 확인하는 방법들에 대해 우리에게 말해주는 것이 무엇인지 질문해야 할 것이다.

관점이 있는 신화

많은 신화는 동산의 뱀 이야기처럼 심지어 한 단일 문화 안에서도 정반대되는 도덕, 정치 이론, 혹은 사회적 코드를 주장하기 위해 사용되어왔다. 일부 신화들은 단일한 주제의 독립된 이본으로서 다른 어떤 이본에도 반대하지 않으면서 독립적으로 자신의 고유한 관점을 표현한다. 물론 만약 청중이 다른, 반대되는 이본을 알고 있다면 이 신화들은 더욱더 깊이를 갖게 될 것이다. 이것은 예를 들어 많은 다른 문화에서 이야기되는 많은 신데렐라 이야기의 경우에 사실이다.[54] 또한 인도의 수많은 『라마야나』 이야기의 경우에서도 사실이다. 이 경우 "상호 텍스트성"[55]이라 불리는 것을 통해 이야기들이 서로에 대해 알고 있지만, 그렇다고 해서 각각의 이야기들이 서로에 대해서 또는 어떤 "원본" 『라마야나』에 대해서 최소한 명백하게, 일일이 대응하는 것은 아니다.

---

54   Alan Dundes, *Cinderella: A Casebook*.
55   A. K. Ramanujan, "Two Realms of Kannada Folklore".

신화가 많은 이본을 만들어내는 이유 중 하나는 클로드 레비스트로스가 오래전에 언급했듯이 신화는 해결 불가능한 역설들을 가지고 씨름하기 때문이며,[56] 이 역설을 해결하는 데 필연적으로 실패하기 때문이다. 사각형 구멍에 둥근 못을 박는 데 실패하면 둥근 못을 사각형 구멍에 박지 못하는 잠재적으로 무한한 방법 — 즉 무수한 이본 — 이 산출된다. 토머스 에디슨Thomas Edison에 관한 다음과 같은 일화를 보자. 새로운 유형의 건전지를 고안하는 시도에 9,000번 실패한 후 에디슨은 "그렇게 무수한 작업을 하고 아무 결과도 얻지 못했다는 것이 부끄럽지 않습니까?"라는 질문을 받았다. 에디슨은 이렇게 대답했다. "결과를 못 얻었다니요! 무슨 소립니까, 나는 많은 결과를 얻었습니다! 작동하지 않는 수천 개의 결과를 안다고요."[57] 신화 역시 잘 들어맞지 않는 수천 개의 예들을 안다.

그러나 아일랜드 속담이 말하듯이 이렇게 계속되는 시도와 실패의 체계는 때때로 사륜마차와 말도 지나갈 만큼 큰 논리의 구멍을 신화 속에 남기기도 한다. 대부분의 전통에서 이 구멍은 이야기의 일부가 되어서 이런 식으로 말한다. 구멍에 주의하라, 그리고 구멍을 돌아서 가라. 공동체는 누군가가 구멍에 빠지기 전까지는 구멍을 무시한다. 이것이 미커 발이 "문제의 억압the repression of the problem"이라 부른 것이다. 그러나 시간이 지나고 감수성이 변함에 따라 누군가가 갑자기 그 구멍에 주목한다. 어떤 똑 부러지는 꼬마가 임

---

56   Claude Lévi-Strauss, "The Story of Asdiwal", 29-30; *Structural Anthropology*, 229; *The Savage Mind*, 22.

57   Frank Lewis Dyer, *Edison*, 2: 615-616.

금님이 벌거벗었다고 외치자 그를 위해 새로운 옷이 준비된다. 그처럼 오랜 시간 동안 그것을 무시해왔던 정중하고 암묵적인 동의 후에 갑자기 세상에 훤히 드러난 논리적 벌거벗음을 덮기 위해 신화 속에 새로운 에피소드가 끼워 넣어지는 것이다. 그러고 난 뒤 새로운 말하기가 나와서 새롭게 드러난 구멍과 마주하게 ─ 혹은 다시 구멍을 감추게 ─ 된다.

이 과정은 프란츠 카프카의 간결한 우화에 포착되어 있다.

표범들이 신전에 들어와 성수반에 담긴 물을 한 방울도 남기지 않고 다 마신다. 이 일이 계속 반복해서 되풀이된다. 마침내 이는 미리 예측되고, 그래서 의례의 한 부분이 된다.[58]

모두가 무시했던 것에 명백히 주의를 기울이는 주석 역시 의례의 일부, 텍스트의 일부가 된다.

이 과정에 대한 또 다른 유쾌한 예는 에블린 워의 텐드릴Tendril 씨에 대한 묘사에서 나타난다.• 텐드릴 씨는 영국 한 마을의 교구 목사로 컨텍스트라는 것을 완전히 무시하는 사람이다. "그의 설교

---

58   Franz Kafka, "Leopards in the Temple". 조너선 스미스는 "The Bare Facts of Ritual", 53에서 다른 번역본, "Reflections on Sin, Hope, and the True Way", in Kafka, *The Great Wall of China*(New York, 1970), 165를 인용하여 좀 다른 점을 지적한다.

•   에블린 워(1903-1966)는 영국의 소설가. 1928년 첫 소설 『퇴락Decline and Fall』의 성공 이후, 『한 줌의 먼지』(1934), 『다시 찾은 브라이즈헤드Brideshead Revisited』(1945)와 제2차 세계대전 3부작인 『명예의 검Sword of Honour』(1952-1961) 등의 작품이 있다. 가톨릭으로 개종한 후 작품 속에서 종교적인 소재를 자주 다루었다. 텐드릴 씨는 소설 『한 줌의 먼지』에 등장하는 인물이다.

문들은 전성기 시절 [인도에 있는] 수비대를 위해 썼던 것들이었다. 그는 변화된 목회 상황에 맞게 이를 수정하지 않았고, 따라서 대부분의 설교는 멀리 두고 온 고향이나 그곳의 그리운 이들을 언급하는 것으로 끝이 났다."[59] 그의 성탄절 설교는 특히 역작이었다.

"참 얼마나 우리에게 힘든 일입니까." 그는 온화한 눈빛으로 청중들을 둘러보며 말문을 열었다. 청중들은 둘둘 감은 목도리 속으로 기침을 하며 모직 장갑 속의 동상 걸린 손을 비볐다. "이것이 진정 성탄절이라는 것을 깨닫는 것이 말입니다. 활활 타는 장작불과, 몰아치는 눈을 막아주는 꽉 닫힌 창문 대신 우리는 이국의 작열하는 태양 아래 있습니다. 사랑하는 가족들의 행복한 얼굴로 둘러싸이는 대신, 비록 분명 우리를 고마워하고 있긴 하지만 이교도인 피정복자들의 이해할 수 없는 시선을 마주하고 있습니다. 베들레헴의 평온한 황소와 당나귀 대신", 교구 목사는 비교의 실마리를 약간 잃은 채 계속해서 말했다. "우리는 광포한 호랑이와 이국적인 낙타, 교활한 자칼 그리고 육중한 코끼리를 친구로 데리고 있습니다." 다 낡아빠진 원고의 페이지를 넘겨가며 이 같은 이야기는 계속되었다.[60]

"비록 분명 우리를 고마워하고 있긴 하지만 이교도인 피정복자들"은 "교활한 자칼"과 융합되며, 플루엘렌적인 비교 방식*에 따라 "베

---

59 Evelyn Waugh, *A Handful of Dust*, 29.
60 Waugh, *A Handful of Dust*, 59.

들레헴의 평온한 황소와 당나귀"와 대조를 이룬다. 이교도는 동물 같을 뿐만 아니라 [그중에서도] 성스럽지 못한 동물 같다. 그러나 이 설교의 인종차별주의는 이교도도 자칼도 없는 영국의 한 마을이라는 새로운 컨텍스트에서는 그 힘을 잃는다. 게다가 설교는 텍스트의 한 음절도 바꾸지 않은 상태에서 점차 큰 변화를 거쳐 간다. 한참 뒤 이 설교는 "우리 식민지에 있는 이들이 얼마나 영국을 그리워하는가"라는 원래의 서브텍스트를 상실하고, "이 교구 목사가 얼마나 멍청한가"라는 그다음 서브텍스트가 새로운 전통으로 발전하기까지 한다.

> 그 말들은 많은 완고한 기병의 마음에 일시적으로나마 와 닿았다. 게다가 토니는 텐드릴 씨가 교구에 온 후로는 매해 그 말들을 들었기 때문에 이렇게 계속 반복해서 들으니, 토니와 대부분의 토니의 손님들은 그것을 성탄절 축제에 속한 일부분으로, 성탄절 축하 행사에서 빼버리기 매우 힘든 것으로 느끼게 되었다. "광포한 호랑이와 이국적인 낙타"는 오랫동안 가족의 농담거리였고, 가족들의 모든 놀이에서 수시로 등장했다.[61]

의례는 교구 목사의 고정된, 지나치게 부적절한 설교에 맞게 변형된다. 이 새로운 컨텍스트에서 우리가 이미 살펴본 일련의 과정을 통해 이 설교는 전적으로 다른, 그리고 완전히 적절한 서브텍스트

- 3장의 '플루엘레니즘' 부분을 참조하라.
- 61   Waugh, *A Handful of Dust*, 60.

를 취하게 된다. 실수(영국의 시골 사람들 모두를 인도에 있는 병사들로 본 목사의 추정)가 (목사의 예측 가능하고 어리석은 설교를 즐기는) 성탄절 의례의 한 부분이 된 것이다.

또 다른 종류의 예를 들어보자. 산스크리트어 서사시 『라마야나』의 전반부에는 악마 라바나가 시타에게 반해 그녀를 잡아 와서 몇 년간이나 데리고 있었음에도 불구하고 한 번도 시타와 동침하지는 못했다는 이야기가 있다. 『라마야나』의 후반부에는 악마의 속성에 별로 들어맞지 않는 이러한 자기 절제에 당혹스러워하며, 돌이켜서 이를 설명하기 위해 첨가한 또 다른 이야기가 있다. 즉 라바나는 예전에 한 여성을 강간한 적이 있고, 그녀의 남편은 만약 그가 또 다른 여성을 강간하려 하면 죽음을 맞을 것이라는 저주를 남겼다는 것이다.[62] 또 다른 판본에서는 그 여자가 시타로 다시 태어났다고 첨가되어 있기도 하다.[63] 이런 식으로 서사시는, 나의 독해에 따르면 마치 셰익스피어가 다말과 유다의 이야기를 확장시켰듯이, 자신의 구멍을 메우며, 구멍난 플롯 위에서 여러 판본을 통합하고 확장해간다. 풀 수 없는 문제는 마치 굴속의 모래처럼 문학이라는 진주가 생겨나게 하는 자극제다. 마치 과포화용액(말하자면 문화) 속에 매달려 있는 실처럼 이는 계속 문학이라는 결정체를 만든다.

"같은" 이야기가 단일한 문화 (혹은 밀접하게 연관된 문화 그룹) 속에서 다른 방식으로 해석될 수 있다는 것은 마치 유대 그리스

---

[62] *Ramayana* 7.26.8-47, 또한 비평본에서 삭제된 47절 이후의 구절. Doniger, *Splitting the Difference*를 보라.
[63] *Ramayana* 7.17.1-31.

도교 세계의 에덴동산 신화처럼 고대 인도·유럽어족 세계에서 중요한 위치를 차지하고 있는 신화, 즉 야마Yama와 그의 여동생 야미Yami의 신화에서 찾아볼 수 있다. 북서부 인도에서 기원전 약 1500년경 산스크리트어로 쓰인 이 이야기에서 야미는 오빠 야마에게 근친상간을 부추기지만 야마는 이를 거절한다. 이보다 약간 이후 이란에서 인도·이란어의 동족 언어인 아베스타어로 쓰인 이란 판본에서는 야마(여기서는 이마Yima라고 불린다)가 여동생의 요구에 동의하고 이들의 결합에서 인류가 창조된다. 두 이야기에 기록된 공유된 경험은 근친상간을 시도하는 여동생의 유혹이다. 인도·이란어라는 나무의 한 가지에서는 이 시도가 성공하고, 또 다른 가지에서는 실패한다. 이는 같은 신화이면서도 같은 신화가 아니다.

그러나 신화가 이본을 만들어내는 또 다른 방식이 있다. 같은 이야기의 두 평행한 판본을 만들어내는 것이 아니라 명백한 패러디를 만들어내는 것이다. 즉 청중이 판본이 모방된 것임을 알고 있다고 가정하고, 이러한 가정을 그 신화의 관점에 도전하는 데 사용하는 것이다. (인도·이란어의 두 근친상간 신화는 역사적인 근거로부터 판단하기는 어렵지만 아마도 실제로 이 범주에 속할 것이다.) 우리는 셸리, 로열 타일러, 마크 트웨인 같은 사람들이 풍자한 (혹은 최소한 전복적인 대응을 보인) 「창세기」 신화의 작업에서 이러한 과정을 이미 봤다.

동화 역시 반어적인 관점을 전달하기 위해 다시 이야기될 수 있다. 여기 개구리 왕자를 멋지게 뒤틀어놓은 현대판 이야기가 있다.

"지긋한 나이에 걸맞게 경험이란 경험은 다 해본" 두 남자가 테니스를 치고 있다. 그러다 어느 순간 공이 숲으로 굴러들어가고 한 남자가 공을 찾으러 숲으로 들어간다. 남자는 거기서 자신이 원래 아름다운 공주였는데 못된 마법사에 의해 개구리로 변했다고 주장하는 개구리를 만나게 된다. 개구리가 단언하길, 만약 남자가 그녀에게 키스하면 그녀는 다시 공주로 돌아갈 것이고 그렇게 되면 그와 결혼해서 그 이후로 내내 행복하게 살 것이라고 한다. 남자는 개구리를 주머니에 넣고 다시 경기를 하던 곳으로 돌아온다. 잠시 뒤 개구리가 주머니 안에서 개골개골한다. "저기요, 저를 잊으신 거에요? 저는 원래 아름다운 공주인데 개구리로 변했다고요. 당신이 제게 키스하면…." 개구리가 이런 식으로 자신의 이야기를 다시 되풀이하고 나자 남자는 다음과 같이 대답한다. "개구리 아가씨, 아주 솔직하게 말할게요. 내 나이가 되면 새 부인을 얻는 것보다는 차라리 말하는 개구리를 데리고 있는 게 낫다는 생각이 들어요."[64]

빨간 모자 이야기 역시 유럽에서는 미국 어린이들이 듣고 자라는 이야기와 상당히 다르다. (물론 미국 이야기에도 다양한 판본이 있지만) 미국에서는 보통 늑대가 할머니를 잡아먹고 빨간 모자 소녀도 잡아먹으려고 하는 순간 (혹은 어떤 이본에서는 빨간 모자 소녀마저도 잡아먹고 난 이후) 사냥꾼이 등장해서 늑대를 쏴버린다. 오래된 어떤 이야기들에서는 빨간 모자가 자신의 할머니를 잡아먹고 늑대랑 같이 침대에 올라간다.[65] 리틀 골든 북스Little Golden Books* 버전에서는 할머

---

64 Adam Michnik, interview, *The New Yorker*, December 9, 1996, 52.
65 Mary Douglas, "Children Consumed and Child Cannibals", 43.

니가 침대 시트를 머리에 뒤집어쓰고 늑대를 겁줘서 쫓아 보낸다.[66] 우리는 여전히 이 동화를 여러 가지 다른 방식으로 이야기하고 있다. 게리 라슨Gary Larson의 1989년 만화 「저편Far Side」에서는 늑대가 정신과 의사의 소파에 누워서 다음과 같이 말한다. "있잖아요, 이건 단지 한 꼬마와 늑대에 관한 이야기일 뿐이었다고요. 그런데 그뒤로 나는 때때로 할머니처럼 옷을 차려입곤 해요." 그리고 이제 일본에서는 이것이 또 다른 방식으로 이야기되고 있다. 한 판본에서는 늑대가 빨간 모자를 잡아먹고 잠이 든다. 그러자 사냥꾼이 와서 늑대의 배 속에서 빨간 모자를 꺼내고 배 속에 대신 돌을 채워 넣는다(이 모티브는 아마도 그리스신화에서 제우스 아버지 크로노스가 제우스 대신 삼킨 돌 이야기나,[67] 혹은 이보다 좀 더 연관성 깊은 그림Grimm 형제의 동화, 일곱 아이를 삼킨 늑대 배 속의 (나중에 아이들을 꺼내고 채워 넣은) 돌 이야기에서 빌려 왔을 것이다). 또 다른 일본판에서는 "늑대가 빨간 모자에게 사과하고 그 뒤로는 착하게 살겠다고 약속한다."[68]

이처럼 이야기가 180도 달라지는 또 다른 예는 한 유대 이야기의 세 판본에서 찾아볼 수 있다. (기원후 4세기 이후에 편집된) 바빌

- 리틀 골든 북스는 1942년부터 출판되기 시작한 미국의 어린이 동화책 시리즈. 최초의 시리즈는 『세 마리 아기 고양이Three Little Kittens』, 『마더 구스Mother Goose』 등이 포함된 12권으로 사이먼 앤드 슈스터Simon & Schuster 출판사에서 출판되었으며, 이후 수차례 여러 출판사를 거치며 여러 동화 작가와 삽화가의 작품이 포함되어 출판되었고, 디즈니와 세서미 스트리트나 디즈니사의 캐릭터들이 포함되기도 했다. 2001년 이후 랜덤하우스Random House 출판사가 시리즈의 소유권을 갖고 있다.

66 Mary Douglas, "Red Riding Hood: An Interpretation from Anthro-pology".
67 Hesiod, *Theogony*.
68 Nicholas D. Kristof, "Big Wolves Aren't So Bad in Japan", *The New York Times*, December 4, 1996.

로니아 탈무드 판본에서 여자 주인공은 다말과 헬레나처럼 남편을 침대로 끌어들이기 위해 다른 여자인 것처럼 변장한다.

> 히야 바르 아쉬Hiya Bar Ashi의 부인은 다음과 같이 말했다. "남편이 나와 [성관계를] 하지 않은 지 몇 년이나 되었구나." 어느 날 그가 정원에서 공부하고 있을 때 그녀는 아름답게 치장하고 그 앞을 지나갔다. 그가 그녀에게 물었다. "당신은 누구십니까?" 그녀가 대답했다. "나는 하루타Harutha[자유]라는 이름의 창녀예요. 하루 일을 끝내고 돌아가는 길이랍니다." 그는 그녀에게 [성적인 서비스를] 요구했다. 그녀는 그에게 말했다. "그럼 나에게 저 꼭대기 가지에 있는 석류를 따주세요." 그는 뛰어올라 석류를 따서 그녀에게 주었다. 그가 집에 돌아왔을 때 그의 아내는 화덕에 불을 지피고 있었다. 그는 화덕에 올라가서 그 위에 앉았다. 그녀가 그에게 말했다. "무슨 일이에요?" 그는 그녀에게 말했다. "이런 일이 있었다오." 그녀가 그에게 말했다. "그 여자가 바로 나였어요." 그가 말했다. "그럼에도 불구하고 내 의도는 뭔가 금지된 것을 해보는 것이었다오."[69]

석류pommegranate, 즉 그라나다Granada의 사과pomme•는 타말과 헬레

---

[69] Babylonian Talmud(Tractate Kiddushin 81b). 이 인용과 번역에 대해서 메릴라 헬너Melila Hellner에게 고마움을 표한다.

• 석류pomegranate의 어원은 보통 고대 불어 pome(사과) + grenate(많은 씨를 가진. 라틴어 granatus < granum = 씨)라고 본다. 하지만 여기서 지은이는 이를 그라나다의 사과라고 풀어낸다.

나의 반지 혹은 신데렐라의 구두처럼 남편이 나쁜 욕정을 품은 상대가 바로 자신의 아내였다는 것을 증명해주는 기능을 한다. 하지만 이 랍비 문서에서 그라나다의 사과는 또한 에덴동산에서 자신의 나쁜 의도에 남편을 넘어가게 만든 또 다른 여성의 사과를 암시할 수도 있다.

이와 관련된 한 텍스트는 히야Hiyya라 불리는 랍비에 관한 또 다른 이야기를 전한다.

> 랍비 히야의 부인 유디트Judith는 출산 시에 극심한 고통을 겪었다. 그녀는 옷을 갈아입고 랍비 히야의 앞에 나타났다. 그녀가 물었다. "다산과 자손 증식이 여자의 의무인가요?" 그가 그녀에게 말했다. "아니요." 그녀는 그 자리를 떠나서 불임 약을 마셨다. 마침내 그녀가 한 일이 알려졌을 때 그가 그녀에게 말했다. "나는 당신이 내게 한 번 더 쌍둥이를 [혹은 자궁의 자식을] 낳아주길 바랐다오."[70]

"그녀는 옷을 갈아입고"라는 구절은 단지 그녀가 출산 시 입었던, 부정한 옷을 갈아입었다는 것을 의미할 수도 있지만, 또한 그녀가 스스로의 정체를 감추기 위해 변장을 했다는 것을 의미할 수도 있고, 남편이 "그녀가 한 일(변장 혹은 낙태?)"에 대해 알지 못했다는 것이 이러한 독해를 뒷받침한다. 페미니스트 데나 데이비스Dena Davis는 이 스토리를 다시 이야기하면서 이런 가능성에 대해 다음과 같

---

[70] Yebamoth 65b. 그레고리 스피너Gregory Spinner의 번역.

이 상세하게 말한다.

> 그녀는 집의 뒷문으로 나가서 옷을 갈아입고는 변장한 채 앞문으로 들어온다. "랍비여" 그녀가 그에게 물었다. "인류를 증식시키는 것이 여자의 의무인가요?" "아닙니다." 그가 대답했다. 그녀는 앞문으로 나가서 집을 한 바퀴 빙 돌아 들어와 변장을 위해 입었던 옷을 벗고 불임 약을 마셨다.[71]

이 해석에서 부인은 남편으로부터 첫 번째 부인이 추구한 것[*히야 바르 아쉬의 부인]과 정반대되는 것, 즉 섹스나 아이가 아니라 여성이 반드시 아이를 낳아야만 하는가 아닌가를 알기 위해 변장을 한다. 첫 번째 이야기 속 랍비가 부인과 성관계를 갖기를 원치 않았던 데 비해, 이 이야기에서는 부인이 랍비의 아이를 더 이상 낳고 싶어 하지 않는다. 첫 번째 텍스트에서는 부인이 남편으로 하여금 어떤 행동을 하도록 속임수를 쓰는 데 비해, 여기서는 말하자면 부인이 남편으로 하여금 그녀가 뭔가를 하지 않는 것을 허락하도록 만들기 위해 속임수를 쓴다.

성관계를 갖는 것과 자식을 갖는 것 사이에는 비록 완전히 동일하지는 않더라도 대략적인 대칭 구조, 느슨한 인과관계가 있고, 이를 통해 우리는 두 번째 텍스트가 여러 가지 의미에서 첫 번째 텍스트의 전도라고 주장해볼 수 있다. 현대 페미니스트의 해석은 부인의 '책략' 속에서 좀 더 발전된 계획을 읽어내고, 그리하여 부

71　Dena S. Davis, "Beyond Rabbi Hiyya's Wife", 11.

인의 책략은 이제 가능한 한 많은 남자 후손을 낳으라는 고대의 가부장적 요구를 저지하려는 시도로 읽힌다. 부인의 바람의 장애물은 남편의 고명한 경건성이라 이야기되며, 이것이 그가 피임을 거부하는 이유로 해석된다. 그러자 부인은 "랍비 히야에게 와서 조언을 구하는 다른 많은 마을 여인 중 한 사람처럼" 변장하고 나타난다. 이러한 독해는 "탈무드에 따르면 유디트는 '다산과 자손 증식'의 의무는 여자가 아니라 남자에게 주어져 있다는 것을 알고 있다"는 것을 가정한다. 그것은 "출산 시 극심한 고통이 유대법이 여성에게 피임 혹은 불임 도구를 사용하는 것을 허락하는 이유 중 하나라는 것을 그녀가 또한 알고 있다"고 가정한다. (사실 두 번째 텍스트의 부인은 이러한 것들을 알고 있지 못하지만, 이야기 전개 과정에서 이를 알게 된다.) 이러한 가정들은 첫 번째 텍스트의 좀 더 극단적인 전도인 세 번째 텍스트, 즉 페미니즘적 독해를 만든다. 이 세 텍스트가 모두 공유하고 있는 것은 아이를 갖기 위해서, 아이를 가져야만 하는지 혹은 갖지 않아야 하는지 알기 위해서 부인이 다른 사람으로 변장해야만 한다는 가정이다. 그렇지만 이 세 텍스트는 이러한 책략의 사용에 대해 매우 다른 것들을 이야기해준다.

신화의 카멜레온적인 성격은 종교의 좀 더 단일하고 도그마적인 측면에 정반대로 작용한다. 신화가 다양한 범위의 믿음을 부추기는 것에 반해 도그마는 그 범위를 좁히려고 한다. 마틴 부버는 이를 다음과 같이 잘 지적해주었다.

> 모든 긍정적인 종교는 우리를 침입하는 수많은 거칠고 삼켜버릴 듯한 힘들을 지극히 단순화시키는 데 기반한다. 즉 그것은

존재의 충만함을 억제하는 것이다. 반대로 모든 신화는 존재의 충만함, 그 이미지, 그 기호의 표출이다. 즉 그것은 삶의 솟구쳐 오르는 샘을 끊임없이 들이마신다. 그래서 종교는 신화를 흡수하고 통합할 수 없을 때 신화와 싸운다. … 이 전투에서 겉보기에는 종교가 다시 승리하는 것 같지만 실제로는 어떻게 신화가 다시 승리하는지 관찰해보는 것은 신기하고 경이로운 일이다.[72]

부버가 종교에 대해 말한 것을 나는 도그마에 한정시키고자 한다. 이렇게 수정하면 부버의 주장은 가장 갑갑한 도그마의 틀 안에서도 상상력의 문을 열어놓을 수 있는 신화의 능력에 대한 최고의 증언이라고 나는 생각한다. 언어는 군대를 지닌 방언dialect이라고 말해져왔다.[73]• 나는 도그마는 군대를 지닌 신화라고 말하고 싶다.

전도된 정치적 판본들

군대에 대해 말하는 것은 정치에 대해 말하는 것이다. 롤랑 바르트

---

72 Martin Buber, *The Legend of the Baal-Shem*, introduction, 11.
73 1997년 에보닉스(미국 흑인들의 영어)를 둘러싼 언쟁 동안 자주 인용되었다.
•   두 개의 비슷한 언어를 두고 이것이 다른 하나의 방언이냐, 아니면 둘 다 독립적인 언어냐를 결정하는 기준은 단순히 언어 내적인 문제만이 아니라 그 언어를 사용하는 집단이 독립적인 국가, 정치단체, 권력을 갖고 있는가 아닌가의 문제다. 따라서 방언은 위 문장에서 군대로 상징되는 권력과 통제력을 지니지 못한 언어다. 여기서 지은이는 도그마와 신화의 차이를 그러한 권력과 통제의 문제로 설명하고 있다. 신화는 도그마와 같은 군대(권력과 통제력)가 없는 상태(혹은 그러한 상태의 종교)다.

는 신화는 기본적으로 비정치적nonpolitical이라고 보았다. 그러나 내가 신화를 전前정치적preplitical이라고 보고자 하는 반면 그는 신화를 정치를 분명히 추출해낼 수 있는 텍스트로서 후後정치적postpolitical이라 본다.

> 세계가 신화에 제공해주는 것은 비록 한참을 거슬러 올라간다 해도 사람들이 신화를 만들어내거나 사용했던 방식에 의해 규정된 역사적 실재다. 신화가 대신 돌려주는 것은 이 실재의 자연스러운 이미지다. … 마술이 일어난 것이다. 이것은 실재의 안과 밖을 뒤집어서 그 안의 역사를 비워내고, 거기에 자연을 채워 넣었다. … 신화는 탈정치화된depoliticized 연설이다.[74]

바르트는 여기서 탈정치화된, 자연스러운 것처럼 보이는 우파 신화에 대해 이야기하고 있다. 그러나 나는 그의 말이 단지 중립적인, 실제로 존재하지 않는 미시 신화에만 해당된다고 생각한다. 나는 그의 주장에 다음과 같은 말을 덧붙이고 싶다. 좀 더 리버럴한 이야기들은 자연의 이미지를 유지하면서 또한 신화의 뒤에 있는 역사를 보게 한다.

같은 신화에 대한 서로 다른 말하기들은 그 안에 새겨져 있는 서로 다른 정치적 의제들을 명백히 드러낼 수 있다. 고대 신화들은 언제나 다양하고 서로 대립되는 정치적 목적을 위해 재사용되어왔다. 앨런 던데스는 유대인들이 그리스도교 어린이들을 고문하고 잡

---

[74] Barthes, *Mythologies*, 142-143.

아먹었다는 "피의 의식 전설The Blood Libel Legend"의 수많은 판본을 모았다.[75] 그러나 카를로 긴즈부르그는 유대인들 외에 다른 사람들 ― (로마의 어린이들을 잡아먹었다는 비난을 받은) 그리스도교인들, 나병 환자들, 집시들, 마녀들 ― 을 향한 매우 유사한 비난들도 그만큼이나 많다는 것을 보여주었다.[76] 이러한 강한 혐오의 이미지는 거의 모든 주변적 존재를 향할 수 있다. 즉 심한 편견의 어둠 속에서 당신이 미워하는 사람들은 모두 똑같아 보이는 것이다.

우리는 현대 문화의 몇몇 예에서 작동하는 신화들의 변화무쌍한 정치적 성격을 볼 수 있다. 그것들은 겉으로 드러나는 종교적 내용에서 신화적인 것이 아니라, 바르트가 레슬링과 같은 현대의 신화적 행위들을 예로 들며 정의한 대로 좀 더 느슨하고 세속적인 의미에서,[77] 그리고 나의 용어에 따르자면 양극화된 다시 쓰기에 대해 투명한 이야기라는 점에서 신화적이다. 이것들은 정치적으로 말하자면 양쪽 사이에서 왔다 갔다 하면서 서로 다른, 양극화된 이본들을 만들어낸 신화들이다. 1991년 모스크바의 글라스노스트glasnost● 의 한 시점에서 나온 의미심장한 한 구절에서 이러한 종류의 상당히 인상적인 전도를 찾아볼 수 있다. 당시 모스크바의 지하철에는

---

75   Alan Dundes, ed., *The Blood Libel Legend*.
76   Ginzburg, *Ecstasies*, 74.
77   Roland Barthes, "The World of Wrestling", *Mythologies*, 15-24; Bruce Lincoln, "Dialectic Manipulations and the Preservation of the Status Quo: 'All-Star Wrestling'", *Discourse and the Construction of Society*, 148-159.
●   1985년 구소련의 서기장 미하일 고르바초프가 실시한 개방 정책. 이전까지 언론 검열, 사상 탄압 등으로 인해 반체제적이라고 금지되었던 문학작품이나 영화, 연극 등이 대부분 공개되었다. 페레스트로이카라 불리는 정치 경제 개혁 정책과 더불어 결국에 가서는 구소련의 붕괴를 가져오는 데 기여했다.

문 사이에 사람이 끼는 것을 보호하기 위한 안전장치가 없었다. 그 대신 모스크바 사람들은 싫증 날 만큼 계속 반복되는, "경고합니다. 문이 닫힙니다"라는 단조로운 목소리를 들어야만 했다. 1991년 사람들은 감옥 철창으로 만들어진 전철 문이 그려져 있고, 거기에 다음과 같은 모토가 적힌 티셔츠를 입고 다니기 시작했다. "경고합니다. 문이 열립니다."

알렉상드르 뒤마Alexandre Dumas가 쓴 바꿔치기에 관한 이야기의 상당히 다른 두 버전이 10년 간격을 두고 각각 영화화되었다. 1929년 더글러스 페어뱅크스Douglas Fairbanks는 〈철가면The Iron Mask〉[78]을 만들고 다르타냥d'Artagnan을 연기했다. 여기서 다르타냥은 사악한 로슈포르Rochefor(울리히 하우프트Ulrich Haupt 분扮)가 왕의 (사악한) 쌍둥이 동생을 왕위에 앉히려고 하는 음모에 맞서서 선한 왕 루이 14세를 보호한다. 이 영화는 1939년 워렌 윌리엄Warren William이 다르타냥을 연기한 〈철가면의 사나이The Man in the Iron Mask〉[79]로 다시 만들어졌다. 그런데 여기에는 비틀기가 있었다. 이번에는 다르타냥이 이제 사악하게 묘사되는 왕(루이스 헤이워드Louis Hayward 분)의 보호자가 아니라 이제 선하게 묘사되는 [*왕의] 쌍둥이 동생의 보호자로 나온다. 같은 종류의 이본들 중 후대의 것으로는 『젠다성의 포로』•

---

78 〈철가면〉(1929). 원작 알렉상드르 뒤마의 소설 〈브라즐론 자작: 10년 후〉, 각본 엘튼 토머스Elton Thomas(더글러스 페어뱅크스), 감독 앨런 드완Allan Dwan.

79 〈철가면의 사나이〉(1939). 원작 알렉상드르 뒤마, 각본 그레고리 브루스George Bruce, 감독 제임스 웨일James Whale.

• 앤터니 호프Anthony Hope가 1894년 처음 출판한 이 책은 1895-1896년 에드워드 로즈Edward Rose에 의해서 극본으로 각색되었고, 이후 1913년부터 수차례 영화화되었다. 유명한 것은 1937년 존 크롬웰John Cromwell이 감독하고 로널드 콜먼이

가 있는데, 책(1896년)과 로널드 콜먼Ronald Colman이 출연한 영화(1937년) 모두 악한 왕과 선한 쌍둥이 동생이 나오는 〈철가면의 사나이〉의 두 번째 유형으로 되돌아간다. 『젠다성의 포로』는 루리타니아Ruritania의 진짜 왕과 왕의 대역을 하는 영국인(영국 왕실의 근위 연대원)이 결속을 다지는, 상류층의 명예에 관한 것이다(영국인은 왕에게 그가 할 일을 가르친다. 왕은 술주정뱅이이며, 사람들 사이에서는 영국인이 왕자다).[80] 그러나 피터 셀러스Peter Sellers가 출연한 동명의 풍자 영화(1979년)는 계층 사이의 결속을 철저히 파괴해버린다. 왕 행세를 하는 영국인은 런던 토박이이며 영화는 남자들의 계층(그리고 초기 판본에서와 마찬가지로 그들의 도덕)을 대비시키는 데 초점을 맞춘다.[81]

상반된 두 입장에서 모두 사용된 정치적 신화의 또 다른 예는 아일랜드의 반전 민요인 〈조니, 너를 거의 몰라봤구나Johnny, I Hardly Knew You〉다. 이 노래는 전장에서 돌아온 병사의 망가지고 훼손된 모습에 대해 말한다. ("사랑하는 우리 조니, 네 모습이 이상하구나, 너를 거의 못 알아봤어Oh my darling dear, you looked so queer, Johnny, I hardly knew you.") 그런데 이 반전 노래가 놀랍게도 미국 남북전쟁에서는 전

영국인 라센딜과 루돌프 왕으로 출연한 영화 및 1952년 리처드 소프Richard Thorpe가 감독하고 스튜어트 그레인저Stewart Granger, 데보라 카Deborah Karr 등이 출연한 영화, 그리고 1979년 리처드 콰인Richard Quine이 감독하고 피터 셀러스가 출연한 영화가 있다. 국내에서는 〈풍운의 젠다성〉으로 번역되기도 했다.

[80] Sir Anthony Hope, *The Prisoner of Zenda*(1896); 〈젠다성의 포로〉(1937). 원작 앤터니 호프, 각본 존 발더스톤John Balderston, 윌리스 루트Wills Root, 도널드 오그덴 스튜어트Donald Ogden Stewart, 감독 존 크롬웰, 출연 로널드 콜먼, 더글러스 페어뱅크스 주니어Douglas Fairbanks Jr., 매들린 캐롤Madeleine Carroll.

[81] 〈젠다성의 포로〉(1979). 각본 딕 클레멘트Dick Clement, 이언 라 프레네Ian La Frenais, 감독 리처드 콰인, 출연 피터 셀러스, 라이오넬 제프리스Lionel Jeffries, 엘크 소머Elke Sommer.

쟁을 지지하는 노래, 〈조니가 집으로 행진해 돌아올 때When Johnny Comes Marching Home〉("그리고 조니가 집으로 행진해 돌아올 때 우리는 모두 기뻐할 거랍니다And we'll all be gay when Johnny comes marching home!")로 탈바꿈했다. 노래의 내용은 그대로다. 즉 병사가 전장에서 집으로 돌아오고 어머니가 그를 맞는다. 그러나 플롯은 완전히 다르다. 즉 그는 한 노래에서는 비극 속에 돌아오고, 또 다른 노래에서는 승리 속에 돌아온다.

좀 더 가벼운 차원에서는 남북전쟁 중에 한 소년은 날아온 총알이 상의 가슴 주머니에 숨겨둔 딱딱한 트럼프 카드 한 벌을 맞히는 바람에 목숨을 구한 반면, 성서를 지니고 있던 그의 친구는 목숨을 잃었다는 이야기가 있다.[82] 이것은 성서는 너를 살릴 것이고 도박용 카드는 너를 죽일 것이라는 기존 신화의 전도다. 하우스먼A. E. Houseman은 전쟁터에 가져간 책 『슈럽셔의 젊은이The Shropshire Lad』가 병사의 심장을 겨냥한 총알을 막아줄 것이라는 신성모독적 희망을 표현한 적이 있다. 그러나 그것은 우디 앨런의 이야기에서 또 다른 방식으로 전도된다. 가슴 주머니에 항상 (어머니의 선물인) 총알을 넣어 가지고 다니던 남자가 어느 날 어떤 정신 나간 복음 전도사가 호텔 창문 밖으로 던진 기드온 성서가 그의 가슴을 맞혔을 때 이 총알 때문에 목숨을 구한 것이다. "총알이 아니었더라면 성서가 심장을 뚫고 지나갈 뻔했다고요."[83]

---

82 Bell Irvin Wiley, *Johnny Reb: The Common Soldier of the Confederacy*, 40.
83 Woody Allen, 1964년 시카고의 나이트클럽 미스터 켈리에서의 공연 라이브 레코딩. copyright Liberty Records, 1968, EMI Records, 1990.

명백히 반대되는 별개의 이야기 안에서 정치적 신화가 완전히 반대로 뒤집어져서 사용된 또 다른 좋은 예는 카우보이와 인디언에 대한 미국 신화다. 기본 내러티브는 안정적이다. 즉 카우보이들이 서부로 이주해 오고, 인디언들이 공격하고, 카우보이들은 마차로 방어 태세를 갖추고, 인디언들이 카우보이 몇 명을 죽이고, 기병대가 최후의 순간에 도착하고, 그리고 기병대들과 카우보이들이 모든 인디언을 학살하는 것이다. 내가 자라던 40년대 50년대에는 이런 플롯의 영화들을 봤고 우리는 착한 카우보이들을 응원하고 못된 인디언들에게 야유를 퍼부었다. 이제 우리는 똑같은 영화들을 보지만(〈늑대와 춤을Dances with Wolves〉[84]이 좋은 예다), 착한 인디언들을 응원하고 나쁜 카우보이들에게 야유를 퍼붓는다. "같은" 신화지만 이제는 여기에 다른 생각이 부여된 것이다. 그것은 "같은" 내러티브다. 그것은 거부할 수 없는 실제 역사, 내가 경험이라고 부르는 것에 포함할 수 있는 것, 즉 백인들이 서부로 이주해 왔고, 많은 백인 남성과 여성, 그리고 인디언이 문화의 충돌 과정에서 죽었다는 것에 기반을 둔 것이다. 또다시 "같은" 등장인물들이 관련되어 있지만 내러티브는 매우 다른 의미를 지닌다. 분명 인디언들 역시 대체로 "같은" 이야기를 해왔다고 추정할 수 있을 것이며 차이가 있다면 그들은 언제나 인디언들을 응원했다는 점일 것이다. 그러나 최근까지 인류학자들을 제외한 누구도, 그리고 분명히 할리우드에서는 그 어느 누구도 그러한 신화의 이본들에 주의를 기울이지 않

---

[84] 〈늑대와 춤을〉(1990). 원작, 각본 마이클 블레이크Michael Blake, 감독 케빈 코스트너Kevin Costner.

왔다. 이러한 관점의 변화는 인디언의 관점에서 제작된 TV 프로그램 〈어떻게 서부가 사라졌나How the West Was Lost〉에 잘 나타나 있다. 그러나 이 주제의 또 다른 발전된 모습은 영화 〈오씨Into the West〉[85]에서 찾아볼 수 있다. 이 영화에는 서부로 달려가는 카우보이에 대한 미국 신화와 아무도 늙지 않는 서쪽 나라에 대한 아일랜드 신화가 융합되어 있다. 방랑자(떠돌이, 집시)인 두 소년이 아일랜드 서쪽에서 온, 티르 나 노그Tir Na Nog(서쪽 나라)란 이름의 마법의 흰 말을 타고 서쪽으로 간다. 그들은 카우보이 노래를 부르고 카우보이 영화를 보며 경찰들로부터 핍박을 받는다. 마지막 장면에 동생이 형에게 묻는다. "방랑자들은 카우보이야 아니면 인디언이야?" 물론 질문에 대한 대답은 없다. 카우보이와 인디언의 신화가 살아남은 이유는 정확히 그것이 신화이기 때문이고, 그래서 우리는 그것을 거꾸로 뒤집어 세울 수 있다. 그렇지 않고 만약 그것이 우리가 계속 똑같은 ― 이제는 용납될 수 없는 ― 방식으로 말해야 하는 역사적 이야기였다면 우리는 그것을 전부 다 버려야 했을 것이다.

고대에서부터 현재에 이르기까지 전혀 다른 정치적 의미를 기본 내러티브에 접목시켜 넣은 대표적인 예는 발퀴레에 대한 고대 북유럽 신화다. 발퀴레는 이미 중세 독일어 텍스트 『니벨룽의 노래Nibelungenlied』와 고대 북유럽어 텍스트 『볼숭 사가Volsungasaga』에서도 풍부한 다원적인 의미를 지니고 있다. 보탄Wotan의 딸들인 발

---

[85] 〈오씨〉(Irish, 1992). 원작 마이클 퍼스Michael Pearce, 각본 짐 셰리든Jim Sheridan, 데이비드 키팅David Keating, 감독 마이크 뉴웰Mike Newell, 출연 가브리엘 번Gabriel Byrn, 엘렌 바킨Ellen Barkin.

퀴레들은 폭풍의 말을 타고 다니며, 쓰러진 전사들을 모아서 그들을 영예로운 저승 세계, 발할라Valhala로 데리고 간다. 바그너는 그의 연작 오페라 〈니벨룽의 반지The Ring of Nibelung〉에서 이 발퀴레들에게 아리아인 승리주의의 의미층을 덧붙였고, 뒤이어 나치는 고대 신화와 바그너의 판본 모두를 자신들의 반유대주의적 목표를 위해 재해석했다. 바그너의 판본은 진정한 의미에서의 신화 다시 이야기하기에 속한다. 사람들은 여전히 그 신화에서 아름다움과 의미를 찾으며, 내 생각에는 앞으로도 많은 후세대가 계속해서 그렇게 할 것이다. 나치의 판본은 너무 오래 지속되었지만, 그러나 결국에는 신화로서 성공하지 못했다. 그것은 더 이상 일반적으로 고대 신화의 제대로 된 다시 쓰기로 여겨지지 않는다. 근래에 프랜시스 포드 코폴라Francis Ford Coppola 감독은 영화 〈지옥의 묵시록Apocalypse Now〉[86]에서 바그너, 나치, 그리고 베트남의 미국 군대(그리고 말할 것도 없이 조지프 콘래드Joseph Conrad의 소설 『암흑의 핵심Hear of Darkness』)를 동시에 언급하기 위해 바그너의 발퀴레 음악을 사용했다.

코폴라의 영화에서 미국 공수 정찰대가 베트콩으로 의심되는 마을들을 찾는 — 웨스트모어랜드Westmoreland 장군이 "수색과 파괴serch and destory"라 이름 붙인 — 저 유명한 작전을 시작했을 때, 그들은 단지 가벼운 음악과 함께 이를 수행했다. 1876년의 아름답고 오래된 빛의 쇼, 즉 바그너의 〈발퀴레의 비행〉이

---

[86] 〈지옥의 묵시록〉(1979). 각본 존 밀리우스John Milius, 프랜시스 포드 코폴라, 감독 프랜시스 포드 코폴라.

모든 헬리콥터의 이어폰 안에서 윙윙거렸다. 악극music-drama과 전쟁 테크놀로지 사이의 피드백은 보탄의 딸들, 발퀴레들을 기관총으로 무장한 정찰병들로, 그들의 폭풍의 말을 헬리콥터로, 그리고 바이로이트를 할리우드로 탈바꿈시켰다.[87]

코폴라가 헬리콥터의 공격 장면에서 발퀴레의 음악을 사용했을 때 그는 헬리콥터가 발퀴레들 같다는 것(날아다니며 죽을 자들을 선택한다는 점)과 동시에 나치와도 같다는 것(사악한 전쟁을 일으켰다는 점)을 암시했다. 그러나 음악 속에는 사실상 오직 첫 번째 의미만 있었다. 두 번째 의미를 포착하기 위해서는 마치 코폴라가 자기 방식대로 신화를 사용했듯이 나치가 신화를 자기들 방식대로 도용했다는 것을 알아야만 한다. 우리는 이처럼 기본 주제가 다양하게 사용되는 것을 분별해내야만 한다. 그러나 동시에 코폴라의 영화에 대한 우리의 이해는 『니벨룽의 노래』와 독일 현대사 — 각각 바그너의 역사적 순간의 두 면과 대응되는 두 이야기 — 에 대한 이해를 통해서 훨씬 더 증진될 수 있음을 인정해야만 한다.

현대의 신화적 텍스트에 대한 전도된 정치적 독해

랍비 히야의 부인에 관한 이야기나 에덴동산 신화에서처럼 같은 신화에 대해서 한 이야기는 전통적인 관점을 주장하고, 또 다른 텍스

---

[87] Friedrich Kittler, "World-Breath: On Wagner's Media Technology", 234.

트는 이를 전복시키는 경우가 있을 수 있다. 어떻게 한 이야기가 또 다른 이야기를 대체할 수 있을까?[88] 이를 가능하게 만드는 다양한 요소가 있다. 때로는 시간이 지남에 따라 새로운 이야기가 가능해진다. 신화는 실제 삶에서의 변화를 반영하고 또 반대로 실제 삶에서의 변화를 자극할 수도 있다.[89] 때로는 권력을 가진 자가 새로운 이야기를 만들어내기도 한다. 때로는 단지 새로운 이야기가 더 좋아서 사람들이 예전 이야기가 아닌 이 새로운 이야기를 원하기도 한다. 그러나 전도된 이야기가 반드시 이전 이야기를 완전히 대체할 필요는 없다. 다성적인 하나의 신화가 정반대되는 관점들을 동시에 표현할 수 있듯이 하나의 이야기 역시 전통적인 관점과 이를 거꾸로 뒤집는 관점을 나란히 표현할 수도 있기 때문이다. 또한 심지어 명백히 획일적인 관점을 표현하고 있는 이야기도 그 전통 안의 다른 사람들에 의해 (그리고 다른 학자들에 의해) 다르게 해석될 수 있을 것이며, 다른 독자들/청자들에게는 정반대되는 것들을 이야기할 수도 있을 것이다. 많은 이야기 속에서 서로 다른 정치적 의견들이 동시에 표현되며, 아마도 청중 속 개개인들은 이를 저마다 다르게 받아들일지도 모른다.

샐먼 루시디는 그리스신화 안의 이러한 과정에 주목했다. 그는 아라크네Arachne, 니오베Niobe, 프로메테우스Prometheus 신화는 겉보기에는 인간은 신들(혹은 암시적으로는 힘 있는 자들)에게 도전해서는 안 된다는 메시지를 전달하고 있는 것 같다고 주장했다. 만약 우리가

---

[88] 이것은 1997년 5월 카지 조슈아Kazi Joshua가 제기한 훌륭한 질문이었다.
[89] Doniger O'Flaherty, *Other Peoples' Myths*, 155-156, 165.

그들에게 도전하면 그들이 우리를 파괴할 것이기 때문이다. 그러나 신화는 사실상 이와 반대되는 것을 보여주고 있다. 즉 신들(혹은 힘 있는 자들)이 워낙 복수심이 강하고 옹졸하기 때문에 인간들에게 도전받아 마땅하며, 신들에게 도전한 자는 인간의 기억 속에서 — 신화 속에서 — 영원히 살아 있게 된다는 것을 말해준다는 것이다.[90]

한 신화에 대한 (혹은 이제 내가 인용하고자 하는 예에서는 한 의례에 대한) 해석의 이러한 양날은 가이 포크스 기념일Guy Fawkes's Day에 대한 해석에서도 찾아볼 수 있다. 매년 가이 포크스 기념일에 영국인들은 1605년 11월 5일 웨스트민스터사원에서 왕과 상원의원, 하원의원을 모두 폭탄으로 죽이려 했던 가이 포크스의 실패한 시도를 기념하기 위해 축제의 불꽃을 피우고 "가이"의 모습을 한 인형을 태운다. 이것은 정치적인 사건에 관한 축제다. 심지어 프레이저도 그의 추종자들이 이 불꽃이 "희미하게나마 선사시대로부터 내려오는 성스러운 불의 전통과 밀접하게 연관되어 있다"고 고집했을 때 이 같은 주장에 대해 이의를 제기했다.[91] 가이 포크스 기념일이 계속해서 대중들의 인기를 얻고 있는 이유 중 하나는 그것이 가이 포크스의 칭찬할 만한 혁명적 열정을 기념하며 상징적인 의미에서나마 의회를 폭파시킨다고 생각하는 사람들과, 그 비겁한 건방진 놈의 실패를 기념하며 가이 포크스를 폭파시킨다고 생각하는 사람들, 양쪽 모두로부터 똑같은 열의로 기념되기 때문이다. 로널드 허튼은 다음과 같이 설명했다. "이 기념일이 번성한 이유는 그

---

90 Salman Rushdie, 1996년 5월 바드 칼리지 졸업식 연설.
91 Ronald Hutton, *The Stations of the Sun*, 393.

메시지의 유연성 때문이다. 어떤 이들에게 이것은 여전히 가톨릭교도들을 비난할 기회이고, 또 다른 이들에게는 왕정을 기리고 혁명을 비난할 기회이기도 하다." 반면 또 다른 한편으로는 "일부 토리 당원들은 이것이 혁명을 기리는 것이기 때문에 싫어하기도 한다."[92] 어찌 되었든 결국 사람들은 가이 포크스가 한 일을 하고 있는 것이다. 뭔가를 불태우면서 동시에 역설적으로 (혹은 내 식대로 말하자면 신화적으로) 그를 불태우는 척하는 것이다. 이 주제는 계속 유연하게 이어져왔다. 1980년대에 어떤 사람들은 가이 대신 마거릿 대처의 인형을 불태우기도 했다.[93]

영화 〈외계의 침입자Invasion of the Body Snatcher〉[94]에도 이와 유사한 다양한 해석 과정이 적용되었다. 이 경우 지구를 침입한 외계인들은 공산주의자들(사람들을 사로잡아서 그들의 정신을 화성, 즉 모스크바에 넘겨주는 이들)로도, 혹은 반대로 공산주의자들을 탄압하는 매카시스트들로도 읽힐 수 있다. 같은 시기, 매카시 열풍 때 아서 밀러는 『시련The Crucible』을 썼고, 그것은 일반적으로 세일럼에서 잡힌 마녀들(혹은 마녀라고 추정된 이들)에 대한 이야기인 동시에 매카시에 의해 잡힌 공산주의자들(혹은 공산주의자들이라고 추정된 이들)에 대한 이야기로 받아들여졌다. 그러나 1996년 〈시련〉이 재상연되었

---

[92] Hutton, *The Stations of the Sun*, 396, 403.
[93] Hutton, *The Stations of the Sun*, 405.
[94] 〈외계의 침입자〉(1956). 원작 잭 피니Jack Finney, 각본 다니엘 메인워링Daniel Mainwaring, 감독 돈 시겔Don Siegel, 출연 케빈 매카시Kevin McCarthy, 다나 윈터Dana Wynter; 1978년 리메이크, 각본 W. D. 리히터W. D. Richter, 감독 필립 카우프만Philip Kaufman, 출연 도널드 서덜랜드Donald Sutherland, 브룩 아담스Brooke Adams, 레오나드 니모이Leonard Nimoy, 제프 골드블룸Jeff Goldblum, 케빈 매카시.

을 때 밀러는 한 인터뷰에서 그것은 이제 동시에 근본주의 그리고/혹은 정치적 올바름에 대한 이야기라고 말했다.

냉전 시기에 반대편에서는 볼쇼이 발레단의 유리 그리고로비치Yuri Grigorovich가 1968년 〈스파르타쿠스Spartacus〉를 무대에 올렸다. "비록 겉보기에는 나무랄 데 없이 소비에트적이었지만, 알레고리는 양쪽 모두에 걸릴 수 있었다. 소비에트를 나타내는 것이 용감한 트라키아인인가 아니면 파시스트 로마 군단인가? 그리고로비치는 위험한 게임을 하고 있었고, 얼마 지나지 않아 정부에서는 그가 주장하는 것을 증명해보라고 요구하며 작품의 이데올로기적 성격을 분명히 할 것을 요구했다."[95] 1992년 프라하에서 바그너의 〈리엔지Rienzi〉를 현대적인 해석으로 무대에 올렸을 때도 마찬가지였다. 청중은 타락한 정권을 누구와 동일시해야 할지 거북한 질문을 던졌다 — 히틀러 혹은 하벨?

사람들은 서로 전혀 다른 정치적 목적을 위해 — (우리가 항상 알고 있듯이) 반동적인 목적을 위해서뿐만 아니라 혁명적인 목적을 위해서도 — 신화를 사용해왔다(신화학자들은 보통 이 점을 놓친다). 바르트는 신화가 불가피하게 반동적이라고 그릇되게 비난했고,[96] 미르체아 엘리아데는 같은 신화의 성격에 대해서 신화는 언제나 과거를 향하고 언제나 기원에 대한 것이라고 단언하며 (물론 신화가 미래를 지향할 수도 있다고 지적하기도 했지만) 종종 그릇되게 신화를 치켜세웠다.[97] 나는 에덴동산의 신화, 황금시대의 신화는 미래에 대

---

95 Luke Jennings, "Nights at the Ballet", 76.
96 Barthes, *Mythologies*.

한 신화라고 주장한 신학자 테이야르 드 샤르댕의 공식을 더 선호한다.⁹⁸

힐다 쿠퍼•는 1930년대 스와질란드에서 일어난 신화 — 비록 힐다 쿠퍼 자신은 이를 신화라고 보지 않았지만 나는 신화라고 생각한다 — 의 전복적인 사용을 말해준다. 영국 관리가 스와지인들의 왕에게 영국인들이 활주로를 건설할 수 있도록 스와지인들의 사냥지 일부를 포기하라고 말했다.

의원들은 이 일이 처리되는 것을 막을 방법을 생각해보았다. 제안된 땅은 옛날 왕실 마을 자리였고, 음반제니Mbandzeni 왕[스와지의 마지막 독자적 왕, 1872-1889년 재위]의 의회가 그 아래에서 모여 토론하던, 그늘을 드리우는 나무로 경계 지어진 땅이었다. 땅을 활주로로 만들기 위해서는 그 나무도 베어내야만 했다. 그들의 충고에 따라 왕은 만약 나무를 건드리지 않는다면 땅을 사용해도 좋다고 대답했다. 그 이후에 한 유럽인으

---

97 Mircea Eliade, "Eschatology and Cosmogony", *Myth and Reality*, 54-74.
98 Pierre Teilhard de Chardin, *Christianity and Evolution*, 40-41; Doniger O'Flaherty, *The Origins of Evil*, 35.
•   힐다 쿠퍼(1911-1992)는 스와지족 문화에 대한 연구로 유명한 사회인류학자. 짐바브웨에서 유대계 부모 밑에서 태어났고 이후 남아프리카공화국으로 이주해서 위트워터스트랜드대학University of Witwaterstrand을 졸업했으며 런던 정치경제대학에서 말리노프스키의 지도하에 공부했다. 1934년 장학금을 받아 스와질란드로 가서 왕 소부자 2세Sobhuza II의 도움하에 현지 조사를 했다. 이후 스와지족 문화에 대한 학위논문과 저서, 『피부색의 유니폼: 스와질란드의 백인-흑인 관계에 대한 연구The Uniform of Colour: a Study of White-Black Relationships in Swaziland』(1947), 『스와지족: 남아프리카의 왕국The Swazi: a South African Kingdom』(1963) 등을 남겼다.

로부터 땅을 사기 위한 협상이 있었다.[99]

브루스 링컨이 나무 아래의 의회에 관한 이야기에 대해 지적한 바와 같이(그는 나보다 훨씬 더 좁고 더 고유한 의미에서 신화라는 단어를 사용하는데) 비록 엄격히 현실적인 의미에서 이전에 신빙성이 별로 없던 이야기가 권위적인 지위를 얻게 되는 것은 훨씬 더 힘든 일이지만 "만약 이것이 전적으로 조작된 이야기였다면 아무런 차이를 만들어내지 못했을 것이다. … 이러한 주장이 — 스와지인들과 영국인들에 의해서 — 받아들여진 한 이를 주장한 사람들은 최소한 일시적으로나마 새로운 신화를 만들어내는 데 성공한 것이다."[100] 달리 말하자면 비록 그 나무가 성스러운 나무가 아닐지라도, 혹은 그 땅에 있지 않더라도 의원들은 부족의 신화를 변경하여 성스러운 나무를 다른 어떤 곳으로, 즉 암시적인 비교 과정을 통해『황금가지』의 힘이나 에덴동산의 나무를 상기시킬 수 있는 장소로 옮겨놓을 수 있었을 것이다. 물론 그들의 이야기는 스와지인들의 나무를 영국인들의 정신 속에 들어 있는 다른 신화적 나무들과 연결시키는 완전한 미시 신화를 상기시켰고, 이를 통해 스와지인들이 원하는 바대로 영국인들을 움직일 수 있었다. 이와 유사한 방식으로 진 코마로프가 "전복적인 브리콜뢰르subversive bricoleur"라 부르는 것도 식민지와 아프리카(치디족Tshidi•) 전통을 새로운 목적을 위해 결합시

---

99 Hilda Kuper, *The Uniform of Colour*, 103-104; Lincoln, *Discourse and the Construction of Society*, 27에서 인용.
100 Lincoln, *Discourse and the Construction of Society*, 28.

킨다.[101] 그리고 이는 오래된 책략이다. 『마하바라다』에서는 영웅들이 무기를 숨겨놓은 나무를 아무도 건드리지 못하게 하기 위해서 나무에 시체를 매달아놓고 이것이 180살 먹은 그들의 할머니의 시체며, 죽은 이의 시체를 이렇게 다루는 것이 그들의 가족 관습(kula-dharma)이라고 말했다 — 이는 같은 텍스트의 다른 곳에 등장하는 장례 의례의 그로테스크한 오전誤傳이기도 하다.[102]

신화는 단지 영원한 원형, 반동적 원형을 반영하는 것만도 아니고, 현재의 헤게모니적 시대정신Zeitgeist을 반영하는 것만도 아니다. 신화는 지배적인 패러다임을 전복시킬 수 있다. 혁명적인 신화는 데이비드 트레이시가 현재의 상황status quo이 아니라 움직임fluxus quo이라 부른 것을 표현한다.[103] 조지 소렐은 실제 파업이 한 번도 일어나지 않았더라도 총파업에 대한 신화는 노동자들에게 희망을 준다고 했다.[104] 인정받은 신화들은 보존된 텍스트들 대부분처럼 승자들의 이야기를 전하고, 승자들의 세계에 속하며, 승자들은 보통 언제나 우측에 있다on the right(비록 항상 옳지는 않지만not in the right). 마리나 워너는 전통적인 이야기 작가들이 "청중들의 관심과 타협하고, 편협할 수도 있다"는 것을 보여줬다.[105] 그러나 신화는 또한 지배적인 편견에 반대할 수도 있다. 이야기 작가들은 마치 유도 선수

- 치디족은 남아프리카공화국 북부와 보츠와나공화국 남부 사이 경계 지역에 사는 츠와나족Tswana 사람들을 말한다.
101 Jean Comaroff, *Body of Power*, 12.
102 *Mahabharata* 4.5.
103 David Tracy, *On Naming the Present*, 16.
104 George Sorel, *Reflections on Violence*.
105 Warner, *From the Beast to the Blonde*, 409.

들처럼 바로 원형archetypes의 무게 그 자체를 사용하여 신화를 집어 던질 수도 있고, 또 수세기 동안 신화를 물들여온 편견을 신화와 함께 던져버릴 수도 있다. 그것을 파괴라고 부르자, 전복이라고 부르자, 혹은 바로 창조적인 스토리텔링이라고 부르자.

5장 마더 구스와 여성의 목소리

늙은 아낙네들의 이야기

자 이제 다성적 신화 속에서 서로 경쟁하는 많은 목소리 가운데 여성들의 목소리에 대해 — 문화 형태론의 입장에서 여성들을 그들의 가장 기본적인 공통의 관심사가 여러 문화에 걸쳐 두루 나타나는 한 사회집단으로 간주함으로써 — 고찰해보자.

서론에서 말했듯이 비교 방법에 반대하는 많은 사람을 만나기 전까지 내게는 그처럼 분명하게 유용한 것으로 보이는 비교 방법을 옹호하기 위해 싸워야만 한다는 생각 자체가 들지 않았다. 이 장에서 이야기할 주제에 대해서는 이런 느낌이 더 강하게 든다. 남성들의 텍스트 속에도 여성들의 목소리가 들어 있다는 논제는 내게는 너무나 노골적으로 분명할 뿐만 아니라 이미 다른 학자들에 의해서 잘 논의된 바 있기 때문이다. 그러나 많은 사람이 이를 믿지 않거나, 혹은 이렇게 주장하는 것이 반동적이라고 믿는다. 그리고 그들 중 일부는 여성에 대한 학문적 연구의 어젠다를 광범위한 영역에서 따라온 이들이다.

2세대 페미니즘으로부터 현재에 이르기까지 여성학은 여성에 대해 알기 위해 남성의 글을 이용해왔다. 즉 셰익스피어와 초서는 여성들의 삶, 심지어 그들의 태도와 행동에 대한 통찰력을 얻기 위해 읽혀왔다. 마치 모범적인 품행을 위한 지침서, 여성들의 화장품 사용에 대한 풍자, 심지어 초기 포르노그래피들이 같은 이유에서 읽혀온 것처럼.¹ 그러나 페미니스트들은 이러한 텍스트들이 종종 "자료"를 여성 혐오주의적 시각에서 제시하고 있다는 것을 알고 있었다. 따라서 이러한 텍스트들은 여성의 시각에서 말을 하거나 혹은 여성들의 이해관계를 옹호할 수 없다고 추정되었다. 또한 오늘날 대부분의 여성학 프로그램이 여성 작가들의 작품을 점차 많이 첨가해서 여성학의 고전을 확장시켜가며 조라 닐 허스턴Zora Neale Hurston•과 토니 모리슨Toni Morrison이 석화된 (혹은 가부장화된)•• 작가 목록 속의 별 볼일 없는 (백인) 남성 작가들보다 훨씬 더 위대하다고 주장

---

1 1997년 6월 7일 래드클리프 컬리지에서의 사적인 대화에서 이 점을 상기시켜 준 주디스 케건 가디너Judith Kegan Gardiner에게 고마움을 표한다.
• 조라 닐 허스턴(1891-1960)은 미국의 작가, 민속학자, 인류학자. 앨라배마주에서 목사인 아버지와 교사인 어머니 사이에서 태어났으며 세 살 때 최초의 흑인 자치 도시인 플로리다주 이튼빌로 이주, 그곳을 고향처럼 여기며 자라났다. 하워드대학을 다닌 후 버나드 칼리지에 들어가 인류학을 공부했으며, 이때 컬럼비아대학의 인류학자 프란츠 보아스Franz Boas와 함께 민족지적 연구를 했다. 20대부터 소설을 쓰기 시작했고, 문학작품 외에도 전공인 인류학 관련 다양한 저서가 있다. 그러나 생전에는 크게 주목받지 못하다가 1970년대 흑인 여성 문학이 새롭게 평가되면서 흑인 여성 문학의 선구자로 여겨지고, 대학에서도 널리 읽히게 되었다. 국내에 번역된 장편소설 『그들의 눈은 신을 보고 있었다Their Eyes Were Watching God』 외에도 장·단편 소설들, 민족지적 저서들, 자서전 등이 있다.
•• 여기서 지은이는 petrify(석화되다)라는 단어와 patrify(아버지가 되다)라는 단어를 가지고 말장난을 하고 있다.

하고 있는 한편, 여성학을 전공하는 젊은 학생들 다수는 여전히 (오직) 여성만이 (오직) 여성을 연구해야 하고, 이는 (오직) 여성들이 썼다고 알려진 작품들만을 연구함으로써 (오직) 이루어질 수 있다고 가정한다. 나는 여전히 지배적인 이러한 가정에 반대해서, 남성과 여성 모두 남성과 여성의 목소리를 기록하고 들을 수 있다는, 다소 고리타분한 주장을 옹호해야만 하며, 이를 위해 이 문제에 대해서 나보다 더 오래 그리고 열심히 고민해온 동료들의 힘을 빌려와야만 한다.[2] 따라서 이 장은 내 주장의 사슬 중 가장 덜 독창적인 연결 고리이기도 하지만 또 가장 근본적인 연결 고리이기도 하다.

우리는 고대 이스라엘과 인도의 텍스트, 그리고 고대 그리스와 중세 유럽의 대부분의 텍스트를 남성들이 썼다는 것을 안다. 사실 대부분의 고대 텍스트들(희랍어, 히브리어, 산스크리트어 텍스트들)과 심지어 전통적인 옛날이야기에 대한 대부분의 근대적 개작(페로Perrault, 그림 형제, 디즈니)도 이렇게 저렇게 해서 남성들에 의해 전승되어왔다. 우리는 여성들이 묵살되어왔다는 것도, 현존하는 텍스트들은 초기 텍스트 속의 여성의 목소리를 억누르거나 왜곡시켰을 가능성이 있다는 것도 안다. 페미니스트들은 젠더의 차이가 담론의 차이를 만들어낸다는 것에 우리의 주의를 집중시켰다. 이들 중 일부는 이러한 차이가 사회적이라고 주장했고, 또 다른 일부는 여성들 자체가 근본적으로 다르다고 주장했고, 또 다른 일부는 여성들이 전략적으로 다르다고 주장했다.[3] 그러나 이들 대부분은 여성들

---

2   예를 들어 다음과 같은 글을 보라. Jean Bethke Elshtain, "Feminist Political Rhetoric and Women's Studies".

의 글쓰기가 남성들의 글쓰기와는 근본적으로 다르다는 것, 그래서 이것이 바로 우리가 잃어버린 목소리이며, 이제 역사 속에서 이 잃어버린 목소리를 찾아야 한다는 데 동의한다.

나는 이것이 진실이라고 믿는다. 그러나 이 진실이 내가 여기서 옹호하고자 하는 또 다른 진실, 즉 이러한 목소리들이 완전히 묵살된 것이 아니며, 현존하는 가부장적 텍스트 속에서도 그 목소리들을 다시 찾아낼 수 있다는 것을 보기 힘들게 만든다고 생각한다. 남성들에 의해 만들어진 텍스트는 여성들에 의해 만들어진 텍스트와 흥미로운 방식으로 또 의미심장한 방식으로 다르다. 그러나 전적으로 다르지는 않으며 일부는 다른 것들보다 더 다르지 않다. 나는 이제 누구의 목소리가 텍스트의 저자인지는 그만 물어야 한다고 주장한다. 텍스트가 여성의 관심사와 이해관계, 시점을 대변하고 있는지는 물어볼 수 있다. 그러나 남성 또한 이러한 관심사와 이해관계를 표현할 수 있으며, 여성이 이런 관심사를 표명하지 않는 경우도 있다는 것을 잊지 말아야 한다. 분명 페미니스트들이 묵살된 여성들의 목소리를 성공적으로 발굴해냈기 때문에 이제 우리는 남성들의 텍스트가 여성들의 목소리를 결여하고 있다고 욕하거나 혹은 남성들의 텍스트 속에 담긴 여성들의 목소리의 흔적을 그냥 간과해버리지 않으면서 남성들의 텍스트로 다시 돌아가는 호사를 누릴 수 있게 되었다. 내가 위에서 다른 문제들에 관해 다룰 때도 이미 말했듯이 나는 이것 아니면 저것이라는 양자택일적 태도를 없애버리기를 원하

---

3   Gayatri Spivak, "Can the Subaltern Speak?"; Diana Fuss, *Essentially Speaking: Feminism, Nature, and Difference*.

며, 여성의 텍스트와 남성의 텍스트 모두에서 (혹은 익명의 텍스트 안에서) 여성의 목소리를 찾아내기 위해서도 그렇게 하길 원한다.

그리 오래되지 않은 과거에 (시몬 드 보부아르Simone de Beauvoir가 1949년 『제2의 성』에서 프로이트를 비판한 것으로부터 시작해서 메리 데일리Mary Daly가 "치유사therapist"를 "강간범the/rapist"으로 정의하는 과정을 거쳐 이어져온 그 시간 동안) 사람들이 프로이트의 성차별적 시각을 새롭게 인식하고서는 더 이상 그의 책을 읽지 않았던 적이 있었다. 그가 여성 심리를 하나의 주체로 다루는 것을 무시함으로써 인간 심리에 대한 그의 초상에서 얼마나 많은 부분이 배제되었는지 알아챘기 때문이다. 그러나 페미니스트들이 프로이트에게서 배제된 부분들을 조명하기 시작했기 때문에 이제 우리는 그를 다시 읽을 수 있게 되었다. 결국 페미니스트들이 우리를 위해 프로이트를 완성시켜준 셈이다. 1974년 줄리엣 미첼Juliet Mitchell의 『정신분석학과 페미니즘Psychoanalysis and Feminism』으로부터 시작된 페미니즘 정신분석학 분야는 프로이트 학계에서 최첨단 분야가 되었다. 아이러니하게도 페미니스트들은 쓰레기더미에 던져져 있을 수도 있었던 프로이트를 다시 끄집어내왔다. 이러한 논의는 학문의 진정한 다원주의 정신에 의거한 것이기도 하지만, 무엇보다도 다성성에 대한 이해를 확장시키는 데 기여한 페미니스트들의 공헌 위에 세워진 것이라 할 수 있다.

나는 "남성들"의 텍스트 — 성서, 호메로스, 셰익스피어, 산스크리트어 문헌들 — 를 사용하고 싶다. 그러나 이는 단지 비판적으로 그들의 지배적인 (그러나 아마도 유일한 것은 아닌) 어젠다가 성차별적일 것이라는 점을 보여주기 위한 것은 아니다. 또한 (단지) 그들의 오류, 편견, 한계를 보여줌으로써 그들의 영향력과 특권을 폄훼하기 위한 것도 아니다. 나는 그들의 젠더 오류를 넘어서는 의미를 그 텍스트 안에서 찾아보고 싶고, 어떤 경우에는 이러한 젠더 오류를 넘어서는 젠더화된 의미를 그 안에서 찾아보고 싶다. 예를 들자면 나는 프로이트의 도라Dora에 대한 연구를 읽으면서 하나의 주체로서의 도라를 완전히 무시한 그의 심각한 오류(프로이트적 과실?)에도 불구하고 여전히 유효한, 텍스트 해석에 대한 그의 많은 통찰력을 찾아볼 것이다.[4] 여성 주체를 간과한 이 맹점만 제외하면 그의 통찰력은 여전히 많은 부분에서 우리에게 유용하기 때문이다. 앞에서 내가 식민주의적 학문에 대해 주장한 것처럼 나는 프로이트라는 아기를 성차별주의라는 목욕물에 떠내려가게 하고 싶지 않다.

해체 이론이 우리의 계획에 공헌한 것 중 하나는 (남성) 주체성이라는 개념 자체를 없애버리려고 한 시도다. 프로이트 및 대부분의 유럽 대륙 철학자들의 글에서 여성 주체라는 것은 불가능하다. 그런데 이제 우리는 여성 주체라는 것이 대체 어떤 것인지 상상해보고자 하면서 사실 남성 주체라는 것 또한 없다는 것을 알게 되었다. 나는 황송하게도 해체주의자들이 깔아준 이 길에서 더 나아가 미국인 주체라는 것도, 유대인 주체라는 것도 혹은 흑인 주체라는 것도 없다고 성급히 주장하고자 한다. 이런 꼬리표labels는 우리가 들어온 똑같은 문을 통해 우리를 계획 밖으로 나가게 만든다. 이에 대한 해결책은 인간 주체를 상정해야만 한다는 것이며, 그것이 내가 제안하는 바다. 그리고 이러한 작업은 여성을 제외시킨 남성 작가들이 지배하는 철학적 텍스트가 아니라, 남성 주체를 상정하거나 혹은 상정하지

---

[4] *In Dora's Case*, eds. Charles Bernheimer and Claire Kahane.

않는 (그 익명성으로 말미암아 이러한 유동성을 지니는) 신화 텍스트와 민담 텍스트를 통해 훨씬 더 효과적으로 달성될 수 있다.

여성들이 쓰고 여성들을 거쳐 전승된 텍스트들 속에서 여성의 목소리를 더 분명히 기대할 수 있다 하더라도 일단은 먼저 이러한 텍스트들을 확인해야만 한다. 지금 우리에게는 현대 여성 작가들의 텍스트들이 있고, 가까운 과거에 여성들이 쓴 텍스트들도 재발견하기 시작했다. 그러니 이런 텍스트들을 이용해서 남성 작가의 텍스트와 여성 작가의 텍스트 사이의 차이의 유형을 발견하고, 그래서 과거의 텍스트 속에서도 여성적 유형이라는 것을 찾아내어 심지어 익명의 작품 안에서도 여성 작가의 존재를 설정해볼 수 있지 않을까? 문제는 그렇게 간단하지 않다. 이러한 계획에는 히브리 성서를 부각시키기 위해 셰익스피어를 사용할 때 부딪치는 시간차와 장르 경계상의 문제뿐만 아니라 젠더에 고유한 문제, 즉 여성들의 텍스트 속에 들어 있는 남성들의 목소리의 문제와 좀 덜 분명하기는 하지만 남성들의 텍스트 속에 들어 있는 여성들의 목소리라는 문제가 부과된다.

다음과 같은 역설로부터 시작해보자. 여성들은 신화와 민담의 전통적인 조달자로 간주된다. 그런데 이런 이야기들 대부분은 다음과 같은 두 가지 의미에서 "가부장적"이다. 첫째, 남성들이 이런 이야기들의 기록 대부분을 통제해왔다. 둘째, 이런 기록 대부분은 여성을 아주 비호의적인 시각에서 그리고 있다. 그렇다면 도대체 여기서 어떻게 여성의 목소리를 들을 수 있단 말인가?

여성들이 이야기를 한다는 첫 번째 역설부터 고찰해보자. 플라톤은 신화는 어머니들과 유모들의 자산이라고 말했고,[5] 이는 다음과 같은 지배적인 견해를 떠올리게 한다. 즉 "늙은 아낙네들의 이야기old-wives' tales"라는 말에서 "늙은"이라는 단어는 이중적인 수식 기능을 한다. 즉 아주 오래된 이야기라는 의미와 전통적으로 이러한 이야기를 해주는 사람이 늙은 아낙네들이었다는 두 가지 의미를 다 내포하고 있다. 신화를 먹여 살린 이들이 바로 이 여성들이라는 것이다. 유럽에서 마더 구스Mother Goose는 물갈퀴 발을 가진 늙은 여인이며, 보통 동화의 작가로 간주된다. 마리나 워너는 마더 구스에 대한 연구에서 늙은 아낙네들에 관한 늙은 아낙네들의 이야기는 주로 사실이며, 여성들이 대부분 이런 이야기들의 화자였다는 것을 보여줬다.[6]

그러나 사실 우리는 대체로 옛날이야기들의 화자가 남성이었는지 여성이었는지 알 길이 없다. 또한 심지어 옛날이야기들로부터 (그러니까 이야기 내부의 주장들만 가지고 작업해야 하는 시대에서) 현대 이야기들로 (실제로 여성들에 의해 말해진 이야기들을 수집할 수 있는 시대, 즉 스토리텔링이라는 연쇄 끝에서 최소한 그 화자를 알 수 있는 시대로) 화제를 돌려도, 그리고 남성 작가와 여성 작가의 차이점을 고려하려 한다 하더라도 우리는 여전히 흔들리는 기반 위에 서 있는 우리를 발견한다. 이미 살펴봤듯이 텍스트는 많은 목소리를 가지고 있고 여러 가지 이해관계에 기여하기 때문이다.

민속학자들은 "여성들의 이야기"에 고유한 특징이라는 주제를 규명하고자 노력해왔다. H. M. 채드윅과 N. K. 채드윅은 히브리 성

---

5   Plato, *Republic* 350e, 376e-377d, 381e; *Laws* 10.887.c8-e1.
6   Warner, *From the Beast to the Blonde*.

서 속 다윗에 관한 이야기들에 여성들의 활약이 많기 때문에 그 이야기들은 여성들에 의해서, 여성들을 위해 쓰인 것이라고 주장했다.[7] 분명 그러한 기준은 지나치게 일반적인 것이다. 남성들 역시 여성들에게 관심을 가질 수 있기 때문이다. 다른 학자들은 여성의 가내 활동이나 결혼 생활 등과 같은 분야로 주제 영역을 좁히고자 시도했다. 따라서 라마누잔은 이야기의 주 관심사를 통해서 여성들의 이야기를 정의했는데, 예를 들자면 다음과 같은 것이다. 남성들은 주로 결혼까지 이르는 과정을 강조하는 반면, 여성들은 결혼 이후의 삶에서 일어나는 사건들을 더 강조한다[8] — 분명 남성 화자들은 그후로 모두 오랫동안 행복하게 잘 산다고 가정하는 반면, 여성 화자들은 바로 그 순간부터 문제가 시작된다는 것을 알고 있기 때문이다. 바바라 리비는 "잃어버린 부인을 찾아가는 이야기(유형 400)는 남성들이 주로 선호하는 이야기인 데 반해, 잃어버린 남편을 찾아가는 이야기(유형 425)는 여성들이 주로 선호하는 이야기이며, 양자의 경우 모두 수색자의 젠더는 가장 유력한 화자의 젠더와 연관되어 있다"고 했다.[9] "미녀와 야수"와 "신데렐라"는 여성들의 곤경과 여성들의 관점을 반영하고 있기에 여성들의 이야기다. 벵트 홀벡*은 남성과 여성은 종종 똑같은 이야기를 특징적으로 전혀 다

---

7 H. M. and N. K. Chadwick, *The Growth of Literature*.
8 A. K. Ramanujan, "Toward a Counter-system: Women's Tales", 53.
9 Barbara Fass Leavy, *In Search of the Swan Maiden*, 118, citing Jan O. Swahn, *The Tale of Cupid and Psyche*, 437-438.
• 벵트 홀벡(1933-1992)은 덴마크의 민속학자. 『동화의 해석 Interpretation of Fairy Tales』(1987)이라는 책을 남겼다. 660페이지에 달하는 이 책에서 그는 19세기 덴마크의 동화 수집가 에발드 탕 크리스텐센 Evald Tang Kristensen이 수집한 동화들을 대

른 방식으로 말하지만, 그러나 그 차이는 도덕적 혹은 정치적 입장에 있는 것이 아니라 어떤 주제를 확장시키고 어떤 주제를 생략하는가에 있다고 지적했다.[10]

라마누잔은 남성들의 이야기에서는 보통 뱀이 우리의 적이고 따라서 뱀을 죽이는 일화가 등장하는 반면, 여성들의 이야기에서 뱀은 아버지 같은 존재이자 친절한 남근이며 주로 여성들을 도와주는 외삼촌들이라고 주장했다.[11] 그러나 뱀은 심지어「창세기」처럼 남성 작가의 작품으로 추정되는 글 속에서도 좀처럼 파악하기 힘든 성격에 도덕적으로 애매모호한 존재다(그리고 항상 죽는 것도 아니다). 미다스 데커스●는 수간과 관련된 이야기들의 저자와 주제에서 찾아볼 수 있는 젠더의 비대칭성에 대해 논의했다.

사실상 동물과 성교하는 것이 언제나 남성들인 현실과 비교해 봤을 때 예술에서는 그 역할이 완전히 전도되어 있다. 수세기

상으로 동화를 분석하는 데 사용할 수 있는 방법을 논의했다. 그에 따르면 동화는 세 가지 기본적인 갈등, 즉 어린이와 어른의 갈등, 낮은 신분과 높은 신분의 갈등, 남자와 여자의 갈등을 풀기 위한 5가지 '움직임moves'으로 구성된다. 이는 각각 정육면체의 한 면으로 표현되며(즉 왼쪽 면에는 어린이, 오른쪽 면에는 어른, 아랫면에는 낮은 신분, 윗면에는 높은 신분, 앞면은 남자, 뒷면의 여자), 보통 동화의 내용은 왼쪽에서 오른쪽으로, 아래로부터 위로 움직이는 방향으로 진행되고, 남자와 여자의 갈등은 결혼으로 마무리된다고 그는 주장했다.

10 Bengt Holbek, *Interpretation of Fairy Tales*, 154-157.
11 Ramanujan, "Toward a Counter-system".
●   미다스 데커스(1946-)는 네덜란드의 생물학자. 본명은 반데르트 야코부스 데커스Wandert Jacobus Dekkers이지만, 도널드 덕 만화의 늑대 캐릭터 이름을 딴 미다스Midas라는 이름으로 더 잘 알려져 있다. 어린이들과 성인들을 위한 생물학 관련 책들을 여러 권 저술했다. 국내에도『시간의 이빨』,『동물들은 왜?』등의 책이 번역되어 나와 있다.

동안 대부분의 예술가는 남성이었고 따라서 이러한 역할 전도가 일어난 이유는 뻔하다. 이것이 바로 남성들의 성적 판타지와 부합하기 때문이다. … 남성이 동물과 동일시되는 것은 남성이 진짜 동물로 변하는 모든 신화와 이야기 속에 아주 잘 나타나 있다. … 항상 그렇듯이 남성은 동물이라는 능동적인 무리와 동일시된다. 그는 말, 개, 황소, 비정상적으로 큰 물건을 지닌 색욕의 괴물이다. 그의 판타지는 여성을 야수로 상정하는 순간 깨진다. 이것이 **퀸콩**Queen Kong이 아니라 **킹콩**King Kong이 박스 오피스에서 성공을 거둘 수 있었던 이유다.**¹²**

데커스가 남성 야수들만이 널리 퍼져 있는 것처럼 말한 것은 분명 틀렸다. 아마 어떤 민속학자라도 지적할 수 있었겠지만, 백조 처녀와 인어, 멜뤼진Mélusines,• 운디네Undines•• 그리고 일본의 여우 처녀

---

12 Midas Dekkers, *Dearest Pet. On Bestiality*, 155.
• 멜뤼진은 유럽 민담에 나오는, 성스러운 샘과 강에 사는 물의 정령으로서 하체가 뱀 혹은 물고기 모습을 하고 있다. 14-15세기경 유럽에서 기록된 이야기에 따르면 십자군 시대 스코틀랜드의 왕 엘리나스Elynas가 사냥을 나갔다가 아름다운 여인 프레신Pressyne을 만나 결혼한다. 그런데 이때 프레신이 내건 조건은 절대 그녀가 아이를 낳거나 아이를 목욕시키는 것을 엘리나스가 보면 안 된다는 것이었다. 프레신은 세 쌍둥이 딸 멜뤼진, 멜리오르Melior, 팔라틴Palatyne을 낳았는데, 어느 날 엘리나스는 이 금기를 지키지 않았고, 결국 프레신은 세 딸을 데리고 잃어버린 섬 아발론으로 떠나버린다. 나중에 커서 자신들의 아버지가 한 일을 알게 된 딸들은 아버지에게 복수를 하기 위해 그를 산으로 데려가 감금한다. 프레신은 후에 딸들이 한 일을 알고 분노해서 이를 주도한 첫째 딸 멜뤼진의 하체를 뱀으로 만들어버린다.
•• 운디네 혹은 운디나Undina는 1658년 출판된 파라셀수스Paracelsus의 책에 처음 등장한 이름으로, 라틴어로 파도를 뜻하는 운다unda라는 말에서 기인했다. 파라셀수스는 고대의 4원소, 즉 흙, 물, 공기, 불이 각각 기본 정령을 지닌다고 생각했는데, 운디네는 이중 물의 정령이다. 운디네는 거의 항상 여성으로 묘사되며,

를 생각해보라. 그의 주장에서 편견에 찬 가정들의 연쇄를 지적하기 위해 무덤에서 페미니스트를 불러낼 필요조차 없다. 여성들이 소리 높여 항의하기를 멈추면(여성 미술가들은요? 능동적인 여성들은요? 그리고 마지막으로 여성들이 무엇을 꿈꾸는지 당신이 어떻게 아시죠, 데커스 씨?) 남성들은 분명 다음과 같이 항변할 것이다. "그건 당신 이야기죠, 나는 아니에요, 미다스 씨." 그러나 데커스는 한 가지 점에 대해서는 옳았다. 여성 동물에 대한 이야기는 남성 동물에 대한 이야기와 다르다는 것이다. 그런데 이것은 별로 놀랍지도 않다. 동물이나 인간 모두 여성은 남성과 다르게 행동하고, 이 같은 사실에 대해서 남성 작가나 여성 작가 모두 다 잘 알고 있기 때문이다. 이런 문제들에 대한 고찰은 여성의 텍스트인지 아닌지를 단지 주제의 선택만으로 확인해보겠다는 계획에 의구심이 들게 만든다. 결국 주제의 선택이라는 것은 결코 믿을 만한 판단 기준이 될 수 없는 것이다.

예를 들어 여성에 의해서 그리고/또는 여성을 위해 쓰인 텍스트가 제기할 만한 질문으로 왜 아이를 낳을 때 그처럼 아파야만 하

고대 그리스신화와 로마신화 속에 등장하는 여러 물의 요정들의 이미지와 동일시되기도 한다. 이후 등장한 운디네와 관련된 이야기는 대부분 인간과의 비극적인 사랑 이야기로 끝나는 경우가 많다. 운디네는 인간 남성과 결혼해야만 영혼(혹은 마음)을 얻을 수 있다고도 하고, 또 이때 남편이 절대로 물가에서 운디네에 대한 험담을 해서는 안 되는 금기가 따르기도 하는데, 남편들은 대부분 이 금기를 지키지 못해 결국 복수나 비극으로 끝나는 경우가 많다. 운디네가 나오는 대표적인 예술 작품으로는 프랑스의 시인 알로이시우스 베르트랑Aloysius Bertrand의 산문시『밤의 가스파르Gaspard de la Nuit』그리고 이에 영감을 받아 모리스 라벨Maurice Ravel이 작곡한 동명의 피아노 음악, 20세기 프랑스 극작가 장 지라두Jean Giradoux가 쓴 희곡『옹딘Ondine』, 그리고 이를 토대로 영국 로열 발레단의 안무가 프레더릭 애슈턴Frederick Ashton이 안무하고 발레리나 마고트 폰테인Margot Fonteyn이 운디네로 출연한 발레〈온딘Ondine〉등이 있다.

는가라는 질문을 생각해볼 수 있다. 물론 여기에 많은 문화권에서 신화가 제기한 질문들의 목록을 첨가해볼 수 있다. 그러나 이 질문은 고전 종교 텍스트에서는 다른 질문들(왜 우리가 지금 여기 있는가 등등)과 비교해봤을 때 그다지 자주 등장하지 않으며, 아마도 이는 이러한 텍스트의 저자로 추정되는 (남성) 작가들이 대부분 아이를 낳는 산고를 직접 경험해보지 않았기 때문이라고 생각된다. 한 프랑스 남성이 쓴 중세의 문헌은 출산의 고통이 많이 과장되어 있다고 주장한다. "나는 여성의 출산보다 암탉이나 거위가 작은 손가락 하나가 겨우 통과할 만한 조그만 구멍으로 주먹만 한 크기의 알을 낳는 일이 더 경이롭다."[13]

인도의 경우 라마누잔은 출산을 여성의 이야기라 결정짓게 만드는 주제 중 하나에 포함시켰고,[14] 나라야나 라오는 "남성들은 여성들이 겪는 산고의 구체적인 내용에 그다지 관심이 없다. …『라마야나』의 경우도 오로지 여성들의 노래 판본에서만 카우살리아Kausalya가 아기를 낳는 장면과 이때의 고통을 생생하게 묘사한 것을 찾아볼 수 있다"고 말했다.[15] 인도의 한 야자수 잎 필사본에 기록된, 출산 시 여성의 신체 각 부위에 찾아오는 고통에 대한 묘사는 정말 생생해서 사라 콜드웰은 이에 대해 다음 같이 말했다. "이 직접적이고 사적인 기록은 여성이 썼을 가능성이 매우 크다는 느낌이 들었다. 비록 이 주장을 뒷받침할 수 있는 독립된 증거는 전

---

13   Judith Kegan Gardiner, "*Fifteen Joys*", 72; citing *Les Quinze Joies de Mariage* 7.28.
14   Ramanujan, "Toward a Counter-system", 53.
15   Velcheru Narayana Rao, "A Ramayana of Their Own", 119.

혀 없지만."¹⁶ 정말 이 묘사는 아주 생생하다. "발목이 아파요 … 손톱이 아파요 … 관절이 다 아파요 … 내 온 몸이 다 아파요. … 질이 아프고 온 몸이 다 아파요."¹⁷ 그러나 콜드웰은 현명하게도 이 텍스트를 "여성의" 텍스트라기보다는 "여성에 초점을 맞춘" 텍스트로 간주했으며, 따라서 여성의 관점에 많은 관심을 보이고 있지만 그것을 반드시 여성 작가가 썼다고 할 수는 없다고 생각했다.

고통은 모든 인간에게 보편적인 것인데, 여성의 고통, 특히 여자아이건 남자아이건 아이를 낳을 때 모든 여성이 겪는 고통이 왜 다른 것보다 적게 다뤄져야 하는가? 산고에 대한 질문은 기원에 대한 질문과 똑같은 방식으로 대답할 수 없는 질문이 아니다. 예를 들어 우리는 아홉 달 동안 자궁을 보호하기 위해 조성되었던 신체 조건들이 이제 아기가 자궁으로부터 빠져나오는 과정을 어렵게 만든다는 것을 알고 있다. 출산이 힘든 일이라는 것은 명백하다. 그렇지만 왜 이렇게도 고통스러워야만 하나? 그리고 옛날에는, 아니 제3세계에서는 오늘날에도 왜 출산 시 산모와 아이 모두 종종 목숨을 잃는 위험까지 감수해야 하나?

사실 이런 질문들은 여러 문화권 안에서 남성 작가들이 썼다고 추정되는 작품들에서도 발견할 수 있다. 유대교 전통에서는 우리가 이미 1장에서 살펴봤듯이 「욥기」에 "너는 산양이 새끼 낳는 것을 아느냐 혹은 그것이 산고를 겪을 때 이를 덜어주었느냐"라는 질문이 나온다. 아이를 낳는 것이 너무 고통스러워서 더 이상은 아이를 갖

---

16   Sarah Caldwell, "Waves of Beauty", ms., 29.
17   Caldwell, "Waves of Beauty", 30.

지 않겠다고 선언한 랍비 히야의 아내 유디트의 이야기도 있다. 이와 마찬가지로 우리가 4장에서 검토해본 「창세기」(3:16)에서는 신이 이브에게 말한다. "나는 네가 아이를 낳을 때 겪어야 할 고통을 몹시 크게 할 것이다. 너는 고통 속에서 아이를 낳을 것이다. 그러나 너의 욕망은 너의 남편을 향할 것이다."• 산스크리트어 텍스트들은 자궁 속 태아도 고통을 겪는다고 말한다.[18] 한편 라틴어 텍스트에서는 제우스가 임신시킨 모든 여성을 질투하는 헤라Hera(후에 유노Juno라는 이름으로 불린다)가 특히 알크메네의 출산의 고통을 증폭시키기 위해 출산의 여신으로 하여금 문 앞에 다리를 꼬고 손가락을 꽉 걸고 앉아 출산을 막게 하고는 고통스러워하는 산모의 신음 소리를 들었다고 전한다.[19] 이런 종류의 이야기들은, 분명 남성들이 썼을 것이라 생각되는 텍스트들도, 출산이 남성들의 일처럼 힘든 일(노동labor,•• 고생)일 뿐만 아니라 동시에 극심한 고통이라는 현실을 단지 불가피한 출산의 한 요소로뿐만 아니라 분명하게 설명되어야 할 하나의 수수께끼로 간주하고 있었다는 사실을 알려준다.

어떤 경험에도 직접적으로 접근할 수는 없다. 우리가 그것을 누군가에게 말하려고 하자마자 그것은 말에 의해 매개된다. 그리고 이것은 일레인 스캐리가 주장했듯이 언어로는 도저히 이해할 수 없는 고통의 경우 특히 더 그렇다. 여성이 누군가에게 자신의

• 『(새번역)성경』에서는 다음과 같이 번역한다. "나는 네가 임신하여 커다란 고통을 겪게 하리라. 너는 괴로움 속에서 자식들을 낳으리라. 너는 네 남편을 갈망하고." (이어지는 부분은 "그는 너의 주인이 되리라.")
18 Doniger O'Flaherty, *Textual Sources*, 97-98.
19 Ovid, *Metamorphoses*, 9.265-301.
•• 출산은 영어로 labor, 즉 '노동'과 같은 단어이다.

출산의 고통을 이야기하기 위해서는 그 경험을 말로 번역해야 한다. 남성 역시 그녀 혹은 다른 여성들과 마찬가지로 그러한 말에 — 이 말이 여성들에게 의미하는 바와 똑같은 것을 그에게 의미하지는 않더라도 — 다가갈 수 있다. 그는 그 말을 가지고서 출산의 고통에 대해 글을 쓸 수 있다. 같은 방식으로 그리고 아마도 같은 방법을 통해 — 즉 여성들이 말하는 것을 듣고서 — D.H. 로렌스D.H. Lawrence는 『채털리 부인의 사랑』에서 여성이 오르가슴에서 무엇을 느끼는지 꽤 설득력 있게 쓸 수 있었을 것이다.

    마지막으로 지적할 필요가 있는 것은 남성이 쓴 텍스트에서 여성에 관한 어떤 정보를 단지 발견하는 것만으로도, 아무리 그것이 편견에 사로잡혀 왜곡된 것이라 할지라도 이러한 것들이 보통 완전히 무시되고 있는 현재의 상태에서 보자면 하나의 발전일 수 있다는 것이다. 이러한 정보를 사람들이 알 수 있게 만드는 것만으로도 우리의 시대로부터 멀리 떨어진 시대와 장소의 여성들의 삶에 관한 우리의 이해를 극적으로 변화시킬 수 있다. 내가 힌두교의 역사 안에서 이러한 텍스트들을 발견하고자 했을 때 어떤 이들은 그것을 반겼지만, 다른 이들은 전반적으로는 긍정적인 리뷰 안에서도, 이 책을 힌두교에 대한 당신의 유일한 책으로 사용할 수는 없을 것이며, 이 책과 균형을 맞추기 위해서는 또 다른 (그러니까 좀 더 기본적이고 남성 중심적인) 책이 필요할 것이라고 언급했다. 심지어 이러한 가장 기본적인 차원에서도 해야 할 일이 있는 것이다.

여성의 관점

만약 우리가 주제에서 여성의 이해관계를 확실하게 짚어낼 수 없다면 관점에서는 어떨까? 이 역시 문제가 많다. 라마누잔은 여성이 하는 이야기의 관점과 남성이 하는 이야기의 관점에는 확연한 차이가 있다고 주장한다. "[여성들의] 이야기는 사물을 바라보는 또 다른 시각을 제공한다. 젠더는 곧 장르다. 여성들의 세계는 남성들의 세계가 아니다." 여성들로부터 수집된 이야기는 "대안적인 가치와 태도, 공식적인 것과는 다른 행위 이론"을 보여준다.[20] 물론 때때로 여성들의 이야기는 남성들의 이야기와는 다른 이슈를 제기하거나 지배적인 (남성) 패러다임을 전복시킨다. 나라야마 라오가 지적했듯이 "비非브라만 여성이 부른 『라마야나』 노래에서는 표면상으로는 권위를 존중하면서 사실상 이를 전복시키려는 전략을 찾아볼 수 있다."[21]

우리는 이전에 남성에 의해 기록된 이야기를 여성이 다시 말할 때 전복적 힘이 작용하는 것을 볼 수 있다. 여성 화자의 시선으로 원래 남성에 의해 전승되어온 텍스트를 들여다볼 수 있으며, 그럼으로써 우리는 이전에는 인식하지 못했던 여성의 관점, 때때로 전복적인 관점을 드러낼 수도 있다. 이는 『라마야나』와 『마하바라다』에 대한 현대 인도 여성의 재해석에 대한 연구에서 나타난다. 산스크리트어 『라마야나』에 관한 아르시아 사타르*의 책은 라마와 시타

---

20   Ramanujan, "Toward a Counter-system", 53.
21   Rao, "A Ramayana of Their Own", 128.
•   아르시아 사타르(1960-)는 프리랜서 작가이자 강연자. 시카고대학의 남아시아

가 처음으로 숲에 들어갔을 때 시타가 라마에게 왜 이 평화로운 장소에서, 게다가 그가 수도자의 옷차림(그리고 아마도 수도자의 생활 방식과 다르마dharma[*법])을 하고 있는 상황에서 무기를 지니고 다니냐고 묻는 장면에 대해 분석한다. 라마는 그녀를 포함해 숲 안에 있는 다른 무방비 상태의 생물들을 보호하기 위해서 무기가 필요하다고 주장한다. 시타는 폭력에 대해 격렬하게 반대하면서 자신은 그가 본성적으로 폭력에 끌리는 것은 아닐까 두려우며, 단지 무기를 지니고 다니는 것만으로도 그의 마음에 사악한 생각이 들 수 있다고 말한다.[22] 시타는 전통적으로 말해져오던 것처럼 전적으로 복종적이기만 한 캐릭터가 아니라는 사타르의 통찰에 덧붙여 이 연구는 시타가 아리스토파네스Aristophanes의 리시스트라테Lysistrata와 에우리피데스의 트로이의 여인들과 함께 전쟁과 폭력에 대항해 싸워온 여성들의 오랜 역사에 속한다는 것을 보게 해준다.

산스크리트어 텍스트 『마하바라다』에서 쿤티Kunti와 그녀의 다섯 아들은 적들의 올가미에 걸려 인화성 강한 염료가 칠해진 집 안에서 불타 죽을 위기에 처한다. 그러자 쿤티는 그 마을의 낮은 카스트 출신 여인과 그녀의 다섯 아들을 저녁 식사에 초대한다. 그들이 술을 마시고 뻗자, 쿤티와 그녀의 아들들은 집을 빠져나와서 집에 불을 지른다. 적들은 불에 탄 여섯 명의 시체를 발견하고 나서는

언어 문명학과에서 박사 학위를 받았으며, 산스크리트어 설화집 『카타사리트사가라Kathasaritsagara[*이야기 강의 바다]』와 『발미키의 라마야나Valmiki's Ramayana』를 축약 편집해서 영어로 옮겼다. 다큐멘터리와 영화 제작에도 관여하고 있으며 인도 및 미국의 대학에서 산스크리트어 설화에 대한 강의를 하고 있다.

22 *Ramayana* of Valmiki 3.8.1-29; Arshia Sattar, "The Matted Locks of theAscetic and the Weapons of the Warrior", in *Lost Loves*.

더 이상 쿤티와 그녀의 아들들을 쫓아오지 않는다. 원 텍스트에서는 누구도 쿤티와 그녀의 아들들 대신 희생당한 마을의 여인과 그녀의 아들들에 대해 동정심을 표하지 않는다.²³ 그러나 벵골 출신의 페미니스트 소설가 마하스웨타 데비Mahasweta Devi(1926-)*가 다시 쓴 이 에피소드에서는 주요한 도덕적 갱생이 일어난다. 여기서 쿤티는 후에 희생된 마을 여인의 다섯 아들 중 한 명의 과부와 만난다. 그녀는 쿤티에게 불이 난 집을 떠올리게 하고, 쿤티가 오직 자기 자신과 아들들을 살리기 위해 희생시킨 여섯 명의 무고한 목숨을 한 번도 기억한 적이 없다고 덧붙인다. 처음으로 자신의 잘못을 직시하게 된 쿤티는 불이 난 숲에서 그녀를 집어삼키려는 불로부터 도망가지 않는다.²⁴ 마하스웨타 데비는 과부라는 캐릭터와 쿤티의 도덕적 양심을 모두 새롭게 창조해냈다.

마을 여인과 그녀의 아들들의 무고한 죽음은 치트라 바네르지 디바카루니**에게도 마음에 걸리는 일이었다. 그녀는 쿤티의 다섯

---

23   *Mahabharata* 1.134-137; Doniger, *The Hindus*, 288.
*   마하스웨타 데비는 인도 벵골 출신 작가이자 사회운동가. 저명한 시인이자 작가였던 아버지와 역시 작가이자 사회운동가인 어머니 사이에서 태어났으며 캘커타대학에서 영문학 석사를 받았다. 인도의 핍박받는 부족들과 여성들의 삶을 묘사하는 데 관심을 두고 있다. 가야트리 스피박Gayatri Spivak이 데비의 소설들을 여러 권 영어로 옮겨 출판하면서 서구에서 더 주목을 받게 되었다.
24   Kunal Chakrabarti, *Themes in Indian History*, 78, 마하스웨타 데비의 단편 "Kunti O Nishadi"를 인용하면서; Doniger, *The Hindus*, 673-674.
**   치트라 바네르지 디바카루니(1956-)는 인도 출신 미국의 작가, 시인이며 휴스턴대학 문예창작부 교수. 단편집『중매결혼Arranged Marriage』이 1995년 미국 도서상를 수상했으며, 소설『향신료의 여왕The Mistress of Spices』(국내에 출시된 영화 제목은 〈러브 인 샌프란시스코〉)과『내 마음의 자매Sister of My Heart』등은 영화화 되기도 했다. 그녀의 소설은 주로 인도와 미국을 배경으로 남아시아 이민자들의 삶을

아들과 결혼한 여성 드라우파디Draupadi의 관점에서 『마하바라다』를 다시 썼는데, 화재가 일어난 지 몇 년 후 쿤티의 한 아들이 드라우파디에게 다음과 같이 말한다.

> 우리 엄마가 그들에게 음식과 그들이 원하는 술을 다 주었어요. 그들이 마구간에서 자길 원했을 텐데도 엄마가 그들에게 대청마루에서 자라고 했어요. 그들이 잠들고 나자 엄마가 우리에게 불을 지르라고 했죠. 우리는 엄마의 완벽한 계획을 눈치챘어요. 불에 탄 그들의 시체가 우리의 것으로 생각되겠죠. … 그렇지만 우리 마음도 심란하고 괴로웠어요. 그들은 우리 손님이었잖아요. 우리가 준 음식을 먹었고, 우리를 믿고 잠이 들었어요. 그들을 죽이는 것은 큰 죄가 되겠죠. 엄마가 우리의 눈을 들여다보며 말했어요. 내가 술에 약을 탔다. 그들은 아무 고통을 못 느낄 거야. 그들을 죽이는 죄에 대해서는 맹세컨대 내가 다 짊어지마. 너희들에게는 아무런 영향이 가지 않을 거야. 내 아이들의 안전을 위해서라면 나는 기쁘게 천국을 포기하겠다.[25]

마하스웨타 데비처럼 디바카루니 역시 산스크리트어 『마하바라다』의 (남성) 저자가 무시했던 도덕적 문제를 제기한다. 마을 사람들을 거의 인간으로 취급하지 않는 『마하바라다』 저자의 생각은 그들의 살해를 정당화할 의무마저 면제해버렸다. 그러나 마하스웨타 데비

다룬다. 2010년 작 『마지막 고백One Amazing thing』이 국내에 번역되어 나와 있다.
25 Chitra Banerjee Divakaruni, *The Palace of Illusions*, 114-115.

와는 다르게 디바카루니는 카르마[*업]의 전이라는 개념을 환기시킴으로써 이러한 염려를 완화시키는 쪽으로 나아간다. 카르마의 전이라는 개념은 산스크리트어 『마하바라다』가 쓰이던 당시에는 아직 나오지 않은 개념이었다. 이러한 방향 전환이 쿤티를 구원해주고, 그녀의 살인 행위를 모성애와 희생으로 변화시킨다.

드라우파디의 관점에서 쓰인 디바카루니의 『마하바라다』는 그렇지 않았더라면 보지 못했을 여러 관계와 유형을 드러내준다. 예를 들어 드라우파디와 시크한디Shikhandi의 관계를 들 수 있다. 시크한디는 전생에 여러 남자에게 학대당한 여성이었다. 그녀는 자살하며 다음 생에는 남자로 태어나 자신의 적인 남자들에게 복수할 수 있게 해달라고 기도했다. 그녀는 남자 행세를 하는 여자로 다시 태어났고, 결국에는 남자가 된다.[26] 산스크리트어 텍스트에서 드라우파디는 시크한디와 전혀 상호작용이 없다. 그러나 그들은 모두 드루파다Drupada 왕의 딸들이고 따라서 아마도 서로 만났을 수도 있는데, 디바카루니가 다시 쓴 이야기에서는 둘이 정말 서로 만난다. 이 둘을 같이 놓음으로써 디바카루니는 가라앉아 있던, 드라우파디의 젠더와 여러 성적 파트너에 대한 문제들을 확연히 두드러지게 만든다. 이와 마찬가지로 쿤티와 드라우파디가 아마도 인도의 전통적인 고부간의 갈등 때문에 힘들어했을 것이라는 디바카루니의 추측은 다른 방식으로는 설명될 수 없었던 플롯상의 여러 특징을 설명해준다. 예를 들어 왜 쿤티가 힌두 관습을 노골적으로 어기면서까지 다섯 아들 모두를 드라우파디와 결혼시켰는가와 같은 문제들

---

[26] Doniger, *Splitting the Difference* and *The Hindus*.

이다. 이처럼 여성이 다시 쓰는 이야기는 현대적인 관점을 소개하면서 이야기를 단지 업데이트하는 것만이 아니다. 그것은 우리를 고대의 텍스트로 돌려보내서 남성 저자들이 불명료하게 만든 것들을 볼 수 있게 해준다.

그러나 여전히 문제는 그렇게 간단하지 않다. 예를 들어 이야기 속에서 관점들이 서로 수렴되는 것처럼 보이는 어떤 지점을 만들어내는 것이 바로 우리 현실 속 권력의 비대칭이라는 아이러니한 상황이 있다. 그래서 마거릿 밀스는 "남성들과 여성들의 이야기 모두 남성이 여성 역할을 하는 것보다는 여성이 남성 역할을 하는 것을 선호한다"고 지적했다. 그러나 이는 아마도 "여성들이 남성들이 가진 '선택권'을 선망한다는 사실과 남성들이 여성들보다 훨씬 많은 선택권을 가지고 있다는 사실로 설명될 수 있을 것이다."[27] 왜냐하면 실제 삶에서는 여성으로 살아가는 것보다 남성으로 살아가는 것이 훨씬 더 쉬우며, 남성과 여성 작가들 모두 여자 같은 남자보다는 남자 같은 여자를 더 많이 다루기 때문이다.

앤 그로진스 골드는 남성이 화자인 라자스탄주Rajasthani• 민담 속의 또 다른 복잡한 문제를 조명한다.

---

27   Margaret Mills, "Sex Role Reversals", 192.
•   라자스탄주는 인도 북서부 파키스탄과 경계가 맞닿은 지역으로서 인도에서 가장 면적이 넓은 주다. 타르사막으로 둘러싸여 있으며, 그 역사는 인더스문명 시절까지 거슬러 올라간다. 아직까지도 웅장한 고성들이 남아 있고, 오래된 전설과 설화가 많이 전해져 내려온다. 그러나 1987년 라자스탄주의 한 마을에서 18세 과부에 대한 사티(인도에서 남편이 죽으면 아내를 태워 죽이던 풍습)가 행해져 큰 논란이 일었던 것으로 미루어 짐작할 수 있듯이 전통적으로 남성 중심적인 문화가 강한 지역이기도 하다.

명백히 여성 혐오적인 텍스트로부터 나온 것이라 할지라도 그로부터 구축된 여성성이 강하고 긍정적인 모습일 수도 있다. … 고피 찬드Gopi Chand가 모티 데Moti De를 학대하는 이야기와 같은 [성]폭력 에피소드는 일종의 가학적 [남성] 성적 판타지에 부합하는 듯한 기미를 보인다. 그러나 ─ 이것이 아마도 내가 이 이야기에 사로잡히게 된 까닭이기도 할 텐데 ─ 이 이야기 속 여성들은 진정한 힘을 지니고 있을 뿐만 아니라 성격 또한 명확하다. 그들은 자신들의 생각을 말하고 거기에 따라 행동한다. … 전체적으로 라자스탄의 고피 찬드가 전해주는 세계관에서는 젠더가 유동적으로 구축된다. 서로 다른 성의 속성이 때로 서로 바뀌지기도 하고, 여성 혐오주의가 존재하는 한편에 여성이 남성보다 훨씬 더 낫다는 관점도 공존한다.[28]

골드의 분석은 "이 텍스트에 여성들이 좋게 묘사되어 있는가?"라는 질문과 "그들이 힘을 행사하고 있는가?"라는 두 질문을 서로 분리시킨다. 그것은 또한 이 두 질문을 좀 더 환원주의적 질문이라 할 수 있는 "이 텍스트에 여성의 목소리가 있는가?"라는 질문과 분리시키고, 텍스트에 암시된 서브텍스트의 시선을 겉으로 드러난 텍스트의 시선으로부터 분리시킨다. 이는 여성을 힘 있는 강한 존재로 묘사하거나 좋게 묘사하는 것만을 "여성의 텍스트"로 간주하는 현재의 경향을 바로잡는 매우 반가운 일이 아닐 수 없다.

보통 강한 여성들은 단지 파멸되거나 악녀로 드러나도록 묘사

---

28 Ann Grodzins Gold, "Gender and Illusion in a Rajasthani Yogic Tradition", 107, 113, 126.

되고, '선함'이라는 것 역시 열린 해석이 가능한 것이기에 만약 여성들이 체제를 무너뜨리는 일이 있다면 아마도 다른 여성들은 이들을 영리하고 재주가 뛰어난 여성들로 묘사할 것이다. 그러나 남성들은 이들이 부정직하고 타락했다고 묘사할 것이다. 강한 여성을 긍정적으로 묘사하려는 시도는 때로는 도덕적 마무리(사악하고 강한 여성의 파멸)로 인해 약화되기도 하고, 때로는 그런 결말이 (1장에서 살펴본 영화 속 또 다른 결말처럼) 단지 마지막에 부언처럼 첨가되는 경우도 있으며, 그래서 이야기의 힘이 결말까지 계속 유지되기도 한다. 그러나 때로는 강한 여성이 최후에 파멸하는 순간, 그 결말이 나머지 이야기 전체를 규정짓는 결정적 순간이 되기도 한다.

예를 들어 아이스킬로스는 그의 그리스비극 3부작 첫 부분에 매우 강한 힘 있는 여성 클리타임네스트라를 등장시킨다. 그녀에 대해 우리가 가장 처음 알게 되는 것은 그녀가 "남자의 마음"을 지니고 있다는 것이다.[29] 그러나 종국에 가서 아이스킬로스가 보여주는 것은 그녀가, 그리고 그녀와 같은 다른 어떤 여성도 도시 아테네에서 결코 친모 살해에 대해 항의할 수 없고, 표결권도 갖지 못한다는 것이다.[30] 내가 클리타임네스트라 신드롬이라 부르는 것의 논리는 여성들이 본질적으로 강한 존재로 그래서 위험한 존재로 인식되면 될수록 그것을 인식한 자들은 여성들이 세상에서 어떠한 정치권력도 실제로 행사하지 못하도록 막아야 한다고 생각한다는 것이다. 이와 마찬가지로 여신이 강한 그래서 위험한 곳에서는 인간

---

29 Aeschylus, *Agamemnon*(part I of the *Oresteia*), 11행(*androboulon*).
30 Aeschylus, *Eumenides*(part III of the *Oresteia*), 658-666, 734-740행.

여성들도 강하고 위험한 존재로 인식되고, 따라서 그들을 통제하기 위해 같은 규제가 가해져야 한다는 것이다. 아테나Athena, 이난나Inanna, 마리아Mary, 그리고 칼리Kali의 신도들에게 가해진 운명은 여신-페미니스트들이 이들의 행로를 따라가고자 하는 의지를 좌절시키고야 만다. 만약 여신 숭배의 역사가 여성에게 힘을 부여하는 것에 대해 무엇인가를 말해준다면, 그것은 영적인 힘은 천상에서 지상으로 잘 흐를 수도 있겠지만, 정치적인 힘은 지상에서 천상으로 흐른다는 것이다.[31] 대부분의 고대 여신 텍스트들을 남성들이 썼다는 사실은 우리에게 생각할 여지를 준다. 그러나 나는 그 텍스트들을 (요즘 자주 그렇듯이) 설사 여성들이 썼다 하더라도 그 사실은 여전히 우리에게 생각할 여지를 준다고 주장하고 싶다.

여성들이 말한 이야기들도 전혀 여성의 관점을 표현하고 있지 않은 것처럼 보이는 경우가 자주 있다. 나라야나 라오는 "이 [『라마야나』] 노래들 속 여성들은 자신들에게 부과된 적절함이라는 것에 결코 드러내놓고 도전하지 않는다. 즉 그들은 적절하게 행동하고, 심지어 남성 가장들이나 고맙게 받아들일 충고를 그들 스스로에게 하기도 한다"고 인정했다.[32] 게다가 전복적/혁명적인 목소리와 여성의 목소리가 항상 일치하는 것도 아니다. 바바라 레비가 지적했듯이 "여성 화자가 페미니스트 관점을 보장해주는 것은 전혀 아니다. 반면 남성 화자가 여러 가지 이유에서 여성의 몸에 관한 통찰력을 보여줄 수도 있다. 결과적으로 남성과 여성 화자에게 특정한 이야기의

---

31 Wendy Doniger, "Gender and Myth".
32 Rao, "A Ramayana of Their Own", 128.

유형을 배당하는 일은 그 대답만큼이나 많은 질문을 제기한다."[33]

많은 동화가 여성들에 의해 만들어졌다고 주장하는 마리나 워너는 올바른 질문을 제기한다. "만약 화자가 여성들이라면 도대체 왜 여성 등장인물들이 그렇게 잔인하게 그려지는 것일까? … 도대체 여성들은 왜 그토록 자신들을 비방하는 이야기 틀 안에서 계속 말해온 것일까?"[34] 분명 여성 화자들의 관심이 모든 여성의 사악함을 주장하는 데 있는 것 같지는 않다. 그것은 여성인 자기 자신에게 침을 뱉는 격이기 때문이다. 어떤 종류의 여성들이 그런 여성들에 관한 그런 이야기를 하는 것일까? 옛 페미니스트들의 전통적인 대답은 "그건 바로 여성이 아니라 남성이 말을 하기 때문이지, 이 바보야"였다. 그러나 여성들도 사실 이런 이야기들을 많이 한다는 것을 우리가 인정한 이상, 왜 여성들이 여성들을 이처럼 부당하게 묘사하는지에 대해 물어보아야만 한다.

이에 대한 하나의 대답이 될 수 있는 것은 모든 여성이 다 똑같지는 않다는 점이다. 그리고 이런 차이 — 계급, 미모, 지력, 가족사 또는 가장 중요한 나이 등의 차이 — 를 고려할 때 몇몇 여성은 마치 여성이 몇몇 (혹은 모든) 남성에게 적대적인 만큼 여러 가지 방식으로 다른 여성에 대해 적대적인 것을 볼 수 있다. 유모들은 아마도 아이들이 엄마보다 자신을 더 좋아하게끔 만들기 위해 나쁜 엄마들에 대한 이야기를 아이들에게 들려줄 수도 있고, 혹은 그저 겁을 좀 주어 아이들이 말을 잘 듣게 하기 위해 여자 도깨비를 이용

---

33   Leavy, *In Search of the Swan Maiden*, 118.
34   Warner, *From the Beast to the Blonde*, 210.

했을 수도 있다. 혹은 화자가 할머니나 시어머니라면 그 이야기는 손녀딸들이나 며느리들에 대한 공포나 거부감을 표출하고 있을 수도 있다. 따라서 그녀는 이야기 속에서 엄마를 없애버리고 "그녀를 괴물로 대체시킨 다음 마치 마법에 의한 것인 양 이야기 속에서 자기 자신을 아이들을 도와주는 요술쟁이, 착한 늙은 요정, 요정 대모 등의 많은 모습으로 변장시켜 등장시킨다."[35]

또한 화자의 차이에서 기인한 관점의 차이뿐만 아니라 듣는 청중의 차이에서 기인한 관점의 차이도 분명 있었을 것이다. 어떤 학자들은 "여성의 이야기"를 여성들에 의해 말해진 이야기가 아니라 여성들을 위해 혹은 여성들에게 말해진 이야기로 규정함으로써 원작자 문제를 피해 가고자 한다. 항상 그런 것은 아니지만 텍스트의 청중, 즉 '누가 그것을 들었나, 혹은 누가 그것을 읽었나?'를 결정하는 것은 더 쉬운 일이다. 그러나 그러한 지식의 가치 역시 다음과 같은 상황들에 의해 분산되어버린다. 즉 어떤 사람들은 읽거나 들을 것을 선택하지만 다른 사람들은 그것을 강요당한다는 것, 또 어떤 사람들은 자신이 들은 이야기를 좋아하지만 다른 사람들은 그렇지 않다는 것, 심지어 그것을 좋아한다 해도 그것이 그들의 이해관계를 나아지게 할 수도 없다는 것이다. 신화 안에서 저마다의 컨텍스트에 놓인 목소리들을 추려내는 작업은 컨텍스트가 얼마나 복잡한지를 보여준다. 심지어 같은 집단의 두 명의 청중에게도 신화는 서로 다른 두 의미를 지닐 수 있기 때문이다.

제닌 베이신저는 『할리우드는 여성에게 어떻게 말했는가』에서

---

35 Warner, *From the Beast to the Blonde*, 227.

여성 영화를 여성들에 의해 만들어진 영화라기보다는 여성을 위한 그리고 여성에 대한 영화라고 정의하는데, 이는 여성 신화, 여성 민담에 대해서도 적용될 수 있다.

> 여성 영화란 그녀가 여성이라는 사실과 명백히 연결된 감정적, 사회적, 심리적 문제를 겪는 여성을 중심에 놓은 영화다. … 그녀는 상호 배타적인 두 선택지 중 하나를 택해야만 한다. 이 두 선택지는 상호 모순되는 두 길로 시각화될 것이다. 하나는 비록 사소한 것일지라도 어떤 식으로든 그녀에게 힘을 부여하며 그리고/혹은 그녀를 해방시키는 길이며, 다른 하나는 사랑을 주는 길이다. 이러한 문제들은 다양한 플롯의 전개를 통해서 구체화되며, 이것들은 대부분 서로 모순되는 것이기에 이야기 속에서 여성이 양자택일해야만 하는 상호 배타적인 선택지의 형태로 제시된다.[36]

베이신저가 제안한 것과 같은 특징들을 찾아봄으로써 비록 텍스트의 저자는 아닐지라도 화자가 염두에 두고 있던 청중의 젠더에 대해서 경험에서 나온 추측을 시도해보는 것은 가능할 것이다. 그러나 남성들 역시 매우 유사한 선택을 해야만 하기에 이는 어디까지나 단지 추측일 뿐이다. 앞에서 이미 지적했듯이 남성 작가들이 여성들에 대해 관심을 가질 수 있는 것과 마찬가지로 남성 청중들 역시 왜 여성들이 그것을 선택했는지(혹은 선택하지 않았는지) 그 이유

---

[36] Jeanine Basinger, *How Hollywood Spoke to Women, 1930-1960*, 20-21.

에 대해 관심이 있기 때문이다.

많은 이야기에 등장하는 사악한 계모나 악당도 하나의 목소리를 지닐 수 있는 양가적 의제들이 종종 있다.

> 분명 여성들은 다른 여성의 자식들이 아닌 자기 자신의 자식들의 이익을 위해 다른 여성들과 싸웠다. 아마도 자신의 피붙이에 대한 선호에서 처음 시작되었을 이 분열은 생계 주도권을 쥔 남성들에 대한 부인들과 엄마들의 경제적 종속으로 인해 더 악화되었다 — 그리고 여전히 악화되고 있다. 그러나 또 다른 조건 역시 여성들을 다른 여성들과 반목하게 만들며, 동화 속 여성 혐오주의는 이를 여성의 관점에서 반영한다. 이는 왕자의 사랑을 두고 형성되는 라이벌 관계다.[37]

여성들의 관점의 갈등은 명백한 여성 혐오주의의 전거로 이야기 속에 투사되기 이전에 텍스트 밖 세상 속에서 생겨난다. 이러한 이야기들 속 "여성들의 증오와 잔인성"은 이야기 틀 안과 밖의 여성들 모두를 주체와 객체로서, 청중이자 저자로서, 허구적 등장인물이자 이야기꾼으로서, 그리고 참여자이자 대상으로서, 가해자이자 피해자로서 끌어들인다. 여성 혐오주의는 이러한 많은 텍스트에서 주체이자 객체이다.

"미녀와 야수", "신데렐라"의 많은 이본에서처럼 때때로 악당은 딸이 원치 않는 남자와 — 혹은 심지어 아버지 자신과 — 딸을 강제

---

[37] Warner, *From the Beast to the Blonde*, 238.

로 결혼시키려 하는 아버지이다. 이러한 이야기는 "아버지가 괴물처럼 자신을 때릴 것이 당연해 보이는 남자에게 자신을 주어버릴 것 같다는 생각을 충분히 해본" 여성 청중들에게 아주 분명한 의미로 다가갔을 것이다.[38] 하지만 다른 많은 이야기에서 악당은 "자신의 남편이나 아버지가 제공하는 안전함을 보통 자신보다 나이 어린 경쟁자에게 뺏기지 않기 위해 고군분투하는" 여성들이다.[39] 또한 좀 더 깊은 차원에서 보자면 겉으로 독재자로 보이는 여성들의 뒤에 서 있는 궁극적 독재자들은 남편들 혹은 아버지들 — 여성들이 갈망하는 안전의 근원 — 이다. 라마누잔 역시 여성들의 이야기에서 흔히 적은 같은 인간 여성들이며, 남성들의 이야기에서 적은 아마도 초인간적 여성들(마녀들)이거나 혹은 남성들이라고 지적했다. 여성들이 남성들의 이야기 속에서 남성들의 적일 뿐만 아니라 여성들의 이야기 속에서도 흔히 같은 여성들의 적이라는 것은 흥미로운 사실이다. 즉 던져 올린 동전의 앞면이 나와도 그들이 지고, 뒷면이 나와도 그들이 지는 격이다. 이 같은 컨텍스트 연구는 우리가 설사 누가 이 이야기를 말했는지 알고 있는 경우에도 그 이야기의 의미에 대해 결론지을 수 있는 것은 지극히 적다는 것을 보여준다. 그리고 짓궂게도 이 점은 우리가 화자를 알 수 없고 화자가 남성인지 여성인지 알 수 없을 때 우리에게 위안이 된다. 설사 우리가 화자를 안다 하더라도 그 이야기의 의미를 알지 못할 것이기 때문이다.

---

38   Warner, *From the Beast to the Blonde*, 278.
39   Warner, *From the Beast to the Blonde*, 278.

여성 텍스트 속 남성의 목소리

우리는 또한 여성 작가들 역시 그들 문화의 지배적인 신화를 공유할 가능성을 염두에 두어야만 한다. 여성 작가들은 남성들이 여성에 대해 만들어낸 이미지들을 배우고 흡수하며, 그 이미지들을 여성들 자신의 스토리텔링 안에서 표현한다. 남성의 목소리는 무의식의 차원 혹은 몇몇 페미니스트가 허위의식false consciousness이라 부르는 것을 통해 작동한다. 많은 민속학자가 지적했듯이 또 우리가 방금 살펴보았듯이 이것이 바로 왜 여성들의 이야기가 가부장적 관점을 뒤집어엎는 것이 아니라 단지 이를 만족시키거나 혹은 피해 가는 방법만을 제시하는지 설명해준다.

우리는 남성의 사고가 실제 여성의 마음에 들어가 자리 잡게 되는 이러한 보이지 않는 투사를 남성 작가가 자신의 텍스트 속에 만들어낸 가공의 여성 인물의 입을 통해 말하는 의식적인 복화술과는 구분해야만 한다. 이런 종류의 복화술은 보통 청중을 속이기 위해 고안된 것이 아니다. 이런 복화술은 단지 꾸밈, 관습일 뿐이며, 이러한 복화술과 허위의식의 관계는 마치 현란한 드래그 퀸drag queen과 상대방을 속이기 위해 결혼식에서 (그리고 나중에는 법정 소송에서) 다른 성별 그리고/혹은 젠더로 가장하는 사람의 관계와 같다.[40] 이런 종류의 남성 복화술에는 꼭두각시가 있다. 그리고 그 목소리는 마치 『오즈의 마법사』의 마법사처럼 "커튼 뒤의 남자[원문 그대로 여자가 아니라 남자]에게는 신경 쓰지 마세요"라고 말한다. (우리는 모두 영

---

40   Wendy Doniger, "Sex, Lies, and Tall Tales"

화 〈영원한 친구 래시Lassie〉 속 래시를 연기한 개는 사실 수캐였다는 걸 알고 있다.) 루스 파델*은 친절하게도 이를 "남성이 만든" 텍스트가 "여성의 목소리를 날조하고, (아마도 고문하는 사람처럼) 그녀로 하여금 남성들의 쾌락을 위해 그녀의 고통을 노래하게 만드는 방식"이라고 명명해주었다.[41] 플로베르의 유명한 단언 "나는 엠마 보바리다"로 압축되는 이 신드롬은 또한 셰에라자드Scheherazade의 성격을 규정해준다. 아마도 고금을 통틀어 가장 유명한 여성 이야기꾼이라 할 수 있는 셰에라자드는 자신의 이야기를 이용해 자신의 생사여탈권을 쥐고 있는 남성의 성적 폭력을 타도했다. 그러나 셰에라자드의 목소리는 남성에 의해 쓰였고, 플로베르는 엠마가 아니었다(물론 그렇다고 해서 그가 엠마의 연인인 로돌프 불랑제였던 것도 아니지만).

남성이 여성인 척하고 말을 할 때 이는 보통 여성의 이익을 위해서가 아니다. 언제나처럼 지배 계층이 최종적인 결론을 말하고, 여성의 이야기를 곡해해서 제시할 수 있다. 그리고 때때로 이러한 복화술은 마더 구스 이야기에서처럼 분명히 드러나지 않는다. 마더 구스는 아마도 여성이 아니라 단지 "보살펴주고 키워주는 여성, 마

---

* 루스 파델(1946-)은 영국의 시인, 작가. 옥스퍼드대학에서 고전학을 공부하고 고대 그리스 시에 대한 연구로 박사 학위를 받았다. 대학에서 고전학 관련 과목들을 가르치다 1985년부터 시를 쓰기 시작했고, 현재는 런던 킹스 칼리지에서 시작詩作을 가르치고 있다. 그녀의 시에서는 음악과 자연뿐만 과학과 종교 등이 다뤄지는데, 특히 과학, 다윈의 진화론 등을 시에서 다루기도 한다. 파델의 어머니는 찰스 다윈의 증손녀이기도 하다. 시 작품 외에도 고대 그리스, 자연, 생태계 보존 등에 대한 저서가 있다. 2009년 여성으로는 최초로 옥스퍼드대학의 전통 있는 명예직인 '시詩 교수Professor of Poetry'에 선출되었으나, 선거 과정에서 라이벌이었던 데렉 월컷Derek Walcott의 과거 성 추문 관련 이메일을 교수들에게 보낸 사람이 파델이라는 주장이 제기되어 물의를 빚자 사임했다.

41 Ruth Padel, "Putting the Words into Women's Mouths", 13.

법 같은 힘을 지닌 여성, 따뜻한 가정적 여성"에 대한 남성 판타지일 뿐일지도 모른다.[42] 워너는 특히 (셰에라자드처럼) 남성 작가들이 여성을 이야기 내부 화자로 설정하는 이면에 숨어 있는 권모술수를 지적했다. "여성의 잘못과 잘못된 행동에 대해서 여성의 증언에 기대는 것은 가치를 한층 더 끌어올린다. 남성들이 말하면 남성들은 단지 여성을 변덕스럽고, 욕심 많고, 자기밖에 모르고, 잔인하고, 음탕한 존재로 보고 싶어 한다고 생각될 수 있다. 그러나 만약 여성들이 이러한 말을 자기 자신들에 대해서 한다면 문제는 종결된다. 몇몇 여성이 다른 여성들에 대해 적대적으로 말하는 것은 실질적으로 그들 자신에게 불리할 수 있다."[43] 게다가 한편으로는 외적 프레임에서 텍스트의 저자를 여성이라 보는 것, 즉 (마더 구스처럼) 여성을 이야기의 화자로 설정하는 것은 여성들에 대해 적대적인 화자의 증언을 무효화시킬 수도 있다. "만약 동화가 여성들에 의해 말해졌다는 이유로 단지 늙은 아낙네들의 이야기라면, 그들이 말한 것이, 여성들에 대해 말한 것까지 포함해서, 반드시 거짓이고, 단지 사소한 것인가? 아니면 저자의 저열함 때문에 저열하다고 여겨지는 장르에서 더 많은 진실을 말하는 것이 허락되는가? 마치 어릿광대의 모자가 그의 노골적으로 솔직한 말이 불러올 수 있는 결과로부터 그를 보호하는 것처럼."[44]

    인도에서는 남성들이 글을 쓰고는 마치 그것을 여성들이 쓴 것

---

42   Warner, *From the Beast to the Blonde*, 188.
43   Warner, *From the Beast to the Blonde*, 209.
44   Warner, *From the Beast to the Blonde*, 209.

처럼 내놓기도 했다. 존 스트래턴 헐리는 인도의 위대한 여성 시인, 미라 바이Mira Bai•의 작품으로 간주되는 시들 중 상당수가 사실은 여성들과 남성들 모두가 쓴 것일 거라고 주장했다.

> "미라"의 시들 중 일부는 남성들이 썼을 가능성이 있는데 … 남성과 여성은 모두 각자의 시를 노래하기 때문이다. … 시 자체에 근거하여 볼 때 미라의 이름을 이용한 많은 시의 저자들은 — 만약 미라라는 사람이 있었다면 그 자신을 포함해서 — 다수가 여성들이었을 거라고 생각할 충분한 이유가 있어 보이며, 또한 그 시의 청중들 중 많은 이 역시 여성이었을 것으로 생각된다.[45]

필라이타밀pillaittamil이라 알려진 타밀어 시 장르 전체는 남성 작가가 여성의 목소리로 어린아이들에게 이야기하는 형식을 띠고 있다(이때 대부분의 경우 어린아이들은 신의 화신이다). 폴라 리치맨은 우리가 이를 남성과 여성의 "옷 바꿔 입기cross dressing"에 대응하는 "목소리 바꾸기cross speaking"라고 생각해야 한다고 제안한다. 하지만 여기에도 역시 불균형이 존재한다.

- 미라 바이는 16세기 인도의 시인. 크리슈나 신에게 바친 사랑과 헌신의 감정, 박티bhakti로 유명하다. 라자스탄 지방의 왕족으로 태어나 결혼했으나, 남편과 사별한 후 크리슈나 신에 대한 사랑과 헌신으로 일생을 보냈다고 한다. 박티 신앙의 성자로 불리며, 이러한 감정을 묘사한 수천 편의 시가 그녀의 시라 전해지지만, 학자들은 이중 지극히 일부만이 그녀가 직접 쓴 것이라 추정한다.

45 John Stratton Hawley, "Images of Gender in the Poetry of Krishna", 234-235.

어머니의 목소리를 취함으로써 얻게 되는 수사학적 유동성을 즐기는 이는 … 남성이다. 타밀어에 이에 대응되는 권위 있는 문학 장르, 즉 여성 시인으로 하여금 아버지의 목소리를 취할 수 있게 하는 장르는 존재하지 않는다. 우리는 또한 그 장르가 여성과 남성 역할의 이분법적 구분을 확고하게 한다고 볼 수도 있다. 남성 시인이 "여성"의 목소리를 취할 때 그는 반복해서 여성에게 가사 노동의 의무를 돌리고 있기 때문이다.[46]

리치맨은 계속해서 이러한 여성의 목소리의 차용이 우리에게 함축적으로 강요하고 있는 것들을 상기시킨다.

흔히 말하듯이 크리슈나(남성 신) 앞에서 모든 인류는 여성이다. … 같은 맥락에서 유추해보면 필라이타밀에서 어머니의 목소리를 취하는 것은 남성 신에게 헌신을 표현하는 한 방법이라 할 수 있다.

이러한 종류의 복화술의 예는 텔루구Telugu 텍스트에서도 볼 수 있다. 거기에서는 (남성) 신의 사랑을 갈구하는 여성들의 목소리로 남성들이 쓴 사랑의 시들이 다시 고객들에 대한 창부들의 노래로 개작된다.[47] 따라서 그 텍스트는 여성들(창부들과 여성 신도들 모두)을 위해 말하는 척하는 남성들이 쓴 시들로 간주될 수 있다. 그러나 비

---

[46] Paula Richman, *Extraordinary Child*, 218-219.
[47] A. K. Ramanujan, David Shulman, and Narayana Rao, eds., *When God Is a Customer*.

록 우리가 이 시들을 누가 언제 얼마만큼 썼는지는 결코 알 수 없겠지만, 실제 어느 정도는 남성과 여성 모두가 이 시들의 창작자일 수 있다. 아마도 우리가 할 수 있는 최선이란 근접한 화자와 최종적 화자를 구별하고 어떤 텍스트 안에서든 그들의 복잡한 존재를 인정하는 일일 것이다.

남성 텍스트 속 여성의 목소리

그러나 여성의 머릿속에 (따라서 여성의 텍스트 안에) 남성의 목소리가 있듯이 종종 가부장적 텍스트 안에 여성의 목소리가 갇혀 있기도 한다. 이 가부장적 텍스트라는 장롱의 문은 얼마나 꽉 닫혀 있을까? 하지만 심지어 최종 교정이 남성에 의해 통제된 경우에도 여성의 목소리가 이를 통과해서 말할 수 있다. 피지배자들이 종종 지배자들의 의견을 재생산하듯이 이보다 훨씬 더 경우가 적고 또 훨씬 덜 알려져 있긴 하지만 지배자들이 피지배자들의 의견을 반영하는 경우가 있는 것도 사실이다. 피지배자들은 (닫힌 장롱의) 문 안으로 잘 파고들어간다. 지배자들의 문화는 그들이 지배하는 자들로부터 비공식적으로지만, 자주 강하게 영향을 받는다. (에드워드 사이드는 이 점, 즉 피압박자들의 행위 주체성을 『문화와 제국주의』에서 표방한 개정된 오리엔탈리즘 이론에서 인정했다.)[48] 남성들이 통제하는 텍스트들이 반드시 남성의 관점만을 제시하는 것은 아니다. 남성들이 항상

---

48 Edward Said, *Culture and Imperialism*.

그들이 전유하거나 모방한 여성의 목소리들을 완전히 지울 수는 없는 것이다. 다르게 말하자면 남성이 여성의 말을 가져다 쓰는 것이 유용하다고 생각하여 그것을 자신의 목적에 부합하는 컨텍스트 안에 재배치할 때도 그는 그것이 믿을 만하게 보이게 하기 위해서 원래 여성의 말을 어느 정도는 충실하게 보존해야만 한다고 할 수 있을 것이다. 그러나 이러한 움직임은 위험 부담을 안고 있다. 청중이 그가 가져다 쓴 말에는 귀를 기울이고 경의를 표하는 반면 그것의 새로운 컨텍스트는 무시하고 조롱할 수 있기 때문이다.[49]

남성 작가들의 입을 통해 나온 이러한 이야기들이 우리에게 여성의 감정에 관해 무엇을 말해주는가? 우리가 짐작하는 것 훨씬 이상이다. 남성 작가들이 쓴 텍스트는 남성들의 여성에 대한 억측들뿐만 아니라, 때때로 여성들이 이러한 억측들을 다루며 살아나가기 위해 고안해낸 방식들도 보여준다. 남성들은 여성들로부터 얻은 남성 자신들에 관한 이미지를 보여줄 수도 있다. 몇몇 남성 학자는 남성에 의해 통제된 텍스트 안에 존재하는 여성의 목소리에 대한 가설을 제시했다. 토머스 라커는 중세 유럽의 의학 텍스트에 관해 다음과 같이 말했다. "예를 들어 히포크라테스 선집과 아리스토텔레스의 『동물의 역사』 제10권은 충분히 여성의 목소리를 들려준다고 할 수 있을 것이며, 다른 작품들에서도 이와 비슷한 이야기를 많이 찾아볼 수 있다."[50] 또한 하토는 백조 처녀 이야기에 대해서 "인간적 차원에서 이 이야기는 남성의 속임수와 힘에 의해 부적절한 혼인의

---

49 이 문단 끝의 아이디어는 브루스 링컨에게서 얻었다. 1997년 6월 사적인 대화.
50 Laqueur, *Making Sex*, 67.

올가미에 걸린, 다른 부족 및 지역 출신 소녀의 불행한 운명에 관한 것이다. 여성의 입장을 이처럼 많이 말하고 있는 것으로 보아서 … 이 이야기의 첫 번째 화자들은 여성들이 아니었을까 의심해볼 수 있다"고 말한다.[51] 다시 말하면 하토는 그 이야기가 다음과 같은 두 여성적 시각을 반영한다고 지적한다. "내부에서", 즉 백조 여성의 관점에서 이야기되는 백조 처녀에 대한 공감적 시각, 그리고 "외부에서", 즉 백조 처녀 남편 나라의 여성들, 그녀가 "외국 여성"이라 미워하는 여성들의 관점에서 나온 백조 처녀에 대한 "냉혹한" 시각이다.

융학파 민속학자들은 융의 양성구유 개념에 따라 남성 저자들 속에서 여성의 목소리를 듣는다. 융의 관점에서는 "진정한 여성의 관점과, 전통적으로 여성적인 것으로 간주되어왔지만 실제로는 남성 인격의 한 부분을 나타내주는 남성의 관점을 구분하는 것이 쉽지 않기 때문이다. 여성 캐릭터의 존재만으로는 둘 중 어느 것도 입증되지 않는다."[52] 엘렌 시수Hélène Cixous, 뤼스 이리가레Luce Irigaray, 쥘리아 크리스테바와 같은, 융보다 라캉의 이론에 기대는 프랑스 페미니스트들 역시 남성들이 페미니즘 논문을 쓸 수 있다는 가능성(그리고 여성적 글쓰기écriture féminine라는 장르가 여성뿐만 아니라 남성에 의해서도 고무될 수 있다는 가능성)을 고려해왔다. 그들은 심지어 프로이트 자신이 빠뜨리거나 생략한 부분들에 대한 정신분석을 하면서

---

51   A. T. Hatto, "The Swan Maiden", 333.
52   Leavy, *In Search of the Swan Maiden*, 22-23, citing Marie Louise von Franz, *Problems of the Feminine*, 1-4.

페미니즘의 목적을 위해 프로이트를 읽기도 한다. 분명 어떤 남성들은 여성들을 목소리를 지닌 주체로 재창조해낼 수 있다. 여기서 다시 우리가 원하는 것은 이분법(오로지 여성만이 여성에 대해서 쓸 수 있다 — 혹은 여성만이 여성을 이해할 수 있다)이 아니라 하나의 연속체다. 어떤 남성들은 여성의 주체성을 인정하면서 타자에 좀 더 가깝게 다가설 수 있다. "그 여잔 끝내주는 금발이었고, 단지 그 짓만 하고 싶어 하더라고. 그래서 내가 아주 멋지게 한판 해주고 나서 마구 때렸지"라는 서술은 다음과 같은 서술, "그가 아이에 대한 사랑 — 셰료자에 대한 나의 사랑 — 에 대해 무엇을 알지? 나는 그를 위해 셰료자를 포기했는데 말이야. 그리고 나에게 상처만 주는 이 욕망을 그가 알까? 아니야. 그는 분명 다른 여자와 사랑에 빠진 게 분명해. 그것 말고 다른 것일 리가 없어"와는 다른 담론의 차원에서 작동한다. 첫 번째는 청소년기에 은밀히 들춰 본 미키 스필레인Mickey Spillane•의 책에 대한 기억에서 내가 재구성한 것이고, 두 번째는 (이는 여성이 생각하고 느끼는 것을 이해하지 못하는 남성에 대해 직접적으로 다루고 있는데) 톨스토이의 문장이다.[53] 톨스토이는 여성도 아니고

• 미키 스필레인(1918-2006)은 미국의 범죄소설 작가. 뉴욕 브룩클린에서 태어나 뉴저지에서 자랐다. 대학 시절 만화 스토리 작가로 글을 쓰기 시작했으며, 제2차 세계대전에 공군으로 참여한 후, 전후 형사 마이크 해머Mike Hammer가 처음 등장하는 소설 『내가 심판한다I, the Jury』로 주목받기 시작했다. 이후 1952년까지 5년 동안 7편의 마이크 해머 시리즈를 집필해서 큰 인기를 얻었으나, 작품 속의 지나친 폭력과 섹스 묘사 때문에 비판을 받기도 했다. 『더 걸 헌터스The Girl Hunters』가 1963년 로이 로랜드Roy Rowland 감독에 의해 영화화되면서 자신이 직접 형사 마이크 해머로 출연했다. 이후로 작가로 활동하면서 종종 형사 영화에도 출연했다.

53   Leo Tolstoi, *Anna Karenina*, part 6, chapter 23, 774.

(그가 부인과 주고받은 출판된 편지에 소름 끼치게 나타나 있듯이) 여성에게 친절하지도 않았지만 분명 어떤 여성들을 잘 이해할 수 있었고, 바로 이런 의미에서 그는 안나 카레니나 자신이었다. 마치 같은 의미에서 셰익스피어가 『끝이 좋으면 다 좋아』의 헬레나였고, 플로베르가 엠마였던 것처럼. 여성이 남성에 대해 어떻게 생각하는가에 대한, 이 구절에서의 톨스토이의 추측은 전형적인 것이고, 페미니스트들이 요즘 지적하고 있는 문제의 일부분이기도 하다. 그러나 그렇다고 해도 여전히 그의 여성들이 언제나 남성들에 관해 생각하고 있는 것은 아니다.

미커 발은 가부장적이라 추정되는 히브리 성서에도 여성의 관점이 들어가 있을 수 있다는 주장을 펼쳤다.[54] 또한 해롤드 블룸은 여성이 히브리 성서의 "J 문서" 부분•을 썼을 수도 있다고 주장하는 동시에 남성들이 여성의 목소리로 말하는 텍스트들을 많이 쓴 것도 사실이라고 주장했다.[55] 에이드리언 블레드스타인은 "성격 묘사, 주제, 아이러니 그리고 치유적 효과를 갖는 유머"라는 스타일로 특징지어지는 J 문서의 저자는 다윗의 딸인 다말이며, 그녀가 다윗 왕

---

54 Bal, *Lethal Love*.

• 성서 비평학의 입장에서 봤을 때 모세 5경이라 불리는 『구약성서』의 첫 다섯 권, 즉 「창세기」, 「출애굽기」, 「레위기」, 「민수기」, 「신명기」의 저자는 모세라는 단일 인물이 아니며, 이들 문서는 다른 근원에서 나온 몇 가지 문서가 후에 편집된 것이라고 이야기된다. 이 근원이 되는 문서들 중 신을 '야훼(여호와)'라 지칭하는 것을 J 문서라고 하며, 신을 '엘로힘'이라 지칭하는 것을 E 문서라고 한다. 그 밖에 이것들보다 후에 나온 제사장 문서(P 문서), 신명기 문서(D 문서)가 있으며, 보통 모세 5경은 J, E, P, D, 이 네 가지 문서를 토대로 편집된 것이라 이야기된다.

55 Harold J. Bloom, *The Book of J*.

치세의 후반부와 솔로몬 시대의 초반부에 글을 썼을 것이라고 주장했다.⁵⁶ 이 주장은 신빙성이 있다기보다는 상상에 더 가깝지만, 그럼에도 불구하고 우리가 간과해온 다른 가능성들에 대해 생각해보게 해준다. 남성들에 의해 말해진 여성들의 시와 여성들에 의해 말해진 남성들의 시를 들을 때도 성서 속 저자의 성별을 알 수 있다고 확신한 S.D. 고이테인의 주장은 이보다 훨씬 더 설득력이 없다.⁵⁷ 그는 "여성적 내러티브 구조"는 반복, 특히 두 번 세 번 계속되는 반복으로 특징지어진다고 주장했다.⁵⁸

흔히 이러한 게임은 거의 성차별주의적인 고정관념으로 퇴보한다. 도널드 킨Donald Keene은 일본 문학의 많은 걸작을 여성들이 썼다는 것에 놀라움을 표하면서 나아가 그들의 시에서 무엇이 여성적인가를 특징지으려 한다. 즉 버려진 여성은 그녀가 마치 이슬처럼 사라질 것이라 상상하고 아무 희망도 없이 그녀의 운명에 복종한다. 이는 사랑에 실패하고 나서 "이슬처럼 사라지고 싶은 욕망이라고는 전혀 없고" 그보다는 "사랑의 고통에 무감한 객체"가 되고 싶어 하는 남성이 쓴 시와는 대조를 이룬다. "남성의 표현과 여성의 표현의 이러한 차이는 분명하다. 그리고 이와 유사한 예는 다른 많은 문학 장르에서도 물론 발견될 수 있다."⁵⁹ 킨은 이러한 수동성을 일본 문학의 전형성(혹은 내가 보기에는 일본 문학을 대하는 서구인들의 전형성)으로 보지 않고, 여성들의 시에 나타나는 비교 문화적

---

56   Adrien J. Bledstein, "Female Companionships", 132-133.
57   S. D. Goitein, "Women as Creators of Biblical Genre", 2.
58   Goitein, "Women as Creators of Biblical Genre", 31.
59   Donald Keene, "Feminine Sensibility in the Heian Era", 109, 111.

특성으로 본다. 그는 또 다른 시를 묘사하며 다음과 같은 견해를 제시한다. "이보다 더 강렬한 여성의 글은 거의 없다. 그것은 거의 전적으로 저자의 개인적 감정과 관련된다. … 그녀는 어떤 남성도 흉내 내지 못할 정도로 솔직하게 글을 쓴다."[60] 분명 여기서 어떤 편견의 냄새가 나지만, 일본 문학에 대해서만 이야기하자면 내가 이러한 접근 방식의 정당성 여부를 판단할 수는 없다. 그러나 비교 문화적으로 보자면 그것은 완전히 터무니없는 주장이다.

그것은 인도의 경우에는 전혀 적용되지 않는다. 여성은 베다와 푸라나에 기록된 신화 속 산스크리트어 전통으로부터 배제되었기 때문에 우리는 여성의 공헌이 일상어, 방언, 구어 민담의 영역에서 더 강할 것이라고 추측해볼 수도 있지만, 이러한 주장을 입증하기란 어려울 것이다 — 특히 무엇보다도 이야기에서는 소위 "위대한" 판본과 "시시한" 판본 사이의 뚜렷한 구분이 없기 때문이다. 고전 인도신화는 거의 언제나 남성들이 쓰고 기록했지만, 그 전통 안에서 여성들 — 늙은 아낙네들 — 이 몇몇 — 비록 대부분은 아닐지라도 — 스토리텔링의 공급자라는 충분한 증거가 있다. 그것은 아마도 궁극적으로 남성들이 기록한 이야기에 대한 구술 차원에서의 공헌이었을 것이다.

아무리 공격적인 남성 작가라 할지라도 그 역시 어머니와 아내가 있고 아마도 정부情婦도 있었을 것이다. 따라서 그의 머릿속에도 여성의 목소리가 들어 있는 것이다. 라마누잔이 인정하듯이 남부 인도에서는 남성들이 여성들의 이야기를 듣는다.

---

[60] Keene, "Feminine Sensibility in the Heian Era", 115.

가끔은 여성들이 말한 이야기들을 남성들이 말하기도 한다. 그러나 한 번이라도 조사를 해보면 예외 없이 남성들이 대개 유년 시절에 집안에서 여성들로부터 그 이야기들을 들었다는 것이 분명해진다. 남자아이들과 여자아이들은 저녁에 — 전적으로 여성들의 공간인 — 부엌에서 그들에게 밥을 주는 늙은 여인네들로부터 그런 이야기들을 듣는다. 남자아이들은 자라면서 (보통 여섯 살 혹은 일곱 살 이후로는) 이러한 이야기 시간에 빠져나갈지도 모르지만, 여자아이들은 청소년기까지 계속 참석한다. 따라서 이러한 비직업적인 이야기꾼들은 지배적으로 여성들일 수밖에 없는 것이다.[61]

그러나 마치 여자들이 다른 여자들로부터 이야기를 배우듯이, 더 이상 엄마에게 매인 남자아이들이 아닌, 나이 든 남자들이 여자들이 전혀 있지 않을 때 다른 남자들로부터 이야기를 배우는 경우도 인도에 많이 있다.[62] 이런 상황에서는 여자들의 이야기와 남자들의 이야기에 중요한 차이가 있을 가능성이 높다. 이와 비슷하게 루스 파넬은 영국에서는 1870년까지 대부분의 중산층 대중가요가 여성들의 것이었기에 에드워드 시대• 남성 고전학자들은 어린 시절 "그들의 엄마들이 여성 작곡가가 만든 응접실용 노래들을 부르는 것"

---

61 Ramanujan, "Toward a Counter-system", 33.
62 Susanne Wadley, 1997년 3월 19일 북부 인도에서의 그녀의 현지 조사에 관한 사적인 대화.
• 영국 왕 에드워드 7세의 통치 기간, 즉 1901-1910년을 말하며, 혹은 가끔은 1914년, 즉 제1차 세계대전 직전까지를 일컫기도 한다.

을 들었을 것이라고 지적했다.[63] 그러나 그런 남자아이들은 자라나 그들만의 클럽에 갔다. 그곳은 마치 미국 남자들의 라커룸처럼 여자들의 출입이 허락되지 않은 곳이었으며, 거기에는 남자들끼리 여자들에 대해 하는 말에 반박할 여자들이 없었다.

양성구유적 언어

나는 4장에서 한 텍스트가 하나 이상의 관점이나 지적 문화를 반영할 수도 있다고 주장했다. 두 젠더가 두 문화인 만큼 두 젠더 역시 한 텍스트 안에 이런 방식으로 공존할 수도 있다. 어떤 사회에서는 (마치 우리 문화에서 존 그레이가 미국 남성은 화성의 언어로 말하고 여성은 금성의 언어로 말한다고 신화적으로 주장했듯이) 여성과 남성이 문자 그대로 서로 다른 언어로 말한다.[64] 영화 〈늑대와 춤을〉을 위해서 케빈 코스트너가 북아메리카 원주민들의 방언을 배우려고 했을 때 그는 남성과 여성에게 서로 다른 문법이 적용된다는 것을 몰랐다. 그는 여성에게서 언어를 배웠고, 그래서 자신도 모르게 영화 전체에서 자기 자신을 "그녀가" 혹은 "그녀를"이라고 지칭하고 있다.

여성이 다른 종 남성과 결혼하게 되는 것을 상상한 미녀와 야수, 백조 처녀 이야기는 아마도 분명 문자 그대로 말이 통하지 않는, 먼 부족 출신의 남성과 결혼한 여성의 실제 경험을 반영하고 있

---

63 Padel, "Putting the Words into Women's Mouths", 13.
64 John Gray, *Men Are from Mars, Women Are from Venus*.

을 것이다. 일본에서는 한 중요한 시기에 모든 궁정 시인이 한자로 시를 쓰려고 했다. 그러나 여성들은 한자를 배우도록 요구받지 않았다. 그것이 "여자답지 못한 것으로 간주되었기 때문이다. 사실 궁정의 여인들은 이따금 한자를 배우기도 했으나 그 사실이 드러나면 좋지 못한 취향을 가진 것으로 간주되었다." 이 시기에 여성들이 쓴 일본어 시들과 여성인 척하며 남성들이 쓴 일본어 시들을 통해 일본어 문학 전통이 보존될 수 있었다.[65]

『리그베다』와 『마하바라다』에서 여성은 산스크리트어로 말하는 것으로 묘사된다. 그러나 산스크리트어 드라마의 시기, 즉 기원후 5세기에 이르기까지 여성들에게는 단지 일종의 방언인 프라크리트어Prakrit로 말하는 것만이 허용되었다. 중세 산스크리트어 문헌인 『이야기 강의 바다Ocean of Rivers of Story』에서는 한 여성이 신들의 왕과 간통을 벌이는데, 그녀의 남편이 일찍 집에 와서 그들을 놀라게 하자 그녀의 정부는 고양이로 둔갑한다. 그녀의 남편이 "여기 누가 있소?"라고 묻자, 그녀는 "그냥 수고양이에요"라고 프라크리트어로 대답한다. 그러나 그녀는 여기서 언어적 제약을 일종의 무기 삼아 이 위급한 상황에서 그녀를 구해낼 일종의 모호함을 만들어낸다. 왜냐하면 프라크리트어 *majjao*("수고양이")는 두 산스크리트어 단어, 즉 "나의 연인"을 의미하는 *mad-jaro*와 "고양이"를 의미하는 *mar-jaro*(이 단어는 '씻다'를 의미하는 동사 *mrij*에서 나왔다. 고양이가 계속 자기 자신을 씻기 때문이다) 둘 다의 방언이 될 수 있기 때문이다. 이 여성은 거짓말을 한 동시에 거짓말을 하지 않았으므로(그는 그녀의 연인이기도 하

---

65 Keene, "Feminine Sensibility in the Heian Era", 112.

지만 고양이의 모습을 하고 있었으므로) 완화된 저주를 받는데, 그것은 이 상황에 어울리게 또 다른 동음이의어를 이용한 말장난이다. 즉 그녀의 남편은 "당신이 구르는 돌처럼 행동했으므로[문자 그대로는 당신이 사악한 본성(shiila)을 가졌으므로] 당신은 이제 돌(shilaa)이 될 것이오"라고 말한다.[66]

라마누잔이 여성의 이야기들은 "셰익스피어나 산스크리트어 희곡들의 이중 플롯을 연상시킨다. 그것들은 심각한 것과 익살맞은 것, 운문과 산문, 우주적인 것과 친근한 것이라는" — 혹은 현미경과 망원경이라는 — "서로 다른 세계를 표현하는 이중 언어를 사용한다."[67]라고 말했을 때 그는 아마도 이런 종류의 이야기들을 염두에 두고 있었을 것이다. 어떤 사회에서는 민담 장르 자체가 젠더에 따라 나눠져 예를 들자면 남자들은 운문으로 이야기를 하고 여자들은 산문으로 이야기를 하거나 혹은 그 반대이기도 하다. 젠더가 장르를 만드는 것이다 (이 생각을 불어로 표현하기는 어렵다. 불어에서는 genre라는 단어가 젠더와 장르 둘 다를 의미하기 때문이다). 릴라 아부-루고드[68]와 사브라 웨버[69]가 보여주었듯이 아랍권에는 철저하게 구분된 여성들만의 이야기 장르들이 있다. 어떤 문화에서는 같은 단어라도 남성이 말할 때와 여성이 말할 때 그 의미가 달라진다고도 한다. 따라서 같은 언어로 말한다는 것, "그 자체만으로는 양성이 그 언어에 대해 같은 관계를 맺고 있다는 것의 충분한 증거

---

66   *Kathasaritsagara*, 17.137-148; C. H. Tawney, trans., *The Ocean of Story*, 2: 46.
67   Ramanujan, "Toward a Counter-system", 53.
68   Lila Abu-Lughod, *Veiled Sentiments*.
69   Sabra Jean Webber, *Romancing the Real*.

가 될 수 없다."⁷⁰ 라캉의 영향을 받은 페미니즘 이론에서는 언어는 남근 중심적이며 따라서 여성들은 그저 이러한 남성들의 언어를 말함으로써 상징 질서의 주변부로 추방된다고 이야기된다.⁷¹ 하층계급도 마찬가지다. 동물을 가리키는 영어 단어와 그 동물로 만든 음식을 가리키는 영어 단어(송아지calf/송아지고기veal, 돼지pig/돼지고기pork, 양sheep/양고기mutton)의 차이에 대한 에드먼드 리치의 유명한 논문은 동물 이름은 하층계급 목동들이 붙인 앵글로·색슨어 이름이며, 음식 이름은 그들의 노르만족 주방장들과 상류층 손님들이 붙인 불어 이름이라는 것을 지적하는 것을 빠뜨렸다.⁷² 유럽에서 유대인들은 여성들처럼 대개 두 가지 언어로 말했다. 즉 집에서는 이디시어Yiddish를 사용하고, 공공장소에서는 독일어나 러시아어 혹은 폴란드어를 사용했다. 또한 인도에서 하층 카스트의 목소리는 여성들의 목소리와 함께 잊혀졌다. 이와 마찬가지로 우리가 아메리카 원주민들의 억눌린 목소리에 접근하려면 백인 인류학자들의 글이라는 필터를 통해야 할 것이고, 그리스도교 이전 켈트 종교에 접근하려면 그들을 개종시킨 그리스도교인들의 글을 통해야 할 것이고, 아즈텍 문명에 접근하려면 그 문명을 파괴한 스페인 정복자들의 글을 통해야 할 것이다. 이것은 우리가 일반적으로 선택할 만한 접근 방식은 아니지만 대개의 경우 우리에게는 다른 선택지가 없으며, 따라서 완전한 침묵보다는 낫다.

70 Leavy, *In Search of the Swan Maiden*, 22-23.
71 Toril Moi, *Sexual/Textual Politics*, 100.
72 Edmund Leach, "Animal Categories and Verbal Abuse".

그러나 때로 언어는 남성과 여성이 공유하는 것이기도 하다. 라마누잔 또한 많은 힌두 남성은 모국어, 즉 어머니 언어mother tongue(일상어, 즉 타밀어와 같이 아래층, 뒤뜰, 부엌에서 여성들이 말하는 언어)와 더불어 아버지 언어father tongue(한때는 산스크리트어였고, 최근에는 영어, 거실에서 남성들이 말하는 — 혹은 최소한 토론하는 — 문어적 공용어)를 사용한다고 주장했다.[73] 많은 동남아시아 여성은 이와는 또 다른 언어적 양성구유성을 보여준다. 그들은 아버지 집(즉 그들의 고향 마을)의 언어와 그들 남편 집의 언어를 모두 구사한다. 이런 점에서 동남아시아인들은 보통 언어적으로 양성구유적이다. 그러나 내가 다른 곳에서 주장했듯이[74] 양성구유적 존재가 "평등한" 창조물인 경우는 거의 없다. 오히려 어느 한쪽의 성이 거의 언제나 다른 한쪽을 지배한다(어느 쪽이 지배하는지 상상해보라). 게다가 텍스트가 양성구유적이라 해도 그들은 대부분의 경우 치마보다는 바지를 입고 있다. 그들은 여성의 이데올로기보다는 남성의 이데올로기의 옷을 입고 있는 것이다.[75]

스테파니 제이미슨은 언어는 고대 인도에서 남성과 여성을 결속시키는 힘이었다고 주장했다. 그녀는 고대 인도의 텍스트들이 단

---

[73] Ramanujan, *Folktales from India*, xv. 이 이야기 역시 이본이 있다. "모국어(matrbhasha)"가 뭐냐고 질문받았을 때 힌디어를 사용하는 125명 중 3명은 최근에 "데바나가리Devanagari" — 데바나가리는 언어가 아니라 문자이며, 원래 산스크리트어를 기록하는 문자였다가 이제는 힌디어와 같은 산스크리트어에서 파생된 많은 언어를 기록하는 데 사용된다 — 라고 대답했다. 그들 중 누구도 힌디어, 우르두어, 또는 영어를 "아버지 언어"로 언급하지 않았다. Peter Gottschalk, 1997년 6월 사적인 대화.
[74] Doniger O'Flaherty, *Women, Androgynes*, 331-332.
[75] 이 멋진 표현은 휴 어반 덕분이다.

지 "지루한 빙산의 일각이며, 우리가 추구하는 것 — 여성의 담론 — 은 수면 아래에 있다"고 지적한다. 게다가 이렇게 말한다.

> 우리가 보유한 제한된 내용의 텍스트들의 저자들은 실제 삶에서는 다른 많은 담론에도 참여했지만 단지 그중 하나만을 기록 보존했다. 그리고 담론을 구성하는 것들 — 단어들과 구문론적 구성들 — 은 다양한 담론의 차원을 여행하는데, 한곳에서 다른 곳으로 옮겨 갈 때 자신과 연합된 모든 것을 다 떨어내지는 않는다. 다른 말로 하면 언어적 차원은 빈틈없이 견고하지는 않다. 우리가 만약 언어의 요소들이 한 부분을 이루고 있는 연합적 연쇄에 다가갈 수 있다면, 언어를 수면 아래를 들여다보기 위한 잠망경으로 사용할 수도 있을 것이다. 언어는 대부분의 문화적 제도들보다 훨씬 더 모든 화자의 재산이며, 남성과 여성 모두의 것이다. 따라서 그것은 비록 완전히 똑같지는 않더라도 유사한 연합적 복합체들을 가질 것이다.[76]

따라서 남성들과 여성들의 대화는 비록 의식적으로는 산스크리트어 텍스트에서 지워졌을지라도 아마도 무의식적 차원으로 ("수면 아래로") 스며들어가서 어떤 담론을 만들었을 것이다. 이 지점에서 제이미슨은 방향을 틀어, 비록 나의 주장 — 우리는 남성의 텍스트 속에서도 여성의 목소리를 발견할 수 있다는 것 — 을 명시적으로 논의하지는 않지만, 자신의 주장 — 우리가 남성의 글을 꼼꼼히 읽으면

---

[76] Stephanie Jamison, *Sacrificed Wife*, 12.

여성에 관해 알 수 있다는 것 — 을 전개한다. 그녀가 사용하는 잠망경의 이미지는 흔히 한 신화에서 서로 다른 두 차원을 넘나드는 도약을 상징하는 렌즈 메타포로서 여기서는 하나의 언어 안에서 인위적으로 분리된 두 젠더의 차원을 넘나드는 도약을 상징한다.

고대 인도의 남성의 텍스트 속 여성의 목소리는 보통 제이미슨의 무의식의 수면 아래에 잠겨 있다. 성적인 의례에 관한 고대와 중세 텍스트인 탄트라는 분명 남성 주체를 염두에 두고 만들어졌다. 어떻게 페니스를 다른 여성의 질 안에 위치시키고 고환으로부터 정자를 끌어올려 척추와 머리에까지 다다르게 하는지 가르쳐주는 구절에 대해서 여성이 어떻게 반응할 것인지 상상해보는 것은 쉽지 않은 일이다.[77] 그렇지만 미란다 쇼는 최소한 몇몇 탄트라 구절에서 여성의 목소리를 듣는다.

> 만약 여성이 한 텍스트 안에 존재하면 그것은 분명 남성 주체의 대상으로서 선험적으로 존재함에 틀림없다는 것이 무언의 전제 같다. … 나는 이러한 텍스트들이 여성들로부터 철저히 동떨어져서 남성들에 의해서만 만들어진 것이 아니므로 오로지 남성들의 견해만을 배타적으로 드러내고 있지 않다고 주장한다. 이러한 견해들은 공통의 탐구와 행위에서 나온 것이며 여성과 남성 모두의 통찰력으로부터 비롯된 것이다. 따라서 탄트라 문헌 속에 들어 있는 많은 통찰은 오로지 여성과 남성이

77　그러나 여성 역시 씨앗을 지니고 있다. Doniger O'Flaherty, *Women*, 35-39, 262-272를 보라.

함께한 행위에서 그 근원을 찾을 수 있다. … 나는 여성과 남성의 상호작용과 그들이 함께 나누는 행위에 대한 광범위한 묘사는 그 자체로『요기니 탄트라yogini-tantra』가 여성과 남성이 모두 속한 그룹의 산물이라는 것의 충분한 증거라고 주장한다. …
텍스트가 단지 남성에 의해서 남성만을 위해 쓰였다고 생각하고 접근하기보다는 남성과 여성 모두의 통찰을 담고 있다고 생각하고 읽어나가면 해석의 새로운 길이 열린다. 여성들에 관한 구절들은 여성들이 그들 자신의 삶을 어떻게 바라보고 경험했는지 알아볼 수 있는 잠재적 근거들로 검토될 수 있다. 이러한 해석학적 접근은 남성들이 여성들을 바라보는 범주, 남성들이 여성들에게 접근할 때의 조건, 여성들이 남성 파트너를 받아들이게 될 때의 상황을 만드는 데 여성들이 일조했으며 또 때로는 그것들을 주도적으로 이끌어가기도 했을 가능성을 제기한다.[78]

나는 남성과 여성이 함께하는 의례에서 여성을 객체화하는 텍스트들이 반드시 여성의 범주들을 전달하고 있을 것이라고는 별로 확신하지 않지만, 가끔 여성의 특정한 통찰력을 드러내 보일 수는 있을 것이라고 생각한다.

---

[78] Miranda Shaw, *Passionate Enlightenment*, 36-37.

여성의 목소리 구하기

여기에 남성의 텍스트에 담긴 여성의 목소리라고 부를 수 있는 몇몇 예가 있다. 페미니스트들은 서구의 많은 여성 혐오적 텍스트를 분석해왔는데, 그것들 중에는 남성의 관점에서 결혼을 비난하는 특정한 장르가 있다. 그런데 단지 이러한 텍스트들에 반대하기만 하면 그것들은 보통 여성의 목소리를 재생산한다. 주디스 케건 가디너는 익명의 저자가 쓴 중세 프랑스의 풍자 산문 『결혼의 15가지 즐거움Les Quinze Joies de Mariage』에 대해 말하길, 이것은 "흔치 않게도 여성들의 결혼에 대한 불만을 자연스러운 직접적 대화 형식을 통해서 풍부하고 생생하게 묘사해준다. … 우리는 소재에 대한 화자의 완고한 여성 혐오적 주해는 뒤로한 채 그 대신에 그가 전하는 실제 대화에 직접 귀 기울여볼 수 있다"고 주장한다.[79] 예를 들어 텍스트의 화자는 "결혼 생활에서의 이중 잣대에 화를 내며, 결혼 생활에 충실한 쪽에게는 그것이 큰 고통과 시련이라고 생각한다. 그는 최근의 많은 작가와는 달리 바람피울 쪽이 여성이라고 간주한다."[80] 이 경우 (페미니스트) 독자는 아이를 갖고 나서 늙고 추해졌다고 불평하는 여성의 목소리에 좀 더 직접적으로 대답할 수 있는 여성들에게 유용한 논점을 지적하기 위해 텍스트를 완전히 뒤집어 봐야 한다.[81] 비록 저자는 여성의 관점을 잘못된 것으로 제시함에도 불구하고 텍스트 전체에

---

79 Judith Kegan Gardiner, "*Fifteen Joys*", 65.
80 Gardiner, "*Fifteen Joys*", 70-71.
81 Gardiner, "*Fifteen Joys*", 73, citing *Les Quinze Joies de Mariage* 3. 214-224.

걸쳐 이러한 여성의 관점을 보여주고, "여성들을 그들의 생식 활동, 나쁜 건강 상태, 사회적 관습, 성에 대한 이중 잣대, 그리고 중세 결혼의 파기 불가능성에 의해 억압된 존재로 조망하고 있다."[82]

이 텍스트와 비교할 만한 예가 산스크리트어 텍스트 『카마수트라Kamasutra』의 한 부분에서도 나타난다. 『카마수트라』는 기원후 초기에 인도에서 만들어진 텍스트로 역사적으로 남성이 쓴 것이 분명하며, 기본적으로 남성의 관심을 반영하고 있다. 결혼의 즐거움에 대한 프랑스 텍스트처럼 『카마수트라』 역시 종종 여성들의 말을 직접적으로 인용한다. 그러나 프랑스 텍스트와는 달리 『카마수트라』는 놀랍게도 여성들에게 공감하며, 특히 여성들이 무능한 남편을 만나 겪는 고통에 공감한다.[83] 『카마수트라』는 왜 여성들이 간통을 하게 되는지에 대한 논의에서 흔히 대부분의 산스크리트어 텍스트(예를 들어 인도 종교와 사회 법률에 관한 초기 텍스트인 『마누법전』에서는 "잘생긴 외모는 [여자들에게는] 문제가 되지 않는다. 젊다는 것 역시 마찬가지다. 여자들은 그저 '아, 남자다!' 하고는 그가 잘났건 못났건 간에 그와 섹스를 즐긴다"고 설명한다)[84]에서 나타나는 전통적인 가부장적 설명 방식을 취하지 않는다. 『카마수트라』는 다른 산스크리트어 텍스트들보다 훨씬 더 평등주의적인 — 비록 그만큼 냉소적이기도 하지만 — 표현으로 시작한다. "여자는 그녀가 본 모든 매력적인 남자를 욕망한다. 남자도 마찬가지로 모든 매력적인 여자를 욕망한

---

82 Gardiner, "*Fifteen Joys*", 74.
83 Wendy Doniger, "Playing the Field". 프랜시스 짐머만Frances Zimmermann은 『카마수트라』 안에 여성의 목소리가 있다는 생각에 동의한다. 1994년 4월 사적인 대화.
84 *The Laws of Manu* 9.15.

다. 그러나 여러 가지 이유로 인해서 거기서 더 나가지는 않는다."[85] 이러한 표현 역시 여자는 그저 남자 생각밖에 할 줄 모르는 존재라고 가정하는 남자들의 예다. 또한 여전히 장차 간통할 것이 뻔한 남자, 즉 만약 모든 여자가 자기 자신을 주고 싶어 안달한다면, 그 여자들 중 하나가 그한테 자신을 줘서 안 될 것이 뭐가 있는가라고 생각하는 남자를 영웅시하는 입장에서 쓰였다. 그러나 『카마수트라』의 저자가 여성이 간통하지 않는 다양한 이유에 대해서 상상할 때 그는 여성의 목소리를 상당히 공감적으로 재생산해낸다.

> "그는 모욕적인 방식으로 나를 잠자리로 유혹하고 있어." 또는 "그와 나 사이엔 아무런 연결 고리도 없어. 그는 다른 사람에게 매여 있어." 또는 "그는 비밀을 지키지 못할 얼굴이야." 또는 "그는 친구들만 좋아하고 염려해." 또는 "그는 지나치게 열정적이고 강압적이야." "그는 언제나 나를 친구로만 대할 뿐이야." "내가 계속 표정과 제스처로 신호를 보냈는데 그는 알아듣질 못해." 또는 "나로 인해 그 어떤 나쁜 일도 그에게 일어나지 않길 바라니까." 또는 "만약 들킨다면 나는 우리 쪽 사람들한테서 내쳐질 거야." 또는….[86]

프랑스 텍스트와는 달리 『카마수트라』는 여성들에게 전혀 반대하지 않는다. 잠재적인 유혹자는 비록 그녀를 무장해제시키기 위해서일

---

85   *Kamasutra* 5.1.8.
86   *Kamasutra* 5.1.8, .17-43; Doniger O'Flaherty, *Textual Sources*, 101-104.

뿐일지라도 여성들이 불안해하는 마음을 진지하게 받아들인다. 텍스트는 계속해서 간통을 범하기 쉬운 여성들의 리스트를 작성한다. 이 리스트는 표면상으로는 남성 독자들이 이러한 여성들을 조종하고 이용할 수 있도록 하기 위한 것이지만, 아마도 의도하지 않게, 무능한 남편들이 부인들로 하여금 간통을 범할 수밖에 없게 만드는 이유들을 공감할 수 있도록 가장 잘 보여주는 것이 되어버렸다.

아무 문제없이 단지 끈기만 있다면 취할 수 있는 여자들은 다음과 같다. 문 앞에 서 있는 여자, 현관에 서서 길거리를 내다보는 여자, 이웃 젊은 남자의 집에서 어슬렁거리는 여자, (당신을) 언제나 뚫어지게 바라보는 여자, 소식을 전하러 심부름 온 여자, 당신을 곁눈질해서 보는 여자, 아무 이유 없이 또 다른 아내를 들인 남편을 둔 여자, 남편을 미워하는 여자 혹은 남편에게 미움 받는 여자, 자신을 보살펴줄 이가 아무도 없는 여자, 아이가 없는 여자, 언제나 친척 집에 가 있는 여자, 아이가 죽은 여자, 사교를 좋아하는 여자, 쾌락에 중독된 여자, 배우의 아내, 남편이 죽은 젊은 여자, 즐기길 좋아하는 가난한 여자, 형제 많은 집안의 장남의 아내, 자존심 강한 여자, 남편이 무능한 여자, 자신의 기교를 매우 자랑스러워하는 여자, 남편의 어리석음이나 보잘것없음 혹은 탐욕스러움 때문에 지친 여자, 어린아이일 때 한 남자의 신부로 선택되었으나 무슨 이유에서인지 결국 그 남자에게 시집가지 못하고 다른 남자의 아내가 된 여자, 지력, 성향 그리고 지혜가 그녀에게 걸맞고 성격이 그녀와 반대되지 않는 남자를 찾고 있는 여자, 천성적으로 편들기를 좋아하는 여자, 아무 잘못도 없이 (남편에게) 치욕을 당한 여자, 미모와 다른 모든 것이 그녀와 다를 바 없는 다른 여자들에게 무시당하는 여자, 남편이 자주 여행 다니는 여자, 질투가 많거나 악취가 나거나 지나치게 깨끗하거나 발기불능이거나 굼벵이거나 남자답지 못하거나 꼽추거나 난쟁이거나 기형이거나 보석 세공인이거나 천박하거나 나쁜 냄새가 나거나 아프거나 혹은 늙은 남자의 아내.[87]

이 구절에 해설을 달기 위해 인도학자를 무덤에서 불러낼 필요도 없다. 물론 『마누법전』에서는 배우의 아내와 성관계를 갖는 것은 죄가 아니라는 것과,[88] 고대에 보석 세공인들은 그들이 사용하는 화학약품으로 인해 발기불능자로 간주되었을 것이라는 사실을 알면 좀 더 도움이 될 것이다. 또한 흥미로운 것은 고대 인도에서 여자가 아마도 자기 남편을 증오했을 것이라는 믿음이 『카마수트라』만의 특유한 것이 절대 아니라는 점이다. "남편에게 미움 받는 여자" 혹은 "남편을 미워하는 여자"(이 조합은 산스크리트어에서 감질나게 모호할 수 있다)는 고대 인도 텍스트에서 확립된 분류 범주다. 『리그베다』에서 한 여자는 "남편에게 미움 받고/남편을 미워했으며",[89] 다른 베다 문서에서는 "남자들이 좋아하는" 아내와 "남자들이 피하고자 하는" 아내를 대조한다.[90] 심지어 비록 남편이 못되게 굴고, 제멋대로 욕정에

---

87 *Kamasutra* 5.1.52-54; Doniger O'Flaherty, *TextualSources*, 101-106.
88 *The Laws of Manu* 8.362-363.
89 *Rig Veda* 8.91.4, the song of Apala; Doniger O'Flaherty, *The Rig Veda*, 256-257.
90 The *parivrikta*. Jamison, *Sacrificed Wife*, 99ff를 보라.

빠져 행동하고, 그에게서 그 어떤 좋은 점 하나도 찾아보기 힘들다 할지라도 "덕성스런 아내는 남편을 신처럼 모셔야 한다"[91]라고 말하는 마누도 "남편은 그를 미워하는 아내를 1년 동안은 기다려야 한다. … 만약 그녀가 그를 미워하는 이유가 그가 제정신이 아니고, 타락하고, 성적으로 무능하고, 씨가 없거나, 혹은 그의 악덕에서 비롯된 어떤 병을 앓고 있기 때문이라면 그녀는 버려지거나 상속권을 박탈당해서는 안 된다"[92]라고 말한다. 『카마수트라』가 제시하는 대부분의 이유는 현대 서구 독자들에게 아주 잘 이해된다(우리는 심지어 보석 세공인의 아내가 간통을 행하는 이유도 우리 나름대로 상상해볼 수 있다. 즉 그녀는 다른 남자들이 그들의 여자들에게 사주는 비싼 선물들을 보면서 그 선물들이 왜 자신에게는 한 번도 주어지지 않는지 통탄해할 것이기 때문이다). 그리고 대체적으로 이러한 이유들은 여성의 관점을 표현해 준다.

또한 꼭 어떤 부류의 남성들이 이러한 텍스트를 만들고, 또 다른 부류의 남성들이 여성 혐오적인 『마누법전』을 만들었던 것도 아니다. 그것들은 같은 남성, 아니 최소한 같은 부류의 남성들에 의해서 만들어졌을 수도 있다. 그는 경건한 체할 때는 자신이 악녀라고 간주하는 여성들을 향해 지독한 욕설을 퍼붓고, 쉴 때는 그들을 찾아다니기에 여념이 없는 (그리고 아마 이 순간에는 여성들을 새롭게 정의할) 남성이다. 따라서 이와 같은 남성이 [*『마누법전』과 같은] 법적인 문서를 만들 때는 한 남편의 입장을 상상했을 것이다(그는 거

91　*The Laws of Manu* 5.154.
92　*The Laws of Manu* 9.77 그리고 9.79.

의 틀림없이 누군가의 남편이었을 테니 이러한 상상을 잘할 수 있었을 것이다). 그러나 그가 『카마수트라』를 만들 때는 연인, 정부의 모자(혹은 바지)를 걸칠(혹은 아마도 벗어버릴) 것이다. 물론 이 모자 역시 그 자신의 모자임이 당연하다. 또한 자기 아내(그리고 자기 정부)와의 대화를 바탕으로 여성의 관점을 표현해낼 수 있었다. 간통에 대한 글만 전담하는 특정한 카스트가 있어서 그들이 간통을 장려하는 장르를 수호했던 것은 아니다. 잘 교육받은 우리의 브라만들이 한편으로는 (짐작컨대 오른손으로는) 다르마에 관한 텍스트를 쓰고, 다른 한편으로는 (짐작컨대 왼손으로는) 간통을 찬양하는 글을 썼다. 어찌 되었건 간에 『카마수트라』를 쓰는 순간에 그는 ─ 그가 누구이건 간에 ─ 여성의 목소리를 집어넣었다. 두 경우 ─ 프랑스어와 고대 힌두교 텍스트 ─ 모두 우리가 원래 컨텍스트를 ─ 비록 완전히 무시하는 것은 아니라 하더라도 ─ 초월함으로써만 우리에게 가치있는 의미들과 사실상 꽤 뚜렷한 저자의 의도를 찾을 수 있다는 것은 흥미로운 점이다. 우리가 단지 역사적 컨텍스트의 엄격한 틀 안에만 머물러 있었다면 사실상 거기에 당시의 역사적 순간에 맞서는, 따라서 저자에 맞서는 여성의 목소리가 있다는 것을 감지하지 못했을 것이다.

최근 한 서구의 풍자극에서는 "포스트가부장적, 포스트식민주의적, 포스트젠더적 그리고 아마도 포스트성교적이기까지 한 세계에 걸맞은 『카마수트라』"[93]에 대한 현대의 요구를 충족시키기 위한 『카마수트라』를 이야기하면서 거기에 다른 목소리들을 더 끌어들

---

[93] Jon Spayde, "The Politically Correct Kama Sutra", 56.

인다. 그 주요 요점들은 다음과 같다.

> 만약 어떤 남자가 '황소 코끼리' 자세가 적절치 못하다고 느낀다면 — 예를 들어 만약 그것이 그가 넘어서고자 하는 전형적인 마초 상을 대표한다면 — 그는 이러한 견해를 말하고 왜 '울부짖는 원숭이' 자세가 더 편하게 느껴지는지 설명해야만 한다. … 연인들이 앞에서 언급한 '동물 자세들' 중 하나를 취하기로 결정했을 때, 그리고 '독수리는 다시 생각 중이다', '노새가 착취를 피해 도망간다', '영양들이 보호대를 만든다' 등의 자세를 취하기로 결정했을 때 그들은 먼저 깊은 명상에 들어간다. 얼굴을 마주 보고 숨을 깊게 들이쉬면서 … 그러고 나서는 인간의 성행위를 묘사하는 데 동물 이름을 사용한다는 생각 그 자체에 질문을 던진다. 자연계의 이러한 미묘한 지배 모드를 거부하면서 그들은 따로 떨어져 다시 깊은 명상에 들어가고 잠에 빠진다. … 그러나 합일의 순간이 다가오면서 그들은 다시 의식하기 시작한다. … 시바와 샥티Shakti가 "근원적" 혹은 "보편적"이라고 주장하는 맹세는 다른 신앙을 가진 공동체 구성원들에게는 심히 모욕적일 수 있다. 종교 다원주의에 심오한 경의를 표하는 정신으로 그들은 다시 떨어지고, 남성의 령감[*성기]은 움츠러든다.[94]

페미니즘, 생태주의 그리고 종교 다원주의, 모든 숭고한 명분이 성

---

94 Spayde, "The Politically Correct Kama Sutra", 57.

차별주의적이고, 생태주의에 무지하고, 좁게는 힌두교적인 텍스트에 끼워 넣어질 수 있다. 여기에서 목소리들은 단지 가짜일 뿐만 아니라 서로 동화 불가능하며, 링감은 움츠러들어버린다.

좀 더 진지하게 말해서 인도의 이야기들의 다성성은 우리가 언제 남성의 목소리를 듣고 있는지 여성의 목소리를 듣고 있는지 확신할 수 없게 만든다. 공감적인 남성은 여성의 관점을 반영할 수도 있다. 그리고 만약 우리가 이러한 이야기들이 전적으로 남성만의 창작물이 아니라고 여긴다면, 아마도 우리는 비록 남성이 남성의 관점을 여성이 여성의 관점을 표현했다는 것을 증명할 수는 없더라도 어떤 신화들은 남성의 관점에서, 또 다른 신화들은 여성의 관점에서 볼 수도 있을 것이다. 이야기를 하는 사람의 젠더가 반드시 이야기를 지배하는 목소리의 젠더인 것은 아니다.

앤 그로진스 골드는 그녀가 연구하는 라자스탄의 젠더화된 이야기들을 수디르 카카르Sudhir Kakar와 나 자신을 포함한 다른 여러 학자가 번역한 고대 산스크리트어 텍스트들과 비교했다. 그녀는 다음과 같이 적는다.

> 나는 그들의 주요 자료들이 대부분 (텍스트의 경우) 남성-작가의 것이거나, (민족지의 경우) 남성의 관점을 취하고 있다는 것을 지적해왔다. 그들의 (남성) 자료들과 나의 (여성) 자료들을 비교해봄으로써 "그"와 "그녀"의 세상, 세계관이 서로 분리되어 있다는 이론을 제시하는 것은 아니다. 오히려 나는 양자의 시각이 공존하며 양성 모두 이 양자의 시각을 취할 수 있다고 주장한다. 마치 흔히 여성들이 내가 잠정적으로 남성적 지향성

과 기원을 갖는다고 묘사했던 지배적인 가치들에 스스로를 완벽히 맞추고 이에 적합한 행동들을 펼쳐 보이는 것처럼 남성들은 때때로 내가 여기서 살펴본 여성으로부터 나온 시각들을 나누어 가질 수 있고 또 나누어 가지고 있다.[95]

우리가 저자를 인터뷰할 수 없는 텍스트들에 드러난 목소리들을 살펴볼 때 이 균형 잡힌 시각은 매우 유용하다.

12세기 일본 소설 『도리카에바야 모노가타리 The Changelings [*とりかへばや物語]』는 젠더를 여러 번에 걸쳐 서로 바꾸는 오누이에 관한 이야기이다. 생물학적으로는 남자이지만 여자 옷을 입고 있기에 드러난 겉모습에 따라 "누이"라 지칭되는 오빠는 황실 공주를 임신하게 만든다. 한편 남자 옷을 입고 있기에 "오빠"라 지칭되지만 생물학적으로는 여자인 여동생은 강간당해 임신하게 된다. 이는 결과적으로 다음과 같은 충격적인 문장들을 낳게 된다. "그는 그가 임신했다는 사실을 다른 사람들에게 말하는 것을 수치스럽게 여겼다." "그녀는 황실 공주가 그녀의 아이를 가졌다는 사실을 알게 되었다." 모노가타리라 알려진 유형에 속하는 이 텍스트는 저자 미상이다. 따라서 저자는 남성일 수도 있고 여성일 수도 있다. 영어 번역자는 이 작품을 "이야기 속 여주인공과 같은 복잡한 성적 정체성을 실제로 경험한 여성이 썼을 것이다. 이는 이 작품 속에 남성적 요소와 여성적 요소가 혼합되어 있는 이유를 설명해준다. 설사 이 논리가 이상하고 비현실적으로 보인다 할지라도 그것을 완전히 배제할

---

95 Gold, "Sexuality, Fertility, and Erotic Imagination", 71.

수는 없다. 왜냐하면 모노가타리는 흔히 자전적 요소들을 담고 있기 때문이다"라고 추측한다.⁹⁶ 이와 마찬가지로 양성구유에 관한 소설 『올란도Orlando』를 쓴 버지니아 울프Virginia Woolf도 실제 양성애자였다. 이러한 경우들에 있어서 텍스트의 저자는 최소한 양성애적 경험을 갖고 있다는 의미에서 신체적으로는 아니더라도 문학적으로 양성구유라 할 수 있을 것이다.

개작된 텍스트에서 남성과 여성의 목소리가 혼란을 일으키는 경우는 고전 작품의 한 유명한 예에서 찾아볼 수 있다. 고대 그리스의 여성 시인인 사포는 그녀(사포)가 욕망하는 한 여성을 바라보고 있는 남성에 관한 시를 썼다.

> 그는 내게 신들처럼 축복받은 자로 보이네요, 그대의 맞은편에 앉아 그대의 달콤한 목소리와 사랑스런 웃음소리를 옆에서 듣고 있는 그 남자는. 진정 이는 내 가슴속 심장을 떨리게 만듭니다. 그대를 한동안 바라보고 있노라면, 나는 더 이상 아무 말도 할 수 없게 되어버리니. 내 혀는 꺾어지고, 동시에 미묘한 불길이 내 살 밑에서 퍼져나가요. 내 눈으로는 아무것도 볼 수 없고, 내 귀는 윙윙거리고, 땀이 쏟아지며, 떨림이 내 온 몸을 사로잡아요. 나는 풀보다 더 파래져서, 거의 죽어가고 있는 것처럼 보입니다.⁹⁷

---

96   Rosette F. Willig, introduction to *The Changelings*.
97   Sappho, Fragment 31(from Longinus, *On Sublimity*), trans. David A. Campbell, *Greek Lyric*, 1:79, 81(희랍어 텍스트는 78, 80).

여기 이 시에서는 한 여자(사포)가 한 남자를 바라보고 있으며, 그는 또 다른 한 여자를 바라보고 있다. 그후 고대 로마의 남성 시인인 카툴루스가 이 시를 거의 한 단어씩 그대로 번역했다. 희랍어에서 라틴어로 그리고 여성의 시선에서 남성의 시선으로.

그는 내게 신처럼 보입니다, 만약 가능하다면 신들마저도 뛰어넘어서는 것처럼, 그대의 맞은편에 앉아 그대를 바라보고 또 바라보는 그리고 달콤한 그대의 웃음소리를 듣고 있는 그는. 이런 일은 내 모든 감각을 앗아가버립니다. 아, 레스비아, 내가 그대를 바라볼 때마다, 순식간에 내 목소리는 내 입 속에 더 이상 남아 있지 않게 되고, 내 혀는 더듬거립니다. 미묘한 불길은 내 사지를 통해 퍼져나가며, 내 귓속은 윙윙거리고, 내 눈은 밤의 이중 장막 속에 덮여버립니다.[98]

이제 여기서는 한 남자(카툴루스)가 또 다른 한 남자를 바라보고 있으며 그는 한 여자를 바라보고 있다. 그러나 우리가 텍스트 이면의 컨텍스트를 살펴본다면, 한 남자(카툴루스)가 한 여자(사포 — 레스보스섬 출신인 그녀의 이름은 카툴루스의 연인인 레스비아의 이름과 특별한 조응을 이룬다. 카툴루스의 다른 시에도 여러 번 등장하는 그의 불성실한 연인 레스비아의 이름은 아마도 사포에게서 영감을 받아 붙여진 것이 아닐까?)를 바라보고 있고, 그 여자는 다른 한 남자를 바라보고 있으며 그는 또

---

98 Catullus 51, trans. Francis Warre Cornish, *Catullus, Tibullus, Pervigilium Veneris*, 59, 61(라틴어 텍스트는 58, 62).

다른 한 여자를 바라보고 있다. 그리고 카툴루스의 시에 대한 우리의 지식은 사포의 시 안에서도 시선이 역시 파편화되어 있다는 것을 볼 수 있게 해줌으로써 사포를 다채롭게 읽을 수 있도록 해준다. 시는 사포의 시선으로 시작하지만 중반부로 가면 이는 다른 사람의 시선으로 바뀌고("풀보다 더 파래져서" 및 [*거의 죽어가고 있는 것]"처럼 보입니다"와 더불어), 그리하여 "모순적인 이중 관점"[99]이 생겨난다. 보르헤스의 피에르 메나르에 관한 이야기에서처럼 똑같은 단어들이 전혀 다른 의미를 취한다. 이를 두고 카툴루스가 사포의 시를 혹은 심지어 사포의 목소리를 훔쳤다고 말하는 것은 비록 그것이 전적으로 틀린 말은 아닐지라도 지나치게 단순한 것이다.

윌리엄 버틀러 예이츠와 그의 가까운 친구 도로시 웰즐리가 공동으로 창작한, 그리하여 그에 걸맞게 양성구유적 주체를 노래하는 시에서도 이와 비슷한 상호작용을 찾아볼 수 있다. 도로시 웰즐리가 먼저 수도원장 미셸 드 부르데유Michel de Bourdeille의 『나의 시대 이야기Historia mei Temporis』에 등장하는 한 사건에 기반을 둔 무운無韻의 발라드를 썼다(이는 1937년 쿠알라Cuala 출판사의 브로드사이드broadside*로 출판되었다). 이는 죽고 나서 함께 묻힌 한 남자와 한 여자, 그 여자의 하녀 및 이들이 얽힌 베드 트릭에 관한 이야기였다. 이들의 무덤에서 세 개의 장미 관목이 자라났고, 그들의 뿌리는 서로 얽혀 있었

---

99 Margaret Williamson, *Sappho's Immortal Daughters*, 156-159.
* 브로드사이드는 종이 한 면에 발라드, 시, 뉴스, 판화 등을 프린트한 것으로, 16세기에서 19세기 사이에, 특히 영국, 아일랜드, 미국에서 가장 대중적인 출판물이었다. 여기 실린 발라드를 보통 브로드사이드 발라드라고 하는데, 신화나 고대의 서사시를 주로 다루는 전통적 발라드와는 달리 신문 기사에 실릴 법한 여러 사건을 많이 다뤘다.

다고 한다. 그후 예이츠는 이 시에 운율을 붙여서 「세 그루 장미나무The Three Bushes」라는 시를 썼으나 그는 이를 여전히 그녀의 시로 간주했다. 그녀에게 보낸 편지에서 그는 "여기 당신의 명작이 있습니다(나는 단지 여기에 운율을 붙여서 발라드로 만들었을 뿐입니다)"라고 말했다.[100] 예이츠는 운율에 더해 어둠 속의 고양이에 관한 오래된 성차별주의적 속담을 생각나게 하는 후렴구를 집어넣었다.

그리고 아마도 우리는 모두 똑같겠죠
촛불이 없는 그곳에서,
그리고 아마도 우리는 모두 똑같겠죠
옷을 벗어버리면.[101]

그후 예이츠는 도로시 웰즐리의 발라드를 더 많이 개작해서 이를 자신의 시로 발표했다.[102] 그들의 두 시는 마치 장미 관목처럼 하나의 양성구유적 텍스트로 얽혔다. 아주 사실적인 의미에서 마치 카툴루스가 사포의 목소리를 훔쳤듯이/변형시켰듯이 예이츠는 웰즐리의 목소리를 훔쳤다(혹은 최소한 변형시켰다). 우리는 사포와 도로시 웰즐리를 위해서 이러한 사실을 알 필요가 있다. 그러나 카툴루스와 예이츠에 관해 말하자면 이들 덕분에 우리는 두 풍부한 양성구유적 텍스트를 갖게 되었다.

---

100 *Letters on Poetry from W. B. Yeats to Dorothy Wellesley*, 71–92.
101 William Butler Yeats, "The Three Bushes", *Last Poems*(1936-39); *The Collected Poems of W. B. Yeats*, 341.
102 Yeats, "The Three Bushes".

심지어 근대 소설이나 현대 신화나 민담에서처럼 텍스트의 실제 저자의 젠더를 분명히 밝힐 수 있는 경우에도 그 텍스트 속 아이디어는 다른 젠더의 사람들로부터 취해진 것일 수도 있다. 여성들은 많은 텍스트를 낳게 한 남성들의 판타지를 공유하지는 않을지 몰라도 그들 역시 자신들의 판타지를 만들며, 이러한 일은 자주 남성들이 있는 데서 생긴다. 그리고 일단 이야기가 말해지고 나면, 누가 그것을 말했건 간에 아마도 우리는 그 안에서 여성의 관점과 남성의 관점을 동시에 볼 것이다. 신화의 저자는 한 남성이 아니라 전통이며, 전통 안에는 여성도 있다. 최선의 페미니즘 담론은 일반적으로 남성의 목소리와 여성의 목소리를 대립시키는 것을 포함한 모든 종류의 이분법을 거부하고 일종의 연속체를 선호한다. 우리는 신화 분석의 다른 측면에서 이 연속체의 유용성을 이미 확인한 바 있다. 그리고 남성과 여성이 서로 대화를 나누는 문화(그러니까 대부분의 문화)에서는 대부분의 텍스트의 저자를 양성구유적으로 간주하는 것이 아마도 최선일 것이다.

6장 텍스트의 다원주의와 학문의 다원주의

원형

3장에서 나는 비교가 엄밀하지 않고, 반증 불가능한 보편주의적 가정을 제시하며, 정치적으로 불건전하다는 비난에 맞서 비교를 옹호하고자 했다. 마지막 비난은 때때로 초超문화적 주제들은 젠더의 정형성을 영속시킨다는 주장으로 나타나기도 하는데, 이에 대해서는 방금 전 5장에서 살펴보았다. 마리나 워너는 "원형 이론은 본질적으로 비역사적이며, 젠더의 불가피성을 공식화하고 남성과 여성을 진부한 정의에 가두어버린다"고 주장했다.[1] 그녀는 원형을 사회 변화의 적일 뿐만 아니라 사회정의의 적이라고 간주한다. "역사가 주체로부터 떨어져 나갈 때 우리에게는 오로지 타자성과, 증오심을 꽁꽁 뭉쳐 재충전하고 재유통시키는 타자성의 힘만 남는다. 원형은 텅 빈 것이지만 위험한 것이다. 이 형상 혹은 이미지를 통해 관습은 그것을 낳은 상황으로부터 분리되어 허위의식을 살포하게 된다."[2]

---

1   Warner, *From the Beast to the Blonde*, 279.

워너는 신데렐라 이야기의 선한 어머니와 악한 어머니의 분열에 대한 정신분석학자 브루노 베텔하임의 분석[3]을 공격한다. 왜냐하면 그의 분석이 "가정 내에서 여성들의 잔혹성이 이야기될 수밖에 없었던 역사적 이유들"을 기억에서 지워버리며, "예상되는 갈등을 건강한 것으로 그리고 그에 따른 증오를 치유의 효과를 갖는 것으로" 확정짓기 때문이다.[4] 간단히 말해 그녀는 "원형적인 접근은 동화로부터 역사성의 피를 빨아낸다"라고 말한다. 따라서 동화의 관례는 어린 소녀들을 때리는 막대기가 되고, "도덕주의자들이 자라나는 소녀들에게 훈육(및 외모)을 강요하는 데 사용되는" 클리셰가 된다.[5] 워너는 베텔하임이 악한 계모를 "자연스러운 것으로, 심지어 엄마-자식 관계에 본질적인 것으로 보이게" 만들었고,[6] 그렇게 함으로써 어떤 의미에서 그런 악을 정당화했다고 비난한다. 그러나 이야기에서 여성의 잔혹한 행위는 "불가피한 것이나 오이디푸스적인 상황을 나타내는 것이 아니라" 단지 사회적 전략일 뿐이며, "오늘날 엄마들 혹은 계모들이 일제히 비난받을 필요는 없는 것이다."[7] "개별 여성의 목소리가 남성이 지배하는 의사 결정자 집단 속에 흡수되어버렸기 때문에" 사악한 계모들, 나쁜 요정들, 여자 오거ogre들,• 버릇없는 공주들, 추한 자매들에 대한 여성 혐오적 묘사

2　Warner, *From the Beast to the Blonde*, 239.
3　Bruno Bettelheim, *The Uses of Enchantment*.
4　Warner, *From the Beast to the Blonde*, 213.
5　Warner, *From the Beast to the Blonde*, 381.
6　Warner, *From the Beastto the Blonde*, 213.
7　Warner, *From the Beast to the Blonde*, 257.
•　오거(여성형은 ogress)는 유럽 신화나 전설 민담에 등장하는 큰 거인으로 주로 산

는 "마치 원래가 그런 것처럼 위험하게 보이게 되었다."[8]

그러나 우리가 원형적, 보편적, 혹은 심지어 자연적("원래가 그런 것")으로 간주하는 것은 고정불변한다든가 이상적인 것이 절대 아니다. 그것은 단지 주어진 것일 뿐이다. 그리고 우리는 그것을 바꿀 수 있다. 실제로 우리가 그것이 주어진 것임을 인정하고 나면 그것을 바꾸는 것은 훨씬 더 쉬워진다. "나는 적을 보았다, 그는 우리 자신이다"는 분명 원형에 대해 맞는 말이다. 게다가 내 주장은 신화의 거대한 비교 문화적 주제들은 주어진 것이거나 자연적인 것이 아니라, 단지 어떤 의미에서 주어진 것이거나 자연적인 것이라고 할 수 있는 공통된 경험에 대한 광범위한 반응일 뿐이라는 것이다. 만약 거대한 신화적 주제들이 생물학적인(혹은 심리학적인) 것이라기보다는 사회적이고 예술적인 것이라면, 그것들은 우리의 두뇌에 새겨진 것들이 아니며 따라서 분명 변화될 수 있다. 그러나 그러한 신화적 주제들이 언어적 패턴으로 표현되는 한, 그리고 그 언어적 패턴은 정신에 새겨져서 깊이 뿌리박혀 있고 강력한 강제력을 지닐 것이라는 점에서 보자면 그러한 신화적 주제들은 단지 게임의 규칙 내에서만 바뀔 수 있다 — 그것은 보통 전적으로 다른 구조를 가진 새로운 패턴을 창조한다기보다는 주어진 패턴을 뒤집거나 이분법을 붕괴시켜 연속체로 만드는 것을 의미한다. 신화 제작자들은 그것을 알고 있고, 그렇기에 그들 모두는 — 현대의 언론 대변인까

에 살며 사람을 날로 잡아먹는다. 덩치가 크고 힘도 세며 탐욕스럽지만, 보통 어리석고 의외로 겁이 많게 그려지기도 한다.

8 Warner, *From the Beast to the Blonde*, 417.

지 포함해서 — 특허권을 지닌 발명가라기보다는 브리콜뢰르다.

미르체아 엘리아데는 자신이 주장한 "모범이 되는 전형" 혹은 "패러다임"과 융의 원형을 구분하기 위해 심혈을 기울였다.

> "원형"이라는 말을 사용하면서 내가 C.G. 융 교수가 말하는 원형을 지칭하고 있는 것이 아니라는 점을 명확히 밝히지 않았다. 이는 참으로 후회할 만한 실수였다. 융의 심리학에서 핵심적인 중요한 역할을 하고 있는 용어를 전적으로 다른 의미로 사용하고자 하는 것은 혼란을 초래할 만한 일이었다. 말할 필요도 없이 융 교수에게 원형은 집단 무의식의 구조다. 그러나 내 책 어디에서도 나는 심층심리학의 문제를 건드리지 않으며, 집단 무의식이라는 개념도 사용하지 않는다. 이미 말했듯이 나는 "원형"이라는 용어를, 에우헤니오 도르스Eugenio d'Ors• 가 사용하듯이, "모범이 되는 전형" 혹은 "패러다임"의 동의어로서 사용한다.[9]

그러나 카를로 긴즈부르그가 지적했듯이 "엘리아데가 자신을 융의 원형 개념과 분리시키는 것은 오직 『영원회귀의 신화』의 영어판 서문에서뿐이다. … 이전까지 그는 이 관념을 상당히 분별없이 곳곳에

• 에우헤니오 도르스(1881-1954)는 스페인의 작가, 저널리스트, 철학자, 예술비평가. 20세기 카탈루냐 지방의 문예부흥을 이끈 인물로 평가된다. 카탈루냐 지역 문화에 대한 많은 글을 썼고, 그 밖에 현대미술, 고전 철학에 관한 저서도 있다.

9 Mircea Eliade, *Cosmo sand History*, vii-ix[*『영원회귀의 신화』의 영어판 제목이 『우주와 역사』이며, 여기에 인용된 부분은 『영원회귀의 신화』의 영어판 서문의 일부이다].

서 사용했다."¹⁰ 다른 한편 융의 용어를 "전적으로 다른 의미로" 사용하는 것은 단지 신화들(그리고 브리콜뢰르들)이 언제나 하는 것, 즉 같은 이야기를 말하면서 그 의미를 뒤집거나 적어도 수정하여 말하는 것일 뿐이다. 나는 플라톤으로부터 융을 거쳐 오늘날에 이르기까지 "원형"이라는 단어의 여정에 실려 온 온갖 짐들을 고려해볼 때 이 단어의 사용을 피하는 것이 더 안전할 것이라고 생각한다. 그러나 우리는 여전히 신화들이 공유하고 있는 소재들에 대해서는 설명을 해야 할 필요가 있다.

전파와 잔존

조너선 스미스는 대부분의 비교 연구자들은 "비교를 활용할 유일한 가능성은 의존성에 관한 주장을 펼치는 것"이며 "이 같은 작업에 있어서는 비유사성이 기준으로 가정되고, 유사성은 인류의 '심적 단일성'이나 '차용'의 결과로서 설명될 것"이라 추정한다고 정확히 지적했다.¹¹ "심적 단일성"은 잔존에 관한 주장인 반면, "차용"은 전파에 관한 주장이다. 내 생각에 이 딜레마에 대한 해결책은 유사성을 둘 다both/그리고and로 설명하는 것이다. 즉 어느 정도는 (내가 3장에서 주장했듯이) (설사 심적인 것은 아닐지라도) 인류의 단일성으로, 그리고 어느 정도는 (내가 지금부터 논의하고자 하듯이) 차용 혹은 "종속"에 의

---

10   Ginzburg, *Ecstasies*, 28.
11   J. Z. Smith, *Drudgery Divine*, 47.

한 것으로, 그리고 여기에 각각의 새로운 상황에서 일어나는 재구성을 더하여 설명하는 것이다.

"차용"의 영역에서는 신화가 작동하는 가장 특정한 지점에서부터 논의를 시작할 수 있을 것이며, 이 차원에서 이야기들 사이의 유사성을 역사적 접촉, 전파에 의해 설명할 수 있을 것이다. 내 생각에는 공통의 기원을 갖지 않으면서도 널리 전파되어 있는 내러티브들의 네트워크에 대한 적절한 메타포는 민속학자들이 선호했던 가계도가 아니라, 바니안나무banyan tree인 듯하다. 바니안나무에는 분명 하나의 원뿌리가 있지만, 그 가지들(다른 이본들)로부터 너무나 많은 잔뿌리가 내려와서 사람들은 원뿌리가 어느 것인지 더 이상 말할 수가 없다. 바니안나무의 패턴은 가족 유사성의 벤다이어그램, 혹은 보이지 않는 거미의 거미줄과 유사하다.

때로는 "똑같은" 이야기 — 즉 대강의 윤곽뿐만 아니라 고유명사나 특정한 문화 유물처럼 그 밖의 임의적인 세부 사항까지도 똑같은 이야기 — 가 서로 다른 두 문화권에서 나타난다. 인도 유럽의 침략자들, 고대의 상인들, 불교와 그리스도교의 포교자들, 그리고 베링해협을 가로지르는 아시아와 북아메리카 사이의 고대 육교가 어디에나 편재해 있다는 것을 고려해볼 때, 이런 경우에는 거의 언제나 두 문화 사이에, 심지어 가장 멀리 떨어진 섬들의 경우에도 접촉 가능성이 어느 정도 있다. 신화에 있어서 갈라파고스제도란 없다. 따라서 서로 다른 두 문화권에서 "똑같은" 신화를 발견했다면, 그 이야기는 두 문화에서 각기 독립적으로 창작되었다기보다는 한 문화가 다른 문화에서 그 이야기를 빌려 왔을 가능성이 더 높다. 만약 "똑같은" 이야기를 그리스인과 로마인이 말했다면, 로마인이 그리스인으로부터 그것을 들었다고(혹은 그것을 읽었다고) 추측해볼 수 있다.

19세기 민속학자들은 모든 이본의 원류를 인도에서 찾으려는 경향이 있었으며, 이때 이슬람문화의 매개적 요소들을 그 전달자로 가정했다. 가령 셰익스피어의 『끝이 좋으면 다 좋아』는 중세 산스크리트어 문헌인 『이야기 강의 바다』에 실린 현명한 부인에 관한 고대의 이야기에 바탕을 둔다. 그 문헌의 번역본 편집자인 펜저N. M. Penzer는 각주에서 다음과 같이 언급한다. "이 이야기는 유럽에 잘 알려져 있으며, 아마도 셰익스피어의 『끝이 좋으면 다 좋아』의 원자료일 수도 있다. 어찌 되었건 두 이야기의 주제는 약간 유사성이 있다."[12] W. W. 로렌스는 이런 종류의 작업을 비웃었다. "우리가 우리의 모든 닭이 인도에서 부화한 것이 아니라는 걸 알고 있을지라도 동양과의 유비는 흔히 대단한 중요성을 갖는다."[13] 그러나 닭과 달걀의 수수께끼는 바로 무엇이 무엇으로부터 왔는지에 대한 답할 수 없는 질문을 나타내기 위해 필요한 것이다. 우리가 고대 인도와 중세 유럽에서 기록된 이야기를 발견했을 때 결국 우리가 진짜로 알 수 있는 것은 인도 판본이 유럽 판본보다 훨씬 더 오래전에 기록되었다는 것뿐이다(그렇다고 해서 반드시 먼저 창작되었거나 상상되었다는 것은 결코 아니다). 하워드 블로흐는 "전파주의자" 학파를 "갠지스 강둑에서 센강에 이르는 이야기들의 기나긴 행렬"이

---

[12] *Kathasaritasagara* 124(18.5).131-237. 이 이야기는 The Tawney/Penzer edition 9권 77ff.(chapter 124, 혹은 171g)에 번역되어 있다.
[13] William Witherle Lawrence, *Shakespeare's Problem Comedies*, 42.

라고 적절하고 위트 있게 풍자했다.¹⁴ 사실『끝이 좋으면 다 좋아』의 플롯이 마치 차茶 혹은 단어들, 즉 펀치punch와 파자마pajama, 베란다verandah와 방갈로bungalow처럼 인도에서 영국으로 전해진 것이라 성급하게 결론 내리기 전에 셰익스피어가 다말과 유다에 관한 셈족의 이야기에서 영감을 얻었을 수도 있다는 점을 상기해보는 것이 좋을 것이다. 이야기의 계보를 추적하는 것은 헛된 일이다.

　계보학적 방법의 예로서 신데렐라 이야기로 돌아가보자. 민속학자들은 이 이야기가 중국 또는 몽골(이 지역에서는 여성의 작은 발이 미의 기준이었다는 점을 기억하자)에서 털신이나 담비 모피 신 이야기에서부터 (막스 뮐러를 흐뭇하게 해줄 언어의 질병을 통해) 발전되어 나온 것이라고 오랫동안 주장해왔다. 다람쥐 모피를 뜻하는 프랑스어 *vair*를 (이 이야기를 제일 처음 불어로 기록한) 페로가 아마도 다른 불어 사용자가 이야기할 때 잘못 듣고 동음이의어인 *verre* — 유리 — 로 기록했다는 추측이다. 이 주장은 오랫동안 지속되었다. 앨런 던데스는 그 이유에 대해 다음과 같이 말한다. "그것은《브리태니커백과사전》과 같은 권위적인 자료에까지 스며들어갔다. …《브리태니커백과사전》이 틀릴 수가 있겠는가?"[15] 사실《브리태니커백과사전》은 언어의 질병이 다른 지점에서 일어났다고, 즉 중국어가 불어로, 혹은 불어가 다른 불어로 번역되는 과정에서가 아니라, "페로의『상드리용Cendrillon』의 영어판 번역에서" 일어났다고 한다.[16]

14　R. Howard Bloch, *The Scandal of the Fabliaux*, 1-3.
15　Dundes, *Cinderella: A Casebook*, 110-111.
16　이 오류는《브리태니커백과사전》제15판에서 수정되었다.

던데스는 이 같은 동음이의어가 존재하지 않는 문화권에서도 구두가 유리로 나타난다는 점을 지적하며 이러한 주장에 반박한다. "털"은 또한 음모pubic hair를 가리키기도 한다.[17] (그리고 그것은 아마도 여주인공이 흔히 변장을 위해 뒤집어쓰는 모피 — 당나귀 가죽, 고양이 가죽 등등 — 에 격세유전의 형태로 살아남았을 것이다.) 그리고 가장 결정적으로 페로는 verre라는 단어를 사용하지 않았다.[18] 그러나 그 역사가 어떠하든 간에 유리는 그 자체의 의미를 지닌다. 워너가 지적했듯이 "[페로가] 이를 선택했든 혹은 어쩌다 보니 그렇게 되었든 간에 이 상징의 논리는 완벽하다."[19] 따라서 털에서 유리로 바뀐 원래 이유가 언어적 실수가 아닐지라도 유리 구두는 이제 유럽판 신데렐라 신화의 핵심적인 부분이 되었고, 유리 구두 소녀에 대한 이야기는 새로운 의미를 지닌 새로운 이야기다. 여성의 연약함, 자연(털이 난 발)에 부과된 문화(유리) 등등. 유리 구두는 — 중국에서 기원했다고 추정되는 전족과 마찬가지로 — 여성을 비틀거리게 하고, 조그맣게 한다. 던데스는 "신데렐라 이야기(AT 510A) 여러 판본에서 나타나는 '유리' 구두는 처녀성에 대한 적절한 상징이다. 유리는 연약하고 깨지기 쉬우며 한 번 깨지면 복구될 수 없다"고 인정한다.[20] 이는 같은 구두지만 그러나 동시에 같은 구두가 아니다. 중국의 계보는 이 이야기를 설명해주지 못한다.

　이야기의 연원을 추적하는 것은 정치적인 함의를 갖는다. 이야

17　Alan Dundes, "The Psychoanalytic Study of the Grimms' Tales", 60-61.
18　Dundes, *Cinderella: A Casebook*, 110.
19　Warner, *From the Beast to the Blonde*, 362.
20　Dundes, "The Psychoanalytic Study", 60-61.

기 화자들은 보통 지위와 위계질서를 이유로 그들 자신의 문화를 원류로, 타문화를 차용자로 여기면서 그들 자신이 다른 문화로부터 차용해왔다는 사실을 부정하려는 경향이 있다. 원류가 되는 것이, 수용자보다는 증여자가 되는 것이 우월하다고 생각하기 때문이다. (러시아인들이 전화를 발명했다는 구소련의 주장을 상기해보라.) 문화 밖에서 영국(그리고 독일) 학자들은 이야기의 연원을 인도(그리고 중국, 즉 식민지들)로 추적해가도록 영감을 받았다고 할 수 있는데, 그것은 부분적으로는 근원에 대한 19세기적 열광이었지만(나일강의 근원, 언어의 근원[갓난아기가 처음 하는 말이 프리기아어로 "빵"이라는 헤로도토스의 실험처럼 언어의 근원에 대한 추적은 더 오래된 것이긴 하다]) 또한 이러한 동양 문화를 여성화하는 한 방식이기도 했다. 데이비드 헨리 황은 『M. 나비 M. Butterfly』에서 다음과 같이 환기시켜준다. "동양은 여성적이다 — 약하고 섬세하고 가난하다 … 그러나 예술에 능하고 불가사의한 지혜로 가득 차 있다 — 동양은 여성적인 신비다."[21] 그들[*동양]은 좋은 이야기들을 말하지만, 그들을 통치해줄 우리를 필요로 한다. 이것은 또한 산스크리트어와 고대 베다를 일상어와 현대의 "우상숭배적" 힌두교보다 더 높게 평가하는 것처럼 과거의 인도를 현재의 인도보다 더 높게 평가하는 한 방식이기도 하다. 이 같은 생각은 결국 그들은 과거에 위대한 이야기들을 말했지만, 그러나 이제는 그들의 나라를 통치해줄 우리를 필요로 한다는 것으로 이어진다.

그러나 전파의 문제는 이러한 이야기 추적의 기계적 복잡함

---

21   David Henry Hwang, *M. Butterfly*, act 3.

이나 정치적 어젠다보다 더 기본적인 것에 있다. 한편으로 전파는 각 개별 이야기들의 독특한 기발함 — 털신 대신 유리 구두가 (언어적 실수의 영감을 받아서, 혹은 받지 않고서) 갖는 기발함 — 을 여전히 설명하지 못하기 때문이다. 그리고 다른 한편으로 이야기의 계보는 이야기의 지속성을 설명하지 못한다. 서로 다른 두 문화가 상당히 유사한 이야기를 할 때는 그 이야기가 양쪽 모두에 토착적인 어떤 정서를 표현하기 때문이다. 단지 인도적이기만 한, 그 의미가 전적으로 인도의 사회구조에 달려 있는 인도 이야기는 마치 어떤 포도주처럼 "긴 여행을 잘 견뎌내지 못한다". 이런 이야기들은 여행에서 살아남아 셰익스피어의 희곡에 다시 등장하지 않는다. 그리고 이는 비록 우리가 한 이야기의 역사적 전파 과정을 알고 있더라도 (대체로 우리는 그것을 알지 못하는데), 우리는 그 이야기의 좀 더 일반적인 호소, 비교 문화적인 의미, 신화가 작동할 수 있는 특정한 문화에 국한되지 않는 지점을 고려해보아야만 한다는 것을 암시한다. 마치 장티푸스 메리 Typhoid Mary•처럼 신화는 수용자들이 그 의미를 알아보지 못할 수도 있는 이미지들과 주제들을 통해 한 문화에서 다른 문화로 기억을 전파한다.

• 장티푸스 메리의 본명은 메리 말론 Mary Mallon(1869-1938). 아일랜드에서 미국으로 온 이민자로 1900년부터 1907년까지 가정부, 요리사로 일하는 동안 그녀가 일하는 집 가족들이 장티푸스에 걸리는 일이 반복되었다. 바이러스와 감염에 대한 지식이 낮은 상태에서 사람들이 원인을 찾지 못하다가, 1907년 그녀가 무증상 보균자임이 의심되면서 1907년부터 1910년까지 뉴욕 시에 의해 격리당했다. 이후 1915년 이름을 바꾸고 병원에서 일하다가 그곳에서 그녀로 인해 또다시 사람들 사이에서 장티푸스가 발병하면서 다시 격리 조치되어 여생을 홀로 살았다.

클로드 레비스트로스는 아시아와 아메리카 미술에서 그가 "분할의 표현split representation"(이 주제는 마치 이를 탐색하는 두 연관된 문화처럼 단일한 실체의 두 반쪽과 관련된다)이라 명명한 어떤 두드러진 유사성을 설명하려고 시도하면서 비교 문화적인 유사점의 문제와 정면으로 마주했다.

그렇다면 이제 우리는 우리에게 역사를 거부하거나 아니면 그처럼 자주 확인되는 유사성에 대해 눈감아버리라고 선고하는 딜레마에 빠져 있는 것인가? … 이러한 연구는 과학이 아직 그들의 해석에 대한 적절한 방법을 제공해주지 못하고 있다는 이유로 명백한 연관 관계를 아예 거부하는 지적 바리새인들 때문에 더욱 위험에 처해 있다. …
시간적, 공간적으로 서로 멀리 떨어진 문화들 속에서 자연스런 표현 방법과는 아주 거리가 먼 것들이 반복해서 등장하는 것을 어떻게 설명할 것인가? 가장 간단한 가설은 이것들이 역사적으로 접촉했거나 혹은 이것들이 공통된 문명에서 나와 개별적으로 발달했다고 생각하는 것이다. 그러나 이러한 가설이 사실에 의해 반박된다 할지라도, 혹은 좀 더 현실성 있게 말하자면 적절한 증거가 부족하다 할지라도 이러한 해석의 시도가 반드시 실패하게끔 운명 지어진 것은 아니다. 좀 더 나아가서 심지어 전파주의자들의 가장 야심 찬 재구성이 확증된다 하더라도 우리는 여전히 역사와는 무관한 근본적인 문제와 대면해야만 한다. 왜 오랜 역사적 과정 속에서 차용되거나 전파된 문화적 특성이 변하지 않고 그대로 남아 있는가? 안정성은 변화만큼이나 신비스러운 것이다. … 외적 연결 관계들은 전파를 설명할 수 있다. 그러나 오직 내적 연결 관계만이 지속성을 설명할 수 있다.²²

다시 한번 우리는 비교 문화적 의미를 피해 갈 수 없다. 역사적 전파라는 사실이 독립적인 창작의 가설("같은" 경험에서부터 매번 다시 신화적 수레바퀴를 창조하는 것)에 내포된 문제들로부터 우리를 자유롭게 해주지는 않는다. 반대로 우리는 왜 역사적인 전파 과정에서 어떤 요소들은 보존되고 다른 것들은 그렇지 못한지를 설명하기 위해서 그러한 가설을 필요로 한다. 레비스트로스는 『스라소니 이야기The Story of Lynx』에서 이 점을 좀 더 발전시켜 차용은 결코 우연이 아닐 뿐만 아니라 차용된 것이 이미 존재하는 구조에 들어맞는 것만도 아니라고 주장한다. 차용은 "빌려주는" 문화의 신화와 "빌려오는" 문화의 신화 사이의 구조적 유사성 때문에 일어난다. 그렇다면 이 구조적 유사성을 설명해줄 수 있는 것은 무엇인가? 레비스트로스는 이를 별로 밝히고 싶어 하지 않지만, 그의 다른 글에서는 공통된 정신 구조의 "내적 연결 관계"를, 즉 (융이 주장한 것과 같은) 신화 자체의 "공통 기원"이 아니라, 신화를 만들어낸 정신 구조의 "공통 기원"을 암시한다.

카를로 긴즈부르그는 유용한 절충적 입장을 취한다. 이오안 쿨리아누는 이를 "우리 시대의 두 지배적 문화에 대항하는, 구조 없는 역사주의와 역사 없는 구조주의" 시각이라고 표현했다.²³ 긴즈

---

22 Claude Lévi-Strauss, "Split Representation in the Art of Asia and America", 247, 258.

부르그는 이미지들이 다른 여러 의미를 지닐지라도 이미지들의 같은 도식(이 특정 사례에서는 피의 비방)이 다른 여러 사람에 의해서 사용되었다고 주장한다. 문화의 수렴은 전파에 의해서 설명될 수도 있고 또는 "인간 정신의 구조적 특성에서 비롯된 파생"으로 설명될 수도 있다.[24] 긴즈부르그는 가계도의 발상을 "실증주의적이기 이전에 낭만적인 모델"이라며 거부한다.[25] 또한 그는 무엇보다도 "인간 정신의 구조적 특성(혹은 "인류의 심적 단일성")에서 비롯된 파생"이라는 관념을 거부하는 것처럼 보인다. 인간 정신 속에 보존된 보편적, 원형적 구조에 대한 융의 설명을 거부하기 때문이다(발터 벤야민에 동의하며 인용하길 "그[*발터 벤야민]는 융의 심리학을 '백주술로 공격받아야 할 철저한 악마의 작업'으로 간주했다").[26]

그 대신 긴즈부르그는 공통의 근원으로부터가 아닌 특정한 종류의 전파를 선택하며, 비트겐슈타인의 "가족 유사성" 이론과 벤다이어그램 모델을 통해 이를 뒷받침한다. 즉 기본적인 이미지들의 집합이 "유동적이고 우연적으로 존재하는 다른 요소들을 끌어당긴다. 그들은 어떤 때는 존재하지 않고 어떤 때는 아주 희미한 형태로 존재한다. 그들의 중첩과 교차가 집합을 구성하는 형상들 … 가족 유사성에 전해진다."[27] 이 기본적인 이미지들은 레비스트로스가 사

---

23   Ioan Culianu, review of Ginzburg's *Ecstasies*, *Times Literary Supplement*, December 15, 1989.
24   Ginzburg, *Ecstasies*, 213. 긴즈부르그는 사실 두 가지 종류의 전파, 즉 공통의 근원으로부터의 전파 혹은 공통의 근원으로부터가 아닌 전파를 구분한다. 그러나 이 구분은 내가 여기서 주장하는 기본적인 대조점을 모호하게 한다.
25   Ginzburg, *Ecstasies*, 216-217.
26   Ginzburg, *Ecstasies*, 280.

용하는 브리콜뢰르라는 메타포에서의 신화소처럼 신화를 만드는 다양한 조합으로 사용될 수 있다.

그러나 융을 던져버린 긴즈부르그는 한 문화가 다른 문화로부터 차용할 때 왜 어떤 요소들은 유지되고 다른 요소들은 유지되지 못하는지를 설명할 다른 방법을 찾아야만 한다. 이때 레비스트로스가 융의 대타로서 (놀랍게도 그는 종종 융의 대타 노릇을 한다) 긴즈부르그를 이 난관에서 건져내준다. 역사적 전파설 쪽을 선택하면서 같은 현상이 반복적으로 등장하는 것에 대한 레비스트로스의 (보편적) "인간 정신의 구조적 특성"이라는 가설을 암묵적으로 거부함에도 불구하고 긴즈부르그는 왜 어떤 것들이 보존되는지를 설명하기 위해 레비스트로스의 『구조 인류학』을 사용한다. 그는 레비스트로스의 "분할의 표현"에 관한 구절을 인용하며 다음과 같이 결론짓는다.

> 이러한 이중적 특징 — 시간적 지속과 공간적 확산 — 의 이유를 이해하기 위해서는 이전에 지적된 바 있는 다른 길 ["인간 정신의 구조적 특성에서 비롯된 파생"]을 따르는 것이 필요한 것 같다. 그러나 이러한 관점들이 상호 배타적이라고 생각할 이유는 없다. 따라서 우리는 분석 과정에서 외적인 역사적 자료들과, 전파된 현상들의 내적인 구조적 특성의 통합을 추구할 것이다.[28]

27   Ginzburg, *Ecstasies*, 166.
28   Ginzburg, *Ecstasies*, 217.

따라서 그는 역사적 전파설과 레비스트로스의 보편적인 "인간 정신의 구조적 특성"에 대한 가설이 통합될 수 있다고 주장한다. 이렇게 해서 긴즈부르그는 무슨 일이 일어났으며(역사) 왜 그 일이 계속 일어나고 있는지(구조) 둘 다 설명할 수 있게 되었고, 보편주의자 여우와 함께 달리며, 맥락화된 사냥개와 (혹은 사정에 따라 고슴도치와) 함께 사냥할 수 있게 되었다.

긴즈부르그의 주장과 같은 그 어떤 가족 유사성 이론도 조너선 스미스가 지적한 함정에 빠질 위험이 있다.[29] 스미스의 비판은 독립된 기원을 상정하고 공통된 기원을 부정하며 상사성analogy을 주장하고 피상적 수렴에 의존하는 비교 방법보다 공통의 기원으로부터의 전파를 가정하며 상동성homology을 주장하는 비교 방법을 더 선호한다.[30] 그러나 나는 이 두 접근 방식을 명확하게 분리하는 것을 피하고자 한다. 데이비드 트레이시의 개념인 상사적 상상력analogical imagination에 기대어 나는 비교 연구자들은 상사적 상상력과 상동적 상상력이 둘 다 필요하다고 제안한다. 여기서 친화affinity라는 말이 원래 결혼에 의한 관계 — 다시 말해 혈족 관계, 즉 상동적 관계와는 현저히 다른 상사적 관계 — 를 의미하는 말이었다가 나중에는 영적인 끌림 혹은 공통의 근원으로부터의 구조적 유사성 — 상사적 관계라기보다는 상동적 관계 — 을 의미하게 되었다는 점을 지적해보는 것 역시 흥미롭고 또 아마도 적절할 것이다. 이러한 언어

---

29 가족 유사성 이론에 대한 비판으로는 J. Z. Smith, "In Comparison a Magic Dwells"를 보라.
30 상동성과 상사성의 차이에 대해서는 J. Z. Smith, *Drudgery Divine*를 보라.

적 혼선은 가족 유사성이 단지 혈연 하나만에 의한 것이 아니라는 점을 상기시켜준다.

또한 트레이시에 따르면 상사성은 결코 역사에 대한 고려를 차단하지 않는다.

나는 전통을 해석할 때 사실 역사로부터 떠나는 것이 아니다. 오히려 나는 깊게 역사를 의식하며 그 역사 속으로 들어간다. 나는 이 특정한 텍스트의 주제가 물어볼 만한 가치가 있는 질문과 고려해볼 만한 가치가 있는 대답을 분명히 드러낼 위험을 기꺼이 감수한다. 또한 그 텍스트가 고전일 때는 그 "의미의 과잉"이 변함없는 해석을 요구하는 동시에 일종의 시기적절함 — 즉 근본적으로 고전 텍스트에 고유한 역사적 시간에 뿌리를 두고 있으면서 나 자신의 역사적 시간을 불러내는 고전의 표현이 갖는 시기적절함 — 을 지니고 있다는 점을 인정한다. 즉 고전 텍스트는 단지 반복되기만 하는 무시간성에 놓인 것이 아니다. 오히려 영원히 계속되는 시기적절함이라 표현될 수 있는 고전의 시간성은 유한하고, 시간의 제약을 받는, 역사적인 우리 존재를 표현하는 데 유일하게 적합한 것이다. 고전 텍스트가 진짜 밝혀주는 것은 유한한 인간존재에게 고유한 이해라는 사건이 여기에 표현된 근거에 주목하라는 것이다. 고전의 운명은 후대의 유한하고, 역사적이고, 시간의 제약을 받는 인간존재들이 계속 위험을 감수하며 그것에 질문을 던지고 비판적으로 요령 있게 그 대답에 귀를 기울이면서 계속 행하는 재해석만이 텍스트가 현재에 고정되는 것을 넘어서 이해라는 사건이

일어날 수 있게 해준다는 것이다.[31]

한 고전 신화에 대한 "이해라는 사건"은 다른 시간대의 다른 "이해라는 사건들"에 말을 건네며, 신화에 영감을 주는 동시에 신화로부터 달아나는 공통된 인간 경험을 이해하려는 언제나 좌절되는 시도들을 통해 그들과 만난다.

마음속 더러운 넝마 가게

신화 분석에서 원형에 가해진 많은 비판은 또한 구조에 대해서도 적용될 수 있다. 구조는 일반적으로 역사의 대척점에 있다고 간주되기 때문이다. 역사가 맥락화된 것이라면 구조는 탈맥락화된 것이다. 역사가 통시적이라면 구조는 공시적이다. 여기서 더 깊게 들어가서 구조주의 신화학의 창시자인 클로드 레비스트로스의 작업을 살펴보자.

구조주의는 신화에 대해 그리고 신화를 어떻게 분석해야 하는지에 대해 무엇을 말해주는가? 이 둘은 매우 밀접하게 연관된 질문이다. 방법은 만들어지는 과정을 반영하기 때문이다. 구조주의는 신화가 어떻게 만들어지는지에 대해서 상당히 훌륭한 생각을 제공해준다. 초기의 이야기(더 정확히는 초기에 기록된 이야기. 언제 처음 이야기되었는지는 아무도 모르니까)를 후대의 이야기와 비교해보면, 마

---

31 Tracy, *The Analogical Imagination*, 102.

치 첫 번째 이야기를 여러 조각으로 부수어버린 다음 다르게 — 잘못되게가 아니라 단지 다르게 — 다시 짜 맞춘 것처럼 보인다. 이 부서진 조각들이 레비스트로스가 "신화소"라 부르는 신화의 원자 단위다. 레비스트로스는 신화소라는 단어를 동료 로만 야콥슨Roman Jakobson이 사용한 "음소phonemes"에 대응하는 말로 사용했다. 구조주의자들이 한 신화군神話群에서 분리해낸 신화소들의 집합은 내가 미시 신화라고 부르는 것과 거친 의미에서 (단지 아주 거친 의미에서) 같다.

내러티브의 생태학에서 재활용은 매우 오래된 과정이다. 끊임없이 사용되는 다른 모든 것처럼, 미드라시 속 진리처럼 신화는 부서졌다가 다시 고쳐지며, 없어졌다가 다시 발견된다. 신화를 찾아서 고치는 사람들, 이를 재활용하는 재주꾼이 레비스트로스가 브리콜뢰르 — 영어권에서도 유명해진 용어 — 라고 부르는 사람들이다. 영국인들은 브리콜뢰르를 "넝마장수rag-and-bones man"라 부르곤 했다.[32] 이야기의 넝마들, 재활용된 조각들, 신화소들은 시인 윌리엄 버틀러 예이츠가 (「서커스 동물들The Circus Animals」•에서) "마음속 더러운 넝마가게the foul rag and bones shop of the heart"라 부른 곳에서 만들어진다.

레비스트로스보다 훨씬 오래전 에머슨은 지적 브리콜뢰르를 비웃었다. "나는 자투리들에 진절머리가 난다. 나는 문학의 혹은 지식의 옷장이 되고 싶지 않다. 유대인의 넝마주머니 속 양단, 벨벳, 금란金襴의 끄트머리와 실타래로부터 멀어지자. 유용한 노끈 몇 마

---

32 François Jacob, "Evolution and Tinkering", *Science* 196 (4295): 1161-1166.
• 원래 시의 제목은 「서커스 동물들의 탈주The Circus Animals' desertion」다.

일 혹은 몇 야드, 위엄 있는 진실로 이끌 실타래, 전체와 부속물들을 한데 묶을 줄을 짜보도록 하자."³³ 그러나 제프리 하트만은 에머슨의 지적인 공격에 맞서 브리콜뢰르를 다음과 같이 변호한다(또한 재치 있게 그 공격의 반유대주의적 함의를 살짝 비켜 간다. 반유대주의적 함의는 현대의 넝마장수인 레비스트로스를 겨냥하는 것이 될 수도 있다). 즉 "에머슨의 유대인의 넝마주머니라는 이미지가 … 반드시 모욕이나 비참한 가난의 상징일 필요는 없다."³⁴

신화의 모든 개별 이야기는 이러한 넝마들의 네트워크, 일종의 조립 완구 세트 같은 것, 레비나스가 우리에게 주목하라고 말하는 '타자'의 모든 얼굴을 구성하는 몽타주사진 합성 장치를 이용한다. (내 동료 한 사람은 학부 강의에서 『오디세이아』는 서구 문학의 모든 구성 요소를 갖춘 부품 부서와 같다고 말한 바 있다.)³⁵ 마치 영화 〈미니버 부인Mrs. Miniver〉³⁶에서 됭케르크Dunkirk로 가는 소함대처럼 많은 모티브는 함께 흘러가서 새로운 이야기를 만든다.• 작은 배들의 작은 흐

---

33 Ralph Waldo Emerson, *The Heart of Emerson's Journals*, 267.
34 Hartman, "Midrash as Law and Literature", 339.
35 Steve Gabel, 1994년 11월 사적인 대화.
36 〈미니버 부인〉(1942). 원작 얀 스트루터Jan Struther, 각본 제임스 힐튼James Hilton 외, 감독 윌리엄 와일러William Wyler, 출연 그리어 가슨Greer Garson, 월터 피전Walter Pidgeon.
• 〈미니버 부인〉은 제2차 세계대전 당시 영국의 한 중산층 가정의 미니버 부인을 중심으로 전쟁을 겪는 가족들의 이야기를 그리며 전쟁의 정당성, 애국심 등을 설파하는 영화. 독일군 폭격으로 폐허가 된 마을의 목사가 신도들에게 자유의 수호를 위해 싸워야 한다고 설교하는 장면은 제2차 세계대전에 참전한 미국인들에게 애국심과 전쟁의 당위성을 설파하기 위한 목적으로 많이 이용되었다. 이 영화 속에는 1940년 5월 프랑스 됭케르크에서 독일군에 포위된 영국군, 프랑스군, 벨기에군을 구출하는 됭케르크 철수 작전이 나오는데, 이때 "작은 배들"

름이 조용히 함께 흘러가다가 넓은 템스강에서 그리고 그보다 더 넓은 해협에서 마침내 합쳐지며 불어난다. 인도인들은 이것을 이야기 강의 바다라 부른다. 각각의 배는 저마다 고유한 이전 역사를 갖고 있으며, 저마다 고유한 [*긴 항해 동안 배 밑에 들러붙은] 따개비들을 이야기 안으로 가져온다. 다른 문화에서 혹은 같은 문화 속에서도 다른 시대나 다른 지역에서 중요한 변화 과정을 거쳤음에도 불구하고 주제들의 넝마 주머니를 "똑같다"고 하는 데는 상당한 이유가 있다.

많은 신화학자는 레비스트로스가 차갑게 과학적이라고 비난한다. 이는 아마도 그가 신화의 논리적 패턴이 일련의 수학 공식들, 특히 그가 "규범적 공식"이라 부른 것($a:b::c:a-1$)으로 표현될 수 있다고 고집했기 때문이다. 예를 들어 클리포드 기어츠가 레비스트로스의 작업에 대해 다음과 같이 쓴 것도 바로 이런 이유에서다.

"냉담하고, 폐쇄적이고, 차갑고, 답답하고, 이지적인" ― 문학 절대주의 근처에 모이는 모든 수식어가 이 근처에 모인다. 삶을 그리지도 상기시키지도 않고, 해석하지도 설명하지도 않은 채, 삶이 어찌하다 남겨놓은 자료들을 대응의 형식적 체계로 배열하고 재배열한다 ― 그의 책들은 유리창 뒤에 놓여 있으면서 그 안에서 재규어, 정액 그리고 썩어가는 고기가 대립, 도치,

---

이라고 불린 700여 척의 민간 선박이 영국의 램스게이트Ramsgate에서 프랑스 됭케르크까지 항해해 가서 30만 명이 넘는 영국군과 프랑스군을 구하는 데 도움을 줬다.

유질동상類質同像이 되게 하는 자기 봉합적인 담론처럼 보인다.[37]

이것은 부당하다. 레비스트로스는 언제나 가장 너저분하고 축축한 인간 문화의 양상들 — 먹고 죽이고 결혼하는 것 — 에 관심을 갖고 있었다. 단지 신화가 이러한 것들로 가득 차 있으며, 레비스트로스가 그것(즉 신화가 더러운 마음을 갖고 있다는 것)을 알고 있다는 것일까? 아니면 그가 더러운 마음을 갖고 있는 신화들만 골라낸 것일까? 아니면 그가 선택한 신화들 — 기어츠가 말했듯이 재규어, 정액 그리고 썩어가는 고기에 관한 신화들 — 에 자기 자신의 더러운 마음을 씌운 것일까? 대답하기 어렵다. 그러나 최종 결과는 신화의 뜨거운 내용들을 분석하는 차가운 방법이다.

레비스트로스 비판자들이 레비스트로스가 신화를 논리적 대립으로 축소시킨다고 비판하는 부분에서 나는 그가 인간의 양가성을 조명하고 있다고 본다. 결국 우리에게 모든 신화는 풀 수 없는 역설, 깨끗하게 정리될 수 없는 혼란을 풀기 위한 강박적 욕구에 의해 만들어진다는 것을 가르쳐준 사람이 레비스트로스다. 그리고 이는 그의 강박이기도 하다. 그에게 역설은 에이허브 선장Captain Ahab에게 고래와 같다.* 레비스트로스는 단지 정신의 구조와 유형만을 이야기하는 것이 아니라 감정의 욕구와 갈등에 대해서도 말하고 있다. 그

---

37 Clifford Geertz, *After the Fact*, 48.
* 허먼 멜빌의 소설 『모비딕』에서 에이허브 선장이 고래 모비딕을 잡기 위해 계속 고군분투하는 내용을 빗대어 표현한 것이다.

러나 그는 자신이 단지 구조만을 드러내 보이고 있다고 주장한다. 그는 대체 무엇을 억누르면서 단지 구조(사실들)에만 관심 있다고 계속 주장하는 것일까?

그리고 다음과 같은 유명한 구절에서처럼 무엇이 그로 하여금 자신은 과학을 하고 있다고 주장하게 만들까?

> 나는 이러한 시스템의 수는 무한하지 않으며 인간존재는 (놀이 속에서, 꿈속에서, 혹은 망상 속에서) 결코 절대적인 의미에서 무엇을 창조하는 것이 아니라고 확신한다. 그들이 할 수 있는 일은 재구성 가능한 관념들의 창고로부터 어떤 조합들을 선택하는 것뿐이다. 이를 위해서 우리는 스스로 혹은 다른 이들이 관찰한 모든 관습, 즉 신화 속에 나타난 관습들, 어린이들과 어른들의 게임 속에서 찾을 수 있는 관습들의 목록을 작성해야만 한다. 건강한 것이든 병적인 것이든 간에 모든 개인의 꿈들 역시 고려되어야만 한다. 이 모든 것을 가지고 마침내 멘델레예프Mendeleev가 고안한 것과 유사한, 일종의 화학원소들의 주기율표를 만들 수 있다. 이렇게 해서 현실적이든 단지 가능한 것이든 모든 관습이 분류될 것이며, 이제 우리에게 남겨진 일은 여기서 사회가 실제로 채택한 것들을 찾아내는 일이 될 것이다.[38]

이 작업에서 신화소들은 순수한 것, 주어진 것, 원소들로서 이해되며, 인간 사고의 총합은 원소들로부터 형성된 혼합물처럼 정확하게

---

38 Lévi-Strauss, *Tristes Tropiques*, 160(Russell translation).

분석될 수 있다. 그러나 심지어 이처럼 과학을 주장하면서도 레비스트로스는 기어츠가 묘사한 것처럼 "냉담하고, 폐쇄적이고, 차갑고, 답답하고, 이지적"이지 않았다. 그는 열정적이고, 비합리적이며, 과대망상적이었다. 이러한 주기율표의 정확성과 범위는 말도 안 되게 야심적이며(당연히 나는 내 거시 신화와 미시 신화가 원소와 혼합물 정도로까지 분명해질 수 있다고 주장하지 않을 것이다), 또한 심지어 이론적으로도 무의미하다. 이론적으로 가능한 모든 관습을 찾고 나서 실제로 행해지는 것들을 선택하는 것은, 내 생각에, 옛 속담에서 말하는 사자를 잡는 방법과 유사한(!) 방법이다. 즉 "두 마리 사자를 잡은 뒤 한 마리를 그냥 놔주는 것이다."

브리콜라주 버스에서 내리기

구조주의는 신화 그 자체처럼 어떤 질문을 하기 위해서도, 어떤 문제점들을 나타내기 위해서도 이론상 사용될 수 있는 중립적 구성체다. 그러나 구조주의자들은 신화소들을 한 쌍으로 그룹 짓고자 하는 경향이 있는데, 이것은 내가 이 책에서 반대하고 있는 사고의 일반적인 이분법화에 기여한다. 레비스트로스는 『구조 인류학』과 이후의 일련의 저작들에서 모든 신화는 자연에 의해 제공되는 카오스적인 자료들 속에서 인지적 이해를 끌어내려는 시도를 한다는 점에서 변증법적이며, 그리고 이러한 시도는 불가피하게 인간의 상상력을 이분법의 그물 속에 가두게 된다고 주장했다. 각각의 이항 대립(예를 들어 남성/여성)은 긴장을 창출하며, 긴장은 매개항(예를 들어 양성구유)의 사용을 통해 해소되는 것처럼 보인다. 그러나 곧 새로운 항이 또 다른 이항 대립(예를 들어 양성구유/무성)의 한 항이 되며, 이러한 과정은 무한히 반복된다.

레비스트로스는 신화는 언어의 한 형식이며, 언어는 우리로 하여금 그 자체로는 이항 대립 구도가 아닐 수도 있는 자료에 변증법적, 이분법적, 혹은 이원적 격자를 씌워 우리 자신과 세계를 이해하게끔 만든다고 주장한다. 그리고 언어의 저변에는 인간 뇌의 이원적 특성이 자리 잡고 있다. 왼쪽과 오른쪽, 선과 악, 삶과 죽음 — 이것들은 좌엽과 우엽을 갖고 두 눈과 두 손을 통제하는 뇌에 의해 만들어진 불가피한 이분법이다. 우리는 말 그대로 자연에 의해 둘로 쪼개진 존재이며, 우리는 단순한 디지털 기계처럼 경험을 처리한다. 우리의 상식은 이원적이다. 경험을 처리하는 가장 단순하고 효과적인 방법은 이를 둘로 나누고 그 반을 다시 반으로 나누어 모든 질문을 예와 아니요, 두 대답만이 가능하게 재구성하는 것이다. 토머스 라커가 지적했듯이 "구조주의가 우리에게 가르쳐준 것이 있다면 그것은 인간은 차이와 유사성의 연속적인 명암으로 구성된 세계에 이분법적 이해를 부과한다는 것이다."[39]

그러나 이야기는 연속적인 명암을 지니고 있다. 따라서 우리는 깔끔한 격자보다는 서로 맞물리는 모티브들의 또 다른 벤다이어그램(혹은 거미줄)을 구성해보려고 시도하는 것이 낫다. 여기서 각각의 판본은 주제의 일부를 공유하지만 전체를 공유하지는 않고, 또 주제를 다르게 배열하고 무엇보다도 중요하게 달리 해석한다. 혹은 에드

---

[39] Laqueur, *Making Sex*, 19.

먼드 리치가 레비스트로스의 경직되게 양극화된 이분법을 변형시키면서 제안한 것처럼 또 다른 연속체를 구성해볼 수도 있다. "우리는 세상의 사물들이 성스러운 것과 성스럽지 않은 것으로 분류될 수 있을 뿐만 아니라 더 성스러운 것과 덜 성스러운 것으로 분류될 수도 있다는 점을 고려해야만 한다. 따라서 사회적 분류 체계에서도 나/그것, 우리/그들의 구별만으로는 충분하지 않다. 가까운/먼, 나와 더 비슷한/나와 덜 비슷한 등의 점증적 척도도 필요하다."[40]

구조주의는 어떤 질문들이 반복해서 제기되는지 알 수 있게 해주는 좋은 방법이다. 구조주의에는 늘 기시감이 붙어다닌다. 구조주의는 신화 속 주제들을 따로 분리시킨다. 구조주의는 '이것은 -이다'라고 말한다. 그러나 신화는 구조가 아니라 내러티브다. 신화는 구조에 사건의 연결, 인과관계에 관한 사색을 덧붙인다. 신화는 '이것은 -때문에 일어난다'고 말한다. 구조주의는 조각들을 연대기적으로, 연속적으로, 인과적으로 배열하지 않는다. 그러나 내러티브는 그렇게 한다. 그리고 이 배열 순서를 바꾸면 이야기의 관점도 바뀌며, 오래된 물음들에 대한 새로운 대답의 관점도 바뀐다. E.M. 포스터의 용어를 사용하자면 구조는 우리에게 이야기를 주지만 플롯은 주지 않는다. 그러나 신화는 기본적인 구조들에 만족하지 않는다. 신화는 그것들을 변경하고 다양한 방식으로 수정하며, 심지어 종종 거부하기도 한다.

---

[40] Edmund Leach, "Anthropological Aspects of Language", 153-166. 레비스트로스의 『야생의 사고』에 대해 말하면서 그는 "이 작품에 무척 매혹되었음에도 불구하고 이 주장에 어떤 차원이 빠져 있다는 생각이 든다"고 언급했다.

레비스트로스의 독자가 어리석게도 바로 핵심을 찾아 본론으로 들어가 미스터리의 끝에서 누가 범인인지 곧장 찾으려 한다면 그 독자는 실망할 공산이 크다. 레비스트로스가 마치 잡은 쥐를 반쯤 씹어서 주인에게 가져오는 고양이처럼 우리를 위해 자랑스럽게 붙들고 있다가 보통 끝에 가서 제시하는 공식은 실망스런 결말의 느낌을 준다. 종종 이 공식은 신화로부터 그 모든 의미를 다 빼어내 버린다. 그러나 바로 마지막 순간에 이르기 직전에 레비스트로스는 의미의 좀 더 복잡한 차원들을 보여준다. 모든 것을 (a:b::c:a-1과 같은) 논리적 상징들로 압축시키기 전에 그는 이야기를 말하고, 이야기에 대해서 말하며, 해석의 많은 풍부한 유형을 제시한다. 요령은 레비스트로스가 마침내 스스로를 해체시키기 바로 직전에 그를 버리는 것이다. 그것은 가늠하기 어려운 순간이다. 그것은 버스 안에서 한 사람이 어떤 정류장을 물었을 때, "저를 잘 보고 있다가 제가 내리기 바로 직전에 내리세요"라고 대답한 여자 이야기를 상기시킨다. 우리는 레비스트로스의 버스에서 그가 내리기 한 정거장 전에 내려야만 한다. 텍스트에 진정으로 몰두하기 위해서는 구조주의자들이 우리를 위해 말끔히 청소해놓기 전에 한동안 텍스트의 진창에서 뒹굴어야만 한다. 나는 우리가 공허한 미시 신화에서 멈춰서는 안 되며, 이것을 텍스트로 꽉 채워야만 한다고 주장해왔다. 이와 마찬가지로 또 다른 이론적 구축물인 거시 신화로 너무 빨리 달려가서도 안 된다. 우리는 텍스트에 오래오래 머물러야만 한다.

일단 구조주의의 버스에서 내리고 나면 우리가 아직 최종점에 도달한 것이 아니라는 것을 알게 될 가능성이 높다. 우리는 또 다른 (정치적, 이론적, 심리학적) 버스에, 혹은 여러 버스에 올라타야 한다.

신화의 여정에서 우리는 여러 번 환승해야 한다. 분석의 첫 단계에서는 어떤 통합적 구조를 확인하는 것만으로 충분하다. 나중에 우리가 구조의 의미를 찾고 그 의미를 특정한 역사적 시점에 위치시키기 시작할 때 우리는 엘리아데의 상징의 영역으로, 그리고 그것을 넘어 프로이트와 메리 더글러스Mary Douglas와 그 밖의 다른 이들의 영역으로 들어가는 모험을 감행해야 한다. 그러나 만약 이런 환승을 위해 어느 주머니를 찾아봐야 하는지를 알고 있다면, 레비스트로스가 그 주머니들 역시 제공해준다.

우리에게 포스트-포스트식민주의 형태가 필요하다면, 분명 포스트-포스트구조주의 형태도 필요하다. 데이비드 트레이시는 구조주의의 단점을 다른 인식들을 통해서 제거할 수 있는 방법을 지적한 바 있다.

레비스트로스의 구조주의적 방법이 가끔 절망적인 구조주의 이데올로기의 황량한 미와 뒤엉켜 있다는 것은 사실일 것이다. 푸코의 계보학적 방법이 자주 어떤 형태의 휴머니즘과도 대립하는 신랄한 논쟁과 엉켜 있다는 것도 사실일 것이다. 때때로 바르트의 기호학적 방법이 비록 활력적이라 할지라도 정도를 지나친 고의적 비판과 분리되기 힘든 것처럼 보이는 것도 사실일 것이다. 데리다의 해체주의적 방법이 우리와 모든 고전 텍스트를 불확정성의 생생한 심연으로 밀어버릴 때 어떤 확정적인 의미로부터의 도움이 요구되는 것처럼 보이는 것도 사실일 것이다. 그러나 결국 이 모든 이데올로기는 그 자신의 고유한 진리 — 즉 환상, 소외, 그리고 흔히 모든 자기만족적 휴머니즘의 죽음과 나태함에 대한 의심 — 를 지니고 있다. 게다가 이데올로기는 구조주의자, 기호학자 혹은 해체주의자들의 설명에서 본질적인 것이 아니다. 방법 — 설명의 방법 — 은 우리의 원래의 이해를 발전시키고 확장시키기 위해서 혹은 근본에서부터 이에 대항하고 도전하기 위해 독자적으로 존재한다.[41]

이때 요령은 이데올로기 없이 방법을 적용하는 것, 즉 방법을 (이데올로기 대신) 다른 방법들과 함께 적용하는 것이다.

레비스트로스는 구조주의자들의 접근법을 "불변하는 것을 추구하는 것, 혹은 피상적인 차이들 가운데서 불변하는 요소를 추구하는 것"과 다름없다고 규정지었다.[42] 그러나 그의 체계를 자세히 들여다보면 신화소는 같음뿐만 아니라 차이도 허락한다. 우리는 대립하는 신화소로서 상충하는 목소리들을 구조화해볼 수 있으며(레비스트로스는 그렇게 하지 않지만, 우리는 그렇게 할 수 있다), 상충하는 둘 이상의 목소리를 구조화하려 할 경우 우리는 또다시 변증법적 격자 대신에 하나의 연속체 위에 놓여 있는 우리 자신을 발견할 것이다. 그곳은 바로 우리가 있어야만 하는 곳이기도 하다. 물론 구조적 신화소들이 거기 있지만, 그것들은 그래프가 아니라 플롯이 될 수 있는 그런 방식으로 표현되어야 한다. 만약 한 판본에서 어떤 남자가 자신의 아들을 죽였다면, 그 주제는 또 다른 판본에서는 아들이 자신의 아버지를 죽이는 것[43]으로 전도될 수도 있다(프로이트가

---

41 Tracy, *The Analogical Imagination*, 118.
42 Lévi-Strauss, *Myth and Meaning*, 8.

오래전 우리와 레비스트로스에게 가르쳐준 전도). 전도는 신화의 본질적 속성이기 때문이다.

이반 스트렌스키는 구조주의적 연구에서는 "신화가 어떤 종교적 진실도 드러내지 않고, 어떤 초자연적 힘도 배치하지 않는다"고 주장한다.⁴⁴ 나는 여기에 대해서도 반박하고자 한다. 중립적 구조들은 말하자면 엘리아데식 분석에서와 같은 종교적 사고에 의존하지는 않는다. 그러나 중립적 구조들은 언제나 종교적 사고에 대해 열려 있다. 레비스트로스는 많은 분석에서 우주론적 차원을 포함시키며, 일단 우리가 구조를 분리하기 위해 구조주의적 방법을 사용하기 시작하면, 우주론적 차원을 더 구체화하기 위해 (레비스트로스는 그렇게 하지 않았지만) 다른 종류의 아이디어를 사용할 수 있다. 레비스트로스는 신화 속 종교적 혹은 정치적 질문들에 특권을 부여하지도 않고 그것들을 배제하지도 않기 때문에 우리는 구조주의적 분석에 이 같은 질문들을 통합시킴으로써 레비스트로스가 내린 이후에도 구조주의자의 버스에 머무를 수 있을 것이다.

우리가 이미 살펴봤듯이 신화소들은 어떤 순서로도 배열될 수 있으며 따라서 인과관계와 가치판단 모두를 배제한다. 그러나 구조주의적 신화소에서 보통 배제되는 것들을 포함하는 다른 신화소들이 있을 수는 없을까? 왜 지배와 전복은 신화소일 수 없는가? 왜 선과 악은 신화소일 수 없는가? 그것들은 아마도 「창세기」의 미시 신화 요소로 작용할 수 있을 것이고, 그래서 사실 에드먼드 리치는

---

43   A. K. Ramanujan, "The Indian Oedipus".
44   Ivan Strenski, *Four Theories of Myth*, 165.

「창세기」에 대한 그의 구조적 분석에 선과 악을 포함시켰으며, 더/덜 성스러운 것을 그가 수정한 구조주의적 연속체 안에 포함시켰다.⁴⁵ 그리고 왜 인과관계가 신화소가 될 수 없으며, 또한 헬레네의 환영과 시타의 그림자에 대한 거시 신화 안에 들어 있는 연대기, 시간, 역사가 신화소가 될 수 없는가? 우리가 곧 살펴보게 될 것처럼 사실 레비스트로스는 『스라소니 이야기』에서 인과적, 역사적 신화소들을 창조했다. 이것이야말로 대부분의 정통 구조주의자들이 가고자 하는 것보다 훨씬 더 멀리 정치학, 신학, 윤리학의 영역으로 구조주의를 데려가는 한 방법이 아닐까? 결국 신화학자에게는 (민속학자와는 달리) 신은 신화소인가라고 물을 자유가 있다. 구조주의자에게 대단한 존재론적 질문은 신화소란 있는가라는 질문일 것이다.

클로드 레비스트로스의 회춘⁴⁶

레비스트로스의 구조주의 모델은 원형과 마찬가지로 역사, 변화, 시간의 흐름으로부터 단절되어 있다고 비판받아왔다. 이 모델은 그것

---

45 Edmund Leach, "Genesis as Myth".
46 나는 "회춘greening"이라는 단어를 환경적인 맥락의 전문적인 의미가 아니라, 보다 넓은 맥락에서 일반적인 정치적 올바름의 의미로 사용한다. 녹색은 실제로 클로드 레비스트로스를 풍자하기 위해 사용된 색깔이기도 하다. 1968년 파리에서 아스거 요른Asger Jorn과 노엘 아르노Noel Arnaud는 『녹색 혀와 구운 것La langue verte et la cuite』이라는 제목의 정교한 비교 문화적인 패러디, 즉 말과 입의 한 부분 둘 다를 지시하는 langue("혀")와 cuite("숟가락"과 "구운 것")에 대한 온갖 시각적 말장난 모음을 출판했다. 예를 들어 저자들은 세계 여러 나라 사람이 혀를 내밀고 있는 사진에 초록색을 칠해놓았다.

을 어떤 문화의 어떤 삶의 순간에도 똑같이 적절한 것으로 만들어줄 플라톤적 진공상태에서나 존재한다고 말해진다. 그러나 구조주의적 방법이 단지 일종의 정지 상태만을 제공해주는 것은 아니다. 헤겔의 변증법에서 매개 범주라는 발상이 헤겔의 이론을 역사적으로 만들었듯이 그 발상은 헤겔의 이론을 역동적인 것으로 만든다. 즉 구조주의는 신화를 종합과 변화의 과정으로 보는 것이다. 게다가 『신화와 의미』에서 레비스트로스는 신화의 공시적 측면(시간의 장벽을 초월하는 것)뿐만 아니라 통시적 측면(시간을 지나며 변화하는 것)을 주장하며, 그가 사실상 항상 의도해왔던 구조와 역사의 관계를 명백히 드러낸다. 그는 한 신화군의 특정한 문화적 발달을 추적해가면서 구조주의의 뼈대에 역사의 살을 입힌다.[47]

    레비스트로스는 북아메리카와 유럽의 쌍둥이 신화에 관한 비교 연구인 『스라소니 이야기』("분할의 표현"처럼 하나의 실체의 두 반쪽 ― 구조주의자들의 꿈 ― 을 포함하는 또 다른 주제)에서 텍스트의 안과 밖에서 같은 것과 서로 다른 것의 문제가 갖는 정치적 측면을 조망했다. 한편으로 (그가 부르는 대로) 아메리카 원주민의 사고에서 나타나는 쌍둥이에 대한 신화와, 다른 한편으로 유럽 신화에서 나타나는 카스토르와 폴룩스(쌍둥이자리) 이야기의 유사성에 주목하면서 그는 아메리카 원주민 신화와 유럽 신화의 구조에서 유사성 ― 두 대륙에서 두 쌍의 쌍둥이와 관련된 식물들과 행성들의 종류로까지 확장되는 유사성 ― 이 감지된다고 (그리고 실재한다고) 주장했다. 그러나 이 두 문화의 쌍둥이에 대한 이데올로기에는 주목할 만

---

47   Lévi-Strauss, *Myth and Meaning*, 25.

한 차이점이 있다. (레비스트로스에 의하면 몽테뉴에게서 가장 전형적으로 드러나는) 유럽 신화는 레비스트로스가 동일성의 이데올로기라 부르는 것, 즉 '타자'를 배제하는 것을 나타낸다. 그것은 쌍둥이의 유사성을 강조하며 따라서 타자를 자신의 이미지 속에 환원시키고, 그 차이를 없애버린다. (코르테스를 신으로 환영한 몬테수마Montezuma의 유명한 예*에 가장 전형적으로 드러나는) 아메리카 원주민의 신화는 레비스트로스가 대립의 이데올로기라 부르는 것, 즉 사람은 다른 사람과 상호작용해야만 한다는 사실상 일종의 통합 혹은 공존을 나타낸다. 그것은 쌍둥이의 차이점을 강조하며, 따라서 자기와 타자의 불안정한 공존 관계를 강조한다. 이러한 아메리카 원주민의 세계관에서는 그 무엇도, 그 누구도 대립 쌍 없이 존재할 수 없으며, 대립 쌍과 함께 해소되지 않는 긴장 관계 속에서 공존한다. 따라서 쌍둥이 신화 자체는 일란성쌍둥이가 아니다. '타자'를 배제하는 이데올로기와 '타자'와 상호작용하는 이데올로기, 차이를 없애버리는 이데올로기와 차이와 함께 공존하는 이데올로기 사이에는 심오한 차이가 있다.

여기서 레비스트로스는 그의 이전의 어떤 작품에서보다 더 직접적으로 신화의 정치적 함축과 씨름한다. 두 문화와 그 신화의 충돌은 아메리카 원주민들에게 비극적인 결과를 가져다주었다. 아메리카 원주민들은 대립 쌍을 통해 스스로를 정의했기에 그들의 사

* 몬테수마 2세는 아즈텍의 군주. 1519년 스페인의 정복자 에르난 코르테스 Hernán Cortés가 군대를 이끌고 들이닥쳤을 때 이들을 아즈텍 신화에 나오는 백색 얼굴을 하고 내려오는 신 케찰코아틀이라 생각해 이들을 두려워하면서도 받아들였다는 이야기가 있다.

고 속에는 유럽인들(혹은 어떤 다른 '타자들')과도 공존할 여지가 있었으며, 심지어 이러한 '타자들'이 아메리카 대륙에 도착하기 이전부터 그랬다. 그러나 침략자 유럽인들에게는 이러한 여지가 결코 없었다. 그들은 동일성의 관점에서, 따라서 배제의 관점에서 사고했기에 그들은 신세계에서 그들이 맞닥뜨린 사람들을 철저히 파괴해버렸다.

물론 모든 아메리카 원주민 — "고高" 아즈텍과 잉카, "저低" 톰슨과 투피남바 — 를 레비스트로스처럼 한 묶음으로 간주해버리는 데는 문제가 있다. 모든 아메리카 원주민은 어둠 속에서 다 똑같이 생겼단 말인가? 레비스트로스 자신이 주장한 것처럼 아메리카 원주민들이 (아마도 그들 모두가 다) '타자'에 대해 그토록 민감하다면 아마도 그들 자신의 집단 내 차이점에 대해서도 민감할 것이기 때문에 이러한 생각은 특히 더 문제가 된다. 그러나 우리는 패러다임을 한 번에 한 집단에만 적용함으로써 이 문제를 극복할 수도 있을 것이다. 그리고 실제로 그들은 레비스트로스가 관심을 둔 특정한 방식에서는 모두 서로 비슷했을 수도 있다. 어찌 되었건 레비스트로스의 연구는 브리콜뢰르의 가방 안에 새로운 신화소들을 추가했다. 즉 유럽인들/아메리카 원주민들 = 동일성/대립성 = '타자'의 배제/'타자'와의 상호작용 = 비슷한/비슷하지 않은 쌍둥이 = 차이의 소멸/자기와 타자의 공존 = 식민지화/피식민지화라는 신화소들이다.

일흔 개의 다른 해석들

나는 다른 해석 방법과의 결합을 통해 구조주의가 더 풍부해질 수 있고, 그 단점이 극복될 수 있다고 주장해왔다. 이를 지칭하는 용어가 학계에 있다. 바로 절충주의eclecticism다. 힐러리 맨틀은 존 데모스 작품의 방법론적 절충주의에 대한 도전과 옹호를 동시에 보여주었다.

> 그는 다음과 같이 썼다. "자서전, 심리학, 사회학, 역사. 학자의 나침반의 네 귀퉁이, 과거 경험 속 한 현장을 들여다보는 네 시점." ⋯ 이러한 다학문적 접근법을 택하기로 결정한 이상 어디에서 멈춰야 하는가? 팔을 얼마큼 넓게 벌려야 하는가? ⋯ 만약 당신이 절충적이 되고자 한다면 학문에 경계란 없고, 당신 책에 끝이란 없다. 그러나 당신이 어떤 종류의 진리 가까이에서 작업하고 있다는 것은 안다."[48]

여기서 주장하는 것은 방법론적 통제를 잃을 수도 있다는 위험이 그래도 "어떤 종류의 진리"에 다가가고 있다는 확신에 의해 상쇄된다는 것이다. (아마도 인도학자들은 서구 역사학자들보다 절충주의에 더 취약할 것이다. 데모스의 비유를 사용하면 힌두교의 나침반에는 네 지점이 아니라 열 지점 — 우리의 네 방위 더하기 그 중간의 네 방위[남서 등] 더하기 위

---

[48] Mantel, review of John Demos, *The Unredeemed Captive*, *London Review of Books*, October 20, 1994, 20.

와 아래 — 이 있기 때문이다.)

나는 절충주의가 비교 연구자의 방법론에 핵심적이라고 생각한다. 신화 안에는 수많은 관점이 있고, 신화 밖에는 이야기를 말하는 수많은 다른 방식이 있다. 그리고 다른 학자들이 다른 미시 신화들을 만들어낼 것이고, 그들의 거시 신화 안에 여러 다른 텍스트를 긁어모을 것이다. 해석자의 문화 역시 화자의 문화처럼 단일한 것이 아니다. 우리 중에는 페미니스트들과 해체주의자들, 융학파와 프로이트학파가 서로 경쟁하며, 서로 다른 종류의 해석자들(신학적, 심리학적, 구조주의적 등등)이 서로 다른 해석들을 생산해낼 것이다. 게다가 각각의 해석자 개인도 "같은" 이야기를 다른 시대에 다른 방식으로 접근할 것이다. 따라서 어떤 비교 문화적 분석도 반드시 모든 이본 세트를 한꺼번에 사용하지는 않는다 할지라도 적어도 그것들의 타당성을 인정할 만큼 충분히 다중적이어야 할 것이다. 내러티브 속 많은 굴절의 다양한 측면을 따로 떼어내어 보기 위해서는 각각 독립된 학문 체계에 의해 유지되는 다양한 테크닉이 요청된다. 한 명의 학자가 이 모든 것을 한꺼번에 다 망라할 필요는 없다. 나는 다른 곳에서 방법론의 도구 상자에 대해 이야기한 적이 있는데, 모든 학자/브리콜뢰르는 그런 도구 상자를 갖고 있어야 할 것이고 거기에서 자신이 특정한 분석에 가장 적합하다고 간주하는 도구(들)를 선택할 것이다.[49] 이러한 학제적 접근법은 하나의 해결책이다. 그러나 여기에도 문제점은 있다. 모든 방법론이 다 동등하게 만들어진 것인가? 절충주의적 학자는 지적인 차별과 존중의 클

---

[49] Doniger O'Flaherty, *Women, Androgynes*, introduction.

럽에서는 물러나야만 하는 것인가? 나는 그렇지 않기를 바란다.

모든 스토리텔링은 하나의 해석이다. 또한 어떠한 텍스트도 좋은 해석의 걸림돌이 되지 않는다는 것은 이미 잘 논의되어왔다. 역사학자 윌리엄 맥닐이 지적했듯이 "진짜 중요한 텍스트들은 풍부하고 다양한 방식으로 오해될 가능성이 높은 텍스트들이다. 작가는 항상 그러한 가치를 열망할 수 있다."[50] 앨런 던데스는 "동화와 그 호소력에 대한 해석이 동화가 설명한다고 주장하는 바로 그 이야기와 똑같은 무의식적 메시지를 반영하고 있는지도 모른다"고 지적했다.[51] 롤랑 바르트가 주관적인 선택일 뿐인 하나의 의미를 제시하면서 또 다른 의미들을 억누르고 감춰서는 안 된다고 주장한 것은 옳았다. 나아가 그는 다음과 같이 말했다.

> 텍스트의 의미는 그 [상징] 체계의 다수성, 그 무한하게 (순환적인) "베껴 쓰는 능력"과 다름없다고 할 수 있다. 한 체계는 또 다른 체계를 베껴 쓰지만, 하지만 이는 또한 상호적인 것이다. 텍스트에 관련해서 "최초의", "자연적인", "민족적인", "모태가 되는" 비평적 언어는 없다. 처음 만들어지던 그 순간부터 텍스트는 다언어적이다.[52]

인도는 예상대로 해석의 장을 열어준다. 위대한 산스크리트어 철학

---

50 William H. McNeill, *Mythistory and Other Essays*, ix.
51 Dundes, "The Psychoanalytic Study", 60-61.
52 Roland Barthes, *S/Z: An Essay*, 120.

서(『요가바시스타』)[53]의 첫 구절에 대한 주석은 10개의 서로 다른 해석을 제시하며, 독자들이 이중에서 어느 특정한 것 하나를 선택할 필요가 없다고 주장한다.[54] 랍비들의 사고 역시 전통적으로 다원적이다. 학자들은 같은 텍스트의 이본들, 흔히 서로 모순되는 해석들을 제시한다. 그러나 해석의 다원주의에도 제한은 있다. 오래된 유대 이야기가 하나 있다. 한 랍비가 어떤 텍스트에 대해 특정한 해석을 제시하고 나서 "이것이 옳지 않습니까?"라고 말하자, 그의 반대자가 "옳지 않습니다"라고 대답했다. 랍비는 "그러나 토라에 대해서는 일흔 가지 다른 해석이 존재합니다"라고 대답했다. 반대자는 다음과 같이 대꾸했다. "그렇습니다. 그러나 당신의 해석은 그중 하나가 아닙니다."

심지어 콜링우드도 카이사르의 암살은 다양한 방식으로 이야기될 수 있지만, 이야기될 수 없는 방식도 있다는 것을 인정했다. 즉 카이사르가 브루투스를 죽였다고 이야기할 수는 없는 것이다. 신화를 오해하고 오용하는 것은 가능하다. 우리는 컨텍스트와 차이를 무시할 때마다 신화를 오해하고, 포스트식민주의 담론이 경고해줬던 방식들로 신화를 오용한다. 거기서 우리는 어떤 해석들을 배제할 수 있다. 그러나 그러고 나서도 분명 여전히 우리에게는 하나 이상의 해석들이 남아 있을 것이다.

---

53 *Yogavasishtha*; 또한 Doniger O'Flaherty, *Dreams*를 보라.
54 The Utpatti Prakarana of the *Yogavasistha*에 대한 Tatparyaprakasha의 주석, *Yogavasistha*, ed. Srikrsnapanta Shastri.

멀티 대학교

가장 좋은 비교의 풍부함과 뉘앙스는 대학교의 컨텍스트에서 잘 조성된다. 대학교는 여러 학자가 서로 다른 방식으로 서로 다른 프로젝트에 대해 함께 일하는 공동체이기 때문이다. 이제 많은 이가 맥락화된 작업을 하고 있기 때문에 비교 연구자들은 자유롭게 뭔가 다른 일을 할 수 있으며 새로운 비교에 근거해서 작업을 해나갈 수 있다. 나는 맥락화 작업을 하는 사람들은 그들의 귀중한 작업을 하고, 동시에 비교 작업을 하는 우리는 우리의 작업을 할 수 있는 공간을 개척해나갔으면 한다. 데이비드 바이넘은 다음과 같이 주장했다. "구술 내러티브 전통 비판에 대한 비교론적 접근과 민족지적 접근 사이에 반드시 모순이 있는 것은 아니다. 이 두 접근법이 혼동되지 않는 한 각각의 접근법은 열린 사고 속에서 상대방의 잠재성을 크게 향상시킬 수 있을 것이다."[55] (키르케고르와 그의 결정적인 거미에게는 양해를 구하면서) 우리는 다른 많은 곳에서와 마찬가지로 여기서도 프로이트의 말[56]을 다음과 같이 다른 말로 바꾸어 표현할 수 있을 것이다. "'이것 아니면 저것either/or'의 자리에, '이것과 저것 모두both/and'를 있게 하라." 혹은 시릴 코놀리의 말을 인용할 수도 있을 것이다. 그는 편집자로서의 자신의 성공을 "'이' 신 '아니면 저' 신, 그리고 '거룩한 두' 신 모두"에 대한 믿음에 돌렸다.[57]

---

55 Bynum, *The Daemon in the Wood*, 25.
56 Sigmund Freud, "Where id was, there ego shall be." "The Dissection of the Psychical Personality", 80.
57 Jeremy Treglown, "False to Type: A Review of *Cyril Connolly, A Life,* by Jeremy Lewis",

나는 타협에 대해서 말하는 것이 아니라, (레비스트로스의 멘델레예프 비유를 빌리면) 마치 용액이 아니라 현탁액suspension 속에 녹아 있는 화학원소들처럼 서로 상충되는 각각의 관점들을 균형 잡힌 긴장 속에서 유지하는 것에 대해서 말하는 것이다. 신화의 원소들에 관한 한 화학적인 의미에서든 논리적인 의미에서든 용액이라는 것이 없다. 비유를 바꾸면 내가 전에 (매우 다른 컨텍스트에서) 극단의 추pendulum of extremes라고 특징지었던 것을 추구해야 한다.[58]

인도신화는 강제로 통합을 이루기 위해 구성 요소들을 변형시키는 것을 거부함으로써 우주가 무한히 다양하고, 모든 것은 동시에 일어나며, 모든 가능성은 서로를 배척하지 않으면서 존재할 수 있다는 생각을 … 그리고 자유로운 다양성과 모순은 윤리적으로 또 형이상학적으로 반드시 필요하다는 생각을 찬양한다.[59]

그리고 신화에서 사실인 것은 또한 세상에서도 사실이다.

사람들은 또한 비교 연구를 위해 우리가 참조한 문화들에 관한 다른 책들을 읽을 수도 있다. 우리 모두가 똑같은 일을 하거나 똑같은 방식으로 작업할 필요는 없다. 우리는 거인의 어깨에 올라설 수도 있고, 혹은 사정에 따라 소인의 어깨에 올라설 수도 있으며, 그

Times Literary Supplement 4910(May 9, 1997), 7.
[58] Doniger O'Flaherty, *Siva*, 314-318.
[59] Doniger O'Flaherty, *Siva*, 318.

들이 우리의 어깨에 올라설 수도 있다. 모든 것은 개개인 자신의 고유한 결정으로부터 나온다. 여기서 내가 주장하는 것은 학문에 대한 것이며, 다문화적, 학제간 접근법에 대한 것이다. 나는 문화 연구에 널리 퍼져 있는 "차이"(그리고 다원주의와 다양성)에 대한 존중이 종교학의 방법론으로 그리고 나아가 일반적으로 학계 안으로 확장되길 바란다. 나는 오직 한 문화 집단 — 유대인, 아프리카계 미국인 — 만을 연구하거나, 혹은 5장에서 이미 논의한 바와 같이 오직 한 젠더만을 연구하는 최근의 학계의 추세에 반대해왔다. 이제 나는 한 집단에 대한 연구를 그 집단 구성원에게만 국한시키는 추세 — 여성을 연구하는 여성, 유대인을 연구하는 유대인 — 에도 도전한다. 이 같은 추세를 맹종하면 나의 작고 소중한 비교 문화의 세계뿐만 아니라 이를 포함하는 더 일반적인 휴머니즘의 세계마저 자동적으로 사라질 것이다. 페미니즘과 문화 연구 같은 학문들이 상정한 높은 도덕적 기반이 이러한 추세에 크게 불을 지폈다. 이러한 학문들은 그들의 주제(인종차별주의, 성차별주의, 계급투쟁, 민족 대학살)가 인류에 엄청난 중요성을 갖는 것이기에 실수나 농담의 여지 또는 하나 이상의 답변이 나올 가능성의 여지가 전혀 없다고 주장하거나 혹은 암시한다.

    언제 학문이 집단적 작업이길 멈추었는가? 언제 학제간 연구의 가치가 비교 연구에 적용되길 멈추었는가? 언제 "university[*대학교]"라는 단어 속 "uni[*하나를 뜻하는 라틴어 어근]"가 이데올로기를 의미하게 되었는가? 아마도 우리는 이제 우리의 기관을 다원[*다원 대학교]diversities이라 부르지 않는다면(말할 필요도 없이 구조주의자들에게는 전도[*전도 대학교]inversities 그리고 우리의 학문적 적들에게는 외고집[*외고집 대학교]perversities일 텐데) (다성적multivocal, 다중적multivalent, 다문화적multicultural이라는 뜻을 함축한다는 의미에서) 멀티 대학교multiversities 혹은 복합 대학교polyversities라고 불러야 할 것이다. 우리가 그것을 뭐라고 부르든 간에 학계는 마을에 포커 게임을 할 곳이 오직 하나밖에 없는 곳이 되어서는 안 될 것이다. 학계는 우리가 아이스크림 가게나 햄버거 가게에서처럼 다음과 같이 말할 수 있는 곳이어야 할 것이다. "전부 다 넣어주세요(이 말은 범신론자의 기도처럼 읽힐 수도 있을 것이다)."

줄타기

학자는 비바람 치는 이야기의 바닷속에서 갑판에서 던져진 밧줄에 매달려야 할 필요가 있다. 신화학자에게 이 밧줄은 비교 문화적 내러티브다. 그러나 이는 또한 비교 연구자가 보편주의와 본질주의, 문화적 특수성과 비교 문화적 유사성 사이에서 타야 하는 줄이기도 하다. 이는 거미줄처럼 가늘지만 강한 줄이기도 하다. 물론 이 줄을 타는 것은 지적으로 위험하며, 특히 현지 조사를 하는 학자들에게는 거의 치명적일 수도 있다. 여기서 우리는 비교 연구자와 컨텍스트주의자라는 그릇된 이분법과 유사한, 원문 연구자와 현지 조사자라는 또 다른 왜곡된 이분법과 마주한다. (나 같은) 원문 연구자들은 학문의 부정적인 영향과 덜 연루되어 있다고 느끼기 쉽다. 다른 이들이 밖에 나가서 "현지(나의 경우에는 인도)"에 있는 사람들과 이야기할 때 그들(우리)은 도서관에서 원문을 읽기 때문이다. 원문 연구자의 유일한 위험은 텍스트를 잘못 해석하는 것인데, 이는 현지 조사자들이 마주칠 수 있는 간염이나 버스 사고의 위험 등과는 전적으로 다른 차원에 속하는 것이다. 그러나 현지에서 마주친 타자와 마찬가지로 텍스트도 학자의 삶을 바꿔놓을 수 있다.[60] 그리고 원문 연구자가 비록 인류학자들이 현지에서 접하는 사람들을 변화시키는 것처럼 직접적으로 텍스트를 완전히 변화시킬 수는 없지만, 그러나 학자들도 — 우디 앨런의 『보바리 부인』에 관한 이야기에서처럼 문자 그대로뿐만이 아니라, 다른 사람들에게 텍스트가 수용되는 방식, 텍스트의 가치와 의미를 변화시킴으로써 — 텍스트를 변화시킨다. 만약 우리가 포스트식민주의 담론으로부터 배운 것이 있다면 그것은 학자들이 출판한 텍스트들이 거기에서 다뤄진 사람들에게 영향을 끼친다는 것이며, 이것이 참여-관찰한 인류학자들의 좀 더 분명한 영향력과 전적으로 다르지 않다는 것이다. 현지 조사자와 원문 연구자는 유사한 문제에 다른 방식으로 참여함으로써 서로를 필요로 하며, 학계는 참여-관찰자와 연구실에서 일하는 여자 (혹은 연구실에서 일하는 부치butch도) 둘 다를 필요로 한다.

    내가 생각하는 현지 조사의 위험 두 가지를 예로 들며 이 책을 끝마칠까 한다. 클리포드 기어츠는 비교 연구자와 그가 비교하는 문화들 사이의 상호작용에 관한 이야기를 하나 해준다. 1957년 젊은 인류학자였던 그는 발리에서 현지 조사를 하고 있었다. 그는 섬에서 유일하게 지프차를 갖고 있는 사람으로서 어느 날 (아마도 콜레라로 인해서) 고열에 시달리는 한 어린아이를 어디로 데려가야 할

---

60   Doniger O'Flaherty, *Other Peoples' Myths*.

지 결정해야만 했다.

> 나는 섬의 유일한 서양 의사에게 아이를 데려가고 싶었다. 마을 사람들은 아이를 마을의 "치유사"에게 데려가고 싶어 했다. 만약 내가 아이를 치유사에게 데려가서 아이가 죽는다면 나는 기분이 안 좋을 것이다. 만약 내가 아이를 의사에게 데려가서 아이가 죽는다면 사람들은 내가 아이를 죽였다고 생각할 것이다. … 우리는 두 곳에 다 갔다. 치유사에게 먼저 갔는데, 이는 단지 그가 더 가까이에 있었기 때문이다. 그러나 만약 두 군데 다 가는 것이 불가능했다면 나는 아이를 외국인 의사에게 데려가고 비난을 감수했을 것이다. 인류학자이길 멈춰야만 하는 순간이 있다. 중요한 것은 결국 아이가 낫는 것이었다. 벨기에 의사는 아이가 왜 아픈지 알지 못했다. 치유사는 몇 가지 노래를 불렀다. 열은 가라앉았다. 왜 가라앉았는지는 아무도 모른다.[61]

시카고에서 공부한 종교학자 조너선 월터스Jonathan Walters가 이와 비슷하게 양면적인 감정을 불러일으키는 유사한 이야기를 내게 들려주었다. 수년 전 월터스는 스리랑카의 한 마을에서 종교를 공부하며 민간 치료법을 배우고 있었다. 그는 비서구적 치료법들이 우리 서구의 것보다 더 효과적인 예가 많이 있음에도 불구하고 서구 과학에 의해 부당하게 외면당하고 있다고 철저히 믿고 있었다. 그러던 어느 날 그는 콜레라에 걸려 위독해졌고, 전통적인 치료법으로 스스로를

---

61   David Berreby, "Unabsolute Truths: Clifford Geertz", 44-47.

치료했으나 효과가 없었다. 고열과 탈수 증상 때문에 먹지도 일어서지도 못할 지경에 이른 그는 자신이 필요로 하는 약 — 양약, 즉 항생제 — 을 구하지 못하면 아마도 죽으리라는 것을 깨닫게 되었다. 그러나 미국인이 하는 병원에 데려다달라고 하는 것은 그가 지난 몇 년간 해온 모든 작업을 부인하는 셈이 될 터이고, 그가 자신들이 가르쳐준 의학을 소중히 여길 것이라고 믿어온 사람들의 얼굴을 후려치는 일이 될 것 같았다. 그는 차마 그런 일을 할 수 없었다. 그가 자리에 누워서 마지막이라 생각되는 숨을 가쁘게 내쉬고 있을 때 마을 사람들이 와서 들것에 그를 싣고는 그들이 종교적 치유 제의를 치르는 장소로 그를 데려갔다. 치유사가 월터스를 위해 강령술을 시작했고, 신이 치유사의 몸 안으로 들어와 치유사를 통해 다음과 같이 말했다. "저 백인을 백인들의 의사에게로 데려가라." 그들은 월터스를 병원으로 곧장 데려갔고 그는 살아나서 그가 "사랑과 나의 콜레라 시대Love, and My Time of Cholera"*라 부르게 된 이 이야기를 들려줄 수 있게 되었다.[62]

    이는 정말 사랑에 관한 이야기이자, 우리의 '타자'에 대한 사랑(혹은 때로는 미움)과 우리 자신의 세계에 대한 헌신 사이의 갈등에 관한 이야기이다. 그리고 월터스의 이야기는 클리포드 기어츠의 이야기와 같은 동시에 다르다. 즉 인류학자가 타 문화권 사람이 아팠을 때 선택을 해야 했던 것에 반해 종교학자는 자신이 아팠고, 타

---

*   가브리엘 가르시아 마르케스의 소설 『콜레라 시대의 사랑Love in the Time of Cholera』을 염두에 두고 한 농담이다.
62 Jonathan Walters, 1996년 5월 사적인 대화.

문화권 사람이 양면적인 선택을 했던 것이다. 기어츠는 양약이 더 낫다고 생각했으나 월터스는 처음에 타 문화의 약이 더 낫다고 생각했고, 나중에 가서야 양약이 자신에게는 더 낫다고 생각하게 되었다. 따라서 두 이야기 모두 양약, 과학, 학문의 승리로 끝을 맺는다. 그러나 두 경우 모두 "타" 문화들 자체는 덜 이분법화되어 있다. 그들은 언제나 둘 다/그리고의 해결책을 갖고 있으며, 자신들의 고유한 약과 양약을 함께 사용한다. 그들은 민간 치료법에 관한 책을 쓰거나 논문을 써야 하는 일에 관여하지 않는 자들로서의 특권을 누린다. 인류학자/비교 연구자는 레비스트로스의 『스라소니 이야기』에서 스페인 침략자들이 아메리카 원주민들에게서 배우지 못했던 양극화되지 않은 접근법을 배워야만 한다. 의학적 견해는 반드시 상호 배타적일 필요가 없으며, 다른 어떤 이데올로기도 마찬가지다. 비교 연구자들은 언제나 다른 사람의 견해를 청할 수 있어야만 한다. 그리고 이 두 자전적 삽화는 그 차이점에도 불구하고 내게는 같은 이야기의, 즉 비교 문화에 대한 이야기의 이본들이다.

참고 문헌

산스크리트어와 팔리어 문헌들

Aitareya Brahmana, Trans A. B. Keith, Cambridge: Harvard Oriental Series vol. 25, 1029.

Bhagavata Purana, with the commentary of Sridhara, Benares: Pandita Pustakalaya, 1972.

Kamasutra of Vatsyayana, with the commentary of Sri Yasodhara, Bombay: Laksmivenkatesvara, 1856.

Kathasaritsagara(*The Ocean of the Rivers of Stories*), Bombay: Nirnaya Sagara Press, 1930.

Kurma Purana, Varanasi: All-India Kashiraj Trust, 1972.

The Laws of Manu[*Manusmrti*], Ed. Harikrishna Jayantakrishna Dave, Bombay: Bharatiya Vidya Series, vol. 29 ff., 1972-[『마누법전』, 이재수, 이광수 옮김, 한길사, 1995].

The Laws of Manu[*Manusmrti*], Trans. Wendy Doniger, with Brain K. Smith, Harmondsworth, England: Penguin, 1991.

Mahabharata, Poona: Bhandarkar Oriental Research Institute, 1933-69[『마하바라따』, 박경숙 옮김, 새물결, 2012-2017].

Milinda Panha, Ed. V. Trenckner, Translated in *Sources of Indian Tradition*, Ed. Wm. Theodore de Bary et al., New York: Columbia University Press, 1958[『밀린다팡하』, 서경수 옮김, 동국역경원, 2005].

The Ocean of Story, Ed. N. M. Penzer, Trans. C. W. Tawney, 10 vols., London: Chas. J.

Sawyer, 1924.

Ramayana of Valmiki, Baroda: Oriental Institute, 1960-75[발미키 편, 『라마야나』, 주해신 옮김, 민족사, 1993].

Rig Veda, with the commentary of Sayana, 6 vols., London: Oxford University Press, 1890-92.

Upanishads, In Vasudeva Laxman Shastri Panshikar, ed., *One Hundred and Eight Upanishads*, Bombay: Tukaram Javaji, 1913[『우파니샤드』 1, 2, 이재숙 옮김, 한길사, 1996].

Vasavadatta of Subandhu, Ed. Fitzgerald Hall, *The Vasavadatta: a Romance, By Subandhu*. With the Darpana by Sivarama, Tripathin, Bibliotecha Indica, 116, 130, 148; Calcutta, Baptist Mission Press, 1859.

Yogavasishtha[*Yogavasishtha-Maha-Ramayana* of Valmiki], Ed. W. L. S. Pansikar, 2 vols., Bombay: Nirnaya Sagara Press, 1918.

Yogavasistha, Ed. Srikrsnapanta Shastri, Sri Vasistha-maha-ramayana-tatparyaprakasha-vyakhyasahita, Volume one, Varanasi, 1976.

유럽어로 된 문헌들

Abu-Lughod, Lila, *Veiled Sentiments: Honor and Poetry in a Bedouin Society*, Berkeley: University of California Press, 1988.

Ackerman, Robert, *J. G. Frazer: His Life and Work*, Cambridge: Cambridge University Press, 1987.

Aeschylus, *Oresteia*, Trans. David Grene and Wendy Doniger O'Flaherty, Chicago: University of Chicago Press, 1988[아이스킬로스, 『오레스테이아 3부작』, 김기영 옮김, 을유문화사, 2015].

Aitchison, Joan, *The Language Web: The Power and Problem of Words*, Cambridge: Cambridge University Press, 1997.

Akkutagawa, Ryunosuke, "In a Grove", In *Rashomon and Other Stories*, Trans. Takashi Kojima, New York: Liveright Publishers, 1952.

Allen, Woody, "The Kugelmass Episode", *In Side Effects*, 61-78. New York: Warner,

1975.

Allen, Woody, "The Scrolls", In *Without Feathers*, 24-28. New York: Warner, 1976.

Alter, Robert, *The Art of Biblical Narrative*, New York: Basic Books, 1981.

Appadurai, Arjun et al., eds., *Gender, Genre, and Power in South Asia*, Philadelphia: University of Pennsylvania Press, 1991.

Arnold, David, "Beheading Hindus, And other alternative aspects of Wendy Doniger's history of a mythology", *Times Literary Supplement*, July 29, 2009.

Atlas, James, "The Shadow in the Garden", *The New Yorker*, June 26 and July 3, 1995: 74-85.

Auerbach, Erich, *Mimesis: The Representation of Reality in Western Literature*, Trans. William R. Trask, Princeton: Princeton University Press, 1953[에리히 아우어바흐, 『미메시스』, 김우창·유종호 옮김, 민음사, 2012].

Bacon, Francis, "The Unity of Religions", In Richard Whately, ed., *Bacon's Essays with Annotations*, 20-44, New York: C. S. Francis, 1857.

Bal, Mieke, *Lethal Love: Feminist Literary Readings of Biblical Love Stories*, Bloomington: Indiana University Press, 1987.

Barthes, Roland, *Mythologies*, Selected and translated from the French by Annette Lavers, London: Jonathan Cape, 1972[롤랑 바르트, 『현대의 신화』, 이화여자대학교 기호학 연구소 옮김, 동문선, 1997].

Barthes, Roland, *S/Z. An Essay*, Trans. Richard Miller, New York: Farrar, Straus & Giroux, 1974[롤랑 바르트, 『S/Z』, 김웅권 옮김, 연암서가, 2015].

Basinger, Jeanine, *How Hollywood Spoke to Women, 1930-1960*, New York: Knopf, 1993.

Baum, L. Frank, Jr., *The Land of Oz: Being an account of the further adventures of the Scarecrow and Tin Woodman... A Sequel to The Wizard of Oz*, Chicago: The Reilly and Lee Company, 1904[라이먼 프랭크 바움, 『오즈의 마법사 2: 환상의 나라 오즈』, 최인자 옮김, 문학세계사, 2007].

Bellow, Saul, *Henderson the Rain King*, New York: Avon, 1976[솔 벨로우, 『비의 왕 헨더슨』, 이화연 옮김, 펭귄클래식코리아, 2011].

Benjamin, Walter, *Illuminations: Essays and Reflections*, New York: Schocken, 1969.

Berlin, Sir Isaiah, *The Hedgehog and the Fox: An Essay on Tolstoy's View of History*, London: Weidenfeld and Nicolson, 1953[이사야 벌린, 『고슴도치와 여우: 우리는 톨스토이를 무엇이라 부르는가』, 강주헌 옮김, 애플북스, 2010].

Bernheimer, Charles and Claire Kahane, eds., *In Dora's Case*, New York: Columbia University Press, 1990.

Berreby, David, "Unabsolute Truths: Clifford Geertz", *The New York Times Magazine*, April 9, 1995, 44-47.

Bettelheim, Bruno, *The Uses of Enchantment: The Meaning and Importance of Fairy Tales*, New York: Knopf, 1986[브루노 베텔하임, 『옛이야기의 매력』 1, 2, 김옥순·주옥 옮김, 시공주니어, 1998].

Bialik, Hayim Nahman and Yehoshua Hana Ravnitsky, eds., *The Book of Legends*, Trans. William G. Braude, New York: Schocken, 1922.

Bledstein, Adrien, "Binder, Trickster, Heel and Hair-Man: Rereading Genesis 27 as a Trickster Tale Told by a Woman", In A. Brenner, ed., *A Feminist Companion to Genesis*, 282-95, Sheffield, England: Sheffield Academic Press, 1993.

Bledstein, Adrien, "Female Companionships: If the Book of Ruth were Written by a Woman...", In A Brenner, ed., *A Feminist Companion to Ruth*, 116-33, Sheffield, England: Sheffield Academic Press, 1993.

Bloch, R. Howard, *The Scandal of the Fabliaux*, Chicago: University of Chicago Press, 1990.

Bloom, Harold J., *The Book of J*, New York: Weidenfeld, 1990.

Blumenberg, Hans, *Work on Myth(Studies in Contemporary GermanSocial Thought)*, Trans. Robert M. Wallace, Cambridge, Mass.: MIT Press, 1985.

Bohannan, Laura, "Shakespeare in the Bush", *Natural History* 75(7): 28-33. See also the French translation("Shakespeare dans la Brousse") and discussion("*Un Hamlet africain*") by Jean Verrier, *Revue des sciences humaines* 240(1995): 161-72 and 173-78.

Bohr, Hans, "My Father", In S. Rozental, ed., *Niels Bohr: His Life and Work as Seen by his Friend and Colleagues*, Amsterdam: North-Holland Publishing Company, 1967.

Bonnefoy, Yves, ed., *Mythologies*, Ed. Wendy Doniger, 2 vols., Chicago: University of

Chicago Press, 1991.

Booth, Wayne, *The Rhetoric of Fiction*, Chicago: University of Chicago Press, 1961[웨인 C 부스, 『소설의 수사학』, 최상규 옮김, 예림기획, 1999].

Borges, Jorge Luis, "Pierre Menard, Author of the *Quixote*", In *Labyrinths*, 36-44, New York: New Directions, 1962[호르헤 루이스 보르헤스, 「삐에르 메나르, 『돈키호테』의 저자」, 『픽션들』, 황병하 옮김, 민음사, 1994].

Bowden, William R., "The Bed-Trick, 1603-1642: Its Mechanics, Ethics, and Effects", *Shakespeare Studies* 5(1969): 112-23.

Bronner, Yigal, *Extreme Poetry: The South Asian Movement of Simultaneous Narration*, New York: Columbia University Press, 2010.

Buber, Martin, *The Legend of the Baal-Shem*, Trans. Maurice Friedman, 1955; re-print, Princeton: Princeton University Press, 1995.

Butler, Judith, *Bodies That Matter: On the Discursive Limits of "Sex"*, New York: Routledge, 1993[주디스 버틀러, 『의미를 체현하는 육체』, 김윤상 옮김, 인간사랑, 2003].

Bynum, Caroline Walker, et al., eds., *Gender and Religion: On the Complexity of Symbols*, Boston: Beacon Press, 1986.

Bynum, David E., *The Daemon in the Wood: A Study of Oral Narrative Patterns*, Cambridge, Mass.: Harvard University Press.

Calasso, Roberto, *The Marriage of Cadmus and Harmony*, New York: Knopf, 1993.

Caldwell, Sarah, "Waves of Beauty, Rivers of Blood: Constructing the Goddess's Body in Kerala", In Tracy Pintchman, ed., *In Search of Mahadevi: Constructing the Identify of the Great Goddess*, Albany: SUNY Press, 1998.

Campbell, Joseph, *The Hero with a Thousand Faces*, New York: Pantheon, 1949[조지프 캠벨, 『천의 얼굴을 가진 영웅』, 이윤기 옮김, 민음사, 2004/2018].

Carroll, Lewis, *Alice's Adventures in Wonder land* and *Through the Looking Glass*, In Martin Gardner, *The Annotated Alice*, New York: Bramhall House, 1960[루이스 캐롤, 『이상한 나라의 앨리스, 거울 나라의 앨리스』, 최인자 옮김, 북폴리오, 2005].

Catullus, *Catullus, Tibullus, Pervigilium Veneris*, Trans. Francis Warre Cornish, J. P. Postgate, and J. W. Mackail, 2nd. ed. rev. by G. P. Goold, Cambridge, Mass.:

Harvard University Press, 1988.

Chadwick, H. M. and N. K. Chadwick, *The Growth of Literature*, Cambridge: Cambridge University Press, 1936.

Chakrabarti, Kunal, *Themes in Indian History*, Delhi: Oxford Readings in Sociology, Oxford University Press, 2006.

Coe, Michael D., Review of Steven Pinker, *The Language Instinct*, *The New York Times Book Review*, February 27, 1994, 7-8.

Comaroff, Jean, *Body of Power, Spirit of Resistance: The Culture and History of a South African People*, Chicago: University of Chicago Press, 1985.

Davis, Dena S., "Beyond Rabbi Hiyya's Wife: Women's Voices in Jewish Bioethics", *Second Opinion* 16(March 1991): 10-30.

Davis, Elizabeth Gould, *The First Sex*, New York: G. P. Putnam's Sons, 1971.

Davis, Nathalie Zemon, *The Return of Martin Guerre*, Cambridge, Mass.: Harvard University Press, 1983[나탈리 제먼 데이비스, 『마르탱 게르의 귀향』, 양희영 옮김, 지식의 풍경, 2000].

Dekkers, Midas, *Dearest Pet: On Bestiality*, Trans. Paul Vincent, London and New York: Verso, 1994.

Delbanco, Andrew, *The Death of Satan*, New York: Farrar, Straus & Giroux, 1995.

Derrida, Jacques, "Violence and Metaphysics: An Essay on the Thought of Emmanuel Levinas", In *Writing and Difference*, 79-153, Chicago: University of Chicago Press, 1978[자크 데리다, 「폭력과 형이상학 엠마뉴엘 레비나스의 사유에 관한 에세이」, 『글쓰기와 차이』, 남수인 옮김, 동문선, 2001].

Desens, Marliss C., *The Bed-Trick in English Renaissance Drama: Explorations in Gender, Sexuality, and Power*, Newark: University of Delaware Press, 1994.

Detienne, Marcel, *The Creation of Mythology*, Chicago: University of Chicago Press, 1986[마르셀 데티엔, 『신화학의 창조』, 남수인 옮김, 이끌리오, 2001].

Dillard, Annie, *Encounters with Chinese Writers*, Middletown, Conn.: Wesleyan University Press, 1984.

Dillard, Annie, *For the Time Being*, New York: Alfred Knopf, 1999.

Dillard, Annie, "Lenses", In *Teaching a Stone to Talk: Expeditions and Encounters*, 106-

109, London: Pan Books, 1984[애니 딜러드, 「렌즈」, 『돌에게 말하는 법 가르치기』, 김선형 옮김, 민음사, 2004].

Dillard, Annie, *The Living*, New York: HarperCollins, 1992.

Dillard, Annie, *Mornings Like This: Found Poems*, New York: HarperCollins, 1995.

Dilthey, Wilhelm, *Pattern and Meaning in History*, New York: Harper Torchbooks, 1961.

Divakuruni, Chitra Banerjee, *The Palace of Illusions*, New York: Anchor, 2009.

Doane, Mary Ann, *Femmes Fatales: Feminism, Film Theory, Psychoanalysis*, New York and London: Routledge, 1991.

Doniger, Wendy, *The Bedtrick: Tales of Sex and Masquerade*, Chicago: University of Chicago Press, 2000.

Doniger, Wendy, "Epilogue" to *Mircea Eliade: Journal IV*(1979-1985), translated from the Romanian by Mac Linscott Ricketts, 149-155, Chicago and London: University of Chicago Press, 1990.

Doniger, Wendy, "Gender and Myth", In Gil Herdt, ed., *Critical Terms for the Study of Gender*, Chicago: University of Chicago Press, 1998.

Doniger, Wendy, *The Hindus: An Alternative History*, New York: Penguin, 2009.

Doniger, Wendy, "The Mythology of Masquerading Animals, or, Bestiality", In Arien Mack, ed., *In the Company of Animals*, Social Research 62(3): 751-72.

Doniger, Wendy, "Myths and Methods in the Dark", *Journal of Religion* 76(4): 531-47.

Doniger, Wendy, "Playing the Field: Adultery as Claim-Jumping", In Ariel Glucklich, ed., *The Sense of Adharma*, 169-88, Oxford: Oxford University Press, 1994.

Doniger, Wendy, "Sex, Lies, and Tall Tales", *Truth-Telling, Lying and Deception*(special issue of *Social Research*) 63(3): 633-99.

Doniger, Wendy, "Sita and Helen, Ahalya and Alcmena: A Comparative Study", *History of Religions* 37(1): 21-49.

Doniger, Wendy, *Siva: The Erotic Ascetic*, London and Oxford: Oxford University Press, 1973.

Doniger, Wendy, "Speaking in Tongues: Deceptive Stories About Sexual Deception", *Journal of Religion* 74(3): 320-37.

Doniger, Wendy, *Splitting the Difference: Gender and Myth in Ancient Greece and India*,

Chicago: University of Chicago Press, 1999.

Doniger, Wendy, "Structuralist Universals andFreudian Universals", *History of Religions* 28(3): 267-81.

Doniger, Wendy, "A Very Strange Enchanted Boy", Review of Stephen Larsen and Robin Larsen, *A Fire in the Mind: The Life of Joseph Campbell. The New York Times Book Review*, Sunday, February 2, 1992. Letters of protest, with my reply, printed on Sunday, February 23, 1992.

Doniger O'Flaherty, Wendy, *Dreams, Illusion, and Other Realities*, Chicago: University of Chicago Press, 1984.

Doniger O'Flaherty, Wendy, *Hindu Myths: A Sourcebook, Translated from the Sanskrit*, Harmondsworth, England: Penguin, 1975.

Doniger O'Flaherty, Wendy, "On Translating Sanskrit Myths", In William Radice, ed., *The Translator's Art: Essays in Honor of Betty Radice*, 121-28. Harmondsworth, England: Penguin, 1987.

Doniger O'Flaherty, Wendy, *The Origins of Evil in Hindu Mythology*, Berkeley: University of California Press, 1976.

Doniger O'Flaherty, Wendy, *Other Peoples' Myths: The Cave of Echoes*, 1988; reprint, Chicago: University of Chicago Press, 1995[웬디 도니거 오플래허티, 『다른 사람들의 신화』, 류경희 옮김, 청년사, 2007].

Doniger O'Flaherty, Wendy, *The Rig Veda: An Anthology*, Harmondsworth, England: Penguin, 1981.

Doniger O'Flaherty, Wendy, *Tales of Sex and Violence: Folklore, Sacrifice, and Danger in the Jaiminiya Brahmana*, Chicago: University of Chicago Press, 1985.

Doniger O'Flaherty, Wendy, *Textual Sources for the Study of Hinduism*, Chicago: University of Chicago Press, 1990.

Doniger O'Flaherty, Wendy, *Women, Androgynes, and Other Mythical Beasts*, Chicago: University of Chicago Press. 1981.

Douglas, Mary, "Children Consumed and Child Cannibals: Robertson Smith's Attack on the Science of Mythology", In Laurie L. Patton and Wendy Doniger, eds., *Myth and Method*, 29-51. Charlottesville and London: University Press of Virginia, 1996.

Douglas, Mary, "Red Riding Hood: An Interpretation from Anthropology", *Folklore* 106(1995).

Doyle, Sir Arthur Conan, "Silver Blaze", In William S. Baring-Gould, ed., *The Annotated Sherlock Holmes*, 2: 261-81, New York: Clarkson N. Potter, 1967.

Dryden, John, *Plutarch's Lives of Illustrious Men*, New York: P. F. Collier and Son, 1900.

Durrenmatt, Friedrich, *The Assignment, or On Observing the Observer of the Observers*, Trans. Joel Agee, New York: Random House, 1988.

Dundes, Alan, ed., *The Blood Libel Legend: A Casebook in Anti-Semitic Folklore*, Madison: University of Wisconsin Press, 1991.

Dundes, Alan, ed., *Cinderella: A Casebook*, New York: Wildman Press, 1983.

Dundes, Alan, ed., *Little Red Riding Hood: A Casebook*, Madison: University of Wisconsin Press, 1989.

Dundes, Alan, ed., "The Psychoanalytic Study of the Grimms' Tales with Special Reference to 'The Maiden Without Hands'(AT706)", *The Germanic Review* 62(2): 50-65.

Dundes, Alan, and Lowell Edmund, eds., *Oedipus: A Folklore Casebook*, New York and London: Garland, 1984.

Dyer, Frank Lewis, *Edison: His Life and Inventions*, 2 vols., New York and London: Harper and Brothers, 1929.

Eisenhower, David, *Eisenhower at War: 1943-1945*, NewYork: Random House, 1986.

Eliade, Mircea, *Cosmos and History: The Myth of the Eternal Return*, New York: Pantheon, 1954[미르치아 엘리아데, 『영원회귀의 신화』, 심재중 옮김, 이학사 2003; 『우주와 역사』, 정진홍 옮김, 현대사상사, 1976].

Eliade, Mircea, *Myth and Reality*, Trans. Willard R. Trask, New York: Harper, 1963[미르치아 엘리아데, 『신화와 현실』, 이은봉 옮김, 한길사, 2011].

Eliade, Mircea, *The Quest: History and Meaning in Religion*, Chicago: University of Chicago Press, 1984[미르치아 엘리아데, 『종교의 의미』, 박규태 옮김, 서광사, 1990].

Eliot, T. S., "Ulysses, Order, and Myth", In Mark Schorer et al., eds., *Criticism: The Foundations of Modern Literary Judgment*, 269-71, New York: Harcourt Brace &

World, 1948.

Ellison, Ralph Waldo, *Invisible Man*, New York: Modern Library, 1952.

Ellman, Richard, *along the riverrun: Selected Essays*, London: Hamilton, 1988.

Elshtain, Jean Bethke, "Feminist Political Rhetoric and Women's Studies", In John Nelson, Allan Megill, and Donald N. McCloskey, eds., *The Rhetoric of the Human*, 319-40, Madison: University of Wisconsin Press, 1987.

Emerson, Ralph Waldo, *The Heart of Emerson's Journals*, Ed. Bliss Perry, Boston: Houghton Mifflin, 1924.

Epstein, Joseph, "'U.S.A.' Today", *The New Yorker*, August 5, 1996, 68-75.

Erasmus, *Opera Omnia*, Leiden: Cura & impensis Petri Vander, 1703.

Feldmann, Susan, ed., *African Myths and Tales*, New York: Dell, 1963.

Festinger, Leon, *A Theory of Cognitive Dissonance*, Stanford: Stanford University Press, 1957.

Feyerabend, Paul, *Against Method*, New York: Verso/Schocken, 1978.

Fielding, Henry, *Tom Jones*, 1749; reprint, Oxford: Oxford University Press, 1996[헨리 필딩,『업둥이 톰 존스 이야기』1, 2, 김일영 옮김, 문학과 지성사, 2012].

Fineman, Joel, "Fratricide and Cuckoldry: Shakespeare's Doubles", *Psychoanalytic Review* 64: 409-53.

Forster, E. M., *Aspects of the Novel*, New York: Harcourt, Brace, 1927.

Foucault, Michel, "What is an Author?", Trans. Donald F. Bouchard and Sherry Simon, In *Language, Counter-Memory, Practice*, ed. Donald F. Bouchard, Ithaca, N.Y.: Cornell University Press, 1977.

von Franz, Marie Louise, *Problems of the Feminine in Fairytales*, Irving, Texas: Spring Publications, 1972.

Freud, Sigmund, "The Dissection of the Psychical Personality", In *New Introductory Lectures on Psycho-Analysis, and Other Works*, Trans. James Strachey, London: Hogarth Press, 1960, SE 22(1932-6): 57-80.

Friend, Tad, "Copy Cats", *The New Yorker*, September 14, 1998, 51-57.

Fuss, Diana, *Essentially Speaking: Feminism, Nature, and Difference*, New York: Routledge, 1989.

Gagarin, Michael, *Antiphon the Athenian: Oratory, Law, and Justice in the Age of the Sophists*, Austin: University of Texas Press, 2002.

Garber, Marjorie, *Vice Versa: Bisexuality and the Eroticism of Everyday Life*, New York: Simon and Schuster, 1995.

Gardiner, Judith Kegan, "*Fifteen Joys*: A Medieval Look at Marriage", *University of Michigan Papers in Women's Studies* 2, no. 4(1978): 146-65.

Garner, James Finn, *Politically Correct Bedtime Stories: Modern Tales for Our Life &Times*, New York: Macmillan, 1994.

Geertz, Clifford, *After the Fact: Two Countries, Four Decades, One Anthropologist*, Cambridge: Harvard University Press, 1995.

Geertz, Clifford, "Thick Description: Towards an Interpretive Theory of Culture", In *The Interpretation of Culture*, New York: Basic Books, 1973[클리퍼드 기어츠, 「중층 기술: 해석적 문화이론을 향하여」, 『문화의 이해』, 문옥표 옮김, 까치, 2009].

Gellner, Ernest, *The Psychoanalytic Movement, or, The Cunning of Unreason*, London: Paladin Grafton Books, 1985.

Gellner, Ernest, Review of Rolf Wiggershaus, *The Frankfurt School*, and Claus-Dieter Krohn, *Intellectuals in Exile*. *Times Literary Supplement*, September 23, 1994, 3-5.

Gilligan, Carol, *In a Different Voice: Psychological Theory and Women's Development*, Cambridge, Mass.: Harvard University Press, 1982.

Goitein, S. D., "Women as Creators of Biblical Genre", *Prooftexts* 8(1988): 1-31.

Ginzburg, Carlo, *Ecstasies: Deciphering the Witches'Sabbath*, Trans. Raymond Rosenthal, New York: Pantheon, 1991.

Ginzburg, Carlo, "Morelli, Freud and Sherlock Holmes: Clues and Scientific Method", *History Workshop* 9(1980): 5-30.

Goldberg, Benjamin, *The Mirror and Man*, Charlottesville: University of Virginia Press, 1985.

Gold, Ann Grodzins, "Gender and Illusion in a Rajasthani Yogic Tradition", In Arjun Appadurai et al., eds., *Gender, Discourse, and Power in South Asia*, 102-35. Philadelphia: University of Pennsylvania Press, 1991.

Gold, Ann Grodzins, "Sexuality, Fertility, and Erotic Imagination", In Gloria Goodwin

Raheja and Ann Grodzins Gold, *Listen to the Heron's Words: Reimagining Gender and Kinship in North India*, Berkeley: University of California Press, 1994.

Goldman, Robert P., "Transsexualism, Gender, and Anxiety in Traditional India", *Journal of the American Oriental Society* 113(3): 374-401.

Gombrich, Sir Ernst, *The Essential Gombrich: Selected Writings on Art and Culture*, Ed. Richard Woodfield, San Francisco: Phaidon Press, 1996.

Gombrich, Sir Ernst, *The Sense of Order*, Ithaca, N.Y.: Cornell University Press, 1979.

Gombrich, Sir Ernst, *Topics of Our Time*, Berkeley: University of California Press, 1991.

Graves, Robert, *Adam's Rib, and Other Anomalous Elements in the Hebrew Creation Myth*, New York: Thomas Yoseloff, 1958.

Gray, John, *Men Are from Mars, Women Are from Venus: A Practical Guide to Improving Communication and Getting What You Want in Your Relationship*, New York: HarperCollins, 1992[존 그레이, 『화성에서 온 남자 금성에서 온 여자』, 김경숙 옮김, 동녘, 2004/2006].

Hammett, Dashiell, *The Dain Curse*, 1928; reprint, New York: Vintage, 1989.

Hartman, Geoffrey H., "Midrash as Law and Literature", *Journal of Religion* 74(3): 338-55.

Hatto, A. T., "The Swan Maiden: A Folk-Tale of North Eurasian Origin", *Bulletin of the School of Oriental and African Studies* 24(1961): 326-52.

Hawley, John Stratton, "Images of Gender in the Poetry of Krishna", In Carol Walker Bynum et al., eds., *Gender and Religion: On the Complexity of Symbols*, 231-56, Boston: Beacon Press, 1986.

Heaney, Seamus, *The Redress of Poetry*, New York: Farrar, Straus & Giroux, 1995.

Hegel, W. G. F., *Phaenomenologie des Geiste*, 1807; reprint, Hamburg: Felix Meiner, 1952[헤겔, 『정신현상학』 1, 2, 임석진 옮김, 한길사, 2005].

Herodotus, *The History*, Trans. David Grene, Chicago: University of Chicago Press, 1987[헤로도토스, 『역사』, 김봉철 옮김, 길, 2016].

Heywood, John, *A Dialogue of Proverbs*, Ed. Rudolph E. Habenicht, Berkeley: University of California Press, 1963.

Holbek, Bengt, *Interpretation of Fairy Tales*, Helsinki: Folklore Fellows Communications

No. 239, 1987.

Hollander, John, *Selected Poetry*, New York: Knopf, 1993.

Hollander, John, *Tesserae, and Other Poems*, New York: Knopf, 1993.

Hope, Sir Anthony, *The Prisoner of Zenda*, New York: Henry Holt, 1896.

Hosidius Geta, *Medea, A Virgillian Cento*, Latin text with metrical translation by Joseph J. Mooney, Birmingham: Cornish Brothers, 1919.

Hueckstedt, Robert A., *The Style of Bana: An Introduction to Prose Poetry*, Lanham, Md.: University Press of America, 1985, 132, f5.

Hugo, Victor, *Les Misérables*, Paris: Gallimard, 1983[빅토르 위고, 『레미제라블』 1-5, 정기수 옮김, 민음사, 2012].

Hume, David, *A Treatise of Human Nature*, 1888; reprint, Oxford: Oxford University Press, 1951[데이비드 흄, 『오성에 관하여: 인간 본성에 관한 논고 1』, 이준호 옮김, 서광사, 1994; 『정념에 관하여: 인간 본성에 관한 논고 2』, 서광사, 1996; 『도덕에 관하여: 인간 본성에 관한 논고 3』, 서광사, 2008].

Hutton, Ronald, *The Stations of the Sun*, Oxford and New York: Oxford University Press, 1996.

Hwang, David Henry, *M. Butterfly*, New York: Penguin, 1989[데이빗 헨리 황, 『M. 나비』, 이희원 옮김, 동인, 1998].

Iser, Wolfgang, *The Implied Reader: Patterns of Communication in Prose Fiction from Bunyan to Beckett*, Baltimore: Johns Hopkins University Press, 1974.

Jacob, François, "Evolution and Tinkering", *Science* 196(4295): 1161-1166.

Jagendorf, Zwi, "'In the Morning, Behold It Was Leah': Genesis and the Reversal of Sexual Knowledge", In David H. Hirsch et al., eds., *Biblical Patterns in Modern Literature*, 51-60, Chico, Calif.: Scholars Press,1984.

Jameson, Raymond D., *Three Lecture on Chinese Folklore*, Peiping, China: San Yu, 1932.

Jamison, Stephanie, *Sacrificed Wife/Sacrificer's Wife: Women, Ritual, and Hospitality in Ancient India*, New York: Oxford University Press, 1996.

Jastrow, Joseph, "The Mind's Eye", *Popular Science Monthly* 54(1899): 299-312.

Jennings, Luke, "Nights at the Ballet: The Czar's Last Dance", *The New Yorker*, March 27, 1995, 71-87.

Jorn, Asger and Noel Arnaud, *La langue verte et la cuite*, Paris: Jean-Jacques Pauvert, 1968.

Kafka, Franz, "Leopards in the Temple", In *Parables and Paradoxes*, 93, Trans. Ernst Kaiser and Eithne Wilkins, Bilingual edition, New York: Schocken, 1946.

Keay, John, *India, a History*, New York: Grove Press, 2000.

Keneally, Thomas, *Schindler's List*, New York: Simonand Schuster, 1982.

Keene, Donald, "Feminine Sensibility in the Heian Era", In Nancy G. Hume, ed., *Japanese Aesthetics and Culture: A Reader*, 109-24, Albany: SUNY Press, 1995.

Kierkegaard, Soren, *Either/Or: A Fragment of Life*, Vol. 1., Trans. David F. Swenson and Lillian Marvin Swenson, 1843; reprint, Princeton: Princeton University Press, 1944[키에르케고르, 『이것이냐 저것이냐』 1, 2, 임춘갑 옮김, 치우, 2012].

Kittler, Friedrich, "World-Breath: On Wagner's Media Technology", In David J. Levin, ed., *Opera Through Other Eyes*, 215-35, Stanford: Stanford University Press, 1994.

Kristof, Nicholas D., "Big Wolves Aren't So Bad in Japan", *The New York Times*, Wednesday, December 4, 1996.

Kuhn, Thomas, *The Structure of Scientific Revolutions*, 2nd ed., Chicago: University of Chicago Press, 1970[토마스 새무얼 쿤, 『과학혁명의 구조』, 김명자·홍성욱 옮김, 까치, 2013].

Kundera, Milan, *The Unbearable Lightness of Being*, New York: Harper and Row, 1984[밀란 쿤데라, 『참을 수 없는 존재의 가벼움』, 이재룡 옮김, 민음사, 1990/2018].

Kuper, Hilda, *The Uniform of Colour: A Study of White-Black Relationships in Swaziland*, Johannesburg, South Africa: Witwatersrand University Press, 1947.

Lamb, Charles, *The Letters of Charles and Mary Lamb*, Ed. Edwin. W. Marrs, Ithaca, N. Y.: Cornell University Press, 1978.

Laqueur, Thomas, *Making Sex: Body and Gender from the Greeks to Freud*, Cambridge, Mass.: Harvard University Press, 1990.

Lawrence, D. H., *Lady Chatterly's Lover*, New York: Penguin, 1959[D. H. 로렌스, 『채털리 부인의 연인』 1, 2, 이인규 옮김, 민음사, 2003].

Lawrence, William Witherle, *Shakespeare's Problem Comedies*, New York: Frederick Ungar, 1960.

Leach, Edmund, "Anthropological Aspects of Language: Animal Categories and Verbal Abuse", In William A. Lessa and Evon Z. Vogt, eds., *Reader in Comparative Religion*, 153-66, 4th ed., New York: Harper and Row, 1979.

Leach, Edmund, "Genesis as Myth", In John Middleton, ed., *Myth and Cosmos: Readings in Mythology and Symbolism*, 1-14, Austin: University of Texas Press, 1967.

Leach, Edmund, "Jesus, John, and Mary Magdalene", *New Society* 34(Dec. 1975): 686-88.

Leavy, Barbara Fass, *In Search of the Swan Maiden: A Narrative on Folklore and Gender*, New York: New York University Press, 1994.

Levinas, Emmanuel, *Totality and Infinity: An Essay on Exteriority*, Trans. Alphonso Lingis, The Hague: Martinus Nijhoff, 1979[에마누엘 레비나스, 『전체성과 무한: 외재성에 대한 에세이』, 김도형·문성원·손영창 옮김, 그린비, 2018].

Lévi-Strauss, Claude, *Myth and Meaning*, New York: Schocken, 1995[클로드 레비-스트로스, 『신화의 의미』, 임옥희 옮김, 이끌리오, 2000].

Lévi-Strauss, Claude, *Mythologiques(Introduction to a Science of Mythology) I: The Raw and the Cooked*, Trans. John and Doreen Weightman, New York: Harper and Row, 1969[클로드 레비-스트로스, 『신화학 1. 날 것과 익힌 것』, 임봉길 옮김, 한길사, 2005].

Lévi-Strauss, Claude, *The Savage Mind*, Chicago: University of Chicago Press, 1966[클로드 레비-스트로스, 『야생의 사고』, 안정남 옮김, 한길사, 1996].

Lévi-Strauss, Claude, "Split Representation in the Art of Asia and America", In *Structural Anthropology*, 245-68, Trans. Claire Jacobson and Brooke Grundfest Schoepf, Harmondsworth, England: Penguin, 1963.

Lévi-Strauss, Claude, "The Story of Asdiwal", In Edmund Leach, ed., *The Structural Study of Myth and Totemism*, 1-48, Trans. Nicolas Mann, London: Tavistock, 1967.

Lévi-Strauss, Claude, *The Story of Lynx*, Trans. Catherine Tihanyi, Chicago: University of Chicago Press, 1995.

Lévi-Strauss, Claude, *Structural Anthropology*, Trans. Claire Jacobson and Brooke Grundfest Schoepf, Harmondsworth, England: Penguin, 1963[클로드 레비-스트

로스, 『구조 인류학』, 김진욱 옮김, 종로서적, 1987].

Lévi-Strauss, Claude, "The Structural Study of Myth", In *Structural Anthropology*, 206-31, Trans. Claire Jacobson and Brooke Grundfest Schoepf, Harmondsworth, England: Penguin, 1963.

Lévi-Strauss, Claude, *Tristes Tropiques*, Trans. John and Doreen Weightman, London: Jonathan Cape, 1973[클로드 레비-스트로스, 『슬픈 열대』, 박옥줄 옮김, 한길사, 1998].

Liebert, R. S., "Methodological Issues in the Psychoanalytic Study of an Artist", *Psychoanalysis and Contemporary Thought* 5(1982): 438-62.

Lincoln, Bruce, *Discourse and the Construction of Society*, New York: Oxford University Press, 1989.

Loraux, Nicole, "Origins of Mankind in Greek Myths: Born to Die", In Yves Bonnefoy, ed., *Mythologies*, 390-94, Ed. Wendy Doniger, 2 vols, Chicago: University of Chicago Press, 1991.

Lotman, Yuri, "The Semiosphere", In *Universe of the Mind: A Semiotic Theory of Culture*, Trans. Ann Shukman, Bloomington: Indiana University Press, 1990.

Mantel, Hilary, Review of John Demos, *The Unredeemed Captive: A Family Story from Early America*. *London Review of Books*, October 20, 1994, 20.

McGill, Scott, *Virgil Recomposed. The Mythological and Secular Centos in Antiquity*. American Classical Studies, 48, Oxford: Oxford University Press, 2005.

McNeill, William H., *Mythistory and Other Essays*, Chicago: University of Chicago Press, 1985.

Mellen, Joan, "The Women in *Rashomon*", In Donald Richie, ed., *Rashomon*, 179-82, New Brunswick and London: Rutgers University Press, 1986.

Menn, Esther, *Judah and Tamar(Genesis 38) in Ancient Jewish Exegesis: Studies in Literary Form and Hermeneutics*, Ph. D. diss., University of Chicago Divinity School, June 1995.

Michnik, Adam, Interview, *The New Yorker*, December 9, 1996, 52.

Middleton, John, ed., *Myth and Cosmos: Readings in Mythology and Symbolis*, Austin: University of Texas Press, 1967.

Mills, Margaret, "Sex Role Reversals, Sex Changes, and Transvestite Disguise in the Oral Tradition of a Conservative Muslim Community in Afghanistan", In Rosen A. Jordan and Susan J. Kalcik, eds., *Women's Folklore, Women's Culture*, 187-213, Philadelphia: University of Pennsylvania Press, 1985.

Mitchell, Stephen, trans., *The Book of Job*, San Francisco: North Point Press, 1987.

Moi, Toril, *Sexual/Textual Politics: Feminist Literary Theory*, New York: Routledge, 1985.

Morson, Gary Saul, *Narrative and Freedom: The Shadows of Time*, New Haven and London: Yale University Press, 1994.

Mulvey, Laura, "Pandora: Topographies of the Mask and Curiosity", In Beatriz Colomina, ed., *Sexuality and Space*, 53-72, Princeton: Princeton Architectural Press, 1992.

Muller, F. Max, *Lectures on the Science of Language* [delivered in 1861 and 1863], London: Longmans, Green & Co., 1891.

Narayana Rao, Velcheru, "A Ramayana of Their Own: Women's Oral Tradition in Telugu", In Paula Richman, ed., *Many Ramayanas: The Diversity of Narrative Traditions in South Asia*, Berkeley: University of California Press, 1991.

Nelson, Michael, "One Mythology Among Many: The Spiritual Odyssey of C. S. Lewis", *Virginia Quarterly Review* (Autumn 1996): 619-33.

Obeyesekere, Gananath, *The Work of Culture: Symbolic Transformation in Psychoanalysis and Anthropology*, Chicago: University of Chicago Press, 1990.

Ovid, *Metamorphoses*, Trans. Frank Justus Miller, Cambridge, Mass.: Loeb Library, 1977[오비디우스, 『변신 이야기』, 천병희 옮김, 숲, 2017].

Padel, Ruth, "Putting the Words into Women's Mouths", *London Review of Books*, January 23, 1997, 12-17.

Panofsky, E., *Studies in Iconology*, New York: Harper & Row, 1972[파노프스키, 『도상해석학 연구』, 이한순 옮김, 시공사, 2002].

Parry, Milman, *The Making of Homeric Verse: The Collected Papers of Milman Parry*, Ed. Adam Parry, Oxford: Clarendon Press, 1971.

Parry, Milman and Albert Bates Lord, *Serbocroatian Heroic Songs*, Cambridge, Mass.: Harvard University Press, 1954.

Patton, Laurie L., *Myth as Argument: The Brhaddevata as Canonical Commentary*, Berlin and New York: Walter de Gruyter, 1996.

Patton, Laurie L. and Wendy Doniger, *Myth and Method*, Charlottesville and London: University Press of Virginia, 1996.

Peirce, Charles Sanders, "Thirdness", In Charles Hartshorne and Paul Weiss, eds., *The Collected Papers of Charles Sanders Peirce*, 1934; reprint, Cambridge: Belknap Press for Harvard University Press, 1965.

Peirce, Charles Sanders, "The Reality of Thirdness", In Charles Hartshorne and Paul Weiss, eds., *The Collected Papers of Charles Sanders Peirce*, 1934; reprint, Cambridge: Belknap Press for Harvard University Press, 1965.

Pépin, Jean, "Christian Judgements on the Analogies Between Christianity and Pagan Mythology", In Yves Bonnefoy, ed., *Mythologies*, 655-65, Ed. Wendy Doniger, 2 vols., University of Chicago Press, 1991.

Plato, *Laws*; *Phaedo*; *Philebus*; *The Republic*; *The Sophist*[Cornford]; *The Statesman*; *Symposium*; *Timaeus*. All in Loeb Classical Library, Cambridge, Mass.: Harvard University Press. *Laws*, ed. Robert Gregg Bury(1967); *Phaedo*, ed. Harold North Fowler(1970); *Philebus*, ed. Harold North Fowler(1974); *The Republic*, ed. Paul Shorey(1970); *The Sophist*, ed. Harold North Fowler(1977); *The Statesman*, ed. Harold North Fowler(1975); *Symposium*, ed. W. R. M. Lamb(1983); *Timaeus*, ed. Robert Gregg Bury(1975)[플라톤, 「법률」; 「파이돈」; 「필레보스」; 「국가」; 「소피스트」; 「정치가」; 「향연」; 「티마이오스」].

Propp, Vladimir, *The Morphology of the Folktale*, Austin: University of Texas Press, 1968[블라지미르 쁘로쁘, 『민담 형태론』, 어건주 옮김, 지만지, 2013].

Proust, Marcel, *Remembrance of Things Past*, Vol. 2: *Cities of the Plain, The Captive*, and *The Sweet Cheat Gone*, Trans. C. K. Scott Moncrieff, New York: Random House, 1932[마르셀 프루스트, 『잃어버린 시간을 찾아서』 1-6, 김화영 옮김, 민음사, 2016].

Proust, Marcel, *The Past Recaptured*, Trans. Frederick A. Blossom, New York: Random House, 1932.

Rabe, Michael D., "The Mahamallapuram Prasasti: A Panegyric in Figure", *Artibus Asiae*

1997: 189-241.

Rafferty, Terrence, "The Avengers: 'Die Hard with a Vengeance' and 'A Little Princess'", *The New Yorker*, May 29, 1995, 91-92.

Ramanujan, A. K., *Folktales from India*, New York: Pantheon, 1992.

Ramanujan, A. K., "Hanchi: A Kannada Cinderella", In Alan Dundes, ed., *Cinderella: A Casebook*, 259-75, New York: Wildman Press, 1983.

Ramanujan, A. K., "The Indian Oedipus", In Alan Dundes and Lowell Edmund, eds., *Oedipus: A Folklore Casebook*, 234-61, New York and London: Garland, 1984.

Ramanujan, A. K., "Is There an Indian Way of Thinking?", In *The Collected Essays of A. K. Ramanujan*, ed. Vinay Dharwadkar, 34-52, Delhi: Oxford University Press, 1999.

Ramanujan, A. K., "Three Hundred Ramayanas: Five Examples and Three Thoughts on Translation", In Paula Richman, ed., *Many Ramayanas: The Diversity of Narrative Traditions in South Asia*, 22-49, Berkeley: University of California Press, 1991.

Ramanujan, A. K., "Toward a Counter-system: Women's Tales", In Arjun Appaduraiet al., eds., *Gender, Genre, and Power in South Asia*, 33-55, Philadelphia: University of Pennsylvania Press, 1991.

Ramanujan, A. K., "*Two Realms of Kannada Folklore*", In Stuart Blackburn and A. K. Ramanujan, eds., *Another Harmony: New Essays on the Folklore of India*, 41-75, Berkeley: University of California Press, 1986.

Ramanujan, A. K., "When Mirrors Are Windows: Towards an Anthology of Reflections", *History of Religions* 28(3): 187-216.

Ramanujan, A. K., David Shulman, and Narayana Rao, eds., *When God Is a Customer: Telugu Courtesan Songs by Ksetrayya and Others*, Berkeley: University of California Press, 1994.

Richie, Donald, ed., *Rashomon*, New Brunswick and London: Rutgers University Press, 1986.

Richman, Paula, ed., *Extraordinary Child: Poems from a South Indian Devotional Genre*, Honolulu: University of Hawaii Press, 1998.

Richman, Paula, ed., *Many Ramayanas: The Diversity of Narrative Traditions in South*

Asia, Berkeley: University of California Press, 1991.

Ricoeur, Paul, *The Symbolism of Evil*, Trans. Emerson Buchanan, Boston: Beacon Press, 1969[폴 리쾨르, 『악의 상징』, 양명수 옮김, 문학과 지성사, 1999].

Roubaud, Jacques, *The Princess Hoppy, or, The Tale of Labrador*, Normal, Ill.: Dalkey Archive Press, 1993.

Rushdie, Salman, *Haroun and the Sea of Stories*, New York: Viking Penguin, 1990[살만 루슈디, 『하룬과 이야기 바다』, 김석희 옮김, 문학동네, 2012].

Rushdie, Salman, *Shame*, London: Jonathan Cape, 1983[살만 루슈디, 『수치』, 김선형 옮김, 열린책들, 2011].

Said, Edward, *Culture and Imperialism*, New York: Knopf, 1993[에드워드 사이드, 『문화와 제국주의』, 정정호·김성곤 옮김, 창, 1995/2011].

Sappho, *Greek Lyric*, Vol. 1(Sappho, Alcaeus), Trans. David A. Campbell, Cambridge, Mass.: Harvard University Press, 1982.

Sattar, Arshia, *Lost Loves: Exploring Rama's Anguish in the Valmiki Ramayana*, Delhi: Penguin, 2011.

Scarry, Elaine, *The Body in Pain: The Making and Unmaking of the World*, New York: Oxford University Press, 1985[일레인 스캐리, 『고통받는 몸: 세계를 창조하기와 파괴하기』, 메이 옮김, 오월의 봄, 2018].

Scott, Joan W., "Gender and the Politics of Higher Education", Inaugural talk for the Center for Gender Studies, University of Chicago, October 18, 1996.

Sedgwick, Eve Kosofsky, *The Epistemology of the Closet*, Berkeley: University of California Press, 1990.

Shakespeare, William, *All's Well That Ends Well*, *Hamlet*, *Henry the Fifth*, *Merchant of Venice*, *The Winter's Tale*, All citations are from *The Complete Works of Shakespeare*, ed. David Bevington, Glenview, Ill: Scott, Foresman, 1980[윌리엄 셰익스피어, 「끝이 좋으면 다 좋아」, 「햄릿」, 「헨리 5세」, 「베니스의 상인」, 「겨울 이야기」].

Shaw, Brent D., Review of Caroline Walker Bynum, *The Resurrection of the Body*. *The New Republic*, April 17, 1995, 43-48.

Shaw, George Bernard, *Saint Joan*, In Warren S. Smith, ed., *Bernard Shaw's Plays*, New York: Norton, 1970.

Shaw, Miranda, *Passionate Enlightenment: Women in Tantric Buddhism*, Princeton: Princeton University Press, 1994.

Shelley, Percy Bysshe, *Shelley's Prometheus Unbound: The Text and the Drafts*, Ed. Lawrence John Zillman, New Haven and London: Yale University Press, 1968.

Smith, Cyril Stanley, "Metallurgical Footnotes to the History of Art", In *A Search for Structure: Selected Essays on Science, Art, and History*, 242-305, Cambridge, Mass.: MIT Press, 1981.

Smith, Jonathan Z., "Adde Parvum Parvo Magnus Acervus Erit", In *Map Is Not Territory: Studies in the History of Religions*, 240-64, 1978; reprint, Chicago and London: University of Chicago Press, 1993.

Smith, Jonathan Z., "The Bare Facts of Ritual", In *Imagining Religion: From Babylon to Jonestown*, 53-64, Chicago: University of Chicago Press, 1982[조너선 스미스, 「의례의 벌거벗은 사실」, 『종교 상상하기』, 장석만 옮김, 청년사, 2013].

Smith, Jonathan Z., *Drudgery Divine: On the Comparison of Early Christianities and the Religions of Late Antiquity*, Chicago: University of Chicago Press, 1990.

Smith, Jonathan Z., "Fences and Neighbors: Some Contours of Early Judaism", In *Imagining Religion: From Babylon to Jonestown*, 1-18, Chicago: University of Chicago Press, 1982[조너선 스미스, 「담장과 이웃」, 『종교 상상하기』, 장석만 옮김, 청년사, 2013].

Smith, Jonathan Z., *Imagining Religion: From Babylon to Jonestown*, Chicago: University of Chicago Press, 1982[조너선 스미스, 『종교 상상하기』, 장석만 옮김, 청년사, 2013].

Smith, Jonathan Z., "In Comparison a Magic Dwells", In *Imagining Religion: From Babylon to Jonestown*, 19-35, Chicago: University of Chicago Press, 1982[조너선 스미스, 「비교에는 주술이 살고 있다」, 『종교 상상하기』, 장석만 옮김, 청년사, 2013].

Smith, Jonathan Z., "Map Is Not Territory", In *Map Is Not Territory: Studies in the History of Religion*, 289-309, 1978; reprint, Chicago and London: University of Chicago Press, 1993.

Smith, Jonathan Z., *Map Is Not Territory: Studies in the History of Religion*, 1978; reprint, Chicago and London: University of Chicago Press, 1993.

Smith, Jonathan Z., "Sacred Persistence", In *Imagining Religion: From Babylon to Jonestown*, 36-52, Chicago: University of Chicago Press, 1982[조너선 스미스, 「성스러운 지속」, 『종교 상상하기』, 장석만 옮김, 청년사, 2013].

Smith, Jonathan Z., "What a Difference a Difference Makes", In *To See Ourselves as Others See Us: Christians, Jews, "Others" in Late Antiquity*, Ed. Jacob Neusner and Ernest S. Frerichs, Chico, Calif.: Scholars Press, 1985.

Sorel, George, *Reflections on Violence*, Trans. T. E. Hulme and J. Roth, Glencoe, Ill.: Free Press, 1950.

Spayde, Jon, "The Politically Correct Kama Sutra", *The Utne Reader*(Nov.-Dec. 1996): 56-57.

Spivak, Gayatri, "Can the Subaltern Speak?", In *Marxism and the Interpretation of Culture*, 271-312, Ed. Cary Nelson and Lawrence Grossberg, Urbana and Chicago: University of Illinois Press, 1988.

Stoppard, Tom, *Rosencrantz and Guildenstern Are Dead*, New York: Grove Press, 1967.

Strenski, Ivan, *Four Theories of Myth in Twentieth-Century History: Cassirer, Eliade, Lévi-Strauss and Malinowski*, Iowa City: University of Iowa Press, 1987[이반 스트렌스키, 『20세기 신화 이론: 카시러, 말리노프스키, 엘리아데, 레비스트로스』, 이용주 옮김, 이학사, 2008].

Sullivan, Lawrence, *Icanchu's Drum: An Orientation to Meaning in South American Religions*, New York: Macmillan, 1988.

Swahn, Jan O., *The Tale of Cupid and Psyche*, Lund: Gleerup, 1955.

Tate, James, *Absences: New Poems*, New York: Little, Brown with the Atlantic Monthly Press, 1970.

Taylor, Charles, *Multiculturalism and "The Politics of Recognition"*, Princeton: Princeton University Press, 1992.

Teilhard de Chardin, Pierre, *Christianity and Evolution*, London: Collins, 1971.

Terrace, H. S., *Nim*, New York: Knopf, 1979.

Thurber, James, "University Days", In *The Thurber Carnival*, 222-23, New York and London: Harper, 1931.

Tolstoi, L. N., *Anna Karenina*, Trans. Rosemary Edmonds, Harmondsworth, England:

Penguin, 1954.

Tracy, David, *The Analogical Imagination: Christian Theology and the Culture of Pluralism*, New York: Crossroads, 1981.

Tracy, David, *Dialogue with the Other: The Inter-Religious Dialogue*, Louvain: Eerdmans, Peeters Press, 1990.

Tracy, David, *On Naming the Present: Reflections on God, Hermeneutics, and Church*, Mary-knoll, N. Y.: Orbis Books, 1994.

Tracy, David, *Pluralism and Ambiguity: Hermeneutics, Religion, Hope*, Chicago: University of Chicago Press, 1987.

Trollope, Anthony, *Kept in the Dark*, 1882; reprint, New York: Dover, 1978.

Twain, Mark, *Pudd'nhead Wilson and Other Tales*, Ed. R. D. Gooder, Oxford and New York: Oxford University Press, 1992.

Tyler, Royall, "The Origin of Evil", In Marius B. Peladeau, ed., *The Verse of Royall Tyler*, 13-15, Charlottesville: University of Virginia Press, 1968.

Unsigned, "The Explosion Point of Ideology in China", In Ken Knabb, ed. and trans., *Situationist International Anthology*, English edition of *Internationale Situationiste*(Paris, 1967), no. 11, Berkeley: Bureau of Public Secrets, 1981, 185-94.

Updike, John, *The Centaur*, New York: Ballantine, 1991.

Warner, Marina, *From the Beast to the Blonde: On Fairy Tales and Their Tellers*, London: Chattos and Windus, 1995.

Waugh, Evelyn, *A Handful of Dust*, 1934; reprint, Harmondsworth, England: Penguin, 1951.

Webber, Sabra Jean, *Romancing the Real: Folklore and Ethnographic Representation in North Africa*, Philadelphia: University of Pennsylvania Press, 1991.

White, David, *Myths of the Dog-Man*, Chicago: University of Chicago Press, 1991.

Whitman, Walt, "A Noiseless Patient Spider", In *The Complete Poems of Walt Whitman*, Harmondsworth, England: Penguin Education, 1975.

Wilde, Oscar, "The Truth of Masks", In Oscar Wilde, *Intentions: The Decay of Lying; Pen, Pencil, and Poison; The Critic as Artist; The Truth of Masks*, New York: Brentano's, 1912.

Wiley, Bell Irvin, *Johnny Reb: The Common Soldier of the Confederacy*, Baton Rouge: Louisiana State University Press, 1978.

Williamson, Margaret, *Sappho's Immortal Daughters*, Cambridge, Mass.: Harvard University Press, 1995.

Willig, Rosette F., ed. and trans., *The Changelings: A Classical Japanese Court Tale*, Stanford: Stanford University Press, 1983.

Wilson, Horace H., *Essays and Lectures, Chiefly on the Religion of the Hindus*, London, 1846(originally published in *Asiatic Researches* 1828 and 1832).

Wittgenstein, Ludwig L., *Philosophical Investigations*, Oxford: Blackwell, 1953[루드비히 비트겐슈타인, 『철학적 탐구』, 이승종 옮김, 아카넷, 2016].

Yeats, William Butler, *The Collected Poems of W. B. Yeats*, London: Macmillan, 1965.

Yeats, William Butler, *Letters on Poetry from W. B. Yeats to Dorothy Wellesley*, London: Oxford University Press, 1940.

Zeitlin, Froma, "Signifying Difference: The Case of Hesiod's Pandora", In *Playing the Other: Gender and Society in Classical Greek Literature*, 53-86, Chicago: University of Chicago Press, 1996.

Ziegler, Karen, "Creation Myths: Bridge to Human Wholeness", *Frying Pan*(Jan. 1980): 1218.

Zohar, The Book of Enlightenment, Trans. and introduction by Daniel Chanan Matt, New York: Paulist Press, 1983.

옮긴이의 말[*]

오늘날 신화는 비단 학자들만의 관심사가 아니다. 세계 여러 신화 속 이야기들이 베스트셀러 소설의 소재로 사용되고, 영화 속에서도 각종 신화적 모티브들이 수시로 등장하며, 심지어 잘 팔리는 컴퓨터게임 역시 여러 신화 속 이야기와 신화의 주인공들을 바탕으로 만들어진다. 서점에서는 만화나 동화책으로 편집된 그리스·로마신화를 읽고 있는 어린이들을 쉽게 찾아볼 수 있다. 이들이 어린 시절부터 이름조차 생소한 그리스 신들의 이야기에 빠져드는 것을 보고 우려하는 목소리들도 없지 않아 있다. 그러나 분명 현대 문화 속에는 세계 여러 신화가 뒤섞여 있고, 우리는 이처럼 알게 모르게 여러 신화 속에서 호흡하며 살아가고 있다. 그렇기 때문에 다양한 민족, 다양한 전통의 신화들에 대한 비교 연구는 결코 포기될 수 없는 주

---

[*] 이 글의 앞부분은 2003년 한길사에서 출판된 책 『월경越境하는 지식의 모험자들: 혁명적 발상으로 세상을 바꾸는 프런티어들』(이 책은 2008년 한길사에서 『신지식의 최전선 1』이라는 제목으로 다시 출판되었다)에 「신화 속에 위대한 진실이 있다: 신화의 교차문화적 비교 연구」라는 제목으로 실린 나의 웬디 도니거에 대한 소개 글이다. 글 중간의 몇몇 부분은 현재 시점에 맞게 수정 보완했다.

제인지도 모른다.

　미국 시카고대학 종교학과 교수로 오랫동안 재직하다가 2018년 말 은퇴한 종교학자 웬디 도니거는 이 같은 다양한 전통의 신화들을 서로 비교하는 작업에 몰두해왔다. 원래 그녀의 주 전공 분야는 인도신화다. 그녀는 1968년 하버드대학에서 산스크리트어-인도학 Sanskrit and Indian Studies으로 박사 학위를 받았으며, 1973년 옥스퍼드 대학에서 다시 동양학 Oriental Studies으로 박사 학위를 받았다. 그러나 그녀의 관심은 단지 인도신화에만 국한되어 있지 않다. 그녀는 인도신화와 그리스신화의 비교 작업을 주축으로, 세계 여러 종교 전통과 문학, 예술, 심지어 현대 영화 속에 등장하는 유사한 신화적 주제들에 대한 비교 연구를 계속 추진해왔다.

　도니거의 신화 연구가 특히 주목받았던 이유는 그녀가 20세기 말 종교학계에서 제기되었던 비교 방법론에 대한 비판을 견지하면서도 동시에 신화의 교차 문화적 비교 연구의 필요성을 역설하고, 또 이러한 연구를 직접 행했기 때문이다. 세계 여러 전통의 다양한 신화를 보편적인 틀 안에서 설명하고자 했던 융이나 엘리아데 등의 비교신화학은 여러 신화 간의 유사성, 다양한 신화 속의 공통적인 요소를 찾는 데 특히 주력했다. 그 와중에 비교신화학은 각 전통, 시대, 지역에 따라 달라지는 신화의 차이들을 발견하고, 그 차이들 가운데서 각각의 신화가 놓인 맥락, 즉 컨텍스트를 짚어내는 데 소홀해질 수밖에 없었다. 그러나 20세기 후반부 이러한 보편적인 틀, 신화의 유사성만을 강조해온 비교 연구가 강한 비판의 대상이 되면서 신화의 비교 연구 자체에 대해 회의적인 분위기가 감돌게 되었다. 도니거는 이러한 상황에서 기존의 비교신화학에 대한 비판을 적극 수용하면서도, 그럼에도 불구하고 '비교는 가능하다'고 단언했다. 미국에서 1998년에 출판된 『암시된 거미: 신화 속의 정치와 신학Implied Spider: Politics and Theology in Myth』은 비교신화학에 대한 비판들을 검토하면서 그럼에도 불구하고 비교신화학이 왜 필요한지, 어떻게 가능한지를 본격적으로 논의한 도니거의 대표적인 신화학 이론서이다. 이 책에서의 도니거의 주장을 간략하게 간추려 보면 다음과 같다.

도니거는 비교신화학자임을 자처하면서도 이제까지의 비교 연구, 비교신화학 연구 속에 내포된 위험성들을 간과하지 않는다. 그녀는 우선 비교 연구 속에 암묵적으로 깔려 있는 동일성의 폭력에 대해서 지적한다. 도니거는 "어둠 속에서는 모든 고양이가 회색이다"라는 서구 사회의 오래된 속담을 제시하며, 성차별에서 인종차별에 이르기까지 다양한 의미를 지닌 이 속담의 여러 변형태가 서구 사회의 문학과 철학에서 광범위하게 사용되어온 모습을 보여준다. 그리고 이를 통해 이 속담의 근저에 자리 잡고 있는, "유사함"을 강조하는 담론의 정치적 편견을 밝혀낸다. 즉 한 집단에 속하는 모든 구성원이 서로 같다는 가정은, '타자'의 집단을 그저 동일한 개체물의 집합일 뿐이라고 무시하고, 나아가 그들을 통제하려는 태도로 이어진다는 것이다. 이 편견의 핵심은 미지의 개인은 그/그녀가 속한 집단의 특성을 그대로 갖고 있다는 가정이며, 이를 통해 구체적 개인의 차이점은 사라지고 인식과 제어가 가능한 동질한 집단만이 남게 된다. 그리고 이러한 가정은 바로 미지의 타자를 제어 가능한 것으로 만들기 위한 정치적 전략에 사용되어왔다. 따라서 신화 연구에 있어서도 개별성을 무시하고 유사성/동일성에만 주목해온 연구는 각 신화의 독특성과 가치를 무시한 채 특정 지역 중심의 신화 이론에서 타자의 신화를 재단하고 해석하는, 일종의 동일성의 폭력을 행사해왔음을 부인할 수 없다는 것이다.

그러나 그렇다고 해서 도니거가 비교 연구에 있어서 같음의 원칙the doctrine of sameness 자체를 포기해야 한다고 주장하는 것은 아니다. 위의 경우와 같은 잘못된 사용을 극복하고 이전과는 다른 관점에서 이 원칙을 전개해야 한다는 것이 그녀의 주장이다. 이를 위해 그녀가 제시하는 것은 '위로부터 아래로from the top down'의 접근 방식이 아닌 '아래로부터 위로from the bottom up'의 접근 방식이다. 이제까지 보편주의적 비교 연구자들의 이론은 '위로부터 아래로'의 방식을 취하고 있었다. 즉 희생제의, 지고신, 오이디푸스콤플렉스와 같은 보편적인 개념들로부터 출발해서 이 개념의 그늘 아래서 각 신화들을 비교하고 해석해왔다. 이와 같이 보편적 개념으로부터 출발하는 연구는 그 개념의 보편성에 대한 의문이 제기되는 순간 신랄한 비판의 대상이 될 수밖에 없다. 따라서 도니거는 이에 반대되는 '아래로부터 위로'의 방식을 추천한다. 즉 거대한 보편적 전제에서부터 출발하는 것이 아니라, 인간의 육체, 성적 욕망, 고통, 죽음 등과 관계된 특수한 개별적 내러티브 — 반드시 특정한 문화의 옷을 입고 나타날 수밖에 없는 구체적인 내러티브 — 에서부터 출발해 그들 사이에 존재하는 연속성의 끈을 찾아가는 연구를 해야 한다는 것이다. 도니거는 이처럼 '아래로부터 위로'의 방식을 취한 비교 연구를 위해서 비교신화학자는 최소한 두 문화권 이상의 신화 텍스트를 원어로 읽을 수 있는 능력을 기본적으로 갖추어야 하고, 그 신화를 낳은 문화권의 역사에 대해서도 해박한 지식을 갖추어야 한다고 강조한다. 그리고 이런 방식의 연구가 진행될 때만이 기존의 비교 연구 방식에 가해져온 '엄밀성의 결여'나 '환원주의' 등의 비판을 극복해나갈 수 있다고 말한다. 나아가 비교 연구에는 비교 대상을 바라보는 비교자의 주관성이 항상 개입할 수밖에 없고, 그렇기 때문에 비교 연구가 정치적인 문제와도 결코 무관할 수 없다는 것을 언제나 잊지 말아야 한다고 강조한다.

그렇다면 비교 연구를 결코 포기하지 않는 도니거의 비교에 대한 애착과 긍정적 믿음은 어디에서부터 나온 것일까. 그것은 세계 여러 곳에서 '서로 비슷한 이야기들'이 실제로 발견된다는 아주 단순하고 소박한 사실에서부터 출발한다. 그리고 도니거는 이 같은 엇비슷한 이야기들이 나타나는 이유가 인간이 때와 장소를 불문하고 비슷한 경험, 비슷한 질문을 던지며 살아온 삶 자체에 있다고 말한다. 그녀는 아무리 비교 문화적인 비교에 대해 칼날을 세우고 있는 이들이라 할지라도, 인간이라면 누구나 공감할 수 있는 보편적 경험에서 비롯된 유사한 이야기들이 세계 곳곳에서 나타나고 있다는 사실 자체를 부인하지는 못할 것이라고 말한다. 여기서 도니거는 이러한 유사한 이야기, 유사한 개별 신화들을 만드는 인간의 공통적 삶의 정황, 혹은 공통된 경험의 전달자를 거미에 비유한다. 이 거미는 실제로 눈에 보이는 확실한 존재는 아니다. 그러나 이 거미로부터 신화를 만드는 것들이 발생되고, 그러기에 거미는 신화를 만드는 것들에 의해 암시되어 있는 존재라고 할 수 있다. 그래서 도니거는 이 거미를 "암시된 거미implied spider"라 부른다.

"암시된 거미"는 자기 자신으로부터 뽑아낸 실로 세계를 방출해내는, 우파니샤드 속 신의 이미지와도 연결된다. 도니거는 모든 신화의 뒤에 숨어 있는 보이지 않는 거미가 바로 인간 누구나 공유하는 본성과 경험으로서, 이야기꾼들은 이로부터 끊임없이 거미줄을 짤 원료, 즉 계속해서 신화와 이야기를 만들어낼 원천을 공급받는다고 이야기한다. 비록 우리 눈에는 이들이 만들어낸 거미줄만 보일 뿐 거미의 존재는 보이지 않는다 하더라도 이 거미줄을 만들어낼 수 있게끔 한 숨은 거미의 존재, 즉 인류의 공통된 경험이 존재하는 것 자체를 부인할 수는 없을 것이라는 말이다.

하지만 공통된 경험이라 할지라도 그것이 이야기되는 방식은 시대와 장소에 따라 달라진다. 그리고 그렇기 때문에 세상에는 한 가지 이야기만 있는 것이 아니라 비슷한 여러 가지 이야기가 존재하게 된다. 도니거는 이렇게 서로 비슷하지만 조금씩 다른 신화들을 비교해보면 한 가지 신화만 읽었을 때는 보이지 않던 것이 보이게 된다고 말한다. 유사한 내용을 다룬 신화들이라 할지라도 한 신화 속에서는 이야기되지만 다른 신화 속에서는 이야기되지 않는 부분이 있게 마련이다. 우리는 구체적인 이야기, 구체적인 내러티브 속의 이 같은 세세한 차이들에 주목해볼 필요가 있다. 왜냐하면 각 신화들의 세부적인 차이를 음미해봄으로써 나의 신화에서는 꿈꿀 수 있지만 다른 사람들의 신화에서는 꿈꿀 수 없는 것, 반대로 나의 신화에서는 꿈꿀 수 없지만 다른 사람들의 신화에서는 꿈꿀 수 있는 것들을 찾아낼 수 있고, 이를 통해 우리가 너무나 당연하고 익숙하게 여기고 있는 것들을 '낯선 것'으로 볼 수 있기 때문이다. 즉 나의 세계관 속에서는 지극히 당연시되기에 그것에 대해 전혀 의문을 품지 않았던 것을 다시 보게 되고, 이로써 새로운 사고의 문을 여는 계기가 마련된다. 사실 도니거의 이런 생각 뒤에는 유태계 미국인으로 태어났음에도 불구하고 어린 시절부터 인도신화를 보며 상상력을 키워왔고, 또 인도신화를 통해 서구의 신화를 새롭게 보게 된 그녀 자신의 자전적 경험이 자리 잡고 있다.

그런데 이렇게 서로 다른 신화 텍스트들을 비교하고 이를 통해 각 텍스트의 빈 공간, 각 텍스트가 침묵하고 있는 부분을 메우는 새로운 통찰력을 얻을 수 있기 위해서는 '원형archetype'이라는 중간 역을 거치지 않으면 안 된다. 도니거는 이제까지 비교신화학에서 중심이 되어온 원형 개념의 중요성을 여전히 강조한다. 한 문화권의 신화를 그 문화의 사회적, 역사적 맥락 너머에서 해석하려는 작업에는, 신화의 구체적이고 드러난 의미 이면에 원형적이고 보편적인 의미의 층위가 존재한다는 가정이 함축될 수밖에 없기 때문이다. 그러나 우리는 결코 원형만을 따로 떼어서 볼 수는 없다. 원형은 언제나 구체적인 문화적 표현들이라는 옷을 입었을 때만 감지될 수 있는 것이기 때문이다.

도니거는 원형은 단지 개인의 구체적 경험이 그것을 가시적인 것으로 만들어줄 때만 의식 위로 떠오르게 된다고 한 융의 말을 인용한다. 따라서 신화의 원형만이 아니라 그것이 다채로운 문화적 표현들을 띠고 나타난 모습에 주목해야 한다는 것이다. 그녀는 신화를 살아 있도록 만드는 것은 원형의 힘이 아니라 바로 이렇게 구체적이고 세부적인 표현들의 힘이라고 말한다. 그러므로 신화의 다채로운 색깔과 구체적인 묘사들을 지워버리고 이를 단지 무색의 보편적 형태로 축소시켜버리는 신화학, 원형만을 강조하는 신화학에서는 신화의 진정한 매력과 가치가 다 사라져버린다고 비판한다. 도니거는 신화가 번성하는 것은 원형이 구체적인 문화적 표현들의 총합으로 여겨질 때, 즉 모든 구체적인 서사와 묘사들이 그 안에 다 채워져 있을 때라고 말한다. 그녀의 표현을 빌리자면, 이러한 구체적인 서사와 묘사들이 제거된 신화는 모든 소리를 단지 하나의 태고의 절대음으로 환원시켜 되돌려주는 원형의 동굴 속 메아리처럼 그저 공허할 뿐이다.

따라서 신화의 비교 작업에 있어서 원형의 동굴은 반드시 거쳐 가야 할 지점이기는 하지만 계속 머물러서는 안 될 곳이다. 그곳은 마치 모든 기차가 통과해 가는 중간 환승역과도 같다. 모든 노선은 그곳을 거쳐 가게끔 연결되어 있다. 그렇지만 그곳은 다른 노선으로 갈아타기 위해 들려야 하는 곳일 뿐 종착역은 아니다. 도니거는 레비스트로스가 신화 속에서 찾아낸 '구조' 역시 이러한 중간 환승역과 같다고 말한다. 그렇기 때문에 설사 모든 신화 속에 레비스트로스가 말한 이항 대립이라는 보편적 구조가 내재하는 것이 사실이라 할지라도 우리는 신화의 구조를 이야기하는 것에만 머물러서는 안 된다고 말한다. 신화는 구조가 아니라 내러티브이기 때문이다. 신화는 구조에 사건들의 연접, 인과관계에 관한 사유를 덧붙인다. 그래서 신화는 '이 일은 무엇무엇 때문에 일어났다'고 직접 말해준다. 구조는 각각의 요소들을 연대기적으로, 시간적으로, 인과관계적으로 배열하지 않지만 내러티브는 그렇게 한다. 그리고 내러티브의 배열이 바뀔 때마다 이야기의 핵심도 변화하게 되며, 신화가 다루고 있는 삶의 문제에 대한 해답도 달라진다.

여기서 도니거가 생각하는 신화란 무엇인가라는 것이 좀 더 분명해진다. 그녀에게 있어서 신화는 다른 무엇보다도 우선 '이야기'이다. 물론 도니거는 신화를 명확하게 정의 내리기를 주저한다. 이는 그녀 자신의 말대로 그녀의 관심은 신화를 정의하는 것보다는 신화가 어떤 모습으로 어떤 일들을 해왔는지 살펴보는 데 있기 때문이며, 또한 정의란 기본적으로 경계를 짓고 장벽을 쌓아올리는 일을 요구하는데 자신이 바로 이러한 경계 짓기, 장벽 쌓기에 도전하기 위해 글을 쓰고 있기 때문이다. 그럼에도 불구하고 신화란 무엇인가라는 질문에 대해 답한다면, 신화는 "그 속에서 자신에게 가장 중요한 의미를 발견한 사람들에게 신성시되고 공유되는 이야기"라고 할 수 있을 것이라 말한다. 도니거는 신화가 수천 년 동안 수많은 사람의 입에 오르내린 이야기라는 것을 강조한다. 그것은 이미 플라톤이 신화를 비판하던 시대에도 유모들이 아이들을 재우면서 잠자리에서 들려주던 옛이야기였다. 그 이야기들은 입에서 입으로, 혹은 여러 텍스트 사이를 떠돌면서 전해져왔고 이제는 스크린 속에서도 떠돌고 있다. 도니거는 이야기가 갖고 있는 힘이 바로 신화를 오랜 세월 동안 잊히지 않게 한 힘이라고 생각한다. 그녀가 원형보다는 구체적인 표현들을, 구조보다는 내러티브를 더 강조하는 것도 이러한 맥락에서 비롯된 것이다.

　이야기로서의 신화는 서로 다른 시대와 문화 속에 살았던 수많은 이야기꾼을 거쳐오면서 그들의 다양한 목소리를 통해 조금씩 변형되고 때로는 기존 내러티브와 정반대의 모습으로 변화되기도 한다. 도니거는 여러 신화를 비교해봄으로써 이처럼 신화 속에 끼워넣어진 다양한 목소리를 찾아내고자 한다. 그것은 때로 남성의 텍스트에서 여성의 목소리를 찾아내는 작업이기도 하고, 반대로 여성의 텍스트에서 남성의 목소리를 찾아내는 작업이기도 하다. 또한 동일한 이야기가 전혀 다른 정치적 맥락에서 사용되어온 역사를 더듬어가는 작업이기도 하다. 이 같은 작업은 사실상 각 신화의 역사적, 사회적 맥락을 무시하고서는 이루어질 수 없는 것이다. 그렇기 때문에 도니거는 새로운 비교신화학은 결코 구체적인 맥락을 무시하는 보편주의로의 환원이 아니라고 강조한다. 그녀가 제시하는 비교신화학자의 모습은 각 문화 간의 차이와 유사성 사이에 놓인 이야기라는 팽팽한 줄 위를 아슬아슬하게 걸어가는 모습이다. 비교 연구를 하는 사람이라면 누구나 이 줄타기의 긴장감을 즐길 줄 알아야 한다.

여기서 도니거가 『암시된 거미』에서 비교신화학 방법론을 제시하면서 사용하는 주요 용어들을 좀 더 정리해보면 다음과 같다.

• 미시 신화micromyth/거시 신화macromyth: 신화는 실제로는 존재하지 않는 두 가지의 메타 신화, 즉 미시 신화와 거시 신화를 통해 분석될 수 있다. 미시 신화는 한 신화의 가장 밑바닥에서 찾아낼 수 있는 내러티브 조각이다. 이는 특정한 관점이 들어가 있지 않은 중립적 구조를 취하고 있으며 이야기 속의 가장 단순한 뼈대를 구축하는 문장이다. 예를 들어 아담과 하와의 이야기에서 발견되는, "한 여자와 한 나무 위에 있는 뱀이 한 남자에게 한 열매를 주었다"와 같은 문장을 말한다. 미시 신화에 다양한 관점이 투영된 여러 가지 이야기들이 겹쳐지면서 거시 신화가 만들어진다. 거시 신화는 미시 신화의 기반 위에서 비교 연구자가 찾아낸, 다양한 관점을 가진 여러 가지 이본異本들의 총합이다. 그러므로 앞서의 예로 다시 돌아가자면, "한 여자와 한 나무 위에 있는 뱀이 한 남자에게 한 열매를 주었다"라는 문장에 대한 다양한 해석이 첨가된 여러 판본의 총합이 곧 거시 신화라 할 수 있다. 도니거는 한 신화를 분석하기 위해서는 그 신화의 미시 신화와 거시 신화를 모두 검토해야 한다고 말한다.

• 다성성multivocality: 하나의 신화, 하나의 이야기 속에는 다양한 화자의 목소리가 끼워 넣어져 있다. 신화는 지우고 다시 쓰기를 여러 번 거듭한 양피지, 팔림세스트palimpsest와도 같다. 신화학자는 이 지우고 다시 쓴 흔적들을 찾아내어 신화 속에 감춰진 여러 화자의 목소리들을 읽어내야만 한다. 이는 특히 신화 속에 감춰진 여성의 목소리, 남성의 목소리를 찾아내는 작업에서 중요한 의미를 지닌다. 하나의 신화가 여러 관점의 목소리들을 흡수할 수 있기 때문에 표면적으로는 남성의 목소리로 쓰인 텍스트에서도 여성의 목소리를 읽어낼 수 있고, 반대로 여성의 목소리로 쓰인 텍스트에서도 남성의 목소리를 읽어낼 수 있다.

• 절충주의eclecticism: 신화의 내부에 다양한 목소리, 다양한 관점이 존재하고 신화의 외부에도 이야기를 말하는 다양한 방식이 존재하며, 또 이러한 신화들을 다양한 문화권에 속한 학자들이 각자 자신의 관점에서 분석하는 상황에서 절충주의는 비교 연구자의 본질적인 방법론일 수밖에 없다. 물론 절충주의는 관점의 부재, 혹은 방법론적 통제의 상실이라는 비판을 받을 위험이 있다. 그러나 도니거는 절충주의를 통해 '어떤 종류의 진실'에 좀 더 다가가고 있다는 확신으로 그 위험이 상쇄될 수 있다고 믿는다. 도니거는 '이것이냐 저것이냐either/or'가 문제될 때 '둘 다both/and'를 선택하는 다원적 태도가 결코 타협이 아니라, 다양한 관점 사이에서 균형된 긴장을 유지하며 좀 더 진실에 다가서는 것이라고 말한다.

그러나 이러한 도니거의 비교 연구 역시 여전히 역사적 맥락을 간과하고 있다는 비판을 받기도 했다. 인도신화와 그리스신화, 성서와 셰익스피어, 할리우드 영화를 넘나드는 도니거의 대담한 비교가 때로는 심각한 맥락의 혼동을 가져온다는 것이다. 또한 그녀의 비교 작업이 어디까지나 서구 학자의 입장에서 서구인들에게 필요한 타자의 신화들만을 이야기하는 한계를 벗어나지 못하고 있다고 지적되기도 했다. 그러나 도니거는 이러한 비판에 대해 정교한 이론으로 대처하기보다는 자신이 처한 입장(즉 여성, 인도신화학자, 비교신화학자, 유태계 미국인, 60년대 미국에서 대학을 다닌 세대 등등)에서 자신이 지금 관심을 갖고 있는 주제들과 관련된 다양한 이야기를 실제적으로 어떻게 서로 비교할 수 있는지, 그리고 그 과정에서 각 텍스트 속에 숨겨진 목소리들을 어떻게 찾아낼 수 있는지 직접 보여주는 데 더 주력했다. 그녀의 소망은 맥락에 충실한 역사적 신화 연구가 엄밀하게 이루어지는 동시에 자신과 같은 비교 연구자들도 자유롭게 비교 연구를 진행시켜나갈 수 있는 다원적 학문 공간을 확보하는 것이기 때문이다. 사실 도니거의 저서들은 역사적 맥락을 좀 더 중시하는 힌두교 고전 번역서와 힌두교 및 인도신화에 대한 저서들 그리고 비교신화학 저서들 두 부류 모두에 걸쳐 있다.

도니거는 『암시된 거미』를 쓰기 전 이미 『다른 사람들의 신화 Other Peoples Myth: The Cave of Echoes』라는 책에서 비교신화학의 필요성, 타자의 신화를 우리의 신화와 함께 읽어야만 하는 이유에 대한 기본적인 이론적 논의를 전개했다. 이 책은 힌두교를 전공한 종교학자 류경희 선생님의 번역으로 이미 한국에 출판되어 나와 있다.•

• 웬디 도니거 오플래허티, 『다른 사람들의 신화』, 청년사, 2007. 도니거는 1991년 이전에 출판된 책에서는 웬디 도니거 오플래허티 Wendy Doniger O'Flaherty라는 이름을 사용했다.

아마도 『암시된 거미』와 이 책을 같이 읽으면 도니거가 이야기하는 비교신화학의 의미를 조금 더 분명하게 이해할 수 있을 것이다. 『암시된 거미』 출판 이후 도니거는 인도신화와 그리스신화에서 여성과 남성 혹은 여신과 남신이 허물을 벗거나 자신을 둘로 나누어 성적인 혼동과 분열을 가져오는 내용을 서로 비교한 책을 쓰기도 했으며(『차이의 분할: 고대 그리스와 인도의 젠더와 신화 Splitting the Difference: Gender and Myth in Ancient Greece and India』), 뒤이어 베드 트릭이라는 주제 아래 형제 계승혼, 근친상간, 복장 도착과 관련된 여러 신화를 비교한 책(『베드 트릭: 성과 변장에 관한 이야기 The Bedtrick: Tales of Sex and Masquerade』)을 내놓기도 했다. 두 책 모두 특정한 문화적 상황에서 여성과 남성의 미묘한 권력관계로 인해 발생하는 다양한 신화적 변이를 다루고 있다. 이러한 비교신화학 저서들에서 그녀는 텍스트의 개별적 맥락을 중시하면서도 논의 중간중간에 전혀 다른 역사적 맥락에서 나온 이야기들을 끼워 넣는 것을 주저하지 않는다. 사실 도니거의 책을 읽으며 얻는 가장 큰 즐거움은 이렇게 텍스트를 넘나드는 독서가 주는 즐거움일 것이다. 도니거의 글을 읽다 보면 그녀가 '이야기' 읽는 것, 혹은 듣는 것을 정말 좋아하며, 또 자신이 알고 있는 여러 이야기를 서로 연결해 다른 사람들에게 말해주는 것을 무척 좋아한다는 생각이 든다. 마치 그녀 자신이 아득한 과거 우리에게 신화를 이야기해주던 이야기꾼이 된 것처럼 이곳저곳에서 보고 들은 새롭고 진기한 이야기들을 적절히 섞어서 들려주고 있기 때문이다. 그녀의 책은 딱딱한 문장이나 엄격한 분석의 틀을 사용하기보다는 재치 있는 문장과 자유로운 구성을 통해 그 자체로 한 편의 재미있는 이야기를 읽는 것과 같은 흥미로움을 가져다준다. 도니거 스스로도 자신은 논증이 아닌 비유와 이야기들로 책을 써나간다고 고백한 바 있다. 따라서 그녀의 책을 정리해서 요약, 재구성한다는 것은 결코 쉽지 않은 일이다. 그녀의 학문은 깔끔한 격자무늬가 아닌 복잡하게 얽힌 거미줄의 형태를 취하고 있기 때문이다. 그러므로 도니거의 책들은 그녀 자신이 믿고 있는 신화의 힘, 이야기의 힘을 가장 잘 보여주는 예라고도 할 수 있다.

*

『암시된 거미』 초판이 나온 지 10여 년이 지난 후 개정판이 출판되었다. 초판의 구절들 일부를 수정하고 또 곳곳에 새로운 예시들을 더 첨가해 넣은 개정판의 서문에서 도니거는 컨텍스트, 그리고 신화와 역사에 관한 자신의 생각을 이야기한다. 먼저 도니거는 초판을 쓸 때보다 컨텍스트의 중요성을 더 강하게 인정하게 되었다고 말한다. 물론 초판에서도 도니거는 비교 연구에서의 컨텍스트의 중요성을 결코 무시하지 않았다. 그러나 초판의 강조점이 여전히 역사적 컨텍스트를 강조하는 연구보다는 비교 연구에 놓여 있었다는 점을 감안할 때 도니거는 비교 연구에서 컨텍스트를 놓칠 때의 문제점, 나아가서 좀 더 중요하게는 이러한 컨텍스트들을 서로 비교하는 작업의 필요성을 더욱 강조하고 싶었던 것 같다.

개정판에서 도니거가 언급하는 또 다른 주제는 신화와 역사에 관한 문제다. 신화와 역사가 결코 동일한 것은 아니지만 또한 신화와 역사가 절대 서로 무관한 것도 아니라는 점, 즉 신화가 실제 역사를 재구성하는 데 사용될 수는 없지만 역사의 바탕에 깔려 있는 어떠한 정서, 동기 등을 추측할 수 있게 해준다는 점과 더불어 또한 이러한 신화가 후대 사람들의 실질적인 태도와 행동에 결정적인 영향을 끼치면서 역사에 직접 관여할 수도 있다는 점 등을 지적한다. 이는 신화와 역사의 관계에 관한 상당히 일반적인 언급이라고도 들리는데, 이 같은 신화와 역사의 관계를 도니거가 여기서 다시 강조하는 이유는 아마도 2000년대 초반부터 시작된 도니거의 인도 신화 및 인도 역사와 전통에 대한 소위 '정확한' 해석을 둘러싼 논쟁과 무관하지 않을 것이다. 그리고 이 논쟁은 결국 2009년 도니거의 책 『힌두교: 또 다른 역사The Hindus: An Alternative History』를 둘러싼 스캔들로까지 이어졌다고도 볼 수 있다. 따라서 이 부분에 대한 간략한 언급이 여기서도 필요할 것 같다.

2000년대 초반, 미국의 인도학 연구 후원 재단인 '인피니티 재단The Infinity Foundation'의 설립자 라지브 말호르타Rajiv Malhorta는 웬디 도니거를 비롯한 그녀의 제자들이 잘못된 방식으로 힌두교 문헌과 문화에 대한 해석을 전개하고 이를 퍼뜨리면서 인도 문화를 폄하하고 왜곡하고 있다고 비난하기 시작했다. 일찍이 정보 기술과 미디어 산업에서 부를 쌓고 은퇴한 후 인도학 연구 후원 사업을 시작한 말호르타는 스스로 인도 문화와 힌두교에 대해 공부하며 미국 학계의 인도 연구 경향에 대해 비판적인 입장을 표명하기 시작했는데, 그중에서도 특히 도니거의 힌두교 연구가 프로이트의 정신분석학을 적용해 인도 문화를 왜곡되게 성적으로 해석하고 있다고 비난했다. 그의 비난은 도니거의 저서들뿐만 아니라 도니거의 제자인 제프리 크라이팔Jeffrey Kripal, 동료 인도학자인 폴 코트라이트Paul Courtright의 저서로까지 이어졌다. 법철학자이자 윤리학자인 마사 누스바움Martha Nussbaum은 인도의 정치와 종교에 관한 저서

『내부의 충돌: 민주주의, 종교적 폭력, 인도의 미래The Clash Within: Democracy, Religious Violence, and India's Future』에서 도니거와 그녀의 제자들, 동료들을 둘러싼 이러한 비난과 위협을 상세히 분석 논의하며, 말호르타와 그를 추종하는 이들이 특히 섹슈얼리티와 관련된 문제에 민감하게 반응하며 프로이트를 적용한 분석 방법을 인도 문화에 대한 잘못된 해석이라고 주장하는 데는 섹슈얼리티 자체를 수치스럽게 생각하는 문화적 관점이 작용하고 있음을 지적했다. 또한 말호르타가 도니거를 그리스신화의 키르케Circe에 비유하며 그녀의 남성 제자들을 그녀의 마법에 의해 반反힌두적인 태도로 변화한 돼지들에 비유한 것은, 여전히 여성이 성적인 문제에 대해 솔직하게 관심을 갖고 논의한다는 것 자체가 그녀가 나쁜 여성이라는 것을 말해준다고 믿는 사회의 어떤 분위기를 이용한 것이라고도 지적했다. 누스바움은 이 저서에서 웬디 도니거와 그녀의 제자들, 동료들을 향한 이러한 비난이 단지 학문적 차원에서의 비판이 아니라, 인도인이 아닌 사람은 인도 문화에 대해 제대로 논의할 자격이 없다는 논의로 이어지는 위험성, 더 나아가서 비인도인의 연구가 인도 문화를 폄하하는 것이라는 잘못된 인식, 그리고 그 인식에서 비롯된 학자 개인에 대한 공격과 협박 등으로 이어지는 것을 경계하고 있다. 실제로 당시 도니거 및 그녀의 제자들, 동료들은 많은 협박성 이메일과 편지에 시달렸던 것으로 알려져 있다.

말호르타의 비난이 미국 내에서의 인도 연구와 관련된 문제였다면, 도니거의 2009년 저서『힌두교: 또 다른 역사』는 인도 내에서의 문제에 휘말렸다.『힌두교: 또 다른 역사』는 출판된 직후 미국 및 인도를 포함한 여러 지역에서 대중적으로 많은 환영과 주목을 받았으나 2011년 인도에서 도니거와 이 책을 출판한 펭귄북스를 상대로 힌두교를 모독했다는 혐의로 소송이 제기되었다. 소송을 제기한 디나나스 바트라Dinanath Batra는 이 책이 인도신화 속 존재들의 성적 욕망을 노골적으로 묘사하고 『마하바라다』를 허구의 이야기로 상정하는 등 힌두교 전반을 모독했으며 이는 인도 헌법 295a 조항, 즉 인도 내의 특정 종교 집단의 종교적 감정을 고의적으로 훼손하거나 종교적 신념을 모독한 자는 법에 따라 처벌받는다는 조항에 해당된다고 주장했다. 인도와 미국뿐 아니라 세계의 주목을 끈 이 소송 끝에 결국 2014년 펭귄북스는 인도에서 도니거의 책 『힌두교: 또 다른 역사』를 모두 회수, 폐기 처분하기에 이른다.

그러나 이 책은 흥미롭게도 이로부터 2년이 채 안 된 2015년 스피킹타이거북스라는 출판사를 통해 인도에서 재출판되었다. 그런데 같은 책임에도 불구하고 새로 출판된 책의 표지는 이전 펭귄북스의 표지와는 달랐다. 즉 이전 펭귄북스의 표지에는 크리슈나 신과 그를 추종하는 목동 여성들의 에로틱한 관계를 상상하게 하는 삽화가 들어가 있었던 데 반해 새로 출판된 스피킹타이거북스의 책의 표지에는 양성구유의 모습을 한 시바 신상이 들어가 있었다. 도니거의 책에 대한 법적인 소송의 근간에 신화 속 캐릭터들에 대한 성적인 묘사와 외설적인 상상으로 힌두교의 근본정신을 왜곡하고 모독했다는 비난이 깔려 있었다는 점을 상기한다면, 이 같은 표지의 변화가 인도 사회에서 의미하는 바와 그 밑에 깔린 정서를 충분히 상상할 수 있을 것이다. 그리고 이는 말호르타가 미국 내에서 웬디 도니거의 인도신화 연구에 대해 비판하면서 특히 성적인 문제를 거론했다는 점과 일맥상통한다고 볼 수 있을 것이다.

『암시된 거미』에서도 분명히 드러나듯이 도니거는 결코 어떠한 하나의 해석만이 '정확한' 해석이나 '올바른' 해석이라고 생각하지 않는다. "또 다른 역사"라는 부제가 말해주듯이『힌두교』라는 책을 통해서도 도니거 자신의 특정한 관점에 따라 재구성된 힌두교의 역사가 결코 유일하고 올바른 역사라고 주장하지 않으며, 단지 그동안 지배적이었던 관점에서 벗어나 이와는 다른 관점, 즉 인도 사회의 중심부, 지배자, 남성의 시선이 아닌 주변부, 피지배자, 여성의 시선을 통해 힌두교를 재구성해보려는 시도 중 하나라는 것을 밝힌다. 도니거가 비교신화학을 통해 확보하려고 하는 영역은 어떠한 하나의 유일한 원형, 하나의 진리, 하나의 역사만이 옳다고 생각하는 논리에 대항하며 하나가 아닌 여럿의 관점이 공존하는 삶의 복합적 차원을 살펴보고 이해하려는 학문의 영역이다. 그러나 특정 문화의 해석을 둘러싸고 도니거에게 가해진 일련의 비난과 이로 인한 스캔들은 여전히 이러한 해석의 다양성을 인정하는 것 자체를 거부하는 사람들이 있다는 것을 말해준다.

 마지막으로 2020년이라는 시점에 한국 사회에 도니거의 번역서를 내놓는 심정에 대한 이야기도 조금 덧붙여야 할 것 같다. 내가 처음『암시된 거미』를 접한 것은 1999년 여름이었다. 석사 학위를 마치고 종교학을 계속 공부해야 하나 고민하고 있었던 때였고 또한 개인적인 사정으로도 어떤 갈림길에 서 있었던 복잡한 시기였다. 그때 읽게 된 도니거의 책『암시된 거미』는 일상과 학문의 언어를 가로지르는 유쾌하면서도 섬세한 서술로(도니거의 책 원문이 지닌 발랄한 글쓰기의 느낌을 번역으로 충분히 살리지 못한 것이 아쉬울 뿐이다) 단번에 흥미를 끌었다. 역사적·정치적 맥락을 고려하면서도 또 이러한 맥락들을 과감히 넘나드는 비교, 그때마다 등장하는 다양한 메타포, 그리고 이러한 비교와 메타포의 독특한 효과와 의미를 역설하는 이 책은 내게 (비교)종교학이 여전히 매력 있는 학문이고 더 공부해볼 만한 분야라는 확신을 주었다.

그러나 2000년에 처음 이 책을 번역하기로 결심한 이래 계속 일정이 미뤄지다가 2011년에 개정판이 나왔고, 이 개정판의 번역마저 긴 시간을 두고 띄엄띄엄 진행하게 되었다. 그 긴 시간 동안 간격을 두고 도니거의 글을 다시 읽어나가면서 특정한 어떤 부분에 대해서는 여전히 깊이 공감했고, 또 어떤 지점에서는 여러 가지 복잡한 생각이 들기도 했다. 아마도 내가 여전히 가장 공감하는 부분은 신화의 카멜레온적인 성격 혹은 신화의 투명성에 대한 도니거의 지적일 것이다. 즉 신화라는 것은 인간이 세상을 이해하고자 노력하는 와중에 만들어진 한 이야기일 뿐이며 그 이야기 자체는 어떠한 방식의 믿음을 강요하거나 믿음의 범위를 고착시키려 하지 않는다는 것이다. 그렇기 때문에 신화는 반동적으로든 혁명적으로든 어떠한 방식으로도 사용될 수 있으며, 똑같은 신화가 지배자들을 위해서도 또 반대로 피지배자들을 위해서도 사용될 수 있다. 신화에 대한 정의 못지않게 신화에 대한 분석과 접근이 다양한 이유 역시 이처럼 신화가 다양한 모습으로 다양한 차원에서 나타나기 때문일 것이다. 또한 단지 신화의 원형적 구조에만 관심을 기울일 것이 아니라, 각 시대, 각 지역에서 당시의 삶의 정황에 부합하는 새로운 질문에 답하며 새롭게 변형되고 재구성된 신화의 세세한 디테일에 주목해야 한다는 생각 역시 지금까지 나에게 큰 영향을 끼쳤다. 나는 아직도 신화의 진정한 힘은 원형적 구조가 아니라 당시 사람들의 구체적인 삶의 문제들, 그리고 그 문제들을 둘러싼 여러 가지 힘의 경쟁, 그 흔적과 파편이 가미된 신화의 세세한 디테일 속에 있다고 생각한다.

반면 텍스트 속 남성의 목소리와 여성의 목소리를 다룬 5장에 대해서는 조금 복잡한 감정이 든다. 물론 나는 여전히 남성의 목소리와 여성의 목소리를 이분법적으로 나누고 이를 대립적인 것으로만 보려고 하는 방식에 반대하며 남성의 텍스트 속에도 여성의 목소리가 들어 있을 수 있고, 여성의 텍스트 속에도 남성의 목소리가 들어 있을 수 있다고 보는 도니거의 기본적인 주장에 동의한다. 그러나 한편으로는 남성 중심적인 텍스트, 여성 혐오적인 텍스트 속에서도 분명 여성의 목소리를 구해낼 수 있다는 생각, 혹은 아무리 여성 혐오적인 작가라도 역시 그 주변에 여성들이 있었을 것이고 그 여성들로부터 영향을 받았을 것이니 그의 작품에서 어떠한 여성의 목소리를 찾아볼 수 있을 것이라는 도니거의 생각이 다소 지나친 낙관론으로 느껴지기도 한다. 오직 여성이 쓴 텍스트만이 여성의 관점을 반영하고, 오직 여성 연구자만이 그러한 텍스트를 연구해야 한다는 편협한 관점에 반대하는 도니거의 생각에는 충분히 공감하지만, 그럼에도 불구하고 오늘날 다시 새롭게 부상하는 페미니즘의 흐름 속에서 바라보자면 명백히 가부장적 세계관의 산물로 보이는 고대 신화 텍스트들의 "양성구유성"을 전제하고, 그 속에서 남성과 여성 모두의 목소리를 밝혀내는 연구가 충분히 가능하다고 생각하는 도니거의 믿음이 지나치게 희망적이었던 것이 아닌가 하는 생각도 드는 것이다. (물론 나는 분명 우리는 더 열심히 고전 텍스트들을 여성의 관점에서 재해석하는 작업을 해야 한다고 생각한다. 단지 남성 텍스트 속에 묻힌 여성의 목소리를 되살리는 방법은 도니거가 논의한 것보다도 오히려 조금 더 과감한 재맥락화를 통해 진행되어야 하지 않나 생각한다.) 더구나 여기에 더 복잡한 마음이 들게 만드는 것은 이처럼 남성과 여성의 목소리 모두를 고려하는, 따라서 언제나 젠더 균형적인 입장을 고려하는 도니거의 연구마저도 일부 사람들에게는 지나치게 한쪽의 입장, 그러니까 여성의 입장에 치우친 것, 혹은 나아가서 그렇기 때문에 올바르지 못한 접근 방식으로 비난받았다는 점이다. 이 모든 것을 고려해볼 때 젠더 관점에서 신화를 해석하고 비교하는 일에 관한 논의는 이 책이 쓰인 1990년대 말 서구 학계의 분위기를 떠나서 현재의 맥락에서, 그리고 서구 학계뿐만 아니라 한국 및 세계 각지의 저마다의 맥락에서 — 도니거가 이 책에서 계속 강조해서 말했듯이 — 다시 맥락화될 필요가 있을 것이라 생각한다.

끝으로 1999년 여름 신화학 세미나에서 함께 이 책을 처음 같이 읽었던 친구들, 김민, 김윤성, 방원일, 윤대영에게 고마움을 표한다. 그해의 신화학 세미나가 없었다면 지금 이 책은 나오지 못했을 것이다. 또한 긴 번역 작업 동안 기다려주고 난잡한 초고의 번역을 원문과 대조해가며 꼼꼼히 훑어서 무수히 많은 오류를 수정해준 이학사 편집부에 말할 수 없는 고마움을 표한다. 번역 자체가 긴 시간을 두고 행해지다 보니 초고 안에는 동일한 개념을 두고 다양한 번역어가 출몰했는데, 이 모든 혼란을 바로잡아주고 번역의 오류, 어색한 어투들을 친절하게 수정해준 이학사의 도움이 없었다면 이 번역서의 출판은 불가능했을 것이다. 그럼에도 불구하고 번역상의 오류가 있다면 그것은 온전히 나의 책임이다. 마지막으로 까다로운 영어 표현과 미국 문화의 숙어적 표현들이 나올 때마다 도움을 주었던 남편, 거미 표지의 책에 흥미를 보이던 어린아이에서 이제 자신만의 새로운 신화를 쓰는 사춘기에 접어든 소년이 된 아들, 두 사람이 항상 내게 보내주는 응원과 사랑에 고마움을 표한다. 이들은 신화라는 이야기를 계속 살아 있게 만드는 것은 우리의 하루하루 다채롭고 구체적인 일상의 경험과 기억들이라는 것을 항상 상기시켜주었다. 이 책이 우리 삶 속에 다양한 모습으로 존재하는 신화들, 그리고 그러한 신화를 만드는 현실의 복잡하고 다양한 차원에 대해 다시금 생각해보고 이들을 서로 비교해볼 기회를 제공해주길 바란다.

2020년 1월
옮긴이 최화선

찾아보기

ㄱ

가디너, 주디스 케건 269, 319
가이 포크스 기념일 261
개구리 왕자 243
거북이 145
거시 신화 43, 197, 222-223, 231-235, 357, 360, 364, 369
거짓의 진실성 12, 25-28
게 171
게르, 마르탱 108
겔너, 어네스트 86, 130
결혼 244, 276-279, 288, 297, 311, 319-320, 355
고슴도치 126-127, 349
고이테인 S. D. 308
고통 44-45, 51, 56, 68-69, 78, 148-149, 153, 280-283, 299
골드, 앤 그로진스 289-290, 327
골드만, 로버트 P. 122
골드윈, 샘 205
곰브리치, 에른스트 174
구조주 346, 351, 357-365, 368

그레이, 존 311
그렌, 데이비드 95
그리고로비치, 유리 263
그리스도교 87, 178-179, 216, 314
근친상간 243
기어츠, 클리포드 149, 155-156, 158, 166, 227, 354-355, 357, 376, 378-379
긴즈부르그, 카를로 91-92, 166, 252, 337, 346-349
꿈 34, 52, 58, 145, 159, 356

ㄴ

나가세나 131-133, 136, 160
나라야나 라오, 벨케루 175, 280, 292
남북전쟁 254-255
남성의 목소리 298, 303, 327, 333
노먼, 제시 194
누에고치 157
늑대 244-245
〈늑대와 춤을〉 256, 311
니버, 라인홀트 70, 91

니오베 260

ㄷ

다말과 유다 100-101, 103-105, 108-109, 151, 242, 341
단일 신화 165
달 58, 85, 144, 199-200
더글라스, 메리 361
던데스, 앨런 251, 341-342, 370
데리다, 자크 361
데모스, 존 106-107, 184, 368
데비, 마하스웨타 286-287
데일리, 메리 272
데커스, 미다스 277-279
델반코, 앤드류 74-76
『도리카에바야 모노가타리』 328
도스토옙스키, 표도르 미하일로비치 106
도앤, 메리 앤 89
동화 26, 139, 243, 245, 275, 293, 296, 300, 335, 370
뒤마, 알렉상드르 253
뒤메질, 조르주 146
드라우파디 287-288
디바카루니, 치트라 바네르지 286-288
딜러드, 애니 42, 63, 74, 169, 187, 196
딜타이, 빌헬름 172

ㄹ

라마누잔, A. K. 15, 39, 133, 151, 220, 234-235, 276-277, 280, 284, 297, 309, 313
『라마야나』 17-18, 55, 98, 151, 215, 237, 242, 284
라바나 115, 242
라스코 216
라슨, 게리 245
라커, 토머스 149, 304, 358
랍비 히야 247, 249, 259, 282
래시 299
래퍼티, 테렌스 88
램, 찰스 207
레비나스, 에마뉘엘 169, 353
레비스트로스, 클로드 37-38, 72-73, 107, 111, 121, 145, 151, 194, 214, 345-349, 351-367, 373, 379
레아와 야곱 108
로드, 알버트 122
로렌스, D. H. 283
로렌스, W. W. 340
『로젠크란츠와 길덴스턴은 죽었다』 105-106
로트만, 유리 103
루보, 자크 26
루스벨트, 프랭클린 D. 75
루시디, 샐먼 201, 260
루이스, C. S. 139
르 루아 라뒤리, 에마뉘엘 126
『리그베다』 46, 312, 323
리비, 바바라 276
리치, 에드먼드 314, 359, 363
리치맨, 폴라 301-302
리쾨르, 폴 186-187
링컨, 브루스 98, 135, 166, 265, 304

ㅁ

마그리트, 르네 216
『마누법전』 320, 323-324
마더 구스 275, 299-300
마르칸데야 57
『마하바라다』 53, 55-57, 59, 143, 215, 218, 225, 266, 284-285, 287-288, 312
만, 토마스 199
말 94, 176
맑스주의 86
맥닐, 윌리엄 370
맨틀, 힐러리 106, 184, 368
멀티 대학교 372-375
메나르, 피에르 119, 331
메난드로스 왕 131
메데아 51, 195
메타포
  거미줄 156-157, 159, 162-163, 228, 339, 358, 375
  거울과 창문 39, 177
  고슴도치와 여우 12, 126-127
  고양이 80, 84-89
  극단의 추 373
  낙하산 부대원과 송로 채집가 126-127
  넝마 가게 352
  도구 상자 369
  등잔과 불 135-136
  렌즈 36-37, 40-43, 64-65, 69, 74, 77, 79, 181, 202, 227, 317
  망원경 16, 29-30, 34, 36, 38, 40-42, 44-45, 51, 60, 62, 65-66, 68-73, 75, 77-79, 127, 186, 193, 197, 200, 313
  모네의 건초더미 223-224
  모래 60-62
  무지개 223
  바니안나무 339
  바퀴 132, 224
  밧줄 375
  버스 360, 363
  번역 30-32, 38
  벤다이어그램 156, 228, 358
  사냥꾼과 현자 29, 126
  수레 132, 135
  수프 큐브 233
  아일랜드 벽 155
  암시된 거미 157-158
  양말 127
  장티푸스 메리 344
  짖는 (짖지 않는) 개 94-95, 188
  치수를 재는 줄 45
  칼 133-135
  테세우스의 배 128
  트램펄린 223
  퍼즐 112-113
  현미경 17, 29-30, 34, 39-45, 60, 62, 65-67, 69, 71-73, 77-79, 144, 186, 193, 197, 200
  황금 깃털을 가진 새 133
모네, 클로드 223
모리슨, 토니 269
모슨, 게리 솔 106, 217
몽테뉴, 미셸 에켐 드 366
미녀와 야수 276, 296
〈미니버 부인〉 353
『미들마치』 11

미라 바이 301
〈미스 사이공〉 76
미시 신화 15, 197, 223-226, 228-234, 251, 265, 352, 357, 360
미첼, 스티븐 47, 52, 56
미첼, 줄리엣 272
민속학자 224-225, 275, 278, 298, 305, 339-340
민족지 156, 327, 372
밀러, 아서 263
밀레이, 에드나 세인트 빈센트 37
『밀린다왕문경』 130
밀스, 마거릿 289

ㅂ

『바가바드기타』 56, 160
『바가바타 푸라나』 44, 57, 63
바그너, 리하르트 214, 258-259, 263
바기라타 215
〈바람과 함께 사라지다〉 67-68
바르트, 롤랑 39, 250-252, 263, 370
바움, L. 프랭크 66
바이넘, 데이비드 228, 232, 372
바이넘, 캐롤라인 워커 125
바흐친, 미하일 216-218
반유대주의 258, 353
발, 미커 219-220, 238, 307
발자국 92, 158-159
발퀴레 257-259
백과사전적 접근 154
백조 처녀 278, 304-305, 311
뱀 205-206, 208, 210-211, 221, 223, 225-227, 229, 233-234, 237, 277

버틀러, 주디스 154
번스타인, 마이클 안드레 217
벌린, 이사야 126
베드 트릭 101, 111, 204-205, 331
베이신저, 제닌 294-295
베이컨, 프랜시스 83
베텔하임, 브루노 142, 335
벤야민, 발터 13-14, 195
벨로우, 솔 189-190
벨록, 힐레어 80
보르헤스, 호르헤 루이스 119
『보바리 부인』 114, 376
보바리, 엠마 299
보부아르, 시몬 드 272
보어, 닐스 198, 200
보우덴, 윌리엄 204
보편성 101, 136, 147-149, 152, 163, 188
보편주의 13, 40, 123, 153, 164, 170, 185-186, 189, 191, 233, 375
보해넌, 로라 118, 186
부버, 마틴 249-250
부스, 웨인 157
〈부시맨〉 176
불교 96-97, 130-131, 135, 339
브룩, 아서 184
브리콜뢰르 195-197, 265, 337-338, 348, 352-353, 367, 369
브히마 55
블레드스타인, 에이드리언 109, 307
블레이크, 윌리엄 60-61
블루멘베르크, 한스 149
블룸, 해롤드 307
비교

공시적 - 15
망원경으로서의 - 127
메타포로서의 - 30
비교 문화적 - 32, 38, 99, 110, 140
-에 대한 비판 11, 164-166, 170, 176-180, 230-231, 334
-와 보편주의 152-154, 338
-와 역사 20, 99-100, 121-122, 124-127, 133, 154, 350
-와 컨텍스트 123-126, 167, 171, 371
-의 삼각형 100-101
예술과 과학으로서의 - 11, 192-196
통시적 - 16
비교 문화적 연구 23-25, 28-33, 78, 80, 193-196
비교신화학 11, 23-24, 29, 78, 81, 194
비숍, 엘리자베스 61
비슈누 57, 215
비트겐슈타인, 루트비히 200, 347
빨간 모자 244-245

ㅅ

사악한 계모 235, 296, 335
사이드, 에드워드 303
사이드섀도잉 217-218
사타르, 아르시아 284-285
사탄 51, 165, 207
사포 329-332
산토끼 199
상징 19, 133, 214, 227-229, 232, 314, 360-361
샤일록 12, 142-143
서버, 제임스 41-42

〈서부 전선 이상 없다〉 66-67
설리반, 로렌스 E. 137, 232
『성녀 잔다르크』 76
성서
「다니엘서」 112
「마태복음」 69
「시편」 83, 112
「욥기」 → '욥' 참조
「창세기」 → '에덴', '레아와 야곱', '다말과 유다' 참조
- 속 여성의 목소리 307-308
-와 셰익스피어 108-111, 117-118, 274
-의 다성성 212, 219-220
-의 성차별주의 212, 307
성차별주의 89-90, 273, 308, 374
세르반테스 119
세즈윅, 이브 90, 182
셰에라자드 299-300
셰익스피어 11-12, 32, 44, 51, 100-101, 105-106, 108-111, 118, 151, 158, 165, 183-184, 186, 212, 242, 269, 272, 274, 307, 313, 340-341, 344
『끝이 좋으면 다 좋아』 151, 186, 307, 340-341
『로미오와 줄리엣』 184
『리어왕』 51, 212
『십이야』 212
『햄릿』 69, 95, 106, 114, 118, 161
『헨리 5세』 165
셸리, 퍼시 비시 207, 233-234, 243
셸링, 프리드리히 84, 87
소렐, 조지 266

쇼, 미란다 317
쇼, 브렌트 125
쇼, 조지 버나드 76
〈쉰들러 리스트〉 65, 72
슈발리에, 모리스 80
슐만, 데이비드 87
스미스, 시릴 스탠리 40
스미스, 조너선 Z. 26, 30, 94, 100, 137, 141, 166, 171, 179, 194, 239, 338, 349
스와지인들 264-265
스캐리, 일레인 148-149, 153, 282
스콧, 조안 187-188
〈스타트랙〉 68
스탈린, 이오시프 69
스토파드, 톰 105
스트렌스키, 이반 363
스필레인, 미키 306
시걸, 리 176
시바 215, 326
시수, 엘렌 305
시크한디 288
시타와 라마 284-285
식민주의 174, 176, 179, 273
신
  그리스신화의 - 51, 136, 207, 260
  성서의 - 44-56, 112, 205-208, 224, 281-282
  -과 같은 남편 324
  -과의 섹스 312
  -으로 간주된 코르테스 366
  -의 입 12, 53, 57-59
  -의 존재 158-159
  신화 속의 - 38, 140

  신화소로서의 - 364
  어린아이 모습의 - 301
  힌두교의 - 46-47, 96-97, 160, 215, 302
  『조하르』속의 -
신데렐라 99, 234-237, 247, 276, 296, 335, 341-342
신학 64-65, 72, 79, 192, 224-225, 364
신화
  - 속의 전도 55, 72, 255, 260, 362-363
  -에 대한 페미니즘적 해석 206, 247-249, 268-271, 319, 369
  -와 내러티브 16, 29, 34-36, 65-66, 111, 140, 202, 204, 216, 224-226, 233, 359
  -와 메타포 29
  -와 민담 224, 274
  -와 신학 44-64
  -와 심리학 105, 170, 336-337, 347, 360
  -와 언어 145-149
  -와 역사 9-10, 12-13, 15-20, 24-25, 34, 119-121, 124-127, 243, 251, 256-257, 364
  -와 영화 24, 32, 183
  -와 오페라 12, 212-214
  -와 의례 24, 102, 117, 141, 261
  -와 이야기 23-28
  -와 인간 경험 28, 110, 148, 162, 211, 351
  -와 진리 11, 112, 119, 199-200, 352, 361
  -의 다성성 203, 211-222

-의 정의 10, 23-25, 27-28, 34, 202
-의 투명성 39, 202-203
전복적 - 264-267
중립적 - 202-203, 210, 223, 251, 363
현미경과 망원경 16-17, 34, 39-45, 60, 62, 65-73, 77-79, 144, 186, 193, 197, 200, 313
신화소 214, 348, 352, 356-357, 362-364, 367
쌍둥이 365-367

ㅇ

아도르노, 롤레나 170
아라크네 260
아래로부터 위로의 접근 방법 153-155, 187, 194, 231, 237
　위로부터 아래로의 접근 방법 153, 187
아렌트, 한나 13, 69
아르주나 53-56, 59-60, 215
아리스토텔레스 81, 133-135, 173, 304
아메리카 원주민 107, 311, 314, 365-367, 379
아브라함과 이삭 52
아요디아 17-18
아우어바흐, 에리히 103
아이스킬로스 291
아이콘 12, 214
아킬레스 145
안티폰 142
알렉산드리아의 클레멘스 178
알크메네 282

알터, 로버트 104
암소 84-86, 88
암시된 거미 80, 155, 157-158, 194
암시된 저자/독자 157
애벗과 코스텔로 47
애치슨, 조안 162
앨런, 우디 52, 63, 113, 255, 376
야겐도르프, 츠비 108
야미와 야마 243
야쇼드하 58-60, 70
야콥슨, 로만 352
양성구유 305, 311, 315, 329, 331-333, 357-358
언어학 145-147
업다이크, 존 36
에덴동산 12, 117, 206-210, 219, 243, 247, 259, 263, 265
에디슨, 토마스 238
에라스무스 84, 126
에로스 28
에머슨, 랠프 왈도 352-353
에셔, M. C. 216
에우리피데스 115, 285
에우헤메리즘 137
에코, 움베르토 175
엘리슨, 랠프 91
엘리아데, 미르체아 10, 15, 27, 40, 107, 137, 152, 164, 263, 337, 361, 363
엘리엇, T. S. 35, 59
엘리엇, 조지 11
『M. 나비』 343
엡스타인, 조지프 36
여성 혐오주의 269, 290, 296

여성의 목소리 12, 109, 120, 217, 268, 270-272, 274, 290, 292, 299, 301-305, 307, 309, 314, 316-317, 319-321, 325, 327, 329, 333, 335

여성의 이야기 275-277, 280, 284, 289, 294, 297-299, 309-310, 313

여신 205-206, 224, 282, 291-292

여우 12, 95, 126-127, 349

예이츠, 윌리엄 버틀러 331-332, 352

〈오 얼마나 아름다운 전쟁인가〉 66-67

『오디세이아』 36, 353

오베예세케르, 가나나스 156-158

〈오씨〉 257

오이디푸스콤플렉스 153, 408

오즈 10

〈오즈의 마법사〉 66

오펜하이머, J. 로버트 53

와일드, 오스카 199

〈외계의 침입자〉 262

『요가바시스타』 61, 371

우타라 왕자 54-55

『우파니샤드』 156, 159-160

울프, 버지니아 329

워, 에블린 239

워너, 마리나 236, 266, 275, 300, 334-335, 342

워싱턴, 조지 134-135

워즈워스, 윌리엄 149

원문 연구자 375-376

원숭이 17-18, 55, 93, 170, 326

원형 134, 136-137, 223, 266-267, 334-338, 347, 351, 364

월터스, 조너선 377-379

웨버, 사브라 313

웰스, 오손 50

웰즐리, 도로시 331-332

위고, 빅토르 41

윌슨, H. H. 90

유대교 32, 87, 97, 104, 110, 112, 210, 281

유대인 12, 37, 92, 104, 114, 142, 173, 178, 185, 251-252, 273, 314, 352-353, 374

유사성과 차이 81, 83, 97-98, 116, 173, 182, 191-192, 338, 358, 365-366

유스티누스 177

유클리드 37

유형론 13, 15, 124

의례 24, 102, 117, 141, 185, 228, 239, 241-242, 261, 266, 317-318

이리가레, 뤼스 305

이미지
  우주의 - 45-46, 48, 59, 62
  오리-토끼 - 200

이본들
  - 사이의 관계 136, 210, 358
  -과 미시 신화 223-224, 226
  -과 역설 201-202, 229-242
  -과 패러디 243-244
  -과 정치 223, 252-259

이분법 97, 166, 302, 306, 333, 336, 357-359, 375, 379

『이야기 강의 바다』(『카타사리트사가라』) 285, 312, 340

이야기꾼/이야기 작가 26, 122, 134, 150, 156, 189, 191, 221-222, 231, 233, 236, 266, 296, 299, 310
이저, 볼프강 157
이중 초점 36, 44, 70
이중적 의미 9, 12, 54, 79, 167, 216
인류학자 17, 92, 135, 147, 150, 156, 256, 314, 376-379
인종차별주의 89-90, 169, 241, 374
『일리아스』 98, 161, 212
일본 89, 174, 199, 245, 278, 308-309, 312, 328
〈일요일은 참으세요〉 50

ㅈ

자이나교 18-19
자칼 240-241
재규어 354-355
저자/이야기꾼으로서의 남성 123, 217, 269-283, 289-292, 295, 297-325, 333
전도 55, 72-73, 248-249, 250-267, 277-278, 362-363, 374
절충주의 167, 368-369
정치 64-65, 71-72, 79
제논 145
제먼 데이비스, 나탈리 108
제3의 99-101, 154, 185, 224-225
제우스 245, 282
제이미슨, 스테파니 315, 317
제임스, 윌리엄 127, 171
제임슨, 레이먼드 230
〈젠다성의 포로〉 254

조이스, 제임스 35-36
『조하르』 159, 210
조슈아, 장피에르 113
줄루족 189-190
지라르, 르네 181
지문 62, 92-93
〈지옥의 묵시록〉 258
진화론 177
집, 해밀턴 198
집토끼 200

ㅊ

차이, 차연 79-93, 97-98, 111-116, 137, 166, 181-182, 374
채드윅 H. M.과 채드윅 N. K. 275
〈철가면의 사나이〉 253-254
초현실주의 195, 216
촘스키, 노암 148, 163
치디족 265-266

ㅋ

『카마수트라』 320-321, 323-325
카발라 209-210
〈카사블랑카〉 69
카스토르와 폴룩스 365
카우보이 256-257
카카르, 수디르 327
카툴루스 330-332
카프카, 프란츠 239
칸트, 임마누엘 91
칼라소, 로베르토 201
캠벨, 조지프 164, 226, 230
컨텍스트
  문화적 - 99, 111, 114-118, 121,

125-126, 138, 150-151, 170-171, 174, 235
도니거의 변화한 관점 12-17
역사적 16, 110, 116, 121, 125-126, 133, 137, 174-175, 325, 351
-의 중요성 20, 118-124, 150, 167, 371
-의 상실 13-17, 121, 125, 239-241
케네디, 존 F 143
케닐리, 토마스 65
코, 마이클 147-148
코끼리 240
코마로프, 진 265
코스트너, 케빈 256, 311
코폴라, 프랜시스 포드 258-259
콘래드, 조지프 258
콜드웰, 사라 172, 280-281
콜링우드, R. G. 17, 371
쿠퍼, 힐다 264
쿤, 토머스 195
쿤데라, 밀란 124
쿨리아누, 이오안 346
크리슈나 53-55, 57-60, 71-72, 301-302
크리스테바, 쥘리아 149, 305
클리타임네스트라 291
키르케고르, 쇠렌 75, 162, 372
키리코, 조르조 데 216
킨, 도널드 308
〈킹콩〉 278

ㅌ

타일러, 로열 208, 233, 243
타조 48

탄트라 90, 317
탈무드 109, 246, 249
탈신화화 27, 136-137, 200
테르툴리아누스 178
테세우스 128, 213
테이야르 드 샤르댕, 피에르 264
테이트, 제임스 81-83
테일러, 마크 149
톨스토이, 레프 36, 106, 189-190, 306-307
트레이시, 데이비드 27, 81, 96, 181, 191-192, 266, 349-350, 361
트로이의 헬레네 15, 115, 364
트롤럽, 앤서니 115
트웨인, 마크 208, 233-234, 243

ㅍ

파델, 루스 299, 310
파이어아벤트, 파울 171
파인만, 조엘 181
판도라 207
패리, 밀만 122
패튼, 로리 193
퍼스, 찰스 샌더스 100
페로 341-342
페미니즘 37, 249, 269, 272, 305-306, 314, 326, 333, 374
페어뱅크스, 더글러스 253-254
펜저, N. M. 340
평온을 비는 기도 70
포스터, E. M 203-204
포스트모더니즘 81, 181
포스트식민주의 169, 176, 180-181, 325, 371, 376

표범 239
푸코, 미셸 157
프랑크, 안네 77
프레이저, 제임스 조지 117, 164, 179, 231, 261
프렌드, 태드 183
프로메테우스 207, 260
프로이트, 지그문트 40, 89, 149, 152, 208, 220, 234, 272-273, 306, 361-362, 369, 372
프로프, 블라디미르 227
프루스트, 마르셀 73-74, 113
플라톤
　『국가』 28
　『소피스테스』 83
　『파이돈』 28
플로베르, 구스타브 114, 299
플롯 101, 117-118, 138, 151, 184, 203-204, 213, 230, 242, 255-256, 288, 295, 313, 341, 359, 362
플루엘렌 대위 11, 165, 240
플루타르코스 84, 128, 135
피의 의식 전설 252
피츠제럴드, F. 스콧 50
피카소, 파블로 26
필딩, 헨리 168
필라이타밀 301-302

ㅎ

하누만 55-56
하우스먼, A. E. 255
하토, A. T. 304-305
하트만, 제프리 192, 353

한델스만, J. B. 199
해밋, 대실 87
해체주의 99, 149, 172, 181-183, 191, 273, 361-362, 369
허셜, 윌리엄 93
허스턴, 조라 닐 269
허시, 존 76
허위의식 298, 334
헐리, 존 스트래턴 301
헤겔, W. G. F. 84-87, 365
헤라 282
헤로도토스 115, 147, 177, 343
헤시오도스 27
헤이우드, 존 84
헥스터, J. H. 127
호랑이 60, 81, 176-177, 240-241
호메로스 27, 36, 115, 122, 212, 272
홀랜더, 존 84-85
홀로코스트 77
홀벡, 벵트 276
홈즈, 셜록 94, 131
화이트, 헤이든 17
환원주의 167, 171, 173, 192, 290
황, 데이비드 헨리 343
휘트먼, 월터 160-161
흄, 데이비드 128, 130, 132-135
히니, 셰이머스 61
히로시마 76
히야 바르 아쉬 246
힌두교
　베다 시대 47, 343
　-에서의 여성 288, 320-322, 324-328
　-에서의 현현 52-62

-와의 종교 간 대화 96-97
-의 다양성 185, 325
-의 언어 315-317
-의 역사 17-19
-의 천지창조 46
-의 타자에 대한 관점 177